売買における買主の追完請求権の
基礎づけと内容確定

田中 洋 著
Hiroshi Tanaka

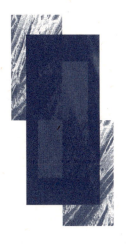

商事法務

はしがき

　本書は，著者の第一論文である「売買における買主の追完請求権の基礎づけと内容確定(1)～(3・完)──ドイツにおける売買法の現代化を手がかりとして」神戸法学雑誌60巻1号1頁，2号1頁，3＝4号1頁（2010-11年）に，その公表後の動向を踏まえて，相応の加筆・修正を行ったものである。

　本書のもとになった原論文は，著者が，2007年4月から2010年3月までに，京都大学大学院法学研究科において，助教として取り組んできた研究に由来する。著者が研究者としての道を歩みはじめた2007年当時，民法学界における中心的テーマは，「民法（債権法）の改正」であった。そうした中で，著者が最初の研究テーマとして取り上げたのが，「売買における買主の追完請求権」である。これは，その当時の民法（改正前民法）に明文の規定がなく，まさに改正によって民法典に新たな規定を設けるかどうかが検討対象とされていたものであった。これを研究テーマとして取り上げたのは，①それによって，当時進行中であった民法改正の議論に寄与することができると考えたことに加えて，②上記のテーマについては，これまでに必ずしも十分な議論の蓄積があったわけではなかったことに鑑み，民法改正の結果がどうなるのであれ，その結果に大きく左右されないような基礎的研究を通じて，今後の議論（立法論・解釈論）の基盤となりうるような理論枠組みを構築する必要があると考えたことによる。そのほか，③「売買における買主の追完請求権」というのは，確かに，それ自体としては，周辺的でマイナーな問題であるかもしれないが，まさにそうした周辺的な問題の分析・検討によって，むしろ，より一般的な契約責任論・契約解釈論へのフィードバックが可能な知見や視座を獲得できるのではないかと考えたことも，上記のテーマを取り上げた動機の1つであった。

　これらの目標が十分に達成されたかどうかは甚だ心許ない限りであったが，法制審議会民法（債権関係）部会において民法（債権法）の改正に向けた審議が継続する中で，著者は，それまでの研究成果を取りまとめて，原論文を公表するに至った。また，2011年には，日本私法学会第75回大会において，原論文をもとにした研究報告を行う機会を得た（その報告要旨については，田中

洋「売買における買主の追完請求権の基礎づけと内容確定——ドイツにおける売買法の現代化を手がかりとして」私法74号（2012年）212頁を参照）。

　その後，2017年に至り，民法（債権法）の改正はついに現実のものとなった。この改正により，民法には，「買主の追完請求権」に関する規定（改正民法562条）が新たに設けられることとなった。そこで，これを機に，原論文を基礎としながら，その後の動向を踏まえて，さらに研究を進め，その成果を書籍として刊行させていただくことにした。上述したように，原論文そのものは，民法（債権法）の改正へ向けた議論が進行していた当時において，その議論に寄与することを企図して執筆・公表したものであるが，原論文で示した内容の核心的部分は，民法（債権法）の改正が実現された現在においても，——とりわけ，民法改正によって新設された買主の追完請求権の規律との関係で——引き続き意義を有するのではないかと考えたからである。

　本書が検討課題として取り組むのは，原論文と同様，①買主の追完請求権が認められるか，認められるとすれば，どのような考え方に基づいて認められるかという問題（買主の追完請求権の基礎づけ），そして，②買主の追完請求権が認められるとして，その規律内容はどのようなものであるべきか，また，そうした規律内容はどのような要因・考慮に基づいて確定されるべきかという問題（買主の追完請求権の内容確定）である。

　これらの検討課題について原論文で展開した論旨は，本書においても全体として維持されている。もっとも，本書の刊行にあたって，原論文公表後の内外の動向を踏まえて，相応の加筆を行った。とりわけ，①原論文公表後の外国法（ドイツ法）における判例・法改正の動向を踏まえた記述を追加するとともに，②2017年の民法改正によって新設された「買主の追完請求権」の規律について，その内容の分析・検討を行う部分を書き下ろした。また，論旨を明確で分かりやすいものとするために，原論文の表現に手を加えた部分もある。

　本書の刊行までには，多くの方々にお世話になった。とりわけ，指導教授である山本敬三先生（京都大学大学院法学研究科教授）には，法学部のゼミに参加して以来，今日に至るまで，きわめて多くのご指導・ご支援を賜っている。本書のようなつたない成果であっても，何とか取りまとめることができ

たのは，これまでに山本先生からいただいてきたご指導のおかげにほかならない。山本先生には，心から御礼を申し上げるとともに，その学恩に報いるため，今後も努力を重ねていきたいと考える次第である。

　また，勤務校である神戸大学の同僚の先生方には，いつもあたたかいご指導・ご支援を賜るとともに，学問的刺激にあふれた快適な研究環境をいただいている。本書の刊行に至るまで本テーマについて継続的に研究を続けてこられたのも，そのようなすばらしい研究環境があってのことである。日頃お世話になっている同僚の先生方にも，この場を借りて，感謝を申し上げたい。

　最後になったが，本書の刊行にあたっては，株式会社商事法務の岩佐智樹氏，木村太紀氏のご尽力を賜った。ここに記して感謝の意を表したい。

　2019 年 6 月

田中　洋

＊　本書は，JSPS 科研費（課題番号：18K12677）の助成を受けた研究成果の一部である。
　　本書は，公益財団法人 全国銀行学術研究振興財団の助成を得て刊行された。

目　次

第1章　はじめに……………………………………………………… 1

　1　問題の所在………………………………………………………… 1

　　⑴　買主の追完請求権と民法の規定 ………………………………… 1

　　⑵　改正前民法のもとでの買主の追完請求権をめぐる議論…………… 3

　　　ア　瑕疵担保責任の法的性質……………………………………… 3

　　　イ　追完請求権の法的性質 ……………………………………… 4

　　⑶　本書の検討課題と問題意識——買主の追完請求権の基礎づけと

　　　　内容確定のあり方………………………………………………… 5

　　　ア　本書の検討課題………………………………………………… 5

　　　イ　検討課題の実践的意義 ……………………………………… 8

　　　ウ　2017 年の民法改正との関係 ………………………………… 9

　　　エ　「売買における買主の追完請求権」を取り上げる意義………… 13

　2　検討の素材と手順………………………………………………… 14

　　⑴　検討の素材——ドイツ法………………………………………… 14

　　⑵　検討の手順……………………………………………………… 15

　3　本書における用語上の注意点…………………………………… 16

第2章　ドイツにおける BGB 旧規定のもとでの
　　　　買主の追完請求権……………………………………………… 19

　第1節　BGB 旧規定による物の瑕疵責任の規律 ……………………… 20

　1　売主の給付義務…………………………………………………… 20

　2　売買目的物に物的瑕疵がある場合の売主の責任の概観………… 20

　　⑴　瑕疵担保解除又は代金減額請求権 …………………………… 20

　　⑵　売主が悪意の場合又は性質保証がある場合における

　　　　損害賠償請求権………………………………………………… 21

　　⑶　種類売買における代物請求権 ………………………………… 21

　3　約款規制法と合意に基づく修補請求権に関する規律の創設……… 22

　　⑴　実務における普通取引約款を通じた買主の修補請求権の定め……… 22

vi 目 次

(2) 約款規制法の制定と合意に基づく修補請求権の費用負担に
関する規律の創設……………………………………………………22

第2節 買主の代物請求権……………………………………………………23

1 特定物売買の場合……………………………………………………23

(1) ローマ法における物の瑕疵責任への依拠……………………24

(2) 特定物売買の特徴………………………………………………24

2 種類売買の場合………………………………………………………25

(1) 普通法時代における論争………………………………………25

(2) BGB の立法者による解決………………………………………25

 ア 瑕疵担保解除及び代金減額の権利の承認……………………26

 イ 代物請求権の承認………………………………………………26

第3節 買主の修補請求権……………………………………………………28

1 瑕疵のない物の給付義務否定＝修補請求権否定説…………………29

(1) ジュースの見解…………………………………………………29

 ア 売主の瑕疵のない物の給付義務の否定………………………29

 イ 瑕疵担保責任の根拠……………………………………………30

 ウ 買主の修補請求権………………………………………………30

(2) フルーメの見解…………………………………………………31

 ア 瑕疵担保責任の根拠……………………………………………31

 イ 売主の瑕疵のない物の給付義務の否定と買主の修補請求権……32

(3) ラーレンツの見解………………………………………………35

 ア 売主の瑕疵のない物の給付義務の否定………………………35

 イ 瑕疵担保責任の根拠……………………………………………36

 ウ 買主の修補請求権………………………………………………36

2 瑕疵のない物の給付義務肯定＝修補請求権肯定説…………………38

(1) コリンテンベルクの見解………………………………………38

 ア 売主の瑕疵のない物の給付義務の肯定………………………38

 イ 買主の修補請求権………………………………………………39

(2) ペータースの見解………………………………………………40

 ア ペータースによる買主の修補請求権の導出…………………40

 イ ケーラーによる批判……………………………………………43

目 次 vii

3 瑕疵のない物の給付義務から独立して修補請求権の存否を
検討する見解……………………………………………………………45

(1) ゲッツの見解 ………………………………………………………46

ア 買主の修補請求権が否定される根拠………………………………46

イ 社会経済構造の変化と工業製品売買の特質に基づく
買主の修補請求権の導出…………………………………………48

ウ 小 括……………………………………………………………51

(2) U・フーバーの見解…………………………………………………51

ア 売主の瑕疵のない物の給付義務の肯定………………………………52

イ 買主の修補請求権の否定…………………………………………53

4 小 括……………………………………………………………55

(1) 契約合意・給付義務・修補請求権の理論的関係………………………55

ア 契約合意と給付義務との関係……………………………………56

イ 給付義務と修補請求権との関係…………………………………57

ウ 買主の修補請求権が認められるための条件……………………58

(2) 買主の修補請求権が否定される実質的根拠……………………………58

ア ローマ法に由来する特定物売買を基礎とする規律
法歴史的根拠……………………………………………………59

イ 請負契約と区別される売買契約の本質──法理論的根拠………59

ウ 売主の修補能力の欠如──法政策的根拠………………………59

(3) 買主の修補請求権が否定される実質的根拠の克服可能性……………59

ア ローマ法に由来する解決の工業製品売買における
妥当性の欠如 …………………………………………………60

イ 大量生産体制への移行による請負契約的要素の
売買契約への編入 ……………………………………………60

ウ 製造者等への転送による売主の修補可能性 …………………60

第3章 ドイツ債務法改正と買主の追完請求権……………………………63

第1節 債務法改正による買主の追完請求権の法定化……………………64

1 U・フーバーの鑑定意見と債務法改正委員会の最終報告書 ………64

(1) U・フーバーの鑑定意見における追完請求権の提案……………………64

ア 買主の修補請求権を欠くことの問題性……………………………64

イ　買主の「瑕疵除去請求権」の規定の提案 ……………………67
　　　ウ　買主の瑕疵除去請求権の具体的規律内容 ………………………70
　　(2)　債務法改正委員会による追完請求権の提案 …………………………71
　　　ア　買主の瑕疵除去請求権を欠くことの問題性 …………………71
　　　イ　買主の「追完請求権」の規定の提案 ……………………………72
　　　ウ　買主の追完請求権の具体的規律内容 ………………………73

2　買主の追完請求権の法定化に対する批判 …………………………75
　　(1)　H・H・ヤーコプスの批判 …………………………………………75
　　　ア　U・フーバーの鑑定意見が指摘する BGB の欠陥 ……………76
　　　イ　売買契約の通常事例 ……………………………………………76
　　(2)　フルーメの批判 ………………………………………………………77
　　　ア　契約類型ごとに異なる規律の正当性 ………………………77
　　　イ　追完請求権の承認の基礎にある法現実の認識 …………………78

3　討議草案から債務法現代化法まで ………………………………………78
　　(1)　消費用動産売買指令と討議草案 ……………………………………79
　　　ア　消費用動産売買指令とその国内法化の要請 ………………79
　　　イ　討議草案における追完請求権の規律 ………………………………81
　　(2)　討議草案に対する批判——追完方法に関する買主の選択権 ………83
　　(3)　政府草案から債務法現代化法まで ……………………………………84
　　　ア　政府草案における追完請求権の規律 …………………………85
　　　イ　修補請求権の限界に関する連邦参議院の意見表明 ……………85
　　　ウ　連邦政府の応答 ………………………………………………85
　　　エ　債務法現代化法の成立 ………………………………………86

4　小　括 ………………………………………………………………87
　　(1)　買主の追完請求権の基礎づけ …………………………………………87
　　　ア　売主の瑕疵のない物の給付義務との関係——基礎づけの前提 …88
　　　イ　売買契約の典型としての工業上の技術的製品の売買 …………89
　　　ウ　売主自身の修補能力の非重要性——売主の修補義務の効率性 …90
　　(2)　買主の追完請求権の規律内容 …………………………………………90
　　　ア　追完方法の選択権 ………………………………………………91
　　　イ　代物請求の要件 …………………………………………………91

目 次 ix

第2節　BGB 新規定のもとでの買主の追完請求権 ……………………… 93

1　BGB 新規定による物の瑕疵責任の規律 …………………………… 93

(1)　売主の給付義務 ……………………………………………………… 94

　　ア　瑕疵のない物の給付義務 ……………………………………… 94

　　イ　物の瑕疵とその基準 …………………………………………… 94

(2)　売買目的物に瑕疵がある場合の売主の責任の概観 ……………… 95

　　ア　追完請求権 ……………………………………………………… 95

　　イ　契約解除権又は代金減額権 …………………………………… 95

　　ウ　損害賠償請求権又は費用賠償請求権 ………………………… 96

(3)　買主の追完請求権の規律内容 ……………………………………… 98

　　ア　追完請求権の内容 ……………………………………………… 98

　　イ　追完方法の選択権 ……………………………………………… 99

　　ウ　追完費用の負担 ………………………………………………… 99

　　エ　売主の追完拒絶権 ……………………………………………… 99

　　オ　代物給付の場合における瑕疵ある物の返還 ……………… 104

　　カ　買主の追完請求権の消滅時効 ……………………………… 105

　　キ　買主の追完請求権の発生障害──買主の責めに帰すべき

　　　　事由による瑕疵 ……………………………………………… 106

2　買主の追完請求権の具体的規律内容をめぐる議論 ……………… 107

(1)　買主の追完請求権の法的性質 …………………………………… 107

　　ア　修正された本来的履行請求権説 …………………………… 107

　　イ　第二次的請求権＝法的救済説 ……………………………… 109

　　ウ　買主の追完請求権の法的性質論における議論のポイント …… 111

　　エ　本来的履行請求権から追完請求権への移行の基準時 ……… 116

　　オ　小　括 ………………………………………………………… 119

(2)　追完の履行場所 …………………………………………………… 120

　　ア　本来的履行場所説 …………………………………………… 120

　　イ　目的物の現在場所説 ………………………………………… 121

　　ウ　追完方法区別説 ……………………………………………… 122

　　エ　BGB269 条 1 項適用説──判例による態度決定 ………… 123

　　オ　対立点の検討 ………………………………………………… 126

(3)　修補方法の選択権 ………………………………………………… 127

ア　買主選択権説 ……………………………………………… 128

　　　イ　売主選択権説 ……………………………………………… 128

　　　ウ　対立点の検討 ……………………………………………… 129

　⑷　追完請求権の範囲——買主が加えた変更の復元請求の可否 …… 129

　　　ア　復元義務肯定説 …………………………………………… 130

　　　イ　復元義務否定説 …………………………………………… 130

　　　ウ　追完方法区別説 …………………………………………… 132

　　　エ　対立点の検討 ……………………………………………… 133

　　　オ　判例の展開と立法による対応 …………………………… 134

　⑸　特定物売買における代物請求 …………………………………… 140

　　　ア　代物請求否定説 …………………………………………… 141

　　　イ　代物請求肯定説 …………………………………………… 144

　　　ウ　対立点の検討 ……………………………………………… 156

　⑹　総括と分析——買主の追完請求権の規律内容を方向づける要因 …… 161

　　　ア　本来的履行請求権の法理と追完請求権の法理の対峙 ……… 161

　　　イ　買主の追完請求権の規律内容を方向づける要因 …………… 163

第3節　小　括 ………………………………………………………… 174

　1　買主の追完請求権の基礎づけ——出発点としての売買契約の
　　典型 ………………………………………………………………… 174

　2　買主の追完請求権の内容確定 …………………………………… 175

　⑴　本来的履行請求権の法理と追完請求権の法理の対峙 …………… 175

　⑵　追完請求権の規律内容を方向づける要因 ……………………… 176

第4章　買主の追完請求権の基礎づけと内容確定のあり方 …… 177

第1節　日本における改正前民法のもとでの買主の追完請求権 …… 178

　1　日本における従来の議論——改正前民法のもとでの議論 ……… 179

　⑴　瑕疵担保責任の法的性質と買主の追完請求権 ………………… 179

　　　ア　法定責任説 ………………………………………………… 180

　　　イ　契約責任説 ………………………………………………… 185

　⑵　追完請求権の法的性質 …………………………………………… 189

　　　ア　本来的履行請求権の一態様・具体化としての追完請求権 …… 190

　　　イ　「現実賠償」としての追完請求権 ……………………… 192

目次　xi

2　従来の議論の特徴と問題点——ドイツ法の議論との比較………195

⑴　買主の追完請求権の基礎づけ……………………………………195

ア　日本法の従来の議論………………………………………195

イ　ドイツ法の議論……………………………………………197

ウ　日本法の従来の議論とドイツ法の議論との比較…………199

⑵　買主の追完請求権の内容確定……………………………………200

ア　日本法の従来の議論………………………………………200

イ　ドイツ法の議論……………………………………………201

ウ　日本法の従来の議論とドイツ法の議論との比較…………201

第2節　『債権法改正の基本方針』における買主の追完請求権…………203

1　『債権法改正の基本方針』における買主の追完請求権の規律……204

⑴　債権者の追完請求権の規律………………………………………204

ア　債権者の履行請求権………………………………………204

イ　債権者の追完請求権………………………………………206

⑵　売買における買主の追完請求権の規律…………………………210

ア　買主の追完請求権の承認…………………………………212

イ　買主の追完請求権の限界…………………………………213

ウ　追完方法の選択権…………………………………………215

エ　買主の瑕疵通知義務違反による救済手段の行使制限………217

2　『債権法改正の基本方針』とドイツ法との比較……………………219

⑴　追完方法の選択権…………………………………………………220

⑵　追完請求権の限界…………………………………………………221

ア　「過分の費用」に基づく売主の追完拒絶権の妥当範囲………221

イ　追完請求権の限界と本来的履行請求権の限界との相違………222

ウ　特定物売買における代物請求……………………………222

⑶　追完請求権の行使制限……………………………………………223

3　『債権法改正の基本方針』における買主の追完請求権に関する

提案の意義と問題点………………………………………………224

⑴　買主の追完請求権の基礎づけ……………………………………224

⑵　買主の追完請求権の内容確定……………………………………226

⑶　瑕疵ある目的物の引渡し・受領を契機とする当事者の利益状況

xii 目 次

の考慮‥‥‥‥‥‥‥‥‥‥‥‥‥‥‥‥‥‥‥‥‥‥‥‥‥‥‥‥‥‥‥‥ 227

　　ア　瑕疵ある目的物を買主が受領したことによる

　　　　履行完了についての売主の信頼‥‥‥‥‥‥‥‥‥‥‥‥‥‥‥ 227

　　イ　引き渡された目的物の安定的利用に関する買主の利益‥‥‥ 228

第3節　改正民法における買主の追完請求権‥‥‥‥‥‥‥‥‥‥‥‥‥ 231

　1　改正民法における買主の追完請求権の規律‥‥‥‥‥‥‥‥‥‥‥ 231

　　(1)　債権者の履行請求権と追完請求権‥‥‥‥‥‥‥‥‥‥‥‥‥ 231

　　　　ア　債権者の履行請求権‥‥‥‥‥‥‥‥‥‥‥‥‥‥‥‥‥ 231

　　　　イ　債権者の追完請求権‥‥‥‥‥‥‥‥‥‥‥‥‥‥‥‥‥ 239

　　(2)　売買における買主の追完請求権の規律‥‥‥‥‥‥‥‥‥‥‥ 242

　　　　ア　買主の追完請求権の承認‥‥‥‥‥‥‥‥‥‥‥‥‥‥‥ 242

　　　　イ　買主の追完請求権の要件――引き渡された目的物の

　　　　　　契約不適合‥‥‥‥‥‥‥‥‥‥‥‥‥‥‥‥‥‥‥‥‥ 252

　　　　ウ　買主の追完請求権の内容――追完方法‥‥‥‥‥‥‥‥‥ 265

　　　　エ　追完方法の選択権‥‥‥‥‥‥‥‥‥‥‥‥‥‥‥‥‥‥ 266

　　　　オ　買主の追完請求権の限界――追完の「不能」‥‥‥‥‥‥ 269

　　　　カ　買主の追完請求権の発生障害――「買主の責めに帰すべき事由」

　　　　　　による契約不適合‥‥‥‥‥‥‥‥‥‥‥‥‥‥‥‥‥‥ 276

　　　　キ　種類債権の特定後に生じた契約不適合と買主の代物請求権

　　　　　　の発生障害の可能性‥‥‥‥‥‥‥‥‥‥‥‥‥‥‥‥‥ 278

　　　　ク　目的物の契約不適合の場合における買主の権利の期間制限‥‥ 282

　2　改正民法とドイツ法との比較‥‥‥‥‥‥‥‥‥‥‥‥‥‥‥‥‥ 287

　　(1)　追完方法の選択権‥‥‥‥‥‥‥‥‥‥‥‥‥‥‥‥‥‥‥‥ 287

　　(2)　追完請求権の限界‥‥‥‥‥‥‥‥‥‥‥‥‥‥‥‥‥‥‥‥ 288

　　　　ア　追完請求権の限界一般の規律‥‥‥‥‥‥‥‥‥‥‥‥‥ 288

　　　　イ　特定物売買における代物請求‥‥‥‥‥‥‥‥‥‥‥‥‥ 289

　　(3)　追完請求権の発生障害――「買主の責めに帰すべき事由」による

　　　　契約不適合（瑕疵）‥‥‥‥‥‥‥‥‥‥‥‥‥‥‥‥‥‥‥ 290

　　(4)　追完請求権の期間制限‥‥‥‥‥‥‥‥‥‥‥‥‥‥‥‥‥‥ 291

　3　改正民法における買主の追完請求権の規律の意義と課題‥‥‥‥‥ 293

　　(1)　買主の追完請求権の基礎づけ‥‥‥‥‥‥‥‥‥‥‥‥‥‥‥ 293

	(2)	買主の追完請求権の内容確定 ……………………………………………	296
	(3)	目的物の引渡し・受領を契機とする当事者の利益状況の考慮 ………	300
		ア 改正民法における明文の規律での考慮 ………………………………	300
		イ 改正民法において残された課題 ………………………………………	301

終 章 おわりに ………………………………………………………… 303

1 本書における検討結果 …………………………………………………… 303

(1) 買主の追完請求権の基礎づけ …………………………………………… 303

    ア 買主の追完請求権の基礎づけと売買契約の典型 ……………… 303

    イ 売買契約の合意・売主の給付義務と買主の追完請求権との

      関係 ………………………………………………………………… 305

    ウ 買主の追完請求権の規律が妥当する範囲・射程 ……………… 310

    エ より一般的な「債権者の追完請求権」の規律に対する影響 …… 312

(2) 買主の追完請求権の内容確定 …………………………………………… 313

    ア 買主の追完請求権の内容確定のあり方 ……………………… 313

    イ 買主の追完請求権の内容確定のための指針・手がかり ……… 315

    ウ 類型的規律内容の確定と個別的契約への対応の必要性 ……… 318

2 残された課題 ……………………………………………………………… 319

(1) 買主の追完請求権の基礎づけに関する課題 ………………………… 319

(2) 買主の追完請求権の内容確定に関する課題 ………………………… 321

(3) より一般的な契約内容確定法理に関する課題 ……………………… 321

    ア 典型契約論との関係 …………………………………………… 321

    イ 契約上の規律における「効率性」という価値の考慮 ………… 324

3 結 語 ……………………………………………………………………… 326

事項索引 ……………………………………………………………………… 328

凡 例

　法制審議会民法（債権関係）部会における審議にかかわる資料については，以下の略称を用いる。

部会資料	法制審議会民法（債権関係）部会資料（商事法務編『民法（債権関係）部会資料集 第1集〜第3集』（商事法務，2011-17年）に所収）
部会第○回会議議事録	法制審議会民法（債権関係）部会第○回会議議事録（商事法務編『民法（債権関係）部会資料集 第1集〜第3集』（商事法務，2011-17年）に所収）
部会第○分科会第○回会議議事録	法制審議会民法（債権関係）部会第○分科会第○回会議議事録（商事法務編『民法（債権関係）部会資料集 第1集〜第3集』（商事法務，2011-17年）に所収）
中間的な論点整理	法制審議会民法（債権関係）部会「民法（債権関係）の改正に関する中間的な論点整理」
中間的な論点整理の補足説明	法務省民事局参事官室「民法（債権関係）の改正に関する中間的な論点整理の補足説明」（商事法務編『民法（債権関係）の改正に関する中間的な論点整理の補足説明』（商事法務，2011年）に所収）
中間試案	法制審議会民法（債権関係）部会「民法（債権関係）の改正に関する中間試案」
中間試案の補足説明	法務省民事局参事官室「民法（債権関係）の改正に関する中間試案の補足説明」（商事法務編『民法（債権関係）の改正に関する中間試案の補足説明』（商事法務，2013年）に所収）

第1章

はじめに

1 問題の所在

(1) 買主の追完請求権と民法の規定

売買契約において買主に引き渡された目的物に瑕疵（契約不適合）があった場合に，買主が売主に対して，目的物の修補や代替物の引渡し等による履行の追完を請求することができる権利は，一般に，「買主の追完請求権」[1]と呼ばれる。

わが国の民法典には，1896年（明治29年）の制定から2017年（平成29年）の民法改正に至るまで，買主の追完請求権に関する明文の規定は設けられていなかった。すなわち，それまで，売買の目的物に瑕疵があった場合に売主が負う責任（売主の瑕疵担保責任）については，改正前民法570条（及びこの規

---

1) 本書が用いる「追完請求権」の概念について，かつての学説においては，①代物請求権に対応するものとして「完全履行請求権」の概念が，②修補請求権に対応するものとして「追完（履行）請求権」の概念が用いられていたこともあった（勝本正晃「不完全履行序論」同『民法研究・第一巻』（巌松堂書店，1932年，初出1929年）133頁，247頁以下，末弘厳太郎「種類売買に於ける瑕疵担保について」同『民法雑考』（日本評論社，1932年，初出1930年）245頁，250頁など）。また，能見善久「履行障害」山本敬三ほか『債権法改正の課題と方向──民法100周年を契機として〔別冊NBL51号〕』（商事法務研究会，1998年）103頁，112頁においては，これに対応するものとして「補完的履行請求権」という概念も用いられている。
　本書では，改正民法562条の見出しの用語法に従い，引き渡された目的物に瑕疵（契約不適合）があった場合に，一定の方法による履行の追完を請求することができる権利を意味するもの──修補請求権・代物請求権などを統合する上位概念──として，「追完請求権」の概念を用いることにする。

定が準用する改正前民法566条）がその内容を定めていた。その規定の内容は，次のようなものであった。

（売主の瑕疵担保責任）
改正前民法第570条　売買の目的物に隠れた瑕疵があったときは，第五百六十六条の規定を準用する。ただし，強制競売の場合は，この限りでない。

（地上権等がある場合等における売主の担保責任）
改正前民法第566条　売買の目的物が地上権，永小作権，地役権，留置権又は質権の目的である場合において，買主がこれを知らず，かつ，そのために契約をした目的を達することができないときは，買主は，契約の解除をすることができる。この場合において，契約の解除をすることができないときは，損害賠償の請求のみをすることができる。

2　前項の規定は，売買の目的である不動産のために存すると称した地役権が存しなかった場合及びその不動産について登記をした賃貸借があった場合について準用する。

3　前二項の場合において，契約の解除又は損害賠償の請求は，買主が事実を知った時から一年以内にしなければならない。

これによれば，改正前民法において，売買目的物の瑕疵に対する買主の救済手段として規定されていたのは，契約解除権と損害賠償請求権のみであり，買主の追完請求権については，明文の規定が存在していなかった。これは，請負契約において仕事の目的物に瑕疵があった場合について，次のような注文者の修補請求権に関する規定（改正前民法634条1項）が設けられていたこととは対照的であった。

（請負人の担保責任）
改正前民法第634条　仕事の目的物に瑕疵があるときは，注文者は，請負人に対し，相当の期間を定めて，その瑕疵の修補を請求することができる。ただし，瑕疵が重要でない場合において，その修補に過分の費用を要するときは，この限りでない。

2　注文者は，瑕疵の修補に代えて，又はその修補とともに，損害賠償の請求をすることができる。この場合においては，第五百三十三条の規定を準用する。

そうした中，2017年に成立した「民法の一部を改正する法律」（平成29年法律第44号）によって，民法の債権関係に関する規定について，民法制定以来の大規模な改正が行われることとなった[2]。この改正により，改正前民法が定めていた売主の瑕疵担保責任は，債務不履行責任の1つとしての売主の契約不適合責任へと再編され，それに伴って，「買主の追完請求権」についても，次のような規定が新たに設けられた。

（買主の追完請求権）
改正民法第562条　引き渡された目的物が種類，品質又は数量に関して契約の内容に適合しないものであるときは，買主は，売主に対し，目的物の修補，代替物の引渡し又は不足分の引渡しによる履行の追完を請求することができる。ただし，売主は，買主に不相当な負担を課すものでないときは，買主が請求した方法と異なる方法による履行の追完をすることができる。
2　前項の不適合が買主の責めに帰すべき事由によるものであるときは，買主は，同項の規定による履行の追完の請求をすることができない。

---

(2)　改正前民法のもとでの買主の追完請求権をめぐる議論

以上のように，買主の追完請求権は，2017年の民法改正によって新たに明文の規定が設けられるに至った制度である。もっとも，買主の追完請求権は，これについて明文の規定を欠いていた改正前民法のもとでも，主として，次の2つの観点から議論の対象とされてきた。

ア　瑕疵担保責任の法的性質

一方で，買主の追完請求権は，このような――改正前民法のもとで明文の規定を欠く――権利がそもそも認められるのかという観点から，改正前民法における瑕疵担保責任がどのような法的性質を有するものと理解すべきか――瑕疵担保責任が債務不履行責任の性質を有するものと理解すべきか――という問題（瑕疵担保責任の法的性質論）と関連づけられた形で議論の対象とされてきた。

---

2)　本書では，①「民法の一部を改正する法律」（平成29年法律第44号）による改正後の民法を「改正民法」と呼び，②「民法の一部を改正する法律」（平成29年法律第44号）による改正前の民法を「改正前民法」と呼ぶ。

すなわち，瑕疵担保責任の法的性質については，①（瑕疵担保責任の規定の適用が想定されている）特定物売買において売主は瑕疵のない物の給付義務を負わないとして，ここで売主が負う瑕疵担保責任を債務不履行責任とは異なる特別の法定責任であると理解する「法定責任説」と，②特定物売買においても売主は合意に従って瑕疵のない物の給付義務を負うとして，売主が負う瑕疵担保責任を債務不履行責任の特則であると理解する「契約責任説」が対立していた。そこでは，「特定物売買において買主の追完請求権が認められるか」が両説の主要な対立点の1つとされ，特定物売買において買主の追完請求権が基礎づけられるかどうかは，理論的には，特定物売買において売主が「瑕疵のない物の給付義務」を負うと考えるかどうかによって決まるものとされていた。すなわち，一般に，①特定物売買において売主は瑕疵のない物の給付義務を負わないとする法定責任説によれば，買主の追完請求権は認められないとされるのに対して，②特定物売買においても売主は合意に従って瑕疵のない物の給付義務を負うとする契約責任説によれば，売主が瑕疵のない物の給付義務を負うことに対応して，買主の追完請求権が認められるとされていた。

このように，瑕疵担保責任の法的性質との関係では，買主の追完請求権がそもそも認められるかという，追完請求権の基礎づけにかかわる議論が展開されていたとみることができる。

イ　追完請求権の法的性質

他方で，買主の追完請求権については，この権利がどのような内容の規律に服するのかという観点から，追完請求権がどのような法的性質を有するものと理解すべきか——追完請求権が（本来的）履行請求権と同じ法的性質を有するものと理解すべきか——にかかわる議論も展開されてきた。そこでは，①追完請求権を履行請求権の一態様ないし具体化であると理解する支配的見解に対して，②追完請求権（とりわけ修補請求権）の限界をありうる損害賠償額によって画するという意図から，追完請求権（修補請求権）を損害賠償の一方法である「現実賠償」の性質を有するものと理解する見解[3]も主張されていた。

---

3)　森田宏樹「売買契約における瑕疵修補請求権——履行請求権，損害賠償又は解除との関係」同『契約責任の帰責構造』（有斐閣，2002年，初出1990-91年）197頁。

このように，追完請求権の法的性質との関係では，買主の追完請求権が基礎づけられる場合に，それを，①履行請求権の一態様ないし具体化とみて，本来的履行請求権と同じ規律に従うものと考えるのか，②「現実賠償」の性質を有するものとみて，むしろ損害賠償請求権と同様の規律に従う余地を認めるのかという，追完請求権の内容確定にかかわる議論が展開されていたとみることができる。

(3) 本書の検討課題と問題意識——買主の追完請求権の基礎づけと内容確定のあり方

以上のように，改正前民法のもとでの買主の追完請求権に関する議論は，主として，①追完請求権の基礎づけにかかわる「瑕疵担保責任の法的性質」の問題と，②追完請求権の内容確定にかかわる「追完請求権の法的性質」の問題をめぐって展開されてきたということができる。

ア　本書の検討課題

本書は，以上でみた改正前民法のもとでの議論に対応して，買主の追完請求権について，次の2つの問題を検討課題とするものである。

第1は，買主の追完請求権の基礎づけの問題である[4]。これは，買主の追完請求権（修補請求権・代物請求権）が認められるか，認められるとすれば，どのような考え方に基づいて認められるかという問題である。

第2は，買主の追完請求権の内容確定の問題である[5]。これは，買主の追完請求権が認められるとして，その規律内容はどのようなものであるべきか，また，そうした規律内容はどのような要因・考慮に基づいて確定されるべきかという問題である。ここでは，例えば，具体的にどのような追完をどこま

---

4)　本書では，買主の追完請求権が認められるか，認められるとすれば，それはどのような考え方に基づくのかという問題を「買主の追完請求権の基礎づけ」の問題と呼ぶ。
　　これによれば，売主が瑕疵のない物の給付義務を負うかどうかの問題は，一般論として買主の追完請求権が認められるかどうかを左右するものであり，この「買主の追完請求権の基礎づけ」の問題に含まれることになる。これに対して，追完請求権の法的性質の問題は，買主の追完請求権が認められることを前提に，それが本来的履行請求権の規律に従うのか，「現実賠償」の性質を有するものとして損害賠償請求権と同様の規律に従うのかという，追完請求権の規律内容の確定にかかわるものである。したがって，これは，「買主の追完請求権の基礎づけ」の問題には含まれず，後述する「買主の追完請求権の内容確定」の問題に含まれることになる。

6　第1章　はじめに

で請求できるのか，複数の追完方法が考えられる場合にその選択を誰が行うことができるか，追完の履行場所はどこかといった，追完請求権の具体的規律内容が問題となる[6]。

(ア)　買主の追完請求権の基礎づけの問題

これらのうち，まず，買主の追完請求権の基礎づけの問題については，上述した改正前民法における瑕疵担保責任の法的性質をめぐる議論から分かるように，これまで一般に，売主が瑕疵のない物の給付義務を負うかどうかという点に照準を合わせた議論が展開されてきた。

それによると，買主の追完請求権は，一般的に，次のような図式に従って基礎づけられると考えられてきたものとみられる。すなわち，「①瑕疵のない物の給付が売買契約の合意内容となる→②その合意に従って売主は瑕疵のない物の給付義務を負う→③買主は瑕疵のない物の引渡しを求める履行請求権（本来的履行請求権）を有する→④瑕疵ある物が引き渡された場合に買主は追完請求権を有する」というわけである。これによれば，買主の追完請求権の基礎づけの問題は，「売買契約の合意に従って売主が瑕疵のない物の給付義務を負うか」という問題に集約され，それ以上の考慮は必要ないことになる

---

5)　本書では，買主の追完請求権が認められる場合に，その規律内容はどのようなものであるべきか，また，そうした規律内容はどのような要因・考慮に基づいて確定されるべきかという問題を「買主の追完請求権の内容確定」の問題と呼ぶ。「買主の追完請求権の内容確定」の問題を，上述した「買主の追完請求権の基礎づけ」の問題と区別しているのは，両者の問題が議論のレベルをやや異にすることから，これらを概念上区別しておくことが有用であるという考慮に基づくものである（もっとも，両者の問題は，まったく無関係のものというわけではない）。

　　これによれば，上述した追完請求権の法的性質の問題は，買主の追完請求権が認められることを前提に，その規律内容を，履行請求権の規律と損害賠償請求権の規律のいずれに即して確定するかという問題とみることができることから，この「買主の追完請求権の内容確定」の問題に含まれることになる。もっとも，後述するように，追完請求権の法的性質から，追完請求権の規律内容のすべてを一義的に確定できるのではないとすると，「買主の追完請求権の内容確定」の問題は，追完請求権の法的性質の問題に尽きるものではないということになる。

6)　こうした追完請求権の内容・範囲の確定が問題となることを指摘するものとして，窪田充見「履行請求権」ジュリスト1318号（2006年）103頁，107頁以下。また，一般的に，履行請求権の内容（給付の種類・態様）が問題となることを指摘するものとして，椿寿夫「履行請求権(上)～(下の2・完)」法律時報69巻1号100頁，2号37頁，3号68頁，70巻1号73頁（1997-98年），とくに70巻1号73頁以下も参照。

だろう。すなわち，①一方で，売主が売買契約の合意に従って瑕疵のない物の給付義務を負わないとされるのであれば，買主の追完請求権は基礎づけられないが，②他方で，売主が売買契約の合意に従って瑕疵のない物の給付義務を負うとされるのであれば，それによって直ちに買主の追完請求権が基礎づけられるということになる。

しかし，ここで売主の義務の不完全な履行がされた場合として想定されるのは，売主が買主に対して目的物を引き渡したところ，その後になって，引き渡された目的物に瑕疵（契約不適合）があることが判明したという場面である。このような場面で，引き渡された目的物の瑕疵（契約不適合）への対応として，買主が売主に対して，「履行の追完（修補や代物給付）」という，契約当事者が当初から予定していたとは必ずしもいえないような新たな措置を請求する権利は，上の図式が示すように，はたして売主が売買契約の合意に従って瑕疵のない物（契約適合物）の給付義務を負うこと（あるいは買主がそれに対応する本来的履行請求権を有すること）のみによって直ちに基礎づけられるのだろうか。もしこの場面で，売主が売買契約の合意に従って瑕疵のない物（契約適合物）の給付義務を負うとされる場合でもなお，一定の考慮から，買主に「追完請求権」という救済手段は原則として認められない——買主は損害賠償や解除など他の救済手段によるほかない——とされる可能性[7]があるとすれば[8]，買主の追完請求権が認められるかどうかは，売主が瑕疵のない物（契約適合物）の給付義務を負うかどうかのみによって論理必然的に決まるわけではないということになる。

そうだとすると，買主の追完請求権の基礎づけについては，売買契約の合意に従って売主が瑕疵のない物（契約適合物）の給付義務を負うかどうかという問題とは別に，買主の追完請求権それ自体がどのような考え方から基礎づけられるのか（あるいは基礎づけられないのか）が検討されなければならないことになるだろう。

---

7) ここで想定しているのは，追完請求権が原則として基礎づけられたうえで，それが履行不能等の追完請求権の限界によって例外的に排除されるという可能性ではなく，そもそも原則として追完請求権がはじめから基礎づけられない（したがって，追完請求権の限界を問題とする余地もない）という可能性である。

8) 次章で詳しくみるように，ドイツ法の議論においてはそのような可能性が示されている。

(イ) 買主の追完請求権の内容確定の問題

また，買主の追完請求権の内容確定の問題についても，買主の追完請求権が——本来的履行請求権の一態様・具体化として——本来的履行請求権と同様の規律に服すると考えるのであれば，問題は，本来的履行請求権において妥当していた規律内容を追完請求権にそのまま転用することによって解決されることになるだろう。これに対して，追完請求権が本来的履行請求権と同様の規律に服するわけでは必ずしもないとすれば，そうした追完請求権に特有の規律内容がいかなるものかが検討されなければならないことになる[9]。

上述した追完請求権の法的性質をめぐる議論は，まさにこうした追完請求権の内容確定にかかわるものであったとみることができるところ，そこでは，すでに，追完請求権が本来的履行請求権とは異なる規律に服する可能性が示唆されていた。もっとも，そこでの議論では，追完請求権の限界の問題に照準が合わせられており，追完請求権の法的性質から追完請求権のあらゆる規律内容が一義的に導き出されることまで意図されているわけではないとみられる。例えば，複数の追完方法がある場合にその選択を誰が行うことができるかといった問題について，追完請求権の法的性質からあるべき規律内容が一義的に導き出されるわけではないだろう。そうだとすれば，追完請求権の内容確定の問題については，従来から議論されてきた追完請求権の法的性質の問題を超えて，むしろ，追完請求権の規律内容がどのような要因・考慮に基づいて確定されるべきかを検討する必要があるように思われる。

イ　検討課題の実践的意義

以上のように，①買主の追完請求権がそもそも認められるのか，そしてまた，②そうした買主の追完請求権の規律内容がどのようなものであるかという問題は，実際，引き渡された目的物に瑕疵（契約不適合）があった場合に，履行の追完を請求しようとする買主にとっても，それに応じて履行の追完をする義務を負う売主にとっても，大きな関心事であろう。

---

9)　潮見佳男『プラクティス民法 債権総論』（信山社，第 3 版，2007 年）68 頁以下は，このような追完請求権（補完的履行請求権）に特化した法理を設ける方向に作用する要因として，①「履行請求権を超えた内容の請求権を債権者に与える必要がある場合」，②「補完的履行請求権の妥当する場面を制約する必要がある場合」，③「補完的履行請求権の内容・序列を明確化しておく必要性がある場合」を挙げている。

買主に追完請求権が認められるとしても，買主が実際にそれを行使し，売主がそれに適切に対応するためには，その前提として，買主の追完請求権の具体的規律内容がいかなるものかが確定されなければならない。

このように，買主の追完請求権の基礎づけやその規律内容について検討を行うことは，売主と買主の利害にかかわる実践的意義を有しているといえよう。

ウ　2017年の民法改正との関係

すでに述べたように，買主の追完請求権については，2017年の民法改正によって新たに明文の規定が設けられている。そこで，上述した本書の検討課題が，2017年の民法改正との関係でどのような意義を有するかについても触れておくこととしたい。

㈎　2017年の民法改正に至るまでの経緯

まず，2017年の民法改正に至るまでの経緯を簡単にみておくことにしよう。

民法（債権法）の改正へ向けた本格的な議論は，わが国における民法の施行から100年を経た20世紀末ごろに，学界の有志によって開始され[10]，それ以降，その検討が進められてきた[11]。

そのような中，2006年のはじめに，法務省が，民法（債権法）の抜本的見直しを行う旨の方針を決定したことを明らかにすると，民法（債権法）の改正へ向けた議論は，学界全体のレベルで活性化し，複数の研究グループにおいて，民法改正へ向けた研究成果が公表されるに至った[12]。

そうした学界における議論の中でも，とくに中心的な役割を果たしたのが，「民法（債権法）改正検討委員会」の活動であった。「民法（債権法）改正検討委員会」は，2006年10月に，民法（債権法）の抜本改正のための準備作業と

---

10)　山本敬三ほか『債権法改正の課題と方向——民法100周年を契機として〔別冊NBL51号〕』（商事法務研究会，1998年），能見善久ほか「〔シンポジウム〕民法100年と債権法改正の課題と方向」私法61号（1999年）3頁を参照。

11)　その中心となっていたのは，内田貴をはじめとする学界の有志によって，2001年に発足した「民法改正委員会」による活動である。この委員会では，担保法部会・債権法部会・家族法部会の3つの部会を順次設置して，各分野における民法改正へ向けた検討作業が行われた。この委員会による債権法改正の検討作業については，内田貴ほか「〔特別座談会〕債権法の改正に向けて——民法改正委員会の議論の現状(上)(下)」ジュリスト1307号102頁，1308号134頁（2006年）を参照。

して，改正の基本方針（改正試案）を作成することを目的に学界の有志によって組織されたものであり，多くの有力な民法学者がこれに参加した。同委員会は，約2年半にわたって民法（債権法）の改正に向けた検討作業を行い，2009年4月に，その成果として，きわめて詳細な内容の改正提案である『債権法改正の基本方針』[13)]を公表した[14)]。

この『債権法改正の基本方針』は，本書が取り上げる買主の追完請求権に関しても，①新たに「不完全な履行」の場合一般における債権者の追完請求権を定める旨の提案をするとともに，②売買契約との関係でも，給付された目的物に瑕疵がある場合における買主の追完請求権を定める旨の提案をするものであった。

こうした学界での動きを踏まえて，わが国の政府（法務省）も，民法（債権法）の改正に関する立法へ向けた具体的な検討作業を開始することにし，2009年10月28日に，法務大臣から，その諮問機関である法制審議会に対して，次のような諮問（諮問第88号）がされるに至った[15)]。

　　民事基本法典である民法のうち債権関係の規定について，同法制定以来の社会・経済の変化への対応を図り，国民一般に分かりやすいものとする等の観点から，国民の日常生活や経済活動にかかわりの深い契約に関する規定を中

---

12)　そのような研究グループの成果として，例えば，椿寿夫ほか編『民法改正を考える〔法律時報増刊〕』（日本評論社，2008年），金山直樹編『消滅時効法の現状と改正提言〔別冊NBL122号〕』（商事法務，2008年），加藤雅信ほか「〔特集〕日本民法典財産法編の改正」ジュリスト1362号（2008年）2頁以下，民法改正研究会（代表：加藤雅信）「日本民法典財産法改正試案──日本民法改正試案・仮案（平成21年1月1日案）』の提示」判例タイムズ1281号（2009年）5頁以下，同編『民法改正と世界の民法典』（信山社，2009年），同編『民法改正 国民・法曹・学界有志案──仮案の提示〔法律時報増刊〕』（日本評論社，2009年），同編『日本民法典改正案Ⅰ 第一編 総則──立法提案・改正理由』（信山社，2016年），円谷峻編著『社会の変容と民法典』（成文堂，2010年），同編著『民法改正案の検討 第1巻〜第3巻』（成文堂，2013年）などがある。

13)　民法（債権法）改正検討委員会編『債権法改正の基本方針〔別冊NBL126号〕』（商事法務，2009年）。

14)　2009年4月29日に，早稲田大学において，『債権法改正の基本方針』の公表にかかるシンポジウムが開催された。その内容については，民法（債権法）改正検討委員会編『シンポジウム「債権法改正の基本方針」〔別冊NBL127号〕』（商事法務，2009年）を参照。

15)　法務大臣による諮問から立法に至るまでの経緯については，筒井健夫＝村松秀樹編著『一問一答 民法（債権関係）改正』（商事法務，2018年）5頁以下も参照。

心に見直しを行う必要があると思われるので，その要綱を示されたい。

　これを受けた法制審議会は，この諮問に関する調査審議を行うための部会として，「民法（債権関係）部会」を設置した。同部会は，学界・実務界から選出された委員等によって構成され，2009年11月24日から2015年2月10日までの5年余りの間に，合計99回の会議（及び3つの分科会における合計18回の会議）を開催し，民法（債権関係）の規定の見直しについて調査審議を行った[16]。

　その審議の経緯は，次のとおりである。法制審議会民法（債権関係）部会は，まず，第1ステージ（第1読会）として，審議の対象とすべき改正項目を整理するための検討作業を行い，2011年4月12日の第26回会議において，その成果を取りまとめた「民法（債権関係）の改正に関する中間的な論点整理」を決定した。この「中間的な論点整理」については，同年6月1日から8月1日にかけてパブリック・コメント手続が実施されるとともに，各関係団体等からのヒアリングも行われた。

　その後，第2ステージ（第2読会）として，同部会は，各改正項目について内容の検討や取捨選択の作業を行い，2013年2月26日の第71回会議において，具体的な改正提案を中間的に取りまとめた「民法（債権関係）の改正に関する中間試案」を決定した。この「中間試案」についても，同年4月16日から6月17日にかけてパブリック・コメント手続が実施された。

　さらにその後，第3ステージ（第3読会）として，同部会は，各改正項目について最終的な改正要綱案の取りまとめに向けた審議を行い，2014年8月26日の第96回会議において，「民法（債権関係）の改正に関する要綱仮案」を決定し，さらなる審議を経て，2015年2月10日の第99回会議において，同部会における最終的な改正提案を取りまとめた「民法（債権関係）の改正に関する要綱案」を決定した。

　こうした民法（債権関係）部会における審議の結果を受けて，法制審議会は，同年2月24日の総会（第174回会議）において，上記の要綱案どおりの内容で「民法（債権関係）の改正に関する要綱」を決定し，同日，法務大臣への答申を行った。

16)　上述した『債権法改正の基本方針』は，参考資料の1つとして同部会に提出されている。

以上のような法制審議会における審議の過程でも，買主の追完請求権は，改正項目の1つとして審議の対象とされ，その結果，「民法（債権関係）の改正に関する要綱」には，買主の追完請求権に関する規定を新設するという内容が盛り込まれることとなった。

　その後，法制審議会による上記「民法（債権関係）の改正に関する要綱」の答申をもとに，法務省において最終的な法案作成作業が進められ，2015年3月31日の閣議決定を経て，第189回国会（常会）に「民法の一部を改正する法律案」（第189回国会閣法第63号）が提出された。

　この法律案は，第189回・第190回・第191回国会においては，政治情勢の影響からその審議がされないままとなっていた。しかし，その後，2016年の第192回国会（臨時会）において，ようやくその審議が開始され，それに続く2017年の第193回国会（常会）において，衆議院及び参議院の審議を経て，同年5月26日に，「民法の一部を改正する法律」が成立するに至った。この法律は，同年6月2日に公布され（平成29年法律第44号），同年12月20日の「民法の一部を改正する法律の施行期日を定める政令」（平成29年政令第309号）により，一部の規定を除き，2020年4月1日から施行されることとなった。

㈠　2017年の民法改正との関係での検討課題の意義

　以上でみた2017年の民法改正によって，買主の追完請求権については，民法典に新たに明文の規定が設けられることになった。これにより，改正前民法のもとで買主の追完請求権をめぐって議論されていた問題については，一定の範囲で，すでに立法的な解決がされたことになる。したがって，その意味では，上述した本書の検討課題が改正民法のもとで有する意義は，買主の追完請求権について明文の規定を欠いていた改正前民法のもとにおけるのと比べれば，それほど大きいものではないということもできるかもしれない。

　しかし，そうした中にあっても，買主の追完請求権の基礎づけやその規律内容のあり方について基礎的な検討を行うことは，依然として，次のような意義を有するものと考えられる。

　すなわち，そのような検討作業は，まず，①民法改正によって新たに設けられた買主の追完請求権の規律の意義と課題を明らかにし，今後，改正民法の解釈を通じてその具体的な規律内容を解明していくために必要な基礎的・

準備的作業としての意義を有するものと考えられる（改正民法の解釈論として
の意義）。立法によって買主の追完請求権に関する規定が設けられたとはいえ，
その規律内容を解釈によって具体的に明らかにしていくためには，これに関
する基礎的な検討が不可欠であるといえよう。

　さらにまた，そのような基礎的な検討を行うことは，②将来，買主の追完
請求権の規律に関してさらなる立法を行うことになる場合においても，理論
的な見地から，そのあるべき方向性を示すという意義を有するものと考えら
れる（将来における立法論としての意義）。

　このように，上述した本書の検討課題に取り組むことは，①改正民法に関
する解釈論との関係でも，さらにまた，②将来における立法論との関係でも，
そのあるべき方向性を示し，問題解決のための手がかりを提供するための基
礎的・準備的作業として，引き続き意義を有するものと考えられる。

エ　「売買における買主の追完請求権」を取り上げる意義

　そのほか，以上でみた追完請求権をめぐる問題は，もちろん，売買契約に
限らず，請負契約など他の契約類型においても問題となりうるものである[17]。
しかし，売買契約は，契約法の規律を考えるにあたって第1に念頭に置かれ
るもっとも基本的な契約類型であり，売買契約において追完請求権の問題が
どのように扱われるかを検討することは，契約法一般の規律を考えるにあ
たっても，避けて通ることができないものといえるだろう。そしてまた，次
章以降において詳しくみるように，そうした売買契約においては，引き渡さ
れた目的物に瑕疵（契約不適合）があった場合に買主に追完請求権が認められ
ることが，（歴史的・比較法的にみて）必ずしも自明ではなく，そのために，上
述したような問題がとくに先鋭化して現れることになる。本書がとくに「売
買における買主の追完請求権」を取り上げるのは，それによって，上述した

---

17)　請負契約における注文者の瑕疵修補請求権及び新規製作請求権については，下村正
　　明「履行認容の概念と効果に関する覚書」阪大法学145＝146号（1988年）477頁（請
　　負契約における議論を種類売買にも応用しようと試みる），笠井修「請負人の瑕疵責任
　　と性質保証責任――給付義務の範囲を画する保証」同『保証責任と契約法理論』（弘文
　　堂，1999年，初出1997-98年）239頁，277頁以下，原田剛「注文者の新規製作請求権」
　　同『請負における瑕疵担保責任』（成文堂，補訂版，2009年，初出1997-98年）3頁，
　　同「注文者の瑕疵修補請求権の構成」同『請負における瑕疵担保責任』（初出1999年）
　　56頁などを参照。

14 第1章 はじめに

ような追完請求権をめぐる問題の構造を浮き彫りにすることができるという考慮に基づくものである。

本書は，以上で述べたような問題意識及び実践的意図に基づいて，売買における買主の追完請求権の基礎づけ及び内容確定のあり方について基礎的な検討を行うことを目的とするものである[18]。

2　検討の素材と手順

(1)　検討の素材——ドイツ法

本書では，上述した検討課題に取り組むため，比較法的検討の素材として，ドイツにおける買主の追完請求権をめぐる一連の議論を取り上げ，その分析・検討を通じて，わが国における議論への示唆を得ることとしたい。

これまで，ドイツの担保責任法に関する議論は，わが国の担保責任法に関する議論に対して強い影響を及ぼしてきた。とりわけ，わが国において，改正前民法のもとで展開されてきた瑕疵担保責任の法的性質論は，ドイツ法の

---

18)　買主の追完請求権と関連する問題として，売主の追完権（売主が履行の追完をすることによって買主による損害賠償請求——填補賠償請求——や契約解除権の行使を免れることができる権利）の問題がある。もっとも，①買主が履行の追完を請求することができるかという問題（買主の追完請求権の問題）と，②売主が買主による損害賠償請求や契約解除権の行使を免れるために履行の追完をすることができるかという問題（売主の追完権の問題）は，それぞれ異なる価値判断に対応した別個の問題であるということができる。これについては，とりわけ履行請求権と損害賠償請求権との関係を取り扱うものとして，林良平「ドイツ民法第 280 条の履行不能概念」同『近代法における物権と債権の交錯（林良平著作選集I）』（有信堂，1989 年，初出 1955 年）191頁，208 頁，森田（宏）・前掲注 3）258 頁以下，潮見佳男『債権総論I——債権関係・契約規範・履行障害』（信山社，第 2 版，2003 年）367 頁以下，森田修『契約責任の法学的構造』（有斐閣，2006 年）8 頁以下，吉川吉樹『履行請求権と損害軽減義務——履行期前の履行拒絶に関する考察』（東京大学出版会，2010 年）など。また，追完権に関して同じ趣旨を述べるものとして，奥田昌道編『新版注釈民法(10) I 』（有斐閣，2003年）384 頁以下〔潮見佳男〕，潮見佳男『プラクティス民法 債権総論』（信山社，第 4 版，2012 年）152 頁以下も参照。
　このような理解に基づいて，本書では，買主の追完請求権の問題と売主の追完権の問題とを区別し，このうち買主の追完請求権の問題を中心に取り扱うこととする。なお，ドイツ法における売主の追完利益の保障のあり方について検討するものとして，川村尚子「売主の追完利益の保障に関する一考察——ドイツ法における議論を素材として」同志社法学 65 巻 6 号（2014 年）179 頁を参照。

議論からきわめて強い影響を受けて展開されたものであった[19]。したがって，従来この問題との関連で論じられてきた買主の追完請求権の問題がドイツにおいてどのように取り扱われているかを検証することは，これまでのわが国における議論の特徴と問題点を明らかにするうえで，大きな意義が認められるといえるだろう。

　また，ドイツにおいては，2002 年 1 月 1 日に施行された債務法現代化法によって，ドイツ民法典（BGB）の大規模な改正が行われ，改正前の BGB（BGB 旧規定）においては（種類売買における代物請求権に限って）部分的にしか規定されていなかった買主の追完請求権（修補請求権・代物請求権）が，改正後の BGB（BGB 新規定）においては包括的に規定されるに至った。さらに，新たに法定された買主の追完請求権については，上記の改正後も，その具体的な規律内容をめぐって激しい議論が展開されている。

　このように，買主の追完請求権について，わが国の従来の議論が参照してきた旧法の立場から立法及びその解釈を通じてその転換を図ろうとしてきたドイツの一連の議論は，上述した本書の検討課題に取り組むにあたっても，有益な示唆をもたらしうるものと考えられる。

　そこで，本書においては，上述した問題意識に照らして，買主の追完請求権の基礎にある考え方ないし買主の追完請求権の規律内容を方向づける要因を明らかにするという観点から，ドイツ法の議論のうち，⑴とりわけ買主の追完請求権の基礎づけにかかわるものとして，①債務法改正前における買主の追完請求権——とくに買主の修補請求権——の有無をめぐる議論，②債務法改正作業における買主の追完請求権の法定化の是非及びその内容をめぐる議論を，⑵とりわけ買主の追完請求権の内容確定にかかわるものとして，③債務法改正後における買主の追完請求権の具体的規律内容をめぐる議論を取り上げて，検討の対象とすることにしたい。

⑵　検討の手順

　以下では，まず，第 2 章及び第 3 章において，ドイツにおける買主の追完請求権をめぐる議論の展開——ドイツ債務法改正前から，債務法改正作業を経て，債務法改正後に至る一連の議論の展開——を取り上げ，本書の検討課

---

19)　これについては，北川善太郎『日本法学の歴史と理論——民法学を中心として』（日本評論社，1968 年）104 頁以下などを参照。

題である買主の追完請求権の基礎づけと内容確定のあり方に着目して，その分析・検討を行う。

このうち，第2章においては，ドイツにおけるBGB旧規定のもとでの買主の追完請求権に関する議論（債務法改正前における議論）を取り上げる。そこでは，とりわけ，BGB旧規定において明文の規定がなかった買主の修補請求権が，解釈論上認められるかどうかという点に関する議論を検討の対象とする。

それに引き続いて，第3章においては，①ドイツ債務法改正作業における買主の追完請求権の法定化をめぐる議論，そして，②債務法改正後における買主の追完請求権の具体的規律内容をめぐる議論を取り上げる。そこでは，①買主の追完請求権がどのような考慮に基づいて法定されたのか，また，②そうした買主の追完請求権の規律内容がどのような要因・考慮に基づいて確定されるのかという点に照準を合わせて分析を行う。

以上を踏まえて，第4章においては，わが国における買主の追完請求権の基礎づけと内容確定のあり方について，第3章までにみたドイツ法の議論との比較という観点から，まず，わが国における従来の議論（改正前民法のもとでの議論）を取り上げ，その特徴と問題点を明らかにする。そのうえで，その後に展開されたわが国の民法改正にかかわるものとして，①『債権法改正の基本方針』における買主の追完請求権の改正提案と，②その後に成立した改正民法における買主の追完請求権の規律を取り上げ，これらについても，ドイツ法の議論との比較という観点から，その内容の分析・検討を行う。

以上の分析・検討を通じて，わが国の民法改正の過程で展開された買主の追完請求権に関する一連の議論を跡づけるとともに，改正民法における買主の追完請求権の規律の意義と課題を明らかにすることにしたい。

3　本書における用語上の注意点

なお，ここで，あらかじめ本書における用語上の注意点を述べておきたい。

2017年の民法改正により，改正前民法570条が定めていた売主の瑕疵担保責任は，債務不履行責任としての性質を有する契約不適合責任へと再編されることとなった。それに伴って，そこで用いられる用語・表現も民法改正の前後で異なるものとなっている。例えば，①改正前民法のもとでの「瑕疵（瑕

疵がある）」という用語・表現については，改正民法においては，「契約の内容に適合しない」ないし単に「不適合」（契約不適合）という用語・表現が用いられることになっている（改正民法562条などを参照）[20]。また，②改正前民法のもとでの「瑕疵がない」という用語・表現についても，改正民法においては，「契約の内容に適合する」という用語・表現が用いられることになっている（改正民法567条2項を参照）。

そこで，改正前民法のもとでの議論と改正民法の規律の双方を検討対象とする本書では，それぞれの文脈に即して，これらの用語・表現を互換的に用いることとしたい。

---

20) ただし，改正民法における契約不適合責任の規律対象（目的物の種類，品質又は数量に関する契約不適合）は，改正前民法における瑕疵担保責任の規律対象（目的物の瑕疵）よりも広くなっていることに注意を要する。

第2章

ドイツにおける BGB 旧規定のもとでの買主の追完請求権

　本章では，債務法改正前のドイツにおいて，買主の追完請求権についてどのような規律がされており，また，これに関してどのような議論が展開されていたのかをみていく。

　債務法現代化法による改正前の BGB（BGB 旧規定）のもとでは，包括的に買主の追完請求権を定める規定は存在しておらず，種類売買における買主の代物請求権を定める規定が存在するにとどまっていた。それゆえ，とりわけ特定物売買の場合において，引き渡された売買目的物に瑕疵がある場合に買主に修補請求権が認められるかが，特定物売買の場合に売主に瑕疵のない物の給付義務が認められるかという問題と関連して争われていた。

　以下では，まず，BGB 旧規定における関連する規律の全体像を把握するために，売買目的物に物的瑕疵があった場合の売主の責任に関する規律を概観し（第1節），それに続いて，買主の追完請求権の規律について，代物請求権（第2節）と修補請求権（第3節）とに分けてみていくことにしたい。

第1節　BGB 旧規定による物の瑕疵責任の規律

BGB 旧規定のもとでは，売買目的物に物的瑕疵があった場合の売主の責任は，次のように規律されていた。

1　売主の給付義務

まず，物の売買における売主の給付義務については，「売買契約により，物の売主は，買主に，その物を引き渡し，かつ，その物の所有権を移転する義務を負う。」と規定されていた（BGB 旧規定 433 条 1 項 1 文）。そして，売主の所有権移転義務については，「売主は，第三者が買主に対して主張することのできる権利がないように，売買の目的物を買主に取得させる義務を負う。」と規定されていた（BGB 旧規定 434 条）。

これによれば，BGB 旧規定においては，①権利の瑕疵のないことは明文で売主の給付義務の内容とされていたのに対して，②物の瑕疵のないことが売主の給付義務の内容であるかどうかについては，明文の規定が存在していなかったことになる。それゆえ，こうした物の瑕疵のないことに関する売主の義務については，後述するように，とりわけ買主の修補請求権の有無と関連して激しい議論が展開されることとなった。

2　売買目的物に物的瑕疵がある場合の売主の責任の概観

以上のような売主の義務に関する規定を前提として，BGB 旧規定においては，売買の目的物に物的瑕疵がある場合，買主には次のような権利が認められるものと定められていた。

(1)　瑕疵担保解除又は代金減額請求権

売買目的物に瑕疵がある場合，買主は，瑕疵担保解除（Wandelung）又は代金減額（Minderung）を請求することができるとされていた（BGB 旧規定 459

条, 462条)¹⁾。

(2) 売主が悪意の場合又は性質保証がある場合における損害賠償請求権

また，①売主が瑕疵について悪意である場合，又は，②売主が売買目的物の性質を保証した場合には，買主は，不履行に基づく損害賠償（Schadensersatz wegen Nichterfüllung）を請求することもできるとされていた（BGB 旧規定463条，480条2項）²⁾。

(3) 種類売買における代物請求権

以上に加えて，種類売買の場合には，買主は，瑕疵のない代物の引渡しを請求することもできるとされていた（BGB 旧規定480条1項）。

---

1) 【BGB 旧規定第459条】
   (1) 物の売主は，買主に対し，危険が買主に移転する時に，その物にその価値又は通常の使用もしくは契約によって前提とされた使用についての適性を消滅又は減少させる瑕疵がないことについて責任を負う。価値又は適性の重大でない減少は，顧慮しない。
   (2) 売主は，危険移転時に，その物が保証された性質を有することについても責任を負う。
   【BGB 旧規定第462条】
   買主は，第459条，第460条の規定に従って売主が責任を負うべき瑕疵を理由として，売買の解消（瑕疵担保解除）又は売買代金の引下げ（代金減額）を請求することができる。
2) 【BGB 旧規定第463条】
   売買目的物が売買の時において保証された性質を欠く場合，買主は，瑕疵担保解除又は代金減額に代えて，不履行に基づく損害賠償を請求することができる。売主が瑕疵を悪意で黙秘した場合も，同様である。
   【BGB 旧規定第480条】
   (1) 種類のみによって定められた物の買主は，瑕疵担保解除又は代金減額の代わりに，瑕疵ある物に代えて瑕疵のない物の引渡しを請求することができる。この請求権については，瑕疵担保解除について適用される第464条ないし第466条，第470条，第474条ないし第479条の規定を準用する。
   (2) 危険が買主に移転する時において，その物が保証された性質を欠く場合又は売主が瑕疵を悪意で黙秘した場合，買主は，瑕疵担保解除，代金減額又は瑕疵のない物の引渡しに代えて，不履行に基づく損害賠償を請求することができる。

3 約款規制法と合意に基づく修補請求権に関する規律の創設

(1) 実務における普通取引約款を通じた買主の修補請求権の定め

以上から分かるように，BGB 旧規定においては，——特定物売買の場合にも種類売買の場合にも——売買目的物に瑕疵がある場合の買主の権利として，買主の修補請求権を認める明文の規定は存在していなかった。これは，請負契約において仕事に瑕疵がある場合の注文者の権利として，注文者の修補請求権（瑕疵除去請求権）を認める明文の規定（BGB 旧規定 633 条 2 項）が設けられていたのとは対照的であった。

しかし，実務においては，とりわけ普通取引約款を通じて，買主の修補請求権を認める旨の定めを設けることが広く行われることとなった。そして，その定めの内容は，通常は，買主に対し，法律上の瑕疵担保解除又は代金減額の権利に代えて，修補請求権を認めるというものであった（これは，買主に修補請求権を認める一方で，買主の瑕疵担保解除又は代金減額の権利を制約するという意味をもつものである）[3]。

(2) 約款規制法の制定と合意に基づく修補請求権の費用負担に関する規律の創設

そのような中，ドイツでは，1976 年に約款規制法（AGBG）が制定され[4]，そこにおいて，約款使用者である売主が修補義務を負う場合にその売主が負うことになる費用負担義務を排除又は制限する条項を無効とする旨の規定が設けられた（AGBG11 条 10 号 c）[5]。それに対応して，民法典においても，修補請求権が合意された場合には，原則として，売主がその費用を負担しなければならない旨の規定が設けられた（BGB 旧規定 476a 条）[6]。

---

3) これについては，Ulrich Huber, in: Hans Theodor Soergel (Begr.), Bürgerliches Gesetzbuch mit Einführungsgesetz und Nebengesetzen, Band 3, Schuldrecht II, 12. Aufl., 1991（以下では，Soergel として引用），§ 476a Rn. 1; Bundesminister der Justiz（Hrsg.), Abschlußbericht der Kommission zur Überarbeitung des Schuldrechts, 1992, S. 25 などを参照。

4) BGBl. Teil I Nr. 142/1976, S. 3317 ff. なお，この約款規制法（AGBG）の規律は，その後，後述する 2001 年の債務法現代化法によって，ドイツ民法典（BGB 新規定 305 条から 310 条）に組み込まれることになった。

第2節　買主の代物請求権

　買主の代物請求権については，特定物売買と種類売買とで次のように異なる規律がされていた。

1　特定物売買の場合

　特定物売買の場合には，買主の代物請求権は一般に認められないものとされていた。その結果，特定物売買において引き渡された物に瑕疵があった場合，原則として買主に認められていたのは，瑕疵担保解除又は代金減額の権利のみであった[7]。

　このような規律は，次のような考慮に基づくものであった。

---

5)　【AGBG 第11条（評価の余地のない条項禁止）】
　　普通取引約款において，次の条項は無効である。
　　1.～9.　略
　　10.　（担保責任）
　　　新たに製作された物の供給契約及び給付の際に，次のことを定める条項
　　　a・b　略
　　　c　（修補の場合の費用）
　　　　担保責任の義務を負う約款使用者が負う，修補の目的のために必要となる費用，とりわけ，輸送費，交通費，労務費及び材料費を負担する義務を，排除又は制限すること
　　　d～f　略
　　11.～16.　略
6)　【BGB 旧規定第476a 条】
　　買主の瑕疵担保解除又は代金減額の権利に代えて，修補の権利が合意される場合，修補義務を負う売主は，修補の目的のために必要な費用，とりわけ，輸送費，交通費，労務費及び材料費を負担しなければならない。この規定は，その費用が，売買目的物がその引渡しの後に受領者の住所又は営業所とは異なる場所に運搬されたことを理由に増加した限りで，適用しない。ただし，その運搬がその物の用途に従った使用に適するものであるときは，この限りでない。
7)　ドイツ（BGB 旧規定）における特定物売買の場合の物の瑕疵責任については，柚木馨『売主瑕疵担保責任の研究』（有斐閣，1963 年）119 頁以下を参照。

(1) ローマ法における物の瑕疵責任への依拠

ローマ法において，物の瑕疵責任は，奴隷・家畜売買に関する市場裁判権を有していた按察官によって，特定物売買である奴隷・家畜の売買について展開されたものであった[8]。そこでは，按察官告示によって，売買目的物である奴隷・家畜に瑕疵——病気・逃亡性など——がある場合に，買主に解除訴権（actio redhibitoria）及び減額訴権（actio quanti minoris）が認められていた。

このようなローマ法における物の瑕疵責任の歴史的起源に依拠して，買主に瑕疵担保解除及び代金減額の権利が認められるものとされた[9]。

(2) 特定物売買の特徴

これに対して，特定物売買においては，買主が他の物を請求することは当然にできないものとされた[10]。特定物売買の場合には，債務関係の内容に従って特定された物のみが義務づけられているのであり，他の物の引渡しは契約の履行と考えられないからであるとされた[11]。

したがって，特定物売買の場合には，瑕疵担保解除ないし代金減額の権利

---

8) 例えば, Max Kaser/Rolf Knütel, Römisches Privatrecht, 19. Aufl., 2008, S. 224 によれば，ローマ法においては，売買は具体的な売買目的物に関連づけられていなければならないとされていたため，ローマ法は「純粋」種類売買，すなわち，種類のみによって限定された物の売買を予定しておらず，純粋種類売買の経済的機能は，例えば，問答契約の形式での給付約束のような代替的形式を通じて実現されていたとされる。したがって，ローマ法において展開された売買における物の瑕疵責任は，本来的には，特定物売買に関するものであったとされる。

　以上の点も含め，ローマ法における瑕疵担保責任については，柚木・前掲注7) 1頁以下，北川善太郎『契約責任の研究』（有斐閣，1963年）99頁以下，半田吉信「古代法における瑕疵担保責任——瑕疵担保法の起源」千葉大学法経研究12号（1982年）1頁，同「ローマ法における瑕疵担保責任——要件を中心に」千葉大学法経研究13号（1983年）49頁，同「ローマ法における瑕疵担保責任——効果を中心に(1)(2・完)」千葉大学法経研究14号105頁，15号37頁（1983-84年）を参照。

9) Motive zu dem Entwurfe eines Bürgerlichen Gesetzbuches für das Deutsche Reich, Band II, 1888 (以下では, Motive II として引用), S. 224, 227 = Benno Mugdan (Hrsg.), Die gesammten Materialien zum Bürgerlichen Gesetzbuch für das Deutsche Reich, Band II, 1899 (以下では, Mugdan II として引用), S. 123, 125.

10) Motive II, a. a. O. (Fn. 9), S. 227 = Mugdan II, a. a. O. (Fn. 9), S. 125.

11) Protokolle der Kommission für die zweite Lesung des Entwurfs des Bürgerlichen Gesetzbuches, Band I, 1897 (以下では, Protokolle I として引用), S. 715 = Mugdan II, a. a. O. (Fn. 9), S. 684.

が，引き渡された物に瑕疵があることから生じる不利益から買主を保護する唯一の手段であるとされた[12]。

2 種類売買の場合

以上に対して，種類売買の場合には，明文の規定で買主の代物請求権が認められていた（BGB 旧規定 480 条 1 項）。その結果，種類売買において引き渡された売買目的物に瑕疵があった場合に，買主には，選択的に，①瑕疵担保解除，②代金減額，③代物請求権という 3 つの権利が認められることとされていた[13]。

このような規律は，次のような事情に基づくものであった。

(1) 普通法時代における論争

上述したように，瑕疵担保解除及び代金減額の権利は，元来，按察官によって特定物売買である奴隷・家畜の売買について展開されたものであった。そのため，BGB 制定前の普通法時代においては，①種類売買の場合においても，按察官の法的救済である瑕疵担保解除及び代金減額の権利が買主に認められるのか，また，②そのような権利が買主に認められるとして，そうした買主には，さらに代物請求権もまた認められるのかという点について学説上の論争があった[14]。

(2) BGB の立法者による解決

BGB の立法者は，このような普通法時代における論争を次のように解決することとした[15]。

---

12) Protokolle I, a. a. O. (Fn. 11), S. 715 = Mugdan II, a. a. O. (Fn. 9), S. 684.

13) ドイツ（BGB 旧規定）における種類売買の場合の物の瑕疵責任については，柚木・前掲注 7) 133 頁以下，北居功『契約履行の動態理論 II──弁済受領論』（慶應義塾大学出版会，2013 年，初出 1996 年）170 頁以下，下森定「種類売買の法的保護に関する一考察──瑕疵ある物の給付を受けた買主の法的保護をめぐって」同『履行障害法再構築の研究（下森定著作集 II）』（信山社，2015 年，初出 2007 年）1 頁，4 頁以下を参照。

14) Motive II, a. a. O. (Fn. 9), S. 241 = Mugdan II, a. a. O. (Fn. 9), S. 133. こうした普通法時代の論争については，北川・前掲注 8) 109 頁以下，下森・前掲注 13) 14 頁以下を参照。

15) この問題に関する BGB の立法過程については，下森・前掲注 13) 37 頁以下を参照。

26 第2章 ドイツにおける BGB 旧規定のもとでの買主の追完請求権

ア 瑕疵担保解除及び代金減額の権利の承認

まず，種類売買の場合にも，買主に瑕疵担保解除及び代金減額の権利が認められることとされた。

これは，次のような考慮に基づくものであった。すなわち，種類売買の場合に，特定物売買におけるのと同様の（無条件・即時の）瑕疵担保解除及び代金減額の権利を買主に認めないとする学説によれば，買主が契約の解除や代金減額をすることができるのは，契約の維持が買主にとってもはや利益とならないことなど一定の事実を買主が証明できる場合のみであると解されていた。しかし，この証明が困難であることによって，（契約の解除及び代金減額を望む）買主の利益は著しく脅かされることになる。この不都合を回避するためには，買主に対して，特定物売買の場合と同じように，（無条件・即時の）瑕疵担保解除及び代金減額の権利を付与するほかないとされた[16]。

これによって，種類売買についても，基本的には，特定物売買と同様の規律——買主に瑕疵担保解除と代金減額の権利を認めるという規律——が設けられることとなったわけである。

イ 代物請求権の承認

その一方で，種類売買における買主には，以上に加えて，瑕疵のない代物の引渡しを請求する権利も認められることとされた。これは，次のような考慮に基づくものであった。

(ア) 契約上の権利による基礎づけ

まず，瑕疵のない代物の引渡しを請求する権利は，契約上の権利から基礎づけられるものとされた。そして，買主が目的物を受領したことによってそのような権利が認められなくなる根拠は存在しないとされた[17]。

---

16) Motive II, a. a. O.（Fn. 9）, S. 241 f. ＝ Mugdan II, a. a. O.（Fn. 9）, S. 133.

17) Motive II, a. a. O.（Fn. 9）, S. 242 ＝ Mugdan II, a. a. O.（Fn. 9）, S. 134. これによれば，種類売買における買主の代物請求権の法的性質は，売買契約に基づく買主の本来的履行請求権であると理解されているものとみられる。実際また，BGB 旧規定のもとでの支配的見解も，買主の代物請求権の法的性質を買主の本来的履行請求権であると理解していた。もっとも，これに対しては，買主の代物請求権の法的性質を本来的履行請求権とは区別された売主の担保責任の1つとして理解する見解もあった。こうした学説の議論状況については，北居・前掲注13）183 頁以下を参照。

㈹　買主の不当な不利益

また，買主に代物請求権を認めないことは，買主にとってあまりに過酷であるとされた[18]。その際には，とりわけ，買主が受領した瑕疵ある物品を転売した場合には，（買主に代物請求権を認めないと）買主が他の手段で瑕疵のない物を調達しなければならないという不利益を負ってしまうことが懸念された[19]。

---

18)　Motive II, a. a. O.（Fn. 9），S. 242＝Mugdan II, a. a. O.（Fn. 9），S. 133.

19)　Protokolle I, a. a. O.（Fn. 11），S. 713＝Mugdan II, a. a. O.（Fn. 9），S. 683.

第3節　買主の修補請求権

　すでに述べたように，BGB 旧規定においては，——特定物売買の場合にも種類売買の場合にも——買主の修補請求権を認める明文の規定が存在していなかった。それゆえ，学説においては，目的物に瑕疵があった場合に買主の修補請求権が認められるかどうかが問題とされた。そして，これについては，とりわけ，瑕疵担保責任の法的根拠との関係で特定物売買の場合に売主に瑕疵のない物の給付義務が認められるかという問題と関連づけられた形で議論が展開されることとなった[20]。

　あらかじめその議論状況の見取り図を示しておくと，一方では，①売主の瑕疵のない物の給付義務と買主の修補請求権とを関連づけたうえで，特定物売買において双方をともに否定する見解が支配的であった。これに対しては，②売主の瑕疵のない物の給付義務と買主の修補請求権とを関連づけたうえで，特定物売買においても種類売買においても双方をともに肯定する見解が少数ながら主張されていた。しかし，他方では，③売主の瑕疵のない物の給付義務と買主の修補請求権との関連づけからいったん距離をとり，売主が瑕疵のない物の給付義務（引渡義務）を負うとしても，それによって直ちに買主の修補請求権が認められるわけではないとする見解も有力に主張されていた。

　そこで，以下では，売主の瑕疵のない物の給付義務と買主の修補請求権の問題がどのように関連づけられていたのか（あるいは関連づけられていなかったのか），そして，買主の修補請求権がどのような実質的根拠から肯定あるいは否定されていたのかという点に照準を合わせて，これに関する議論をみていくことにしたい。

---

20)　ドイツ（BGB 旧規定）における買主の修補請求権の問題について紹介・検討するものとして，北川・前掲注8）98 頁以下，とくに 156 頁，鈴木恵「売買における瑕疵修補請求権(1)」関東学院法学 5 巻 1 号（1995 年）29 頁，石崎泰雄「ドイツ新民法（債務法）における瑕疵担保責任の統合理論」同『契約不履行の基本構造——民法典の制定とその改正への道』（成文堂，2009 年，初出 2003 年）91 頁。

1 瑕疵のない物の給付義務否定＝修補請求権否定説

　債務法改正前において支配的地位を占めていたのは，特定物売買の場合に売主が瑕疵のない物の給付義務を負うことを否定するとともに，買主の修補請求権も否定するという見解であった。

　以下では，この見解に属するもののうち，①その古典的な基礎を確立・展開したジュースの見解[21]，②結論としては売主が瑕疵のない物の給付義務を負うことを否定するものの，目的物の性質が給付合意の内容となりうることを明らかにし，売主が瑕疵のない物の給付義務を負うことを肯定する見解（後述2・3参照）の基礎を築いたフルーメの見解，そして，③以上の見解を踏まえたうえで，債務法改正前の時点における支配的見解を代表していたとみられるラーレンツの見解を取り上げる。

(1)　ジュースの見解

ア　売主の瑕疵のない物の給付義務の否定

　ジュース（Theodor Süß）[22]は，まず，特定物売買の場合に，売主が瑕疵のない物の給付義務を負うことを否定する。特定物売買の場合には，特定された物があるがままの状態で売買されることから，瑕疵のない目的物というものは論理的に問題となりえず，売主は，その物を現にある状態で引き渡せば，完全な履行をしたことになる[23]。すなわち，「瑕疵ある特定物の給付は，瑕疵のない完全な履行である」とされる[24]。

---

21)　なお，瑕疵担保責任を給付義務の不履行に基づく責任とは異なる責任であるとする見解の嚆矢となったのは，Friedrich Schollmeyer, Erfüllungspflicht und Gewährleistung für Fehler beim Kauf, JherJahrb. 49（1905），S. 93 ff. である（ショルマイヤーの見解の紹介として，北川・前掲注8）140頁以下，円谷峻「瑕疵担保責任」星野英一編集代表『民法講座(5)契約』（有斐閣，1985年）185頁，202頁以下注33などを参照）。これに対して，本書では，瑕疵のない物の給付義務と買主の修補請求権との関係，買主の修補請求権の有無とその根拠を明らかにするという本書の問題意識との関係で，売主の瑕疵のない物の給付義務を否定する方向を徹底し，買主の修補請求権に関しても立ち入った議論を展開するジュースの見解を取り上げることとしたい。

22)　Theodor Süß, Wesen und Rechtsgrund der Gewährleistung für Sachmängel, 1931. ジュースの見解の紹介として，於保不二雄「瑕疵担保責任の本質に就て」法学論叢29巻3号（1933年）426頁，北川・前掲注8）142頁以下などを参照。

23)　Süß, a. a. O.（Fn. 22），S. 49.

30 第2章 ドイツにおける BGB 旧規定のもとでの買主の追完請求権

売買における類型的給付義務として問題となるのは，占有の移転義務と負担のない所有権の移転義務のみである。したがって，目的物は，常に，あるがままの状態で引き渡されなければならないのだという[25]。

イ 瑕疵担保責任の根拠

それゆえ，瑕疵担保責任は，売主が目的物を瑕疵のない状態で引き渡す義務を負わないにもかかわらず，その瑕疵に関して負うこととなる責任であるとされる[26]。そして，そのような責任は，売買契約における給付と反対給付との主観的均衡を回復するものとして正当化されるのだとする。すなわち，特定物売買において瑕疵ある物が給付される場合には，完全な履行がされたにもかかわらず，給付と反対給付の主観的均衡が崩れることになる。この均衡を回復するために，買主は，契約を解消し又は代金を減額する権利を有するのだという[27]。

ウ 買主の修補請求権

そのうえで，ジュースは，瑕疵のない物が履行義務の対象とはなりえないという理由から，通常，買主の修補請求権は問題とならないとする。もっとも，事情によっては，BGB157 条（契約の解釈），242 条（信義則）によって，買主の修補請求権が認められることがあるという。しかし，これは，決して売買契約それ自体に基づくものではなく，特別の付随合意又はそのような付随義務を正当化する事情に基づくものであるとされる[28]。

このように，ジュースによれば，買主の修補請求権は，いずれにしても，売買契約それ自体に基づくものとしては認められないとされる。その根拠として，ジュースは，次のものを挙げている。

---

24) Süß, a. a. O. (Fn. 22), S. 50.
25) Süß, a. a. O. (Fn. 22), S. 76.
26) Süß, a. a. O. (Fn. 22), S. 51.
27) Süß, a. a. O. (Fn. 22), S. 53 f. なお，Süß, a. a. O. (Fn. 22), S. 52 は，このような売主の責任が法政策的に要請される根拠として，そうした売主の責任が存在しなければ，売買目的物の瑕疵への対処として「性質保証（Zusicherung），瑕疵がないことの保証（Garantie）及びその他の法律行為に基づく付随合意がされることによって，売買取引に過度の負担をかけることになってしまう」ことを挙げている。
28) Süß, a. a. O. (Fn. 22), S. 59.

(ア) 売買契約の本質

修補請求権においては，本来的に，売買契約に基づく給付とは全く関係のない，結果の作出——これは，むしろその本質からして請負契約に基づく給付と同様の作為である——が問題となる[29]。しかし，売買は，第一次的に，目的物の事実的及び法的な移転を目的とするものであって，決して，その他の何らかの作為，とりわけ，欠けている性質の作出又は修理を目的とするものではない。したがって，買主の修補請求権を認めることは，売買契約の法的本質（juristisches Wesen）に反することになる[30]。

修補を売買契約における義務として認めるとすれば，それによって，売買に異質な要素が取り入れられることになり，それを認めることは，通常，当事者の意思ではありえないとされる[31]。

(イ) 売主の修補能力

売主である通常の商人は，同時に手工業者であるわけではない。したがって，売主は，通常，瑕疵ある物の修理を行うことができない[32]。商人の多くは，修理に適応しておらず，修理をすることは全くできないため，商人の義務づけ意思も，決して，修理を目的とするものではありえないとされる[33]。

(2) フルーメの見解

ア 瑕疵担保責任の根拠

フルーメ（Werner Flume）[34]は，次のように，瑕疵ある売買目的物の給付が売買の合意に対応しないことが瑕疵担保責任の法的根拠であるとする。

---

29) Süß, a. a. O. (Fn. 22), S. 59.

30) Süß, a. a. O. (Fn. 22), S. 105 f.

31) Süß, a. a. O. (Fn. 22), S. 59.

32) Süß, a. a. O. (Fn. 22), S. 59.

33) Süß, a. a. O. (Fn. 22), S. 106.

34) ここで参照したフルーメの論稿は次のとおりである。Werner Flume, Eigenschafts-irrtum und Kauf, 1948（以下では，Eigenschaftsirrtum として引用）; ders., Allgemeiner Teil des Bürgerlichen Rechts, Band 2, das Rechtsgeschäft, 4. Aufl., 1992（以下では，Allgemeiner Teil として引用）. フルーメの見解の紹介として，北川・前掲注 8) 145 頁以下，石崎・前掲注 20) 93 頁以下を参照。また，フルーメの考え方の基礎にあるサヴィニーの法理論について，児玉寛「古典的私的自治論の法源論的基礎」原島重義編『近代私法学の形成と現代法理論』（九州大学出版会，1988 年）119 頁も参照（同 177 頁以下に，ここでのフルーメの説明が取り上げられている）。

32 第2章 ドイツにおける BGB 旧規定のもとでの買主の追完請求権

　フルーメは，まず，「特定の目的物の給付合意においてその給付目的物の性質について当事者が有する観念は原則として意思形成の動機であり，給付合意の内容となりえない」とする見解[35]を批判し，「特定の目的物の給付合意は，その目的物の性質と関係づけられうる」とする[36]。そして，法律行為が目的物の一定の性質に関係づけられるかどうかは，取引類型（Geschäftstyp）に従って定まるところ[37]，現行法（BGB 旧規定）によれば，売主は，売買契約に基づいて売買目的物の性質について責任を負うとされていることから，現行法（BGB 旧規定）の契約類型としての売買契約が売買目的物の性質に関係づけられていること，すなわち，売買の合意が瑕疵のない状態での売買目的物の給付を目的としていることが明らかになるのだという[38]。これによれば，瑕疵ある売買目的物の給付は，こうした売買の合意に対応しないことになる。フルーメによれば，このように瑕疵ある売買目的物の給付が売買の合意に対応しないことが，売主の瑕疵担保責任の法的根拠であるとされる[39]。

イ　売主の瑕疵のない物の給付義務の否定と買主の修補請求権

　もっとも，フルーメは，次のように，「契約の不履行」と「履行義務の不履

---

35)　これは，ツィーテルマンの見解（Ernst Zitelmann, Irrtum und Rechtsgeschäft: Eine Psychologisch‐Juristische Untersuchung, 1879, S. 439 f.）に由来するものである。先にみたジュースの見解も含め（ジュースは，担保責任の根拠を売買契約自体に求めず，給付と反対給付の等価性についての潜在的留保（virtueller Vorbehalt）が存在することに求めている。Süß, a. a. O.（Fn. 22），S. 129 f., 211），それまでの物の瑕疵責任の本質ないし法的根拠に関する見解は，このようなツィーテルマンの見解を前提にしていたこともあって，物の瑕疵責任の法的根拠を売買契約に基づくものとは考えていなかったとされる（Flume, Eigenschaftsirrtum（Fn. 34），S. 33）。

36)　Flume, Eigenschaftsirrtum（Fn. 34），S. 31 f.; ders., Allgemeiner Teil（Fn. 34），S. 476 ff. これによれば，従来の支配的見解は，「特定の目的物の給付合意において，その合意の法律行為意思の構成要素である目的物の観念は，常に，空間的・時間的に定められた『あるもの（Etwas)』としてのみ把握され，その目的物の性質の顧慮は含まないという想定に基づくものである」が，この想定は誤りであるとされる。そして，「目的物の観念には，その目的物の性質が含まれうる」のであり，「特定の目的物の給付合意において，法律行為意思の構成要素である目的物の観念は，通常は，単なる空間的・時間的に定められたあるものではなく，一定の性質を有する空間的・時間的に定められたあるものである」とされる。そのうえで，「特定の目的物の給付合意において，目的物の性質の観念が，目的物の観念の統合的な（integrierend）構成部分として，法律行為意思の構成要素となりうるのであれば，その観念は，それが表示の対象となった場合には，法律行為の構成要素にもなりうる」とされる。

37)　Flume, Allgemeiner Teil（Fn. 34），S. 479 を参照。

行」とを区別し，売主の瑕疵のない物の給付義務（履行義務）については，これを否定する。

㈦ 契約の不履行と履行義務の不履行との区別

売買契約が瑕疵のない状態での売買目的物の給付を目的としていることから，瑕疵ある物の給付は，売買契約の履行ではなく契約違反である。しかし，フルーメによれば，それは履行義務の不履行ではない。契約の不履行と契約義務の不履行は，区別されなければならないというのである。義務の不履行が存在するのかどうかについて基準となるのは，その義務が法秩序によって規定されているのかどうかである。それに対して，契約の不履行が存在するのかどうかについて基準となるのは，契約であるとされる[40]。

㈥ 売主の瑕疵のない物の給付義務の否定

そのうえで，フルーメは，次のようにして，売主が瑕疵のない物の給付義務（履行義務）を負うことを否定する。

特定物売買の場合に売主が瑕疵のない物の給付義務（履行義務）を負うかという問題にとって基準となるのは，BGB 旧規定 459 条以下による物の瑕疵責任の規律である[41]。しかし，BGB 旧規定 459 条以下において履行義務はどこにも規定されておらず[42]，そして，BGB 旧規定 433 条及び 459 条以下における売主の義務の特別規律に鑑みると，契約はそれが合意されたように履行されなければならないという一般債務法上の考慮から，物の瑕疵のない状態での売買目的物の給付に関する売主の履行義務を認めることもまた許されないという[43]。

---

38) Flume, Eigenschaftsirrtum（Fn. 34），S. 33. これとは逆に，もしある法秩序が，売買契約に基づいて売買目的物の性質に関する法律効果を発生させないというのであれば，その法秩序の契約類型としての売買契約は，売買目的物の性質と関係づけられていないということになるとされる。例えば，イングランド法において，売主が商人ではないときには，売主は通常の物の瑕疵について責任を負わないとされる場合，イングランド法の契約類型としての個人の売買取引は，その限りで，売買目的物の性質と関係づけられていないとされる（ders., Eigenschaftsirrtum（Fn. 34），S. 33, Anm. 1）。

39) Flume, Eigenschaftsirrtum（Fn. 34），S. 33.

40) Flume, Eigenschaftsirrtum（Fn. 34），S. 41.

41) Flume, Eigenschaftsirrtum（Fn. 34），S. 35.

42) Flume, Eigenschaftsirrtum（Fn. 34），S. 35 f.

34 第2章 ドイツにおけるBGB旧規定のもとでの買主の追完請求権

すなわち，現行法（BGB旧規定）に関して，特定物売買の場合に物の瑕疵のない状態での売買目的物の給付に関する売主の履行義務が存在することを認めようとするのであれば，買主は，物の瑕疵のない状態での売買目的物の給付を訴求することができ，売主が売主に設定された相当期間内に売買目的物を瑕疵なく給付しない場合にはBGB旧規定283条により不履行に基づく損害賠償を請求することができるのでなければならない。この帰結を認めないのであれば，物の瑕疵のない状態での売買目的物の給付についての売主の履行義務もまた，認めることはできない。なぜなら，法的サンクションに対応しない履行義務を認めることは，無益な構成だからである。そして，BGB旧規定459条以下における物の瑕疵責任の実定的規律に鑑みれば，BGB旧規定283条の適用が不可能であることは自明であるという[44]。

以上のように，フルーメによれば，履行請求権や不履行に基づく損害賠償請求権といった法的サンクションに対応しない履行義務というものは無益な構成であって認められないとされる。現行法（BGB旧規定）によれば，買主は物の瑕疵のない状態での物の給付も不履行に基づく損害賠償も訴求することができない。したがって，売主の瑕疵のない物の履行義務というものも法的サンクションに対応しない無益な構成として認められないとされる[45]。

もっとも，フルーメは，その一方で，物の瑕疵のないことに関する履行請求権が存在しないことは，ア・プリオリに必然のものでは決してないということを強調している。法秩序が，請負契約の場合にそうであるように，瑕疵担保解除及び代金減額と並んで，瑕疵のない物の履行請求権を認めることは，全く可能である。しかし，現行法（BGB旧規定）は，正当にもそうしなかったのだという[46]。

---

43) Flume, Eigenschaftsirrtum（Fn. 34），S. 36.

44) Flume, Eigenschaftsirrtum（Fn. 34），S. 36.

45) Flume, Eigenschaftsirrtum（Fn. 34），S. 38. このことを，フルーメは，「売買契約によって瑕疵のない売買目的物の給付義務が合意されるのであるが，法秩序が，合意された法律効果に代えて，他の法律効果である担保責任を発生させる」，「法秩序が，売主に有利な形で，合意された法律効果を弱めるのだ」と説明している（ders., Eigenschaftsirrtum（Fn. 34），S. 48）。

第3節　買主の修補請求権　35

(3)　ラーレンツの見解

ア　売主の瑕疵のない物の給付義務の否定

ラーレンツ（Karl Larenz）[47]も，次のように，法律が買主に瑕疵除去請求権
を認めていないことから，売主が瑕疵のない物の給付義務を負うことを否定
する。

もし売主が瑕疵のない物の給付義務を負うのであれば，買主は除去可能な
瑕疵の除去を（残部履行として）請求することができるのでなければならな
い[48]。しかし，法律は，請負契約における注文者に瑕疵除去請求権を認めて
いる（BGB 旧規定 633 条 2 項）のとは異なり，買主に対しては瑕疵除去請求権
を認めていない。したがって，その物が現に有する性質がその物のあるべき
性質に対応しない場合に，買主は，あるべき性質を有する物の引渡しを訴求
することはできず，担保責任に基づく特別の権利のみを主張することができ
る。この規律を考慮すれば，特定物売買の場合には，物を「あるべき状態で」
取得させることは，訴えの方法で強制することのできる第一次的給付義務の
内容ではないと結論づけるほかないという[49]。

---

46)　Flume, Eigenschaftsirrtum（Fn. 34），S. 39. フルーメがこのような現行法（BGB 旧規定）
　　の立場を「正当」と考える理由は，必ずしも明らかではない。もっとも，フルーメが売
　　主に瑕疵のない物の履行義務を認めることに対して否定的であることは，──それ自
　　体は悪意の売主の損害賠償責任に関するものであるが──次の記述からみてとること
　　ができる。すなわち，フルーメは，「売主が売買契約の締結時にその瑕疵を知らなかっ
　　た場合に，その売主に売買目的物の性質に関する全てのリスクを負わせ，積極的利益
　　についての責任を負わせるとすれば，それは不衡平（unbillig）であろう。なぜなら，売
　　主は，性質保証（Zusicherung）があった場合とは異なり，そのようなリスクを引き受
　　けていなかったからである」と述べている（ders., Eigenschaftsirrtum（Fn. 34），S. 54）。
　　これによれば，フルーメは，一般的に売主が瑕疵のない物の履行義務を負うとするこ
　　とは，売買契約における類型的リスク配分として適切ではないと考えているものとみ
　　られる。
47)　ここで参照したラーレンツの論稿は次のとおりである。Karl Larenz, Lehrbuch des
　　Schuldrechts, Band II, 1. Halbband: Besonderer Teil, 13. Aufl., 1986（以下では，
　　Schuldrecht II として引用）; ders., Allgemeiner Teil des deutschen Bürgerlichen Rechts,
　　7. Aufl., 1989（以下では，Allgemeiner Teil として引用）; ders., Ergänzende Vertrags-
　　auslegung und dispositives Recht, NJW 1963, S. 737 ff.（以下では，Vertragsauslegung と
　　して引用）. ラーレンツの見解の紹介として，北川・前掲注 8）147 頁以下，柚木・前掲
　　注 7）130 頁を参照。
48)　Larenz, Schuldrecht II（Fn. 47），S. 66, Anm. 103.

イ 瑕疵担保責任の根拠

そのことから，ラーレンツは，瑕疵担保責任は，売買契約それ自体において基礎づけられた，給付義務及びその他の行為義務に付加される売主の保証義務（Einstandspflicht）に基づくものであるとしている[50]。

そのうえで，ラーレンツは，そのような売主の保証義務の根拠を，契約の締結にともなう事情に従って正当と考えられる買主の想定又は期待が裏切られることに見出している。そして，物の瑕疵の法律効果（の少なくとも一部）は，売買契約に内在する主観的等価性の原理（Prinzip der subjektiven Äquivalenz）から生じるのだとしている。すなわち，その物が，買主が期待してよい性質よりも悪いものである場合には，それによって，当事者によって想定されたその物と合意された売買代金との等価関係が買主に有利な形では存在しないことになる。それゆえ，そのような場合には，買主が現に存在する価値関係に即した売買代金の調整（代金減額）を請求し，又は物に瑕疵がある結果想定された価値関係に対応しない——したがって，当事者が瑕疵を知っていたならば締結しなかったであろう——契約を解消できるということが，契約正義の理念（Idee der Vertragsgerechtigkeit）から要請される。すなわち，売主の責任の根拠は，給付義務の違反ではなく，売買契約締結時の事情によって基礎づけられた売買目的物の性質に関する買主の期待が裏切られたことにあるとされる[51]。

ウ 買主の修補請求権

売主が瑕疵のない物の給付義務を負うことを否定する際にすでに前提とさ

---

49) Larenz, Schuldrecht II（Fn. 47），S. 67. また，ders., Schuldrecht II（Fn. 47），S. 68, Anm. 109 は，「履行義務の不履行」と「契約の不履行」とを区別する上述したフルーメの見解に対して，「履行（Erfüllung）」が，法律用語において，「義務を負う給付を実現すること」と同様の意味であるとすれば，「契約の不履行」は，「給付義務の不履行」しか意味しえないと批判している。

50) Larenz, Schuldrecht II（Fn. 47），S. 68. 以上のほか，ders., Schuldrecht II（Fn. 47），S. 67 は，瑕疵のない物の給付が売主の給付義務の内容ではないことの根拠として，仮に瑕疵のない物の給付が売主の給付義務の内容であるとすれば，その給付が原始的客観的不能である場合には，売買契約が BGB 旧規定 306 条（「不能な給付を目的とする契約は無効である。」）によって無効となってしまうが，法律はそのような場合に売買契約が無効となるとは考えていない——したがって，法律は，瑕疵のない物の給付が売主の給付義務の内容ではないことを前提としている——ということを挙げている。

51) Larenz, Schuldrecht II（Fn. 47），S. 68.

第3節　買主の修補請求権　　37

れていたように，ラーレンツも，買主の修補請求権を否定する。すなわち，
法律は，買主に対して，瑕疵の除去を請求する権利を認めていない。売主は，
その物に瑕疵があることが判明した場合でも，そうした修補義務を売主が契
約でとくに引き受けていない限り，その物を実際に修補する義務を負わない
のだとされる[52]。

　もっとも，ラーレンツによれば，事情によっては，買主の修補請求権が認
められる場合があるという。すなわち，買主の修補請求権を認めないとする
規律は，売主が，瑕疵の除去のために必要な専門知識及び設備を欠く単なる
商人である場合には相当である。しかし，そうした規律は，売主が，今日で
はしばしばそうであるように，同時に専門家でもあり，例えば，修理設備を
営み又は修理に関する「顧客サービス」を有する場合には，相当ではない。
その種の場合には，売主の修補義務が，諸般の事情から合意されたものとし
て生じうるとされる[53]。

　これは，任意法規と補充的契約解釈との関係についての，ラーレンツの次
のような理解に基づくものとみられる。すなわち，特定の契約類型について
の一般的な法律上のメルクマールに合致する契約であるといっても，それだ
けでは，そうした契約がすべて，法律上の規定の意味で「典型的なるもの（ein
„typischer"）」であるということにはならない。抽象的な概念メルクマールに
よって規定された法定類型（Gesetzestypus）の範囲は，立法者によって想定され，
立法者による評価が第一次的に結びつけられている「生活類型（Lebenstypus）」
の範囲よりもしばしば広いのである。したがって，具体的な契約が，本質的
な点で，立法者によって想定された契約の状況と異なる場合には，補充的契
約解釈によって，その契約に適合する規律が見出されなければならない[54]。

　これを買主の修補請求権についてみれば，立法者は，売主が典型的には製
造者ではなく商人であって，修補をすることが通常できないという理由から，
買主に修補請求権を認めなかった。しかし，そのことは，あらゆる売買契約
の場合に当てはまるわけではない。そのような場合には，諸般の事情及び当
該契約の特別の趣旨に基づき，補充的契約解釈を通じて，買主の修補請求権
が認められる可能性があるとされる[55]。

52）　Larenz, Schuldrecht II（Fn. 47），S. 51.

53）　Larenz, Schuldrecht II（Fn. 47），S. 51.

54）　Larenz, Vertragsauslegung（Fn. 47），S. 740.

38　第 2 章　ドイツにおける BGB 旧規定のもとでの買主の追完請求権

2　瑕疵のない物の給付義務肯定＝修補請求権肯定説

これまでみてきた見解とは反対に，特定物売買の場合に売主が瑕疵のない物の給付義務を負うことを肯定したうえで，修補請求権も肯定する見解も少数ながら存在していた。以下では，①このような見解の嚆矢となったコリンテンベルクの見解，そして，②その後に，買主の修補請求権の基礎づけについて，より詳細な検討を行ったペータースの見解を取り上げる。

(1)　コリンテンベルクの見解

ア　売主の瑕疵のない物の給付義務の肯定

コリンテンベルク（Werner Korintenberg）[56]は，次のように，信義則及び法律における特定物売買と種類売買のパラレル構造を根拠として，売主が瑕疵のない物の給付義務を負うことを認める。

BGB241 条 1 文によれば，「債務関係に基づいて，債権者は債務者に対して給付を請求する権利を有する。」とされ，BGB242 条によれば，「債務者は，取引慣行を顧慮し，信義誠実に従って給付を実現する義務を負う。」とされる。したがって，法律は，債権者が信義誠実に従って期待してよい債務者の給付について履行請求権を与えているのだという[57]。そして，買主は，信義誠実に従い，売買目的物に買主の知らない隠れた瑕疵がないことを信頼してよい[58]。そのことから，特定物売買においても種類売買においても，買主は瑕疵のない物を求める履行請求権を有し，売主は瑕疵のない物の給付義務を負うのだとされる。

また，種類売買においては，売主が瑕疵のない物の給付義務を負うことに

---

55)　Larenz, Vertragsauslegung（Fn. 47），S. 740. ラーレンツは，買主の修補請求権が認められる例として，売主が自ら製作した物を明示的に自己の作品として売却し，その際に，売主の専門的能力について買主の信頼を求めたという場合を挙げている。以上については，さらに，ders., Allgemeiner Teil（Fn. 47），S. 547 f. も参照。

56)　Werner Korintenberg, Abschied von der Gewährleistung, in: Rudolf Schetter/Werner Korintenberg（Hrgs.），Die rechtspolitische Grosstat der ädilizischen Rechtsbehelfe vor 2000 Jahren und heute, 1948, S. 7 ff. コリンテンベルクの見解の紹介として，北川・前掲注 8）151 頁以下，柚木・前掲注 7）131 頁を参照。

57)　Korintenberg, a. a. O.（Fn. 56），S. 32.

58)　Korintenberg, a. a. O.（Fn. 56），S. 9 ff.

第3節　買主の修補請求権　39

争いがなく，瑕疵担保解除及び代金減額はその義務の不履行に基づく請求権であるとされる。そして，これらの請求権はBGB旧規定459条，462条において法律上統一的に規律されていることから，それは，種類売買においても特定物売買においても同じ法的性質を有するのでなければならない。したがって，特定物売買においても，売主が瑕疵のない物の給付義務を負うことが認められなければならないのだとする[59]。

イ　買主の修補請求権

　そのうえで，コリンテンベルクは，売買において法政策的に売主の瑕疵除去義務ないし買主の瑕疵除去請求権が肯定されるのかを問題とし[60]，次のように，売主が瑕疵のない物の給付義務を負うことを基礎として買主の瑕疵除去請求権を認める。

　権利の瑕疵が存在する場合に，BGB旧規定434条に基づいて瑕疵除去義務が肯定されるべきであるということについては，ほとんど争いがない。買主は，権利の瑕疵のない売買目的物を取得させることにより，売買契約を履行するよう訴求することができる。それにもかかわらず，売主が，契約上瑕疵のない目的物を履行する義務を負うことに基づいて，期待可能な限りで物的瑕疵を除去する義務を負うとされないのは疑問であるという[61]。

　確かに，売主がそのような瑕疵除去の義務を負うのかどうかは，BGBによると一義的には明らかでなく，売主はそのような結果を作り出す義務を負っていないという異論もありうる。しかし，売主に期待できる限度で，瑕疵のない物を給付するという履行義務に基づいて，売主に瑕疵を除去する義務が認められるのだとする[62]。

　売主は，売買目的物の生産者でないとしても，たいていの場合，その営業行為としてその種の物を売却したのであって，その場合，売主は，修補することができる生産者へアクセスする方法を買主よりも容易に発見することができる。したがって，売主に期待可能な範囲で認める限りにおいては，売主に瑕疵除去義務を認めることに対する法政策的な懸念は存在しないとされ

---

59)　Korintenberg, a. a. O.（Fn. 56），S. 36 f.

60)　Korintenberg, a. a. O.（Fn. 56），S. 43.

61)　Korintenberg, a. a. O.（Fn. 56），S. 43 f.

62)　Korintenberg, a. a. O.（Fn. 56），S. 45.

40 第2章 ドイツにおける BGB 旧規定のもとでの買主の追完請求権

る[63]。

(2) ペータースの見解

ア ペータースによる買主の修補請求権の導出

ペータース（Frank Peters）[64]は，売主が瑕疵のない物の給付義務を負うことを肯定することを前提に，コリンテンベルクよりも立ち入って買主の修補請求権を基礎づけようとした。

(ア) 買主の修補請求権の必要性

まず，ペータースは，買主の修補請求権を認める必要性について，次のように論じる。

引き渡された売買目的物に瑕疵がある場合，売主による修補は，しばしば，その状況を解決する相当な手段である。例えば，家の売買，自動車の売買又は売主自身が製造した機械の売買を考えると，機能しない又は不完全な部分を交換することは，しばしば，買主のために法律が用意している担保責任に基づく権利よりも，買主の利益に適うものであるとする[65]。

(イ) 買主の修補請求権を導出する3つの手がかり

そのうえで，買主の修補請求権を導出する手がかりとしては，①BGB 旧規定 433 条による買主の本来的履行請求権，②同 463 条，480 条2項による不履行に基づく損害賠償請求権，③同 480 条1項による種類売買における買主の代物請求権が考えられるとして，それぞれについて次のように検討を加える。

---

63) Korintenberg, a. a. O. (Fn. 56), S. 45.

64) Frank Peters, Kein gesetzlicher Nachbesserungsanspruch des Käufers?, JZ 1978, S. 92 ff. ペータースの見解の紹介として，下森定①「建売住宅・マンションの売買における売主の瑕疵修補義務について」同『履行障害法再構築の研究（下森定著作集Ⅱ）』（信山社，2015 年，初出 1984 年）213 頁，219 頁以下，同②「建物（マンション）の欠陥（瑕疵）と修繕」同『履行障害法再構築の研究（下森定著作集Ⅱ）』（初出 1985 年）298 頁，304 頁以下，鈴木（恵）・前掲注 20) 37 頁以下，石崎・前掲注 20) 103 頁を参照。

65) Peters, a. a. O. (Fn. 64), S. 92.

a 本来的履行請求権からの導出

特定物売買の場合には，種類売買における代物請求権の規定に相当する規定が存在しないため，買主の修補請求権を導出する手がかりとなるのは，BGB 旧規定 433 条 1 項 1 文による買主の本来的履行請求権であるとする[66]。そして，特定物買主の瑕疵除去請求権が認められるのは，買主が瑕疵のない物の引渡請求権を有することを出発点とする場合のみであるという[67]。また，買主が瑕疵のない物の引渡請求権を有することから出発する場合には，買主に瑕疵除去請求権も認められるというのが一貫するとされる[68]。

そして，ペータースは，次のような根拠から，売主の瑕疵のない物の給付義務ないし買主の瑕疵除去請求権が認められるべきであるとする。

第 1 に，除去可能な瑕疵がある物の売買は，種類売買と非常に近いものである。そして，種類売買の場合には，瑕疵のないことが売主の契約義務の内容であるとされている。第 2 に，売買代金をまだ弁済していない買主は，その物が本旨に従った状態で買主に提供されるまで，すなわち，その瑕疵が除去されるまで，BGB320 条に基づいて留置権（給付拒絶権）を行使することができる[69]。その場合には，その留置権のもとで買主の瑕疵除去請求権も存在するというのが一貫する。第 3 に，当事者に一方でその物の一定の性質について合意する自由を与えておいて[70]，他方でそれに対応する（買主の）権利と（売主の）義務を否定するとすれば，それは全く不合理なことである[71]。

このように，ペータースは，売主の瑕疵のない物の給付義務を認め，それを出発点として，買主の本来的履行請求権の存続する一部として買主の修補請求権が認められるとしている[72]。

66）Peters, a. a. O.（Fn. 64），S. 94.

67）Peters, a. a. O.（Fn. 64），S. 94.

68）Peters, a. a. O.（Fn. 64），S. 98.

69）【BGB 第 320 条】

（1）双務契約に基づいて義務を負う者は，自らが義務を負う給付を反対給付の実現まで拒絶することができる。ただし，その者が先履行義務を負うときは，この限りでない。給付が数人に対して行われるべき場合，各人に給付されるべき部分は，反対給付全部の実現まで各人に対して拒絶することができる。この場合においては，第 273 条第 3 項の規定は適用されない。

（2）略

70）Peters, a. a. O.（Fn. 64），S. 94, Anm. 34 によれば，ペータースは，このように当事者が特定の目的物の性質について合意をすることができることについては，上述したフルーメの見解に従っているものとみられる。

もっとも，こうした買主の修補請求権は，一定の実体的要件のもとにおいてのみ認められるものであるという。すなわち，修補請求権は，瑕疵の除去が可能であり，かつ瑕疵の除去が売主に期待可能であることを要件とするものである。その際，その瑕疵の除去は，BGB 旧規定 633 条 2 項 3 文の類推により，過分の費用を必要とするものであってはならないとされる[73]。

また，ペータースは，買主の修補請求権が売買の本質に反するという懸念に対して，次のように対応する。

すなわち，売買が——請負契約とは異なり——物と金銭との一回的交換としてとらえられるのであれば，その物を加工するという売主の義務は，売買の本質に適合しないものとなろう。しかし，そのような売買の見方は，経済生活の実情に十分に適合するものではないであろう。というのは，そのような売買の見方は，いずれにしても，売却された物が売主自身によって製造された製品であり，売主が瑕疵を除去するために必要な装備を有している場合には適切でないからである。この場合には，売主が自らの製造設備を瑕疵の除去のためにも投入することを期待できる。また，売主が，その物を自ら製造したのではない場合でもなお，売主が製造者と密接な連絡関係を有する場合には常に，瑕疵の除去を売主に期待できるという[74]。

b　不履行に基づく損害賠償請求権からの導出

また，ペータースは，買主の修補請求権が，BGB 旧規定 463 条，480 条 2 項による売主の悪意又は性質保証がある場合の不履行に基づく損害賠償請求権からも導出されうるとする。すなわち，損害賠償については，BGB249 条

---

71)　Peters, a. a. O.（Fn. 64），S. 94. また，ders., a. a. O.（Fn. 64），S. 94, Anm. 35 は，支配的見解及びフルーメ自身もそうであるように，解釈論的に売主が瑕疵のない物の給付義務を負わないことを認める場合には，この帰結に至ることはできないとする。そして，ペータースは，そのように売主は瑕疵のない物の給付義務を負わないとする見解に対して，「当事者が合理的で実際上有用な生活実態の規律を行おうとする場合に，その当事者が法律と異なる合意をしなければならないような法解釈にいかなる値打ちがあるのであろうか」と批判する。そして，「合理的な内容が，疑わしい場合にはすでに法律自体から発生し，法律と異なる合意があってはじめて認められる必要のあるものではないということが目指されるべきである」とする。

72)　Peters, a. a. O.（Fn. 64），S. 96, 98.

73)　Peters, a. a. O.（Fn. 64），S. 95, 98.

74)　Peters, a. a. O.（Fn. 64），S. 95.

が原状回復（Naturalrestitution）を原則としているところ，売主による修補も，こうしたBGB249条1項の意味での原状回復として認められるというわけである[75]。

この場合，一定の性質の存在について約束（保証）し又はその物に瑕疵があることを悪意で黙秘して売却した売主に対しては，その限りで，瑕疵除去の期待可能性についてより厳しい要求を立てることができるとする[76]。

c　種類売買における代物請求権からの導出

さらに，種類売買の場合には，BGB旧規定480条1項1文による代物請求権が，買主の修補請求権を導出する手がかりとなるという。

ペータースによれば，修補は，BGB旧規定480条1項1文において規定されている代物給付と「本質を同じくする縮小物（wesensgleiches minus）」とみなすことができるとされる。すなわち，修補においては，全部の引渡しに代えて個々の部品のみが交換される。したがって，買主は，種類売買の場合に認められている買主の瑕疵のない引渡請求権を，こうした修補という形式においても貫徹することができるはずであるという[77]。

イ　ケーラーによる批判

しかし，以上のようにして買主の修補請求権を認めようとするペータースの見解は，ケーラー（Helmut Köhler）[78]によって，次のように批判された。

㋐　本来的履行請求権から修補請求権を導出することの問題性

ペータースは，特定物売買の場合には，買主の本来的履行請求権から修補請求権が導き出されるとしていた。しかし，それには次のような問題があるとされる。

---

75)　Peters, a. a. O. （Fn. 64), S. 97.

76)　Peters, a. a. O. （Fn. 64), S. 97.

77)　Peters, a. a. O. （Fn. 64), S. 98.

78)　Helmut Köhler, Zur Nachbesserung beim Kauf, JZ 1984, S. 393 ff. ケーラーの見解の紹介として，鈴木（恵）・前掲注20）38頁以下，43頁以下を参照。

a 修補請求権を認める規定の不存在——立法者の意思

立法者は，買主に修補請求権を認めることを意図していたとすれば，請負契約における注文者の瑕疵除去請求権を定める BGB 旧規定 633 条 2 項に対応した規律を置いたはずである。そして，ドイツ民法典の起草時点ですでに存在していたオーストリア一般民法典において明示的に買主の修補請求権が定められていたことを考慮すれば，立法者は，意識的に買主の修補請求権を認めないこととしたのだとされる[79]。

b 法律の体系との矛盾——売主の瑕疵のない物の給付義務の否定

買主の修補請求権を認めることは，法律の体系と矛盾する。特定物売買の場合，買主は，BGB 旧規定 433 条 1 項 1 文によって「現にあるがままの」物の引渡請求権のみを有する。さらに，売主は，BGB 旧規定 434 条によれば，買主に売却された目的物を権利の瑕疵なく取得させる義務を負うため，権利の瑕疵の除去義務を負う。しかし，物の瑕疵についてはそれに対応する規律を欠くため，売主は瑕疵のない物の給付義務を負わず，したがって瑕疵除去義務も負わないのだとされる[80]。

c 利益状況——売主の修補能力

買主の修補請求権を欠くことは利益状況からも裏付けられる。すなわち，すべての売主がどのようなタイプの経済活動をしているかにかかわりなく修補をしなければならないとすれば，それは事理に適ったことではなく，買主も期待していなかったことであろうとされる[81]。

(イ) 種類売買における代物請求権から修補請求権を導出することの問題性

ペータースは，種類売買において，修補請求権は，代物請求権と「本質を同じくする縮小物」とみなすことができるとして，種類売買における代物請求権から修補請求権を導き出そうとする。しかし，瑕疵の除去は，売主に対して，代物給付とは異なる措置を要求するものである。したがって，修補は代物給付と本質を同じくする縮小物ではなく，むしろ，代物給付とは「異種

---

79) Köhler, a. a. O. (Fn. 78), S. 395.

80) Köhler, a. a. O. (Fn. 78), S. 395.

81) Köhler, a. a. O. (Fn. 78), S. 395.

のもの（aliud）」であるとする[82]。

㈦ 不履行に基づく損害賠償請求権から修補請求権を導出することの問題性

また，ペータースは，BGB 旧規定 463 条，480 条 2 項による不履行に基づく損害賠償請求権からも原状回復としての修補請求権が導き出されるとしている。しかし，契約上の給付請求権に適用される規定によってある給付が義務づけられない場合に，その給付が損害賠償請求権を通して実現されるとすれば，それは，そうした規定の趣旨と目的に反することになるという。修補が一般に（残部）履行として義務づけられることを認める場合には，修補は，損害賠償としてではなく，履行として請求されうるものである。他方で，修補が本来的に（当初から）義務づけられていないとすると，修補は損害賠償としても請求できない。なぜなら，それを認めれば契約内容がまったく異なるものとなってしまうからである。したがって，損害賠償の形式での修補の余地は存在しないとされる[83]。

3　瑕疵のない物の給付義務から独立して修補請求権の存否を検討する見解

以上のほか，学説では，これまでみてきた見解とは異なり，売主が瑕疵のない物の給付義務を負うかどうかという問題から一応独立して，買主の修補請求権が認められるかどうかを検討する見解も存在していた。この見解の特徴は，売主が瑕疵のない物の給付義務（あるいは引渡義務）を負うことが認められるとしても，そのことから直ちに買主の修補請求権が認められるわけではないとする点にある。

ここでは，そのような見解に属するもののうち，次章でみる債務法改正作業に影響を与えたとみられるものとして，①普通取引約款における買主の修補請求権の展開に着目して買主の修補請求権の基礎づけの可能性について検討するゲッツの見解，そして，②売主が瑕疵のない物の給付義務を負うことを肯定しつつも，給付義務と履行請求権との関係を検討し，BGB 旧規定の解

---

82)　Köhler, a. a. O.（Fn. 78），S. 396.
83)　Köhler, a. a. O.（Fn. 78），S. 396.

46 第2章 ドイツにおける BGB 旧規定のもとでの買主の追完請求権

釈論として買主の修補請求権を否定する U・フーバーの見解を取り上げる。

(1) ゲッツの見解

ゲッツ (Volkmar Götz)[84]は，一般的に売主が瑕疵のない物の給付義務を負うかどうかという点をめぐる議論からは距離をとりつつ[85]，実務上，工業製品売買の普通取引約款において買主の修補請求権が多く定められていることに着目して[86]，買主の修補請求権について，次のような検討を行った。

ア 買主の修補請求権が否定される根拠

ゲッツは，まず，買主の修補請求権を否定する学説の根拠について検討し，買主の修補請求権が否定される根拠は，結局のところ，請負契約から区別された売買契約における義務の性質にあるとする。

(ア) 従来の学説の問題点

a 売主の瑕疵のない物の給付義務と買主の修補請求権

学説においては，しばしば，買主が修補請求権を有するかが，特定物売買において瑕疵のない物の引渡しを求める履行請求権が存在するかという問題と結びつけられている。売買目的物に瑕疵のないことを売主の履行義務の対象としない者は，それによって，買主は瑕疵除去請求権を有しないという準則をも基礎づけている[87]。

しかし，ゲッツは，買主の瑕疵除去請求権が否定されることに関しては，そのような売主の瑕疵のない物の給付義務の存否が問題となっているのではないとする。なぜなら，瑕疵のない物の引渡しについての履行請求権から，必ずしも，瑕疵除去請求権が導き出されるわけではないからである[88]。すな

---

84) Volkmar Götz, Sachmängelbeseitigung beim Kauf, 1960. ゲッツの見解の紹介として，北川・前掲注 8) 366 頁以下，来栖三郎『契約法』（有斐閣，1974 年）126 頁以下を参照。

85) Götz, a. a. O. (Fn. 84), S. 46, Anm. 2.

86) このほか，とりわけ「売主の追完権」について，普通取引約款を通じた取引実務の展開に着目するものとして，Hans Großmann-Doerth, Die Rechtsfolgen vertragswidriger Andienung, 1934 がある。グロスマン＝デルトの見解の紹介として，新田孝二「瑕疵担保の効果」東洋法学 8 巻 2 号（1964 年）74 頁，来栖・前掲注 84）118 頁以下などを参照。

87) Götz, a. a. O. (Fn. 84), S. 45 f.

88) Götz, a. a. O. (Fn. 84), S. 46.

わち，種類売買においては，売主が瑕疵のない物の引渡義務を負うことに今日では争いがない。しかし，そうした種類売買においても，売主の瑕疵のない物の引渡義務から買主の瑕疵除去請求権が導き出されているわけではない。それゆえ，瑕疵のない物の引渡請求権が認められたとしても，それによって売主が瑕疵除去義務を負うわけではないとされる[89]。

b　売主の修補能力

また，学説においては，買主の瑕疵除去請求権が認められないことを，商人である売主の修補能力の欠如という法政策的考慮によって裏付けようとする試みが行われている。

しかし，そこでは，小売商人が修補請求を受けた場合に，その商品を製造者に「転送」し，製造者に修補を行わせるという可能性が完全に見過ごされている。売主である商人は，修補を行うことについて，自ら修理能力及び修理設備を有する必要は必ずしもない[90]。したがって，売主の修補能力の欠如という法政策的考慮は一般的な妥当性を有するものではなく，買主の修補請求権を欠くドイツ民法典の規律は，法政策的にではなく，法歴史的に基礎づけられたものであるとする[91]。

(イ)　買主の修補請求権が否定される根拠──売買契約上の義務の性質

ゲッツによれば，買主の修補請求権が認められないとされる根拠は，特定物売買においても種類売買においても，製作義務を含まない純粋な調達義務（Verschaffungspflicht）としての売主の義務の性質にあるという。売買契約は，供給契約（Lieferungsvertrag）であって，製作契約（Herstellungsvertrag）ではない。この点に，売買契約と請負契約との特徴的な対照関係が存在し，同時に，売買における修補義務の取扱いが請負契約と異なることについての決定的な法的根拠があるという。供給義務は製作義務と同じではないということが，売主が瑕疵除去義務を負わないとされる根拠なのだという[92]。

---

89)　Götz, a. a. O. (Fn. 84), S. 47. すなわち，BGB 旧規定のもとでは，種類売買において明示的に認められていたのは，買主の代物請求権だけであり（BGB 旧規定 480 条 1 項），買主の修補請求権が認められていたわけではなかった。

90)　Götz, a. a. O. (Fn. 84), S. 22.

91)　Götz, a. a. O. (Fn. 84), S. 22 f.

92)　Götz, a. a. O. (Fn. 84), S. 47.

イ　社会経済構造の変化と工業製品売買の特質に基づく買主の修補請求権の導出

　しかし，ゲッツは，次のように，農業・手工業経済から工業経済への社会経済構造の変化とそれにともなって大量に現れることとなった工業製品売買の特質から，製作義務を含まないという売買契約上の義務の性質にもかかわらず，買主の修補請求権が導き出されるとする。

㋐　ドイツ民法典の物の瑕疵責任が適合する社会経済構造

　ドイツ民法典の物の瑕疵責任法（瑕疵担保解除及び代金減額）は，ローマの奴隷市場及び家畜市場において按察官の告示によって創設された法秩序を起源とし[93]，特定物売買を中心とするものである[94]。このローマ法の規律は，確かに，工業時代以前においては，事理に適っていないと考える必要はなかった。それまでは，最も重要で典型的な商品売買の目的物は，地方生産物であった。そして，今日における高価値の工業製品に対応するのは，当時では，手工業によって製作された目的物であり，それは，手工業の典型的契約である請負契約によって取得され，売買法の領域からは除外されていた。こうした農業・手工業を中心とする経済構造が，農業に方向づけられた商品売買を生み出したわけである。そして，そのような地方生産物の売買の領域においては，修補の必要性はほとんど発生せず，瑕疵担保解除と代金減額が事理に適った瑕疵責任の形式であった[95]。

㋑　社会経済構造の変化と工業製品売買に適合する瑕疵除去請求権

　しかし，20世紀はまさに工業時代に属し，売買法的にみれば，高価値の工業製品売買の時代に属する[96]。すなわち，社会経済構造が，農業・手工業を中心とする経済から工業を中心とする経済へと変化し，それにともなって売買の中心も地方生産物の売買から高価値の工業製品の売買へと変化したという[97]。

　そして，ゲッツによれば，そうした工業製品売買においては，次にみるよ

---

93)　Götz, a. a. O.（Fn. 84），S. 19.
94)　Götz, a. a. O.（Fn. 84），S. 60.
95)　Götz, a. a. O.（Fn. 84），S. 20.
96)　Götz, a. a. O.（Fn. 84），S. 20.

うに，瑕疵担保解除と代金減額による瑕疵担保責任は適切ではなく，むしろ，
工業製品売買の特質から買主の瑕疵除去請求権が導き出されるのだとされる。

a　工業製品売買における契約解消型の解決の不適合性

瑕疵担保解除と代金減額は，売買契約に対する効力において，その契約構
造に介入し（代金減額）又はその契約構造を破壊する（瑕疵担保解除）という意
味で，物の瑕疵問題の「後ろ向きな」解決（„rückschrittliche" Lösung）である。
すなわち，それらは，契約目的に対応する瑕疵のない物を買主に取得させる
ものではない[98]。

こうした物の瑕疵責任の「契約解消型の」解決（„vertragszerstörende" Lösung）
は，瑕疵除去が問題とならない地方生産物の売買には適切であるものの，耐
用期間が長く，高い価値を有する工業製品売買には適合しない。買主は，購
入した機械を必要としているのであり，それゆえ，瑕疵を迅速に除去できる
場合には，その機械を返還する正当な利益を有しないのだとされる[99]。

b　工業製品売買の特質からの瑕疵除去請求権の導出

そして，約款において買主の瑕疵除去請求権が認められるに至った要因は，
①長期間の使用に供する高価値の工業製品を取得することに対する買主の利
益，②多数の部品からなる技術的製品の性質，③瑕疵ある部品を他の部品に
交換する可能性，④専門的知識に基づいて修補のための作業を行う顧客サー
ビスの構築であるとし，これらの要因はすべて工業製品売買の「事物の本性
（Natur der Sache）」において基礎づけられるものであるとする[100]。すなわち，
買主の瑕疵除去請求権は，約款作成者たる企業の恣意の産物ではなく，工業
製品売買の特質から説明されるというのである[101]。

---

97)　Götz, a. a. O. (Fn. 84), S. 20 は，BGB の創設の際には，工業時代はまだ始まったばか
　　りであり，それゆえ，立法者は，それに配慮する誘因を見出さなかったのだとする。そ
　　のために，技術的製品の売買の特質に即していない売買法が作り出されたのだという。

98)　Götz, a. a. O. (Fn. 84), S. 23 f.

99)　Götz, a. a. O. (Fn. 84), S. 24.

100)　Götz, a. a. O. (Fn. 84), S. 27.

101)　Götz, a. a. O. (Fn. 84), S. 27 f.

㈡ 売買契約上の義務としての修補義務の可能性

a 買主の瑕疵除去請求権の法的性質

そのうえで，ゲッツは，約款において規定された買主の瑕疵除去請求権の法的性質を検討し[102]，約款においては，保証条項を通じて第一次的に売主が瑕疵のない物の引渡義務を負うものとされ，買主の修補請求権は第二次的にその義務の代替的実現のためのサンクションとして構成されていると分析する。そのことから，約款における買主の修補請求権は，給付内容が異なるために，買主の主たる履行請求権と完全に同じではないとしても，瑕疵のない物の取得という同一の給付結果の実現を目的とするものであり，純粋に売買法上のものとして性質決定されるべきであるとする[103]。

b 大量生産体制への移行による請負契約上の修補義務の売買契約への編入

その結果，工業製品売買において，売主は，典型的な手工業の契約である請負契約の法形式で，物の瑕疵について責任を負うことになる。この事態をゲッツは次のように説明する。

すなわち，工業がその手工業の起源から離れて大量生産に移行することによって，工業製品は，はじめから仕事の給付としてではなく物の給付として商取引に入ってくることになった。大量生産は，製造の経過を当然のものとし，商品の譲渡の際にそれを考慮することを無用のものとした。それによって，製作物供給契約や請負契約ではなく，売買契約が，工業製品取引の典型的形式となった[104]。しかし，このように広範な領域で，手工業及び請負契約が工業及び売買契約によって取って代わられたにもかかわらず，修補の必要性については何も変わっていない[105]。したがって，工業化によって，手工業的・請負契約的な物の瑕疵除去は捨て去られたのではなく，売買法に編入され，それによって，売買の瑕疵責任において独特の混合状態が作り出されたのだという[106]。

---

102) Götz, a. a. O.（Fn. 84），S. 55 ff.

103) Götz, a. a. O.（Fn. 84），S. 65, 69.

104) Götz, a. a. O.（Fn. 84），S. 58 f.

105) Götz, a. a. O.（Fn. 84），S. 117 は，その例として，家具の新調を挙げる。すなわち，かつては，家具は家具工によって製作され，瑕疵がある場合の瑕疵除去の権利義務は請負契約法から生じていた。しかし，今日では，家具は工場で大量生産され，商取引によって売却されるため，売買における物の瑕疵除去の必要性が生じるのだという。

第3節　買主の修補請求権　　51

c　約款による保証を欠く場合における買主の修補請求権の承認可能性

そうした修補の必要性は多くの場合には約款による保証によって顧慮されている。しかし，約款による保証が例外的に欠ける場合でも，長期間の使用を目的とする売買目的物の場合には，契約内容に従って，期待可能性の枠内で売主の修補義務が認められないかどうかが検討されなければならない[107]。そして，かつては手工業・請負契約によって製作されていたような工業製品が売買目的物である場合には，これを認めるのが望ましいとされる[108]。

ウ　小　括

以上のように，ゲッツによれば，買主の修補請求権は，単なる約款上のものにとどまらず，社会経済構造の変化を背景とした工業製品売買の特質ないし「事物の本性」から導き出されるものとされている。その結果，工業製品売買については，相応の約款を欠く場合でも，売主の瑕疵のない物の給付義務を基礎として買主の修補請求権を認めることができるとされる。

こうしたゲッツの見解は，商品取引に関する社会経済構造の変化に基づいて，修補請求権という請負契約的な要素が売買契約に組み入れられることを認めるものであり，その限りで，従来の売買契約の観念に変容がもたらされることを承認するものといえるだろう。

(2)　U・フーバーの見解

U・フーバー（Ulrich Huber）[109]は，次のように，売主が瑕疵のない物の給付義務を負うことを認めつつも，解釈論としては，買主の修補請求権は否定されるとしている[110]。このように売買契約に基づいて売主が瑕疵のない物の

---

106)　Götz, a. a. O.（Fn. 84），S. 117.

107)　Götz, a. a. O.（Fn. 84），S. 117.

108)　Götz, a. a. O.（Fn. 84），S. 117 f.

109)　ここで参照したU・フーバーの論稿は次のとおりである。Ulrich Huber, Zur Haftung des Verkäufers wegen positiver Vertragsverletzung, AcP 177（1977），S. 281 ff.（以下では，Haftung des Verkäufers として引用）; ders., Zur Dogmatik der Vertragsverletzungen nach einheitlichem Kaufrecht und deutschem Schuldrecht, in: Festschrift für Ernst von Caemmerer zum 70. Geburtstag, 1978, S. 837 ff.（以下では，Dogmatik der Vertragsverletzungen として引用）; ders., in: Soergel（Fn. 3）.

110)　もっとも，次章でみるように，U・フーバーは，債務法改正についての鑑定意見において，立法論としては，買主の修補請求権を認めるべきであるとしている。

52 第2章 ドイツにおける BGB 旧規定のもとでの買主の追完請求権

給付義務を負うことを認めつつも，買主の修補請求権は否定されるとする見解は，BGB 旧規定のもとでも有力に主張されていた。

ア　売主の瑕疵のない物の給付義務の肯定

まず，U・フーバーは，次のような理由から，売主が瑕疵のない物の給付義務を負うことを認める[111]。

㋐　主観的瑕疵概念からの帰結

判例及び学説における支配的見解は，瑕疵（Fehler）概念について，主観的瑕疵概念を採用している。これは，売買目的物が危険移転の際にどのような性質を有していなければならないかを確定するのは売買契約それ自体であるということを意味している。これによれば，物の瑕疵責任の根拠は，目的物の実際の性質が契約によって定められたあるべき性質と一致しないことであるということになる[112]。

㋑　双務契約としての売買契約の構造

双務契約において，給付と反対給付との交換は，契約の内容であり，かつ，給付義務の内容でもある。買主は，単に代金支払義務を負うのではなく，反対給付を取得することに対して代金支払義務を負う。そして，物の性質，価値，利用可能性がこの交換関係に取り入れられる場合，買主が代金支払義務を負うのは，契約に適合した性質を有する物を取得することに対してのみである。その場合，物の性質は，必然的に売主の反対給付義務の構成要素となる[113]。

---

111)　U. Huber, Haftung des Verkäufers（Fn. 109），S. 293, Anm. 50 は，これについて，先にみたフルーメの見解を基礎としながらも，用語上は，特定物売買の場合でも売主が瑕疵のない物の引渡しを目的とする「給付義務」ないし「履行義務」を負うとするほうがより明確で単純であろうとしている。給付義務が履行請求権に対応せず，その不履行が他のサンクション——損害賠償請求権，瑕疵担保解除又は代金減額の権利——のみを認める場合であっても，法的意味での「給付義務」を語ることに意味があるのであれば，そのような用法が可能であるという。このように，U・フーバーは，「給付義務」の概念を，現実的履行請求権とは切り離されたものとしてとらえているようである。それに対して，他の多くの見解は，「給付義務」を，履行請求権（少なくとも，「引渡」請求権）と結びついたものととらえているとみられる。

112)　U. Huber, in: Soergel（Fn. 3），Vor zu § 459 Rn. 170.

第3節　買主の修補請求権　53

(ウ)　規律の単純性・明確性

売主が瑕疵のない物の給付義務を負うことを認めることによって，物の瑕疵責任は，不履行についての一般的な責任の下位事例として把握されることになる。これには，規律の単純性・明確性をもたらすという利点がある[114]。

イ　買主の修補請求権の否定

しかし，U・フーバーは，支配的見解と同様に，解釈論上，買主の修補請求権は認められないものと考えている。すなわち，U・フーバーの見解によれば，売主が瑕疵のない物の給付義務を負うことが肯定される場合でも，買主の修補請求権は否定されるという可能性が認められることになる。これは，次のような理解に基づくものである。

(ア)　給付義務と履行請求権の対応関係の必然性の不存在

債務者の給付義務は，必ずしも，債権者の現実的履行請求権に対応しなければならないわけではない。給付義務と現実的履行請求権が対応することは，確かに，われわれの法秩序においては，原則なのであるが，それは，例外を免れない[115]。実定法によれば，特定物売買における物の瑕疵責任については，

---

113)　U. Huber, in: Soergel (Fn. 3), Vor zu § 459 Rn. 171. また，ders., Haftung des Verkäufers (Fn. 109), S. 293 f. も，目的物が契約によって定められた性質を有することは売買契約の内容であり，そのような性質が欠ける場合には，売主は売買契約に基づく自らの義務に違反することになるとしている。

114)　U. Huber, in: Soergel (Fn. 3), Vor zu § 459 Rn. 172.

115)　U. Huber, in: Soergel (Fn. 3), Vor zu § 459 Rn. 153. さらに，ders., in: Soergel (Fn. 3), Vor zu § 459 Rn. 173 は，「あらゆる債務法上の義務が現実的履行請求権と対応していなければならないというのは，法の実体的法則 (juristisches Sachgesetz) では決してなく，法の思考習慣 (juristische Denkgewohnheit) にすぎない」とする。
　　これについては，英米法を参照して，同様の指摘をするものとして，Eugen Dietrich Graue, Die mangelfreie Lieferung beim Kauf beweglicher Sachen, 1964, S. 294 があるほか，U・フーバーと同様に，「給付義務の存在は，必ずしも，瑕疵除去請求権が存在しなければならないという帰結をもたらすものではない」とし，売主が瑕疵のない物の給付義務を負うことを認めつつ，買主の瑕疵除去請求権を否定するものとして，Klaus Herberger, Rechtsnatur, Aufgabe und Funktion der Sachmängelhaftung nach dem Bürgerlichen Gesetzbuch, 1974, S. 77 ff. などがある。このほか，Ernst Rabel, Das Recht des Warenkaufs, 2. Band, 1958, S. 105 も，同様の観点から，履行の訴えを認めるか否か，そして，どのような場合に履行の訴えを認めるかは，「純粋な合目的性の問題 (eine reine Frage der Zweckmäßigkeit)」であると指摘している。

売主の瑕疵のない物の給付義務の不履行がある場合に，買主に対して履行請求権という法的救済は与えられていない。すなわち，瑕疵のある引渡しは「不履行」であるが，瑕疵のない引渡しについての履行請求権は存在しない[116]。法律は，不履行のサンクションとして，買主に対し，①瑕疵担保解除，②代金減額，③（性質保証又は売主が悪意の場合における）不履行に基づく損害賠償という法的救済のみを認めているのだという[117]。

(イ)　債務と履行請求権の関係についての理解

このような考え方の基礎には，債務と履行請求権の関係についてのU・フーバーの次のような理解があるものとみられる。

すなわち，U・フーバーによれば，債務の本来的内容は，債務者が，予定された期日において，給付を任意に実現することである。そして，債務者を解放する意味での「履行」は，原則として，そうした給付結果の発生を意味している[118]。

それに対し，履行請求権は，不履行（給付結果の不発生）の場合に債権者が債務者に対して主張するものであって，債務者の一定の行為（作為又は不作為）を目的とするものである。すなわち，訴訟及び強制執行の対象となるのは，給付結果の発生ではなく，作為又は不作為のみである。債務法上の履行請求権は，債権者が債務関係の内容に従って取得すべきものを，債務者の行為を通じて間接的に取得させる1つの法的救済にすぎないとされる[119]。

---

116)　U. Huber, Dogmatik der Vertragsverletzungen（Fn. 109），S. 848.

117)　U. Huber, in: Soergel（Fn. 3），Vor zu § 459 Rn. 153, Rn. 173. これと関連して，ders., in: Soergel（Fn. 3），Vor zu § 459 Rn. 154 は，不能な給付を目的とする契約は無効である旨を定めていた BGB 旧規定 306 条との関係についても，次のように説明している。すなわち，「306 条，すなわち『impossibilium nulla est obligatio（不可能なものの債務は存在しない）』の原則は，実定法の命令（Anordnung）であって，その命令が，法の自然法則（juristisches Naturgesetz）の性格を有するものではない。法秩序は，もちろん，履行が自然的あるいは法律的根拠に基づいて不能である場合には，強制可能な現実的履行請求権を命じることはできない。しかし，このことは，その種の給付を目的とする約束が無効でなければならないということを意味しない。サンクションとしての履行請求権のみが排除されるのであって，他のサンクション——不履行に基づく損害賠償，瑕疵担保解除，代金減額——は，なお可能である。それは，物の瑕疵責任の場合においても同様である。その種のサンクションを命じる 459 条以下の規律は，特別法として，306 条の一般原則に優先するのである」という。

118)　U. Huber, Dogmatik der Vertragsverletzungen（Fn. 109），S. 846, 869.

第3節　買主の修補請求権　　55

このように，U・フーバーは，履行請求権を不履行があった場合の法的救済と理解し，給付義務と履行請求権とを明確に区別してとらえることから，売主の給付義務と買主の履行請求権は必ずしも対応するものではないと考えているということができる。

4　小　括

ここまで，①BGB 旧規定のもとにおいて買主の修補請求権が認められるのか，そしてまた，②買主の修補請求権が認められ，又は認められないとされる根拠はどのようなものかについて，とりわけ特定物売買において売主に瑕疵のない物の給付義務が認められるかという問題との関連性に着目して，議論の整理を行ってきた。

それによると，売主の瑕疵のない物の給付義務と買主の修補請求権とをともに否定するのが支配的見解であった。もっとも，それに対しては，売主が瑕疵のない物の給付義務を負うことを肯定する見解も有力に主張されていた。しかし，後者の見解においても，そのうえでさらに，買主の修補請求権まで認める見解は少数にとどまっていた。

これと関連して，以上の議論では，①売買契約の合意・売主の給付義務・買主の修補請求権の理論的関係がどのようなものであるか，②（支配的見解によって）買主の修補請求権が否定される実質的根拠は何かという点も示されていた。また，このうち，②の買主の修補請求権が否定される実質的根拠については，一部でそれを克服する可能性も示されていた。

これらの点について，以下でまとめておこう。

(1)　契約合意・給付義務・修補請求権の理論的関係

まず，売買契約の合意・売主の給付義務・買主の修補請求権の理論的関係については，次のように整理することができる。

---

119)　U. Huber, Dogmatik der Vertragsverletzungen（Fn. 109），S. 846.

ア 契約合意と給付義務との関係

㋐ 契約合意と給付義務の対応

売買契約の合意と売主の給付義務との関係について，ジュースは，特定物売買の場合には，特定された物があるがままの状態で売買されるとして，売主が瑕疵のない物の給付義務を負うことを否定している。ここでは，売買契約の合意内容が売主の給付義務の内容に対応するという理解を前提として，特定物売買の場合には，瑕疵のない物の給付が売買契約の合意内容とならないことから，売主は瑕疵のない物の給付義務を負わないとされているものとみられる。

また，ペータースやU・フーバーも，同様の前提に立ち，瑕疵のない物の給付が売買契約の合意内容となるのであれば，それに対応して売主に瑕疵のない物の給付義務が認められると考えている（そして，実際に，瑕疵のない物の給付が売買契約の合意内容となりうることを認める）。売主が瑕疵のない物の給付義務を負うことを肯定するその他の見解も，概ねこのような前提に立っているとみることができる[120]。もっとも，そのうえでさらに買主の修補請求権が認められるかどうかは，後にみるように別の問題とされていることに注意が必要である。

㋑ 契約合意と給付義務の非対応の可能性

以上に対して，フルーメは，特定物売買の場合に瑕疵のない物の給付が売買契約の合意内容となりうるとしつつも，そのような合意によって，売主が瑕疵のない物の給付義務を負うわけではないとしている。すなわち，ここでは，売買契約の合意内容が直接に売主の給付義務の内容となるわけではないという可能性が示されている。

もっとも，フルーメが，売主が瑕疵のない物の給付義務を負うことを否定しているのは，法秩序によって，そうした売主の給付義務に対応する買主の履行請求権ないし不履行に基づく損害賠償請求権が認められていないことに基づくものであった。したがって，ここでは，結局のところ，瑕疵のない物

---

120) もっとも，ここでの「給付義務」の概念の意味については，U・フーバーがそれを現実的履行請求権と切り離されたものととらえているのに対して，その他の見解は，履行請求権（少なくとも，「引渡」請求権）と結びついたものととらえていることに注意を要する（これについては，本章注111) も参照）。

の給付が売買契約の合意内容となったとしても，それに対応する売主の給付
義務ないし買主の履行請求権（修補請求権）は，法秩序によって承認されなけ
れば認められないと考えられているといえる。ラーレンツも，法律によって
買主の修補請求権が規定されていないことを1つの根拠として，売主が瑕疵
のない物の給付義務を負うことを否定しており，その限りでは，フルーメと
同様の考え方に立っているとみられる。

イ　給付義務と修補請求権との関係

㋐　給付義務と修補請求権の対応

　売主の給付義務と買主の修補請求権との関係について，ラーレンツは，売
主が瑕疵のない物の給付義務を負うとされるのであれば，買主に修補請求権
が認められるのでなければならないとし，売主の瑕疵のない物の給付義務と
買主の修補請求権は不可分の関係にあるものと考えている。フルーメも，買
主の履行請求権（修補請求権）が法秩序によって規定されていないことを根拠
として，売主が瑕疵のない物の給付義務を負うことを否定していることから，
両者を不可分の関係にあるものとみているようである。コリンテンベルクと
ペータースも，売主が瑕疵のない物の給付義務を負うことを認める以上は，
買主の修補請求権を認めることが一貫するとしている。

㋑　給付義務と修補請求権の非対応の可能性

　それに対して，U・フーバーは，売主の給付義務が必ずしも買主の現実的履
行請求権に対応するものではないとし，売主が瑕疵のない物の給付義務を負
うことが認められるとしても，それによって論理必然的に買主の現実的履行
請求権（修補請求権）が認められるわけではないとしている。これによれば，
買主の修補請求権が認められるためには，むしろ，それが不履行のサンクショ
ンとして法律によって認められることが必要であるとされる。

　また，ゲッツやケーラーは，瑕疵のない物の「引渡」請求権と「修補」請
求権とを区別すべきであるという観点から，売主が瑕疵のない物の給付義務
を負うことから買主に瑕疵のない物の「引渡」請求権が認められるとしても，
そのことから，買主の「修補」請求権が認められるわけではないとしている。

　以上のように，売主の瑕疵のない物の給付義務ないし買主の瑕疵のない物
の「引渡」請求権から買主の修補請求権が直ちに導き出されるか──売主が

瑕疵のない物の給付義務を負うことが，買主の修補請求権が認められるための十分条件であるか——については争いがある。

しかし，その一方で，とりわけペータースが明確に指摘しているように，買主の修補請求権が認められるためには，売主が瑕疵のない物の給付義務を負っていることが必要である——売主が瑕疵のない物の給付義務を負うことは，買主の修補請求権が認められるための必要条件である——ことについては，ほとんど争いはないものとみられる。

ウ　買主の修補請求権が認められるための条件

以上でみたところによれば，買主の修補請求権が認められるためには，まず，その理論的前提として，瑕疵のない物の給付が売買契約の合意内容となること，ないしは売主が瑕疵のない物の給付義務を負うことが必要であるとされているということができる。この点については，学説は概ね一致しているといってよいだろう。

しかし，その一方で，買主の修補請求権が認められるためには，①フルーメやU・フーバーが指摘するように，瑕疵のない物の給付が売買契約の合意内容となること，ないしはその合意に従って売主が瑕疵のない物の給付義務を負うことだけでは必ずしも十分ではなく，さらには，②ゲッツやケーラーが指摘するように，買主が瑕疵のない物の「引渡」請求権を有することだけでも十分ではないとされていた。そこでは，むしろ，そのような買主の修補請求権それ自体が法秩序によって認められることが必要であるとされていたのである。

そのため，売買契約の合意内容に従って売主が瑕疵のない物の給付義務を負うことを肯定する見解においても，U・フーバーのように，法秩序（法律）が買主の修補請求権を認めていないことを理由として，結局のところ，買主の修補請求権は認められないとする見解が多数を占めていた。コリンテンベルクやペータースのように，解釈論として買主の修補請求権まで認める見解は少数にとどまっていたわけである。

(2)　買主の修補請求権が否定される実質的根拠

それでは，こうした支配的見解に従って，「買主の修補請求権は法秩序によって認められていない」という場合，それはどのような実質的根拠に基づ

くのだろうか。そのような根拠として学説上議論されていた内容は，次の3点にまとめることができる。

ア　ローマ法に由来する特定物売買を基礎とする規律——法歴史的根拠

第1は，BGB旧規定における担保責任法が，奴隷・家畜売買について展開された特定物売買を基礎とするローマ法の規律に由来するものであるということである。そこでは，売買目的物の修補の可能性は問題とならず，目的物に瑕疵がある場合には，瑕疵担保解除又は代金減額による清算という「契約解消型の」解決が事理に適ったものと考えられている。すなわち，目的物の引渡し後には，清算の可能性が残るのみで，買主の契約目的の実現に向けて契約が展開されることは予定されていない。このように，BGB旧規定における担保責任法がこのような特定物売買の歴史的モデルに従っていることが，買主の修補請求権が認められていない根拠であるとされる。

イ　請負契約と区別される売買契約の本質——法理論的根拠

第2は，売買契約が，目的物の占有移転及び所有権移転を目的とする供給契約であって，その他の作為による結果の作出を目的とする製作契約としての請負契約から区別されるということである。修補請求権は，売買契約に基づく給付と関係のない，むしろ，請負契約に基づく給付と同様の作為を目的とするものであり，買主の修補請求権を認めることは，売買契約の本質に反することになる。このように修補請求権が売買契約の本質に反することも，売買契約において買主の修補請求権が認められない根拠であるとされる。

ウ　売主の修補能力の欠如——法政策的根拠

第3は，売主が，通常，製造者ではなく単なる商人であり，瑕疵ある目的物の修理をすることができないということである。商人たる売主は，通常，売買目的物の修理のための設備や知識を有していない。こうした売主の修補能力の欠如も，買主の修補請求権が認められない根拠であるとされる。

⑶　買主の修補請求権が否定される実質的根拠の克服可能性

もっとも，先にみた議論においては，以上のような買主の修補請求権が否定される実質的根拠が，一定の場合には克服可能であることも示されていた。

これは，次章において検討する買主の追完請求権の法定化をめぐる議論の基礎を提供するものであるといえる。最後に，この点をまとめておこう。

ア　ローマ法に由来する解決の工業製品売買における妥当性の欠如

　第1に，ローマ法に由来するBGB旧規定の担保責任法の妥当性については，次のような克服の可能性が示されていた。

　ゲッツによれば，社会経済構造の変化によって登場した工業製品売買においては，約款実務が実証するように，BGB旧規定における担保責任法が予定していたローマ法に由来する（瑕疵の修補の可能性を前提としていない）瑕疵担保解除と代金減額による規律はもはや妥当性を失っている。むしろ，そこでは，工業製品売買の「事物の本性」において基礎づけられた買主の修補請求権が妥当するのだとされた。

イ　大量生産体制への移行による請負契約的要素の売買契約への編入

　次に，請負契約的な修補請求権が売買契約の本質に反するということについては，次のような克服の可能性が示されていた。

　工業製品の生産体制は手工業から大量生産に移行した。それによって，かつて請負契約に属していた手工業による製造過程は，商品譲渡の際に考慮されなくなった。その結果，工業製品売買の広範な領域で，請負契約が売買契約によって取って代わられることになった。しかし，それにもかかわらず，そのような工業製品について修補が必要であることに変わりはない。これまで請負契約において認められていた物の瑕疵除去を売買契約の場合にも認めることは，少なくとも工業製品売買においては，以上のような生産体制の変化に伴う請負契約と売買契約との関係の変化ないし売買契約観の変化から正当化されるのだとされた。

ウ　製造者等への転送による売主の修補可能性

　最後に，売主の修補能力の欠如については，次のような克服の可能性が示されていた。

　すなわち，売主は，修補を行うために自ら修理能力及び修理設備を有する必要は必ずしもなく，修補請求を受けた場合には，その商品を製造者に転送し，製造者に修補を行わせればよいとされる。そして，売主は，通常，修補

を行うことのできる製造者へアクセス・連絡する方法を買主よりも容易に発見することができる。それゆえに，売主に修補義務を負わせることが正当化されるのだとされた。

第3章

ドイツ債務法改正と買主の追完請求権

　前章でみたような議論状況の中で，ドイツにおいては，2002年1月1日から施行された債務法現代化法によって，ドイツ民法典の大規模な改正が行われ，それにより，買主の追完請求権（修補請求権・代物請求権）は，包括的にドイツ民法典に規定されるに至った。さらに，そのようにして法定された買主の追完請求権の具体的な規律内容については，改正後においても激しい議論が展開されることとなった。

　本章では，まず，第1節において，このような買主の追完請求権の法定化をもたらした債務法改正作業における一連の議論を取り上げ，買主の追完請求権の法定化がどのような考慮のもとで実現されたのかを検討する。

　それに引き続いて，第2節では，まず，①債務法改正によって買主の追完請求権についてどのような規定が設けられたのかを確認したうえで，②債務法改正後において買主の追完請求権の具体的規律内容をめぐって展開されることとなった議論のうち主要なものを取り上げ，そうした議論の中で，買主の追完請求権の規律内容がどのような要因・考慮に基づいて確定されているかを検討することにしたい。

第1節　債務法改正による買主の追完請求権の法定化

1　U・フーバーの鑑定意見と債務法改正委員会の最終報告書

ドイツ債務法改正をめぐる議論[1]は，①1981年から1983年にかけて出版された債務法改正についての鑑定意見[2]を端緒とし，その後，②連邦司法省から具体的な改正案の提示を委託された債務法改正委員会が1992年にその成果を公刊した最終報告書[3]をもとにして展開された。

(1)　U・フーバーの鑑定意見における追完請求権の提案

債務法改正についての鑑定意見の中で，買主の追完請求権に関係するのは，U・フーバー（Ulrich Huber）による給付障害法に関する鑑定意見[4]である。U・フーバーは，その鑑定意見において，次のように，BGB旧規定において買主の修補請求権が認められていないことを問題とし，買主の「瑕疵除去請求権（Anspruch auf Behebung des Mangels）」の規定を提案する。

ア　買主の修補請求権を欠くことの問題性

U・フーバーは，まず，BGB旧規定における規律の欠陥として，以下でみ

---

1)　ドイツにおける債務法改正の経緯については，潮見佳男「ドイツ債務法の現代化と日本債権法学の課題」同『契約法理の現代化』（有斐閣，2004年，初出2001年）339頁，岡孝編『契約法における現代化の課題』（法政大学出版局，2002年）15頁以下〔渡辺達徳〕，半田吉信『ドイツ債務法現代化法概説』（信山社，2003年）5頁以下などを参照。

2)　Bundesminister der Justiz (Hrsg.), Gutachten und Vorschläge zur Überarbeitung des Schuldrechts, Band Ⅰ, Band Ⅱ, 1981, Band Ⅲ, 1983.

　　本鑑定意見の全般的な内容については，下森定＝飯島紀昭＝能見善久＝宮本健蔵「西ドイツにおける債権法改正の動向(上)(下)」ジュリスト771号121頁，772号202頁（1982年），下森定ほか編著『西ドイツ債務法改正鑑定意見の研究』（日本評論社，1988年）を参照。

　　また，その後に公表された，比較法的見地からの売買法改正に関する鑑定意見として，Jürgen Basedow, Die Reform des deutschen Kaufrechts: Rechtsvergleichendes Gutachten des Max-Planck-Instituts für ausländisches und internationales Privatrecht im Auftrag des Bundesministers der Justiz, 1988 がある。

るように，BGB 旧規定における物の瑕疵責任の規律が特定物売買を出発点とするものであり，それゆえに買主の修補請求権が認められていないことを指摘する。

㋐ BGB 旧規定の欠陥

a　特定物売買を出発点とする物の瑕疵責任の構造

現行法（BGB 旧規定）は，基本的状況として特定物売買から出発しており，BGB 旧規定 480 条において種類売買についての特別規定を付加している。すなわち，法律は，特定物売買が通常事例であり，種類売買が，若干の補充的規定のみを要する特別事例であるというような様相を呈している。このことから，売買法における物の瑕疵責任については，その他の給付障害の場合とは全く異なる特別の現象が問題となっているとされた。特定物売買の場合

---

3)　Bundesminister der Justiz (Hrsg.), Abschlußbericht der Kommission zur Überarbeitung des Schuldrechts, 1992（以下では，Abschlußbericht として引用）。

　　本報告書の総論部分の邦訳として，ドイツ連邦共和国司法大臣編（岡孝＝辻伸行訳）「ドイツ債務法改正委員会の最終報告書・総論㊤㊥㊦」ジュリスト 996 号 96 頁，997 号 82 頁，998 号 104 頁（1992 年），本報告書の全般的な研究として，下森定＝岡孝編『ドイツ債務法改正委員会草案の研究』（法政大学出版局，1996 年），好美清光「西ドイツの債権法改訂委員会の作業について」 橋論叢 99 巻 3 号（1988 年）287 頁を参照。

　　また，売主の瑕疵担保責任ないし買主の追完請求権にかかわるものとして，石崎泰雄「瑕疵担保責任と債務不履行責任との統合理論」同『契約不履行の基本構造――民法典の制定とその改正への道』（成文堂，2009 年，初出 1995 年）37 頁，岡孝「ドイツ債務法改正委員会草案について――買主の追完請求権をめぐって」広中俊雄先生古稀祝賀論集『民事法秩序の生成と展開』（創文社，1996 年）475 頁，潮見佳男「最近のヨーロッパにおける契約責任・履行障害法の展開――改正オランダ民法典・ドイツ債務法改正委員会草案・ヨーロッパ契約法原則」同『契約責任の体系』（有斐閣，2000 年，初出 1997 年）1 頁，38 頁以下も参照。

4)　Ulrich Huber, Leistungsstörungen, Empfiehlt sich die Einführung eines Leistungsstörungsrechts nach dem Vorbild des Einheitlichen Kaufgesetzes? Welche Änderungen im Gesetzestext und welche praktischen Auswirkungen im Schuldrecht würden sich dabei ergeben?, in: Bundesminister der Justiz (Hrsg.), a. a. O. (Fn. 2), Bd. I, S. 647 ff.（以下では，Gutachten として引用）。

　　U・フーバーの鑑定意見の全般的内容を検討するものとして，宮本健蔵「債務不履行法体系の新たな構築――ウルリッヒ・フーバーの鑑定意見」下森ほか編著・前掲注 2) 121 頁，下森定「契約責任（債務不履行責任）の再構成」同『履行障害法再構築の研究（下森定著作集Ⅱ）』（信山社，2015 年，初出 1983 年）560 頁，566 頁以下，渡辺達雄「給付障害の基本構造に関する一考察――契約上の『給付約束』と『給付結果』，比較法的に見たその法的保障の体系(2)」法学新報 96 巻 6 号（1990 年）178 頁などを参照。

66　第3章　ドイツ債務法改正と買主の追完請求権

の物の瑕疵の典型事例は，その物にすでに契約締結時点で瑕疵があり，通常
は，その瑕疵がおよそ除去できないというものである。その場合，物の瑕疵
は，原始的（一部）不能の特別事例として現れる。そこから，物の瑕疵責任の
場合には，「不履行」に基づく責任が問題となるのではなく，一般給付障害法
とは全く異なる「担保責任」が問題となるという帰結が出てくることとなっ
た[5]。

b　買主の瑕疵除去請求権の欠如

　その結果，現行法（BGB 旧規定）は，買主に瑕疵除去請求権を認めていない。
もちろん，瑕疵の除去が売主にとって期待不可能な困難と結びついている状
況は想定できる。しかし，その状況は，立法者が注文者に対して修補請求権
を認めた請負契約の場合でも同様に生じうるものであり，BGB 旧規定 633
条 2 項 3 文の例外規定は，その場合に十分配慮するものである。ドイツ債務
法においては約束された給付の現実的履行請求権が認められるのが原則で
あって，売買法が買主に対してそのような現実的履行請求権を認めていない
ことは，この原則を破るものであり，正当化できないとされる[6]。

(イ)　欠陥の原因

　以上のような欠陥の原因は，U・フーバーによれば，次のように，BGB の
起草者が基礎に置いていた法伝統及びその後の法現実の変化にあるとされる。

a　BGB の起草者が基礎に置いていた法伝統

　確かに，BGB の起草当時においてすでに，工業，卸売業，遠隔地商業，銀
行業，保険業は隆盛をきわめていた。しかし，BGB の起草者が基礎とした法
伝統は，工業及びサービス産業がその支配的地位を獲得する以前の時代に由
来するものであった。BGB の給付障害法を構成しているのは，家屋，農場及
び耕地の売買，家畜の売買，高価品の売買（そして，ローマ法の伝統においては
奴隷の売買）ならびに原材料及び地方生産物の卸売業であると考えられる。
そのことから，現行法（BGB 旧規定）が常に特定物債務を当然の出発点とし
ているということ，不能と遅滞が規律の中心にあること，そして，売買にお

---

5)　U. Huber, Gutachten, a. a. O. (Fn. 4), S. 763 f.

6)　U. Huber, Gutachten, a. a. O. (Fn. 4), S. 765.

いて売主の修補義務及び修補権が法律に導入されなかったことが説明されるのだという[7]。

b 法現実の変化——技術的製品の売買の優位

確かに，BGB が基礎に置いていた家屋及び耕地，家畜及び宝石，原材料及び地方生産物は，今日においても，従前どおりの取扱いがされている。しかし，その重要性は変化した[8]。売買においては，種類売買が特定物売買よりも優位を獲得し，さらに，種類売買については，技術的製品（technisches Gerät）の売買，半製品の売買及び加工された製品の売買が，原材料及び地方生産物の売買よりも優位を獲得した。そのため，売買及び請負契約は，BGB が基礎に置いていたのとは，全く異なる関係へと移行した。むしろ，代替物についての製作物供給契約が，売買契約の典型的な類型となったのである。そして，このことが，BGB の給付障害法が今日では満足のいくものでなくなっている原因であるという[9]。

このような U・フーバーの分析は，前章で取り上げたゲッツの見解において示されていた観点を基礎にしているとみることができる。こうした法現実の認識が，以下でみるように，買主の追完請求権に関する規定の提案の基礎に据えられることになる。

イ 買主の「瑕疵除去請求権」の規定の提案

以上のような BGB 旧規定における規律の欠陥について，U・フーバーは，統一売買法の考え方を参考にしながら，次のように，売主の瑕疵のない物の引渡義務及び買主の瑕疵除去請求権を認めることによって対処することを提案する。

㋐ 売主の瑕疵のない物の引渡義務

まず，U・フーバーによれば，物の瑕疵責任の法政策的根拠は，その物に「瑕疵がある」ことではなく，その物が「契約に適合しない」ことに求められるとする。

7）　U. Huber, Gutachten, a. a. O.（Fn. 4），S. 771.

8）　U. Huber, Gutachten, a. a. O.（Fn. 4），S. 771.

9）　U. Huber, Gutachten, a. a. O.（Fn. 4），S. 772.

すなわち，契約は，価格決定の基礎であるのと同様に，買主が売主から取得すべき物の決定の基礎でもある。契約は，その物の実際の性質が，契約において明示的に又は取引通念によって当然のものとして前提とされた性質と買主に不利な形で異なる場合にはいつも，売主によって履行されていないことになる。その場合，買主は，買主がそれと交換で売買代金を約束した物を取得しなかったのであり，当事者によって自律的に確定された給付と反対給付との関係が害されることになる。このことが，物の瑕疵責任の法政策的根拠であるという[10]。

そして，統一売買法における一致した立場によれば，売主の契約上の義務の内容は，瑕疵のない物（すなわち，契約に適合した物）の引渡しであるとされる。U・フーバーは，物の瑕疵責任法の法政策的な取扱い及び実際上の取扱いを容易にするものとして，このような統一売買法の立場を採用すべきことを提案する[11]。

(イ) 買主の瑕疵除去請求権の提案

そのうえで，U・フーバーは，次のような理由から，すでに認められていた種類売買における買主の代物請求権とならんで，特定物売買・種類売買を問わずに買主の修補請求権が認められるべきであるとする。

まず，上述したように売主に瑕疵のない物の引渡義務が認められる場合，特定物売買の場合においても買主に原則として修補請求権を与えることが，「いわば（論理的な意味で必然ではないとしても）『当然の』帰結である（die sozusagen „natürliche" (wenn auch nicht in einem logischen Sinn zwingende) Konsequenz)」という[12]。

また，修補請求権は，技術的製品の売買のあらゆる場合において，「いわば当然の法的救済（der gewissermaßen natürliche Rechtsbehelf)」である。このことは，売主が自ら製造者である場合（すなわち，製作物供給契約の場合）だけでな

---

10) U. Huber, Gutachten, a. a. O.（Fn. 4), S. 765.

11) U. Huber, Gutachten, a. a. O.（Fn. 4), S. 866.

12) U. Huber, Gutachten, a. a. O.（Fn. 4), S. 867. 先に述べたように，ここでU・フーバーが，前章のゲッツと同様の考え方——工業製品売買の「事物の本性」に依拠して買主の修補請求権を基礎づける考え方——を基礎にしているとすると，ここでの「当然の（natürlich)」は，「自然な」ないしは「本性に基づく」という意味で理解することが可能であろう。

第1節　債務法改正による買主の追完請求権の法定化　69

く，売主が商人ではあるが，整備をともに引き受ける場合（典型的には自動車売買の場合）やそれに類する場合にもあてはまる。新築住宅の売買やそれに類する場合にも，修補請求権はもっとも容易に思いつく法的救済である。それゆえに，法律は，修補義務を原則とすることから出発するべきであるという[13]。もちろん，瑕疵の除去がはじめから不能である場合（例えば，真作でない絵画を真作の絵画として売買する場合）や売主に期待できない場合（例えば，個人による家や自動車の売買）も存在する。しかし，そのような場合は，原則ではなく，例外とみなされるべきであるとする[14]。

　以上のような考慮に基づいて，U・フーバーは，買主の瑕疵除去請求権が原則として認められるべきであるとし，これについて，具体的に次のような提案を行った。

U・フーバー提案第461a条（瑕疵除去請求権）

(1)　物に瑕疵がある場合，買主は，売主がその物の欠けている部分ないし数量を引き渡すこと，もしくはその物が種類のみによって定められている場合には契約に適合した他の物を引き渡すこと（追給付）又はそれが可能である限りでその物を瑕疵のない状態にすること（修補）によって，その瑕疵の除去を請求することができる。売主は，修補が過分の費用を必要とする場合又は売主が修補を自らの手段で実現することができない場合には，修補を拒絶することができる。買主は，修補が買主にとって期待できない場合には，修補の受領を拒絶する権利を有する。

(2)　瑕疵が追給付と修補のいずれによっても除去できる場合，その選択権は，売主に認められる。

(3)　売主は，追給付及び修補の目的のために必要な費用，とりわけ，輸送費，交通費，労務費及び材料費を負担しなければならない。この規定は，その費用が，売買目的物がその引渡しの後に受領者の住所又は営業所とは異なる場所に運搬されたことを理由に増加した限りで，適用しない。ただし，その運搬がその物の用途に従った使用に適するものであるときは，この限りでない。

(4)　代物請求権については第346条ないし第356条の規定を，修補請求権については第349条，第355条及び第356条の規定を準用する。

---

13)　U. Huber, Gutachten, a. a. O.（Fn. 4），S. 874 f.

14)　U. Huber, Gutachten, a. a. O.（Fn. 4），S. 875.

70   第3章　ドイツ債務法改正と買主の追完請求権

ウ　買主の瑕疵除去請求権の具体的規律内容

以上のようなU・フーバーの提案における買主の瑕疵除去請求権の具体的な規律内容は，次のような特徴を有している。

㈦　瑕疵除去請求権の内容──代物請求権の種類売買への限定

まず，買主の瑕疵除去請求権の内容としては，①引渡しが不完全な場合における欠けている一部又は欠けている量の引渡請求権，②代物請求権，③修補が可能である限りでの修補請求権の3つが挙げられている。ここでは，②の代物請求権は，その性質上，種類売買の場合に限定されるものとされている[15]。

㈡　追完方法の選択権

瑕疵が修補と追給付のいずれによっても除去可能である場合に，その瑕疵をいずれの方法によって除去するかについての選択権は，売主が有するとされている。これは，いずれの場合であっても，買主は契約により取得すべき物を取得することになるという考慮に基づくものとされる[16]。

㈣　追完費用の負担

瑕疵除去の目的のために必要な費用は，原則として，売主が負担するものとされている。これは，BGB旧規定476a条の規律を承継したものであるとされる[17]。

㈤　売主の修補拒絶権

売主は，①修補が過分の費用をもってのみ可能である場合，又は②売主が修補を自らの手段で実現することができない場合に修補拒絶権を有するものとされている。このうち，①の拒絶原因は，BGB旧規定633条2項3文から承継したものであり，②の拒絶原因は，自らが製造者又は生産者ではない売主を保護するものであるとされる[18]。

---

15)　U. Huber, Gutachten, a. a. O.（Fn. 4），S. 875.

16)　U. Huber, Gutachten, a. a. O.（Fn. 4），S. 765.

17)　U. Huber, Gutachten, a. a. O.（Fn. 4），S. 876.

18)　U. Huber, Gutachten, a. a. O.（Fn. 4），S. 875.

⑵ 債務法改正委員会による追完請求権の提案

債務法改正委員会も，U・フーバーの鑑定意見と同様に，BGB旧規定において買主の瑕疵除去請求権が規定されていないことを問題とし，買主の追完請求権に関する規定を提案する。もっとも，その具体的な提案内容は，U・フーバーの鑑定意見における提案と必ずしも一致するものではなかった。

ア　買主の瑕疵除去請求権を欠くことの問題性

債務法改正委員会も，次のような考慮から，法律において買主の瑕疵除去請求権が認められていないことを問題とする。

㈠　民法典の施行以降の売買目的物の変化

製造技術，販売形態及び販売方式は，民法典の施行以来，著しく変化した。民法典の起草者が考慮したのは，比較的単純な性質を有し，損害を与える可能性が少ない個物及び種類物についての売買契約であった。それと並んで，今日では，技術的に複雑であり，それゆえに，その瑕疵を引渡しの時に確認することが難しく，その瑕疵が後になって発現し，著しい結果損害をもたらしうるような物品の売買が行われている。これにより，買主の瑕疵担保解除及び代金減額の権利を買主の修補請求権及び売主の「第二の提供」権によって補充する必要性が生じた[19]。

㈡　ローマ法の歴史的規律の今日の取引への不適合性

BGB旧規定における担保責任は，買主が公の市場において「除去できない瑕疵」のある家畜や奴隷を購入した場合に，買主に売買代金の即時の返還又は減額の請求権が認められるというローマ法の歴史的モデルに基づくものである。それゆえ，現行の担保責任法は，（種類売買における例外はあるものの）買主の追完（Nacherfüllung）の権利も，追完によって買主のその他の法的救済を阻止する売主の権限（「第二の提供」権）も知らない。しかし，これは，一般的な法意識とは一致せず，大量工業製品による今日の取引の必要に反するものである[20]。

---

19)　Abschlußbericht, a. a. O. (Fn. 3), S. 20.
20)　Abschlußbericht, a. a. O. (Fn. 3), S. 25.

72　第3章　ドイツ債務法改正と買主の追完請求権

㈦　買主の利益

　瑕疵のある物が引き渡された場合において買主の法意識の中心を占めるのは，追完請求権である。買主は，瑕疵ある売買目的物が修理又は交換されることを期待する[21]。すなわち，瑕疵ある物を取得した買主は，第一次的に，売買の解消ないし売買代金の縮減について利益を有するのではない。買主にとっては，瑕疵のない物を取得することが問題なのであり，この利益は，たいていの場合には——そして，特定物売買においても——修補又は他の同種の物の引渡しによって満足されうる。種類売買においても，買主がその物を保持しようとして修理を望むことから，代物給付であっても買主の利益に適合しないことがしばしばある。例えば，すでに固定的に据え付けられた機械の買主には，通常，瑕疵担保解除や代金減額ではなく，現場での修理のみが役に立つ[22]。

イ　買主の「追完請求権」の規定の提案

　以上のような考慮から，債務法改正委員会も，U・フーバーの鑑定意見と同様に，売主の瑕疵のない物の引渡義務を認め，その義務の違反を基礎として買主の追完請求権が認められることを提案する。このように「瑕疵のある物の引渡しが契約義務の違反とされる場合には，そこから，解釈論的な障害なく，……買主の追完請求権が導き出される」という[23]。

　このような考慮から，債務法改正委員会は，買主の追完請求権について，次のような提案を行った。

BGB 委員会草案第 438 条（追完）

⑴　物に瑕疵がある場合，買主は，追完を請求することができる。売主は，その選択により，瑕疵を除去するか，又は代替物が問題となっている場合には瑕疵のない物を引き渡すことができる。

⑵　売主は，追完の目的のために必要な費用，とりわけ，輸送費，交通費，労務費及び材料費を負担しなければならない。

⑶　売主は，追完が過分の費用をもってのみ可能である場合には，追完を拒絶することができる。

---

21)　Abschlußbericht, a. a. O.（Fn. 3），S. 210.

22)　Abschlußbericht, a. a. O.（Fn. 3），S. 25.

23)　Abschlußbericht, a. a. O.（Fn. 3），S. 195.

第1節　債務法改正による買主の追完請求権の法定化　　73

(4)　売主が，追完の目的で，瑕疵のない物を引き渡す場合には，売主は，買主に対して，瑕疵ある物の返還を，BGB 委員会草案第 346 条ないし第 347 条，BGB 第 348 条の基準に従って，請求することができる。

　債務法改正委員会によれば，このような BGB 委員会草案 438 条は，現行法（BGB 旧規定）の欠陥を除去して，物の瑕疵についての売主の責任体系を一般給付障害法に束ね，権利の瑕疵責任と物の瑕疵責任とを統合し，特定物売買と種類売買との区別を放棄可能とするものであるとされている[24]。
　そして，この規定は，とりわけ，現行法（BGB 旧規定）を再び法現実に近づけるものであるとされる。なぜなら，買主は，瑕疵が発生した場合には，通常，契約の解除又は売買代金の減少を望むのではなく，修理又は交換を望むからである[25]。また，この新たな規律は，BGB 旧規定 633 条 1 項及び 2 項における請負契約についての規律に対応するものであるとされる[26]。それによって，売買契約と請負契約との相違が減少する。すなわち，売買契約においても請負契約においても，瑕疵のない給付の義務が存在し，追完請求が可能であることになるとされる[27]。

ウ　買主の追完請求権の具体的規律内容

　以上のように，債務法改正委員会も，U・フーバーの鑑定意見と同様に，買主の追完請求権を法定化する旨の提案を行った。しかし，次にみるように，その具体的規律内容においては，U・フーバーの提案と異なる部分も存在する。

(ア)　追完請求権の内容

　買主の追完請求権の内容としては，修補と代物給付が挙げられている。もっとも，U・フーバーの提案とは異なり，代物請求権は，種類売買の場合に限定されるのではなく，BGB91 条の意味での代替物が売買目的物である場合に限定されている[28]。

---

24)　Abschlußbericht, a. a. O.（Fn. 3），S. 211.
25)　Abschlußbericht, a. a. O.（Fn. 3），S. 211.
26)　Abschlußbericht, a. a. O.（Fn. 3），S. 211.
27)　Abschlußbericht, a. a. O.（Fn. 3），S. 196.

74 第3章 ドイツ債務法改正と買主の追完請求権

(イ) 追完方法の選択権

　追完方法（修補と代物給付）の選択権は，U・フーバーの提案と同様に，売主が有するものとされる。これは，買主の利益状況からは買主に選択権を認めることが要請されないという考慮に基づくものであるとされる。すなわち，買主は，瑕疵のない物を取得する権利を有する一方で，売主がどのようにしてこの義務を履行するかは売主の問題であるとされている[29]。

　また，買主に選択権が認められるとすると，買主は，早期に拘束力をもって追完方法を確定することによって，瑕疵の種類によっては，個々のケースにおいて買主の利益に対応するものを取得できないというリスクを負担することになってしまうという[30]。

　その一方で，売主が選択権を有するとしても，修補又は代物給付の受領を買主に期待できないときには，買主はその受領を拒絶することができるという。このことは，明文で定められていない場合でも，信義誠実の原則から出てくることであるとされる[31]。

(ウ) 追完費用の負担

　追完の目的のために必要な費用は，売主が負担するものとされている。もっとも，U・フーバーの提案とは異なり，引渡し後に目的物の運搬があった場合の費用負担の例外に関する規律（U・フーバー提案461a条3項2文）は不要であるとされている。なぜなら，売主は，追完が過分の費用をもってのみ可能である場合には追完を拒絶することができるからであるという[32]。

　そして，買主が売主に過分の費用をもたらす追完を請求する場合には，買主は，売主に対して，その超過費用の補填の提供をしなければならないとされる[33]。

(エ) 売主の追完拒絶権

　売主は，追完が過分の費用をもってのみ可能である場合には追完拒絶権を

---

28) Abschlußbericht, a. a. O. (Fn. 3), S. 212.
29) Abschlußbericht, a. a. O. (Fn. 3), S. 212.
30) Abschlußbericht, a. a. O. (Fn. 3), S. 212.
31) Abschlußbericht, a. a. O. (Fn. 3), S. 212.
32) Abschlußbericht, a. a. O. (Fn. 3), S. 213.
33) Abschlußbericht, a. a. O. (Fn. 3), S. 213.

有するとされる。追完は，個別事例においては，売主に不相当な負担を課すことがありうる。このことは，とりわけ，非営業的売主又は修理設備を有さない商人について妥当するとされる[34]。そこで，給付義務の限界は，BGB 委員会草案275条による給付拒絶権[35]よりも緩やかに，すでに，追完が「過分の費用」を必要とする場合に認められるものとされる。なぜなら，買主の利益状況によると，追完をするのに売主に過分の努力が必要とされる場合にまで買主に追完請求権を認めることは要請されないからだとされる[36]。

　もっとも，U・フーバーの提案と異なり，自らが製造者や生産者ではない売主の保護は，すでに BGB 委員会草案275条，438条3項によって確保されているという理由から，「売主が修補を自らの手段によって実現することができない場合」の修補拒絶権（U・フーバー提案461a 条1項2文）は不要であるとされている[37]。

2　買主の追完請求権の法定化に対する批判

　以上のように，U・フーバーの鑑定意見と債務法改正委員会の最終報告書は，それぞれが提案する具体的な規律内容には相違があるものの，いずれも買主の追完請求権を法定化すべきであるとするものである。もっとも，このような立場に対しては，少数ながら批判も存在していた。以下では，そのような批判として，①U・フーバーの鑑定意見に対する H・H・ヤーコプスの批判と，②債務法改正委員会の最終報告書に対するフルーメの批判を取り上げる。

(1)　H・H・ヤーコプスの批判

　H・H・ヤーコプス（Horst Heinrich Jakobs）[38]は，特定物売買と種類売買とを

---

34)　Abschlußbericht, a. a. O.（Fn. 3），S. 213.

35)　【BGB 委員会草案第275条（給付義務の限界）】
　　債務が金銭債務でない場合，債務者は，債務関係の内容及び性質によって義務づけられている努力によって給付を実現することができない限りで，その給付を拒絶することができる。債権者の権利については，BGB 委員会草案第280条，第281条，第283条，第323条を適用する。

36)　Abschlußbericht, a. a. O.（Fn. 3），S. 213.

37)　Abschlußbericht, a. a. O.（Fn. 3），S. 213.

問わずに買主の修補請求権を認めようとするU・フーバーの鑑定意見を次のように批判する。

ア　U・フーバーの鑑定意見が指摘するBGBの欠陥

U・フーバーは，修補請求権が，技術的製品の売買のあらゆる場合において，いわば当然の法的救済であり，法律は修補義務を原則とすることから出発するべきであるとしている。その際にU・フーバーが指摘しているBGBの欠陥は，H・H・ヤーコプスによれば，結局のところ，BGBが「技術的製品」の売買を通常事例としておらず，そのような売買に即して構成されたものでないということに収斂するという[39]。したがって，問題は，技術的製品の売買が売買の通常事例であるかという点であるとする。

U・フーバーも認めるように，契約に反する物の引渡しが不履行であることの論理的帰結として修補義務が導き出されるわけでないのであれば，つまり，修補義務が，売買契約の合意によってそれだけで直ちに基礎づけられるわけではないのであれば，修補義務は，契約の補充的解釈によってしか基礎づけることができない。したがって，H・H・ヤーコプスによれば，問われるべきであるのは，修補義務が認められるという解釈が，「当然に（natürlich）」，すなわち，通常（regelmäßig）基礎づけられることから，法律において修補義務を売買契約の通常の（normal）内容ないし任意法として定めることが正当化されるのかどうかである[40]。

イ　売買契約の通常事例

そのうえで，H・H・ヤーコプスは，売買契約の大多数は，今日においても，決して技術的製品を目的物とするものではないとする。確かに，技術的製品は，原則ではないとしても，多くの場合において，種類売買の目的物であり，それについては，代物給付義務が契約からそれだけで直ちに生じ，法律にお

---

38)　Horst Heinrich Jakobs, Gesetzgebung im Leistungsstörungsrecht, 1985. U・フーバーの鑑定意見に対するH・H・ヤーコプスの批判の紹介として，采女博文「ヤーコプスの債務不履行論(1)〜(3・完)」鹿児島大学法学論集24巻1号39頁，2号1頁，25巻1=2号121頁（1988-90年），同「ドイツ債務法の改正作業とヤーコプスの法学方法論」鹿児島大学法学論集30巻1号（1994年）73頁を参照。

39)　H. H. Jakobs, a. a. O.（Fn. 38），S. 97.

40)　H. H. Jakobs, a. a. O.（Fn. 38），S. 97.

いてもそのように定められている。しかし，特定物売買の場合に何が通常の事例であるかを確定するためには，こうした種類売買の事例は，いずれにしても無視されなければならない。技術的製品が特定物売買の目的物である場合には，しばしば，売主は，修補をすることが不可能又は期待することができない個人であろう。この場合には，修補義務は，通常，基礎づけられず，U・フーバーの考え方によっても，修補義務は，その限りで排除される。これに対して，修補義務が原則として排除されないような営業的売主からの技術的製品の売買が，特定物売買の通常事例であるかは疑問であるとする[41]。

このように，H・H・ヤーコプスは，特定物売買と種類売買とを異なる契約類型であるととらえたうえで，特定物売買の通常事例は（修補義務が認められるような）技術的製品の売買ではないとする。そのような考え方に基づいて，特定物売買の場合にも原則として修補義務を認めようとするU・フーバーの提案を批判しているわけである。

(2) フルーメの批判

フルーメ（Werner Flume）[42]も，買主の追完請求権を認めようとする債務法改正委員会の最終報告書について，次のような批判を加える。

ア 契約類型ごとに異なる規律の正当性

債務法改正委員会は，特定物売買の場合にも売主が瑕疵のない物の給付義務を負うとして，買主の修補請求権を認めている。そして，それによって，種類売買と特定物売買とで統一的な規律がされ，売買と請負契約の規律における相違も減少することが望ましいものと考えている。

しかし，特定物売買と種類売買は，歴史的起源を異にするものであり，今日においても原則として異なる取引である[43]。確かに，追完は，種類売買についての法的救済ではある。しかし，売買目的物が現実には個性を有しないような特定物売買（書店での本の売買など）を考慮の外におくと，一般的に，

---

41) H. H. Jakobs, a. a. O. (Fn. 38), S. 97 f.

42) ここで参照したフルーメの論稿は，Werner Flume, Gesetzesreform der Sachmängelhaftung beim Kauf?: Zu dem Entwurf der Kommission zur Überarbeitung des Schuldrechts, AcP 193 (1993), S. 89 ff. (以下では，Gesetzesreform として引用); ders., Zu dem Vorhaben der Neuregelung des Schuldrechts, ZIP 1994, S. 1497 ff. (以下では，Neuregelung として引用) である。

78　第3章　ドイツ債務法改正と買主の追完請求権

特定物売買の場合には，追完，すなわち，修補はおよそ不可能か又は場合によっては売主にとって不可能であって意味をなさない[44]。むしろ，追完の問題は，特定物売買と種類売買についても，そして，売買契約と請負契約についても，異なるものであり，それゆえ，それぞれにおいて異なる規律であっても正当化されるとする[45]。

イ　追完請求権の承認の基礎にある法現実の認識

また，債務法改正委員会は，「瑕疵ある物の引渡しの場合には，買主の法意識において中心を占めるのは追完請求権である。買主は，瑕疵ある売買目的物が修理され又は交換されることを期待する。とりわけ，瑕疵除去請求権を欠くことは，複雑に構成された技術的製品の売買の場合における今日の実情を顧慮していない」とし，買主の追完請求権の規定は「現行法を再び法現実に近づけるものである。なぜなら，買主は，瑕疵が発生した場合には，通常，契約の解除又は売買代金の減額ではなく，修理又は交換を望むからである」としている[46]。

これに対して，フルーメは，どのような法現実についての確認が，この言明の基礎にあるのかは明らかではないとして，債務法改正委員会の基礎とする法現実の認識を問題視している[47]。

3　討議草案から債務法現代化法まで

以上のような批判が存在していたものの，債務法改正に関する議論は，改正が現実のものとなるのはまだ先のことと考えられていたこともあってか，債務法改正委員会の最終報告書の公表の後，しばらくの間は下火となってい

---

43)　Flume, Neuregelung（Fn. 42），S. 1498 f. これによれば，BGBを含むすべてのヨーロッパの法伝統は，特定物売買を出発点としているとされる。なぜなら，こうしたヨーロッパの法伝統は，ローマ法の学説彙纂（ディゲスタ）に基づくものであって，この学説彙纂が関知しているのは特定物売買のみだからであるという。これに対して，われわれのいう種類売買には，ローマ人においては，問答契約法（Stipulationsrecht）が適用されるのだとされる。

44)　Flume, Gesetzesreform（Fn. 42），S. 100; ders., Neuregelung（Fn. 42），S. 1500.

45)　Flume, Gesetzesreform（Fn. 42），S. 100.

46)　Abschlußbericht, a. a. O.（Fn. 3），S. 210 f.

47)　Flume, Gesetzesreform（Fn. 42），S. 102 f.; ders., Neuregelung（Fn. 42），S. 1500.

た。

しかし，その議論は，2000 年 8 月 4 日に連邦司法省が債務法現代化法の討議草案[48]を公表したことを契機として再燃することとなる。連邦司法省は，一連の主要な EU 指令（EC 指令）を国内法化する期限が迫っていたことを好機として，それらの指令の国内法化と同時に──指令の要請にかかる規律を民法典に組み込むという方法で──債務法改正を実現しようと動いたのである。

(1) 消費用動産売買指令と討議草案

そうした EU 指令（EC 指令）の中で，本書との関係で最も重要であるのは，消費用動産売買指令[49]である。討議草案から債務法現代化法の成立に至るまで，そこでの買主の追完請求権の規律内容は，上述した債務法改正委員会の提案を基礎に置きつつも，この消費用動産売買指令の要請に大きく方向づけられることとなった。

ア 消費用動産売買指令とその国内法化の要請

消費用動産売買指令は，域内市場における消費者保護の最低水準を担保するために，消費用動産売買に関する加盟国の国内法を調整することを目的と

---

48) Bundesministerium der Justiz, Diskussionsentwurf eines Schuldrechtsmodernisierungsgesetzes, 2000（以下では，Diskussionsentwurf として引用）＝Claus-Wilhelm Canaris (Hrsg.), Schuldrechtsmodernisierung 2002, 2002（以下では，Schuldrechtsmodernisierung として引用），S. 1 ff.
　　討議草案における売主の瑕疵担保責任について紹介・検討するものとして，今西康人「ドイツにおける売主の瑕疵担保責任の改正問題──債権法の現代化に関する法律の検討草案について」関西大学法学論集 51 巻 2＝3 号（2001 年）169 頁を参照。

49) Richtlinie 1999/44/EG des Europäischen Parlaments und des Rates vom 25. Mai 1999 zu bestimmten Aspekten des Verbrauchsgüterkaufs und der Garantien für Verbrauchsgüter, Abl. EG Nr. L 171/12 v. 7. 7. 1999. 消費用動産売買指令について紹介・検討するものとして，円谷峻「EC／EU における製品の欠陥に対する消費者保護(2)」横浜国際経済法学 6 巻 2 号（1998 年）1 頁，岡林伸幸「消費商品売買及び保証に関する EU 指針提案」名城法学 47 巻 4 号（1998 年）217 頁，シーヴェック大美和子「消費財の売買および関連の保証に関する EU 指令」国際商事法務 28 巻 1 号（2000 年）21 頁，今西康人「消費者商品の売買及び品質保証に関する EU 指令──その制定過程とドイツ法への影響を中心として(1)(2)」関西大学法学論集 50 巻 1 号 50 頁，4 号 1 頁（2000 年），同「消費者売買指令と目的物の瑕疵に関する売主の責任──指令の国内法化からの検討」判例タイムズ 1117 号（2003 年）38 頁を参照。

するものである（同指令１条１項）。

そして，同指令は，買主（消費者）の追完請求権に関しても，次のような内容の規律を国内法化することを要請している。

消費用動産売買指令第３条（消費者の権利）

(1) 売主は，消費者に対して，消費用動産の引渡しの時点で存在するあらゆる契約不適合について責任を負う。

(2) 契約不適合がある場合，消費者は，第３項の基準に従い修補若しくは代物給付によって消費用動産の契約に適合した状態を無償で実現することを求める請求権又は第５項及び第６項の基準に従い売買代金の相応の減額若しくは当該消費用動産に関する契約の解消を求める請求権を有する。

(3) 消費者は，まず，売主に対して，無償での修補又は無償での代物給付を請求することができる。ただし，それが不能又は過分である場合にはこの限りでない。

　ある措置が過分であるとみなされるのは，その措置が，次の事情を考慮して，他の代替措置と比較して売主に期待できない費用をもたらす場合である。

　　―契約不適合がなかったならば消費用動産が有していたであろう価値，
　　―契約不適合の重要性，
　　―消費者に著しい不便を与えることなく他の代替措置をとることができるかという問題。

　修補又は代物給付は，相当期間内にかつ消費者に著しい不便を与えることなく行われなければならない。その際には，消費用動産の種類及び消費者が当該消費用動産を必要とする目的が顧慮されなければならない。

(4) 第２項及び第３項における「無償」の概念は，消費用動産の契約に適合した状態を実現するために必要な費用，とりわけ，送付費，労務費及び材料費を含む。

(5) 消費者は，次に掲げる場合には，売買代金の相応の減額又は契約の解消を求めることができる。

　　―消費者が修補請求権も代物請求権も有しない場合，
　　―売主が相当期間内に措置をとらなかった場合，
　　―売主が消費者に著しい不便を与えることがないような態様で措置をとらなかった場合。

(6) 軽微な契約不適合の場合には，消費者は，契約の解消を求める権利を有しない。

イ　討議草案における追完請求権の規律

(ア)　討議草案における買主の追完請求権の提案

討議草案においても，債務法改正委員会の提案を承継して，売主の瑕疵のない物の給付義務及びそれを基礎とする買主の追完請求権が認められるべきものとされている。もっとも，討議草案においては，以上のような消費用動産売買指令の要請に対応すべく，債務法改正委員会の提案とは部分的に異なり，次のような提案がされることとなった。

BGB 討議草案第 437 条（追完）

(1)　物に瑕疵がある場合，買主は，追完として，その選択により，瑕疵の除去又は瑕疵のない物の引渡しを請求することができる。

(2)　売主は，追完の目的のために必要な費用，とりわけ，輸送費，交通費，労務費及び材料費を負担しなければならない。

(3)　売主は，買主によって選択された追完の種類を，それが過分の費用をもってのみ可能である場合には，拒絶することができる。その際には，とりわけ，瑕疵のない状態における物の価値，瑕疵の重要性及び買主に著しい不利益を与えることなく他の形式の追完を行うことができるかという問題が，顧慮されなければならない。

(4)　売主が，追完の目的で瑕疵のない物を引き渡す場合，売主は，買主に対して，瑕疵ある物の返還を，第 346 条ないし第 348 条に定める基準に従って，請求することができる。

(イ)　買主の追完請求権の具体的規律内容

討議草案における買主の追完請求権の具体的規律内容は，次のような特徴を有している。

a　追完請求権の内容

買主の追完請求権の内容としては，債務法改正委員会の提案におけるのと同様に，修補と代物給付が挙げられている。もっとも，U・フーバーの提案とも債務法改正委員会の提案とも異なり，代物請求権については，その文言上，種類売買にも代替物の売買にも限定されないものとなっている。

82　第3章　ドイツ債務法改正と買主の追完請求権

b　追完方法の選択権

　債務法改正委員会の提案と異なり，追完方法（修補と代物給付）の選択権は買主が有するものとされている。

　これは，代物給付と修補との間の選択権を明示的に消費者（買主）に与える消費用動産売買指令3条3項1文に従うものである。しかし，買主にこの選択権を認めることは，消費者保護にとどまるものではなく，次のような理由から，あらゆる売買について適用される一般的規定にふさわしい内容であるとされている。

　すなわち，瑕疵ある物の引渡しによって自らの売買契約に基づく義務に違反したのは，売主である。確かに，瑕疵のない物を取得することは，売主がどのようにしてそれを達成するかにかかわりなく，買主の利益に対応する。しかし，売主の義務違反がなければ，買主は瑕疵のない物をすでに引き渡されて取得していたはずである。契約が予定されたように展開されなかったという事態をもたらしたのは，売主の義務違反である。この場合には，どのような方法で瑕疵のない物の引渡しという契約目的が達成されうるのかを，まずは買主に決定させることが正当である。例えば，買主が信頼できない売主による修補の試みにどれだけ応じようとするかは，買主の評価に委ねられるべきであるという[50]。

　他方で，買主による選択権の濫用に対しては，売主は，同条3項による追完拒絶権によって十分に保護されるとされている[51]。

c　追完費用の負担

　債務法改正委員会の提案と同様に，追完の目的のために必要な費用については，売主が負担するものとされている。これは，消費用動産売買指令3条4項に対応するものとされている[52]。

---

[50]　Diskussionsentwurf, a. a. O. (Fn. 48), S. 488 = Canaris, Schuldrechtsmodernisierung (Fn. 48), S. 267.

[51]　Diskussionsentwurf, a. a. O. (Fn. 48), S. 488 = Canaris, Schuldrechtsmodernisierung (Fn. 48), S. 267.

[52]　Diskussionsentwurf, a. a. O. (Fn. 48), S. 489 = Canaris, Schuldrechtsmodernisierung (Fn. 48), S. 268.

d　売主の追完拒絶権

　債務法改正委員会の提案と同様に，売主は，追完が過分の費用をもっての
み可能である場合には追完拒絶権を有するとされている。これは，不能の場
合に追完拒絶権を認める討議草案 275 条[53]とともに，消費用動産売買指令 3
条 3 項 1 文に対応する。しかし，このことは，買主の利益状況によると，追
完のために売主に過分の努力が必要とされる場合にまで買主に追完請求権を
認めることは要請されないという理由に基づく。したがって，これは，消費
者売買を超えて一般的に妥当するとされている[54]。もっとも，売主は，「買主
によって選択された追完」を拒絶することができるとされ，売主の拒絶権
は，——買主の追完請求権全体にではなく——買主によって要求された追完
の種類（修補又は代物給付）に関係づけられるものとされている[55]。

　また，消費用動産売買指令 3 条 3 項 2 文に対応して，追完の過分性を判断
する際に顧慮されるべき事情が例示的に列挙されている[56]。

(2)　討議草案に対する批判——追完方法に関する買主の選択権

　討議草案の公表の後，討議草案に対しては，EU 指令（EC 指令）の国内法化
と同時に債務法改正を行うこと自体に対する批判を含め，その内容について
も多くの批判が投げかけられた。

　そして，以上のような買主の追完請求権の規律に対しては，とりわけ，追
完方法の選択権を買主に与えることについて，ツィンマー（Daniel Zimmer）[57]
が次のような批判を行っている。

---

53)　【討議草案第 275 条（給付義務の限界）】
　　　債務が金銭債務でない場合，債務者は，債務関係の内容及び性質によって義務づけ
　　られている努力によって給付を実現することができない限りで，その給付を拒絶する
　　ことができる。債権者の権利は，第 280 条ないし第 282 条及び第 323 条によって定ま
　　る。

54)　Diskussionsentwurf, a. a. O. (Fn. 48), S. 490 = Canaris, Schuldrechtsmodernisierung (Fn.
　　48), S. 268 f.

55)　Diskussionsentwurf, a. a. O. (Fn. 48), S. 491 = Canaris, Schuldrechtsmodernisierung (Fn.
　　48), S. 269.

56)　Diskussionsentwurf, a. a. O. (Fn. 48), S. 491 = Canaris, Schuldrechtsmodernisierung (Fn.
　　48), S. 269.

57)　Daniel Zimmer, Das geplante Kaufrecht, in: Wolfgang Ernst/Reinhard Zimmermann
　　(Hrsg.), Zivilrechtswissenschaft und Schuldrechtsreform: Zum Diskussionsentwurf eines
　　Schuldrechtsmodernisierungsgesetzes des Bundesministeriums der Justiz, 2001, S. 191 ff.

討議草案は，買主に対して修補と代物給付との間の選択権を認める。これは，修補と代物給付との間の選択を売主に委ねていた U・フーバー及び債務法改正委員会の草案から離れるものである。買主がそのような選択権を有すべきことは，消費用動産売買指令に由来する。しかし，ツィンマーによれば，買主の選択権は実質的に正当化されるものではない。適切な利益調整は，代物給付と修補との間の選択が原則として売主に委ねられることで行われるとされる[58]。

確かに，こうした買主の選択権の規律を，消費用動産売買を超えてあらゆる売買に拡張することは，追完請求を受けた売主がその前主である売主に追完請求を行うという求償事例の問題[59]を回避する１つの方法である。しかし，立法者は，この目的を，消費用動産売買の場合ならびにそうした消費用動産売買における売主からその供給者へとさかのぼって追完請求がされる場合にのみ，選択権を買主に認め，他のすべての売買においては売主に選択権を認めることによっても達成できたはずであるという。もっとも，こうした買主の選択権にどのような意義が認められるかは，実質的には，討議草案 437 条3 項の例外規定にかかることになると指摘している[60]。

(3)　政府草案から債務法現代化法まで

その後，討議草案に対する数多くの批判を受けた連邦司法省は，討議草案の欠陥を修正するために給付障害法委員会を組織した。そして，給付障害法委員会の報告に基づいて，2001 年 3 月 6 日には，討議草案の整理案が作成・公表され，同年 5 月 9 日には，それをさらに修正した政府草案が閣議決定された。この政府草案が，同年 5 月 14 日に，債務法現代化法案として議会に提出された[61]。

---

58)　Zimmer, a. a. O.（Fn. 57), S. 199.

59)　これは，消費者である買主が一定の追完方法を選択して売主に対して追完請求をした場合において，その追完請求を受けた売主が，自らの追完義務を履行するために，その前主の売主に対して追完請求をするときに，もし追完方法を選択できないとすれば，結局のところ，消費者である買主が選択した方法での追完が実現されないことになってしまうという問題である。

60)　Zimmer, a. a. O.（Fn. 57), S. 199.

ア　政府草案における追完請求権の規律

上記のような討議草案に対する批判があったにもかかわらず，買主の追完請求権については，政府草案においても，基本的に討議草案と同様の規律が維持されている。したがって，実質的には，上でみた討議草案における規律内容が，政府草案に承継され，それが議会による審議を経て，債務法現代化法に結実することとなったということができる。

イ　修補請求権の限界に関する連邦参議院の意見表明

なお，政府草案の審議過程においては，連邦参議院により，売主の追完拒絶権に関する次の点の検討が要請された[62]。すなわち，政府草案理由書においては，修補の形式での追完がとりわけ修理設備を有しない商人に不相当な負担となりうるとされている[63]が，これが本当にそうなのかということである。

連邦参議院の理解によれば，商人が修理設備を有しない場合には，個々のケースによっては，修補が過分の費用を要することになる可能性がある。しかし，それは，常にそうであるというわけでは必ずしもない。例えば，自己の修理設備を有さない中古車の商人にも，修補は期待可能である。なぜなら，外部の事業者の修理設備で修補する場合にかかる費用は，経営学的にみて（betriebswirtschaftlich），自己の修理設備で修補する場合よりも高くなることはないからであるという。

ウ　連邦政府の応答

このような連邦参議院の意見表明に対して，連邦政府は次のように応答した[64]。

連邦政府は，BGB 政府草案 439 条 3 項 1 文による売主の追完拒絶の抗弁

---

61)　Entwurf eines Gesetzes zur Modernisierung des Schuldrechts, BT-Drucks. 14/6040, S. 1 ff.（＝BT-Drucks. 14/6857, S. 1 ff.）.
　　債務法現代化法案については，民法典の改正部分の翻訳として，岡孝＝青野博之＝渡辺達徳＝銭偉栄「ドイツ債務法現代化法案（民法改正部分）試訳」学習院大学法学会雑誌 37 巻 1 号（2001 年）129 頁がある。

62)　Stellungnahme des Bundesrates, BR-Drucks. 338/01, S. 53 f. ＝ BT-Drucks. 14/6857, S. 27.

63)　BT-Drucks. 14/6040, S. 232.

64)　BT-Drucks. 14/6857, S. 61.

の要件について，連邦参議院の理解に従うものである。政府草案理由書から明らかであるのは，自己の修理設備を有さない商人の場合には，商人が自ら修理可能である場合よりも，「過分の費用」が認められやすいということのみである。結局のところ，BGB政府草案439条3項1文の適用は，常に個別ケースの問題であるという。

エ　債務法現代化法の成立

　以上のような経緯により，2001年11月26日に，債務法現代化法[65]は成立するに至った[66]。これにより，最終的に，買主の追完請求権については，次のような規定が設けられることとなった。

BGB新規定第437条（瑕疵がある場合の買主の権利）

　物に瑕疵がある場合，買主は，次に掲げる規定の要件が備わり，かつ，別段の定めがない限り，次のことを行うことができる。
　　1．第439条の規定により追完を請求すること。
　　2．第440条，第323条及び第326条第5項の規定により契約を解除すること又は第441条の規定により売買代金を減額すること。
　　3．第440条，第280条，第281条，第283条及び第311a条の規定により損害賠償を請求すること又は第284条の規定により無駄になった費用の賠償を請求すること。

BGB新規定第439条（追完）

(1)　買主は，追完として，その選択により，瑕疵の除去又は瑕疵のない物の引渡しを請求することができる。
(2)　売主は，追完の目的のために必要な費用，とりわけ，輸送費，交通費，労務費及び材料費を負担しなければならない。
(3)　売主は，買主によって選択された種類の追完を，第275条第2項及び第3項の規定の適用を妨げることなく，それが過分の費用をもってのみ可能である場合には，拒絶することができる。その際には，とりわけ，瑕疵のない状態における物の価値，瑕疵の重要性及び買主に著しい不利益を与えることなく他の形式の追完を行うことができるかという問題が，顧慮されなければならない。この場合において，買主の請求権は，他の種類の追完に制限

---

65)　BGBl. Teil I Nr. 61/2001, S. 3138 ff.
66)　債務法現代化法について紹介する文献は多いが，全般的な紹介としては，岡編・前掲注1)，半田・前掲注1) などを参照。

される。この場合においても，当該他の種類の追完を第1文の要件のもとで拒絶する売主の権利は，妨げられない。

(4) 売主が，追完の目的で瑕疵のない物を引き渡す場合，売主は，買主に対して，瑕疵ある物の返還を，第346条ないし第348条の基準に従って，請求することができる。

4 小 括

本節では，買主の追完請求権の法定化をもたらした債務法改正作業における一連の議論について，主として，どのような考慮に基づいて買主の追完請求権が法定されるに至ったのかという観点から，その概観を行ってきた。

(1) 買主の追完請求権の基礎づけ

それによると，買主の追完請求権の法定化は，当初は，前章で取り上げたような学説での議論を基礎としながら，U・フーバー及び債務法改正委員会によって提案されたものであった。しかし，その後，買主の追完請求権の法定化は，消費用動産売買指令によっても要請されることとなった。そのため，買主の追完請求権の規律内容は，U・フーバー及び債務法改正委員会の提案を基礎に置きつつも，この消費用動産売買指令の要請に大きく方向づけられることとなった。

もっとも，この指令の国内法化にあたっては，指令の要請する規律内容が，消費者売買に限らず，売買一般にも妥当するものかどうかが意識的に検討されていた。その結果，具体的規律内容において変遷はあったものの，買主の追完請求権を原則として認める（法定する）こと自体については，U・フーバー及び債務法改正委員会の提案に依拠する形で，売買一般に妥当する規律として，債務法現代化法において意識的に採用されたものとみられる。したがって，買主の追完請求権の法定化について先の2つの提案が基礎に置いていた考慮は，債務法現代化法においても基本的に維持されたとみることができる[67]。

---

67) 実際，買主の追完請求権の法定化に関する理由づけとして，政府草案理由書が述べている内容は，——消費用動産売買指令の国内法化の要請に関するものを除けば——基本的に，先にみた債務法改正委員会の提案に依拠したものとみられる（BT-Drucks. 14/6040, S. 86 ff., 94, 220, 230 ff. を参照）。

88 第3章 ドイツ債務法改正と買主の追完請求権

そして，以上でみたところによれば，そうした買主の追完請求権の法定化
にあたって基礎に置かれていた考慮は，主として，次の3点にまとめること
ができる。

ア 売主の瑕疵のない物の給付義務との関係——基礎づけの前提

第1は，U・フーバーが述べているように，契約に従って売主が瑕疵のない
物の引渡義務を負うことを認める場合には，原則として買主の追完請求権（修
補請求権）を認めることが，①「当然の（natürlich）」帰結であるとされる一方
で，②それは「論理必然的な」帰結ではないということである。これによれ
ば，契約に従って売主が瑕疵のない物の引渡義務を負うとされる場合，その
ことは，買主の追完請求権を当然に（自然な形で）導き出すための前提となる
ものではあるとしても，そこから，買主の追完請求権が論理必然的に導き出
されるわけではないことになる。

債務法改正委員会も，「瑕疵のある物の引渡しが契約義務の違反とされる
場合には，そこから，解釈論的な障害なく，買主の追完請求権が導き出され
る」としている。これは，売主の瑕疵のない物の給付義務及びその義務違反
（不履行）が，買主の追完請求権を導き出すための理論的・解釈論的な前提で
あるという旨を指摘するものとみることができる。しかし，そのことは，売
主が瑕疵のない物の給付義務を負うことから，買主の追完請求権が論理必然
的に導き出されるということまで意味するものではない。

以上からすると，買主の追完請求権は，①一方では，売主が瑕疵のない物
の給付義務を負うことをその理論的・解釈論的な前提としつつも，②他方で
は，そのように売主が瑕疵のない物の給付義務を負うことから論理必然的に
導き出されるものではなく，むしろ，それに一定の実質的考慮が加わること
によってはじめて導き出されるものと考えられているということができる。
これは，前章で分析したBGB旧規定のもとでの学説の議論と軌を一にする
ものといえよう。

もちろん，U・フーバーも債務法改正委員会も，結論としては，買主の追完
請求権を原則として認めるべきであるとしている。しかし，それは，すでに
述べたように，契約に従って売主が瑕疵のない物の給付義務を負うことの論
理必然的な帰結であるからというわけではなく，むしろ，次の**イ・ウ**で述べ
るような実質的考慮に基づくものであったものとみられる。

イ　売買契約の典型としての工業上の技術的製品の売買

　第2は，BGB 旧規定におけるのとは異なり，工業上の技術的製品の売買が，売買契約の典型として想定されることとなったということである。

　BGB 旧規定の規律が売買契約の典型として想定していたのは，不代替物の特定物売買，原材料及び地方生産物の売買であった。それに対して，今日においては，種類売買が特定物売買よりも優位を獲得し，また，種類売買については，技術的製品の売買が，原材料及び地方生産物の売買よりも優位を獲得することになった（それによって売買契約と請負契約との関係が変化した）。そして，そうした工業上の技術的製品の売買においては，瑕疵ある物を取得した買主の利益は，たいていの場合には修補又は他の同種の物の引渡しによって満足されうるものと考えられた。このことが，買主の追完請求権の法定化の基礎にあった実質的考慮であるとみることができる。例えば，U・フーバーが，「修補請求権は，技術的製品の売買のあらゆる場合において，いわば当然の法的救済である」と述べるのも，以上のことを意味するものと理解できる。

　これとは逆に，仮に修補が問題とならないような不代替物の特定物売買が売買契約の典型として想定されていたとすれば，前章で検討した BGB 旧規定のもとでの議論からも分かるように，売買契約の原則的規律として買主の追完請求権を認めることは，おそらく正当化されえなかったであろう。

　このように，法の基礎に置かれるべき売買契約の典型が，BGB 旧規定の基礎にあったものから変化したという理解が，買主の追完請求権の法定化の基礎に置かれていたとみることができる。このことが決定的に重要なポイントとなることは，H・H・ヤーコプスが，その批判において，こうした売買契約の典型の観念を問題としていたことからも裏付けられるだろう。

　また，債務法改正委員会が，そのような売買契約の典型として想定される工業上の技術的製品の売買の特徴として，次の2つの点を指摘していたことも注目に値する。これらは，工業上の技術的製品の売買において，買主に瑕疵ある物が引き渡された場合に，類型的に生じることが想定される事態を指摘したものということができる。

㈠　瑕疵の事後的発現と著しい結果損害の可能性

　まず，工業上の技術的製品の売買においては，売買目的物が技術的に複雑

90 第3章 ドイツ債務法改正と買主の追完請求権

であるため，瑕疵を交付の際に確認することが難しく，その瑕疵が後になって発現し，著しい結果損害がもたらされうることが指摘されていた。

(イ) 目的物の保持と修補に対する買主の特別の利益の存在

また，工業上の技術的製品の売買においては，買主がその物を保持しようとして修理を望むことから，代物給付では買主の利益に相応しないことがしばしばあることも指摘されていた。例えば，機械の買主にとって，その機械がすでに固定的に据え付けられているときは，その場所での修理のみが役に立つとされていた。

ウ　売主自身の修補能力の非重要性──売主の修補義務の効率性

第3は，売主が，単なる商人であっても，自ら修補設備を有しているか，あるいは，知識を有する製造者や外部の修理業者との連絡関係を有しているという社会構造に鑑みて，もはや売主自身の修補能力は問題とされなくなったということである。そこでは，むしろ，売主は，類型的に買主よりも容易に，修理のできる者にアクセス・連絡が可能であり，売主に修補義務を課す方が，目的物の修補を実現するための費用が少なくて済むとみられることから，原則として売主に修補義務を課す（買主に修補請求権を認める）ことが正当化されているとみることができる[68]。こうして，売主自身の修補能力の有無は，結局のところ，売主の追完拒絶権が例外的に認められるかどうかを判断する際に考慮される事情の1つにすぎないとされることとなったわけである。

(2)　買主の追完請求権の規律内容

以上でみたような買主の追完請求権の法定化の際に基礎に置かれていた考慮については，債務法改正作業を通じて終始維持されていたものとみることができる。これに対して，買主の追完請求権の規律内容，とりわけ，追完方

---

68)　このことは，修補だけでなく，代物給付についても妥当しうるものと考えられる。すなわち，売主は，類型的に，買主よりも少ない費用で（安価に）代物の調達が可能であるとみられることから，原則として売主に代物給付義務を課す（買主に代物請求権を認める）ことが正当化されるものと考えることができる。これについては，Thomas Riehm, Der Grundsatz der Naturalerfüllung, 2015, S. 233 ff. の分析も参照。

法の選択権と代物請求の要件については，債務法改正作業が進展する中で，次のような変遷があった。

ア　追完方法の選択権

まず，修補と代物給付との間の追完方法の選択権は，U・フーバー及び債務法改正委員会の提案においては「売主」に認められていたのに対して，討議草案以降は，「買主」に認められることになった。

これらのうち，追完方法の選択権を売主に認める提案では，買主は瑕疵のない物を取得する権利を有するとしても，いずれの方法でも買主は契約により取得すべき物を取得することになるのであるから，売主がどのようにこの義務を履行するかは売主の問題であるという考え方がその基礎に置かれていた。

それに対して，追完方法の選択権を買主に認める提案では，買主が瑕疵のない物を取得することができなかったのは売主の義務違反によるのだから，どのような方法であれば瑕疵のない物の引渡しという契約目的が達成できるかの決定をまずは買主に委ねることが正当であるという考え方がその基礎に置かれていた。

イ　代物請求の要件

また，代物請求の要件についてみると，代物請求は，①U・フーバーの提案では，種類売買においてのみ認められていたのに対して，②債務法改正委員会の提案では，代替物を目的物とする売買においてのみ認められるものとされ，③討議草案以降は，文言上一切の制限なく認められるものとされている。

これらのうち，種類売買においてのみ代物請求を認めるU・フーバーの提案は，次のような考慮に基づくものとみられる。すなわち，特定物売買の場合には，売主の給付義務は，はじめから売却された物に制限されており，売却された物以外のすべての物は，はじめから契約上義務づけられた状態をもたらすのに適さない。したがって，代替物について特定物売買が行われた場合でも，そのような特定物売買の性質上，代物請求は認められないというわけである[69]。このような理由から，ここでは，売買契約の典型として工業上の技術的製品の売買が想定されつつも，なお，特定物売買と種類売買とが区別され，買主の代物請求の可否がこの区別と結びつけられている。

92　第3章　ドイツ債務法改正と買主の追完請求権

　これに対して，代替物の売買において代物請求を認める債務法改正委員会の提案は，代替物の売買の場合であれば（それが特定物売買の場合であっても），瑕疵のない物を取得するという買主の利益は，他の同種の物の引渡しによっても満足されうるという考え方に基づくものとみられる。そのため，ここでは，売買契約の典型として工業上の技術的製品の売買を想定する点では，U・フーバーの提案と共通するものの，U・フーバーの提案とは異なり，買主の代物請求の可否の規律において，特定物売買と種類売買とを区別することは行われていない。

　以上に対して，文言上何らの制限なく買主の代物請求を認める討議草案以降の草案においては，債務法改正委員会の提案の文言と異なることについての実質的根拠が明らかにされておらず，そのため，これがどのような考え方に基づくものであるかは必ずしも明確ではない。そのこともあって，買主の代物請求の可否・要件をめぐっては，債務法改正後において，次節でみるような大きな論争が呼び起こされることになった。

　このように買主の追完請求権の具体的規律内容については，法律において明示的な規定が設けられているものがある一方で，そうではないものも少なくなく，それらについては，その解釈をめぐって債務法改正後に激しい議論が展開されることとなった。次節では，そのようなBGB新規定のもとで展開された買主の追完請求権の具体的規律内容をめぐる議論をみていくことにしよう。

---

69)　これについては，債務法改正後の論稿であるが，Ulrich Huber, Die Schadensersatzhaftung des Verkäufers wegen Nichterfüllung der Nacherfüllungspflicht und die Haftungsbegrenzung des § 275 Abs. 2 BGB neuer Fassung, in: Festschrift für Peter Schlechtriem zum 70. Geburtstag, 2003, S. 521 ff., S. 523, Anm. 9; ders., Eigenschaftsirrtum und Kauf, AcP 209（2009），S. 143 ff., S. 157 f. も参照。

第2節　BGB 新規定のもとでの買主の追完請求権

　前節でみたような経緯で成立した債務法現代化法によって，買主の追完請求権は，ドイツ民法典に一般的に規定されることとなった。しかし，買主の追完請求権の具体的な規律内容については，なお不明確な部分も残されており，その後，そうした具体的な規律内容をめぐって激しい議論が展開されることとなった。

　本節では，まず，債務法現代化法によって再編された売買における物の瑕疵責任の規律の全体像を概観し，BGB 新規定における買主の追完請求権の規律内容を確認する。そのうえで，その後に買主の追完請求権の具体的規律内容をめぐって展開された議論を詳しくみていくことにしたい。

1　BGB 新規定による物の瑕疵責任の規律

　債務法現代化法によって，BGB 新規定における物の瑕疵責任の規律は，次のようなものとなった[70]。

---

70)　債務法現代化法における売主の瑕疵責任ないし買主の追完請求権の規律全般について紹介・検討するものとして，岡編・前掲注 1) 103 頁〔岡孝〕，青野博之「売買目的物に瑕疵がある場合における買主の権利と売主の地位」判例タイムズ 1116 号（2003 年）12 頁，石崎・前掲注 3) 104 頁以下，岡孝「ドイツ契約法の最前線」野村豊弘先生還暦記念論文集『21 世紀判例契約法の最前線』（判例タイムズ社，2006 年）521 頁，田中志津子「売買契約において瑕疵ある物が給付された場合の救済手段——ドイツ民法における追完請求権と解除権の関係を中心に」伊藤進教授古稀記念論文集『現代私法学の課題』（第一法規，2006 年）265 頁，円谷峻①「債務法の現代化と瑕疵責任」川井健先生傘寿記念論文集『取引法の変容と新たな展開』（日本評論社，2007 年）55 頁，同②「ドイツにおける瑕疵責任の展開」横浜国際経済法学 17 巻 3 号（2009 年）23 頁，渡辺達徳「ドイツ民法における売主の瑕疵責任」野澤正充編『瑕疵担保責任と債務不履行責任』（日本評論社，2009 年，初出 2008 年）65 頁，半田吉信『ドイツ新債務法と民法改正』（信山社，2009 年）とくに 195 頁以下，古谷貴之「ドイツ売買法における売主の瑕疵担保責任に関する一考察——債務法改正から 10 年を経て」産大法学 47 巻 2 号（2013 年）312 頁，萩原基裕「追完請求権の制度的意義」大東法学 28 巻 1 号（2018 年）43 頁など。

(1) 売主の給付義務

ア　瑕疵のない物の給付義務

まず，BGB 新規定においては，「売主は，買主に，物の瑕疵及び権利の瑕疵のない物を取得させなければならない。」とされ（BGB 新規定 433 条 1 項 2 文），BGB 旧規定におけるのとは異なり，特定物売買においても種類売買においても，また，物の瑕疵と権利の瑕疵とを問わず，売主は瑕疵のない物の給付義務を負うこととされた[71]。すなわち，売主の給付義務は，売買目的物を買主に引き渡し，その所有権を移転すること（BGB 新規定 433 条 1 項 1 文）だけでなく，その売買目的物に瑕疵のないことにまで及ぶこととなった。これにより，買主に瑕疵ある物が引き渡された場合，それは売主の義務違反となる。

イ　物の瑕疵とその基準

そのうえで，物の瑕疵があると認められるか否かの基準については，BGB 新規定 434 条 1 項が，「その物が，危険の移転の時に，合意された性質を有するときは，その物は，瑕疵がないものとする。」とし，また，「性質が合意されていない場合には，次に掲げるいずれかの場合に，瑕疵がないものとする。」としている。そして，そのような場合として，①「その物が，契約により前提とされた使用に適しているとき」，②「その物が，通常の使用に適しており，かつ，同種の物の場合において通常の性質であって，買主がその物の種類に従って期待することのできる性質を有しているとき」を挙げている。

これによれば，物の瑕疵の判断基準時は，危険移転時とされる。そして，そうした危険移転時に物の瑕疵が存在するかどうかを判断するための基準については，目的物の性質に関する合意がある場合にはその合意が基準となり，その合意がない場合には，上記①・②が基準となる。

また，売主が異なる物を引き渡した場合（異種物給付の場合）と引き渡した数量が不足する場合（数量不足の場合）については，「物の瑕疵」そのものでは

---

71) 【BGB 新規定第 433 条（売買契約における契約類型的義務）】
　(1)　売買契約により，物の売主は，買主に対して，その物を引き渡し，かつ，その物の所有権を取得させる義務を負う。売主は，買主に，物の瑕疵及び権利の瑕疵のない物を取得させなければならない。
　(2)　略

ないものの,「物の瑕疵」と同等に取り扱うものとされている (BGB 新規定
434 条 3 項)。

(2) 売買目的物に瑕疵がある場合の売主の責任の概観

　売買目的物に瑕疵がある場合には, BGB 新規定 437 条により, 買主は, そ
れぞれ一定の要件のもとで, 次のような権利を有するものとされている[72]。

ア　追完請求権

　まず, 買主は, BGB 新規定 439 条の規定による追完請求権 (Nacherfül-
lungsanspruch) を有するものとされる。これは, 売主が瑕疵について責めに帰
すべきであるかどうかにかかわりなく認められるものとされている[73]。その
具体的な規律内容については, 後に詳しく取り上げる。

イ　契約解除権又は代金減額権

　また, 買主は, ①BGB 新規定 323 条及び 326 条 5 項の規定による契約解除
権 (Rücktrittsrecht)[74], 又は, ②BGB 新規定 441 条の規定による代金減額権
(Minderungsrecht)[75] を有するものとされている。

　ここでは, 瑕疵ある物の引渡しが売主の義務違反とされることから, 契約
解除権は, BGB 旧規定における瑕疵担保解除 (BGB 旧規定 462 条) とは異な
り, 一般給付障害法の規定に従って, 売主の義務違反 (契約違反) を基礎とし
て認められるものとされている。それによると, 瑕疵ある物の引渡しがされ
た場合 (契約に適合しない給付がされた場合) において, 買主は, 原則として,
売主に対して追完のための相当期間を設定し, その期間が徒過したときに,
契約の解除をすることができるとされている (BGB 新規定 323 条 1 項)。もっ
とも, その瑕疵 (義務違反) が軽微 (unerheblich) であるときには, 契約の解除

---

72)　【BGB 新規定第 437 条 (瑕疵がある場合の買主の権利)】
　　　物に瑕疵がある場合, 買主は, 次に掲げる規定の要件が備わり, かつ, 別段の定めが
　　ない限り, 次のことを行うことができる。
　　　1.　第 439 条の規定により追完を請求すること。
　　　2.　第 440 条, 第 323 条及び第 326 条第 5 項の規定により契約を解除すること又は
　　　　　第 441 条の規定により売買代金を減額すること。
　　　3.　第 440 条, 第 280 条, 第 281 条, 第 283 条及び第 311a 条の規定により損害賠償を
　　　　　請求すること又は第 284 条の規定により無駄になった費用の賠償を請求すること。
73)　BT-Drucks. 14/6040, S. 231.

96 第3章 ドイツ債務法改正と買主の追完請求権

は認められないとされている（BGB新規定323条5項2文）。

　これに対して，売買代金の減額は，「解除に代えて」行うことができるものとされている（BGB新規定441条1項1文）。したがって，代金減額が認められるためには，契約の解除が認められるのと同様の要件──すなわち，原則として，買主が売主に対して追完のための相当期間を設定し，その期間が徒過したこと──を満たす必要がある。ただし，契約の解除とは異なり，その瑕疵（義務違反）が軽微である場合であっても，代金減額は認められることとされている（BGB新規定441条1項2文）。

ウ　損害賠償請求権又は費用賠償請求権

　最後に，買主は，①BGB新規定280条，281条，283条及び311a条の規定による損害賠償請求権（Schadensersatzanspruch）[76]，又は，②BGB新規定284条の規定による費用賠償請求権（Aufwendungsersatzanspruch）[77]を有するものとされている。

74）【BGB新規定第323条（給付が実現されなかったこと又は給付が契約に適合して実現されなかったことに基づく解除）】
　(1)　債務者が，履行期の到来した給付を実現せず又は契約に適合して実現しない限り，債権者は，債務者に対して給付又は追完のための相当の期間を設定し，それを徒過した場合には，契約を解除することができる。
　(2)〜(4)　略
　(5)　債務者が，一部給付を行った場合，債権者は，その一部給付に利益を有しないときに限り，全部の契約を解除することができる。債務者が，給付を契約に適合して実現しない場合，債権者は，その義務違反が軽微であるときには，契約を解除することができない。
　(6)　債権者に解除権を生じさせるべき事情について，債権者がもっぱら又は主として責任を負うとき，又はその事情が，債務者の責めに帰することができないものであり，かつ，債権者が受領遅滞にある時に生じたときは，解除は排除される。
　【BGB新規定第326条（給付義務の排除の場合における反対給付からの解放と解除）】
　(1)〜(4)　略
　(5)　債務者が第275条第1項から第3項までの規定により給付をする必要がない場合，債権者は解除をすることができる。解除については，第323条の規定を，期間の設定が不要であるという基準をともなって準用する。
75）【BGB新規定第441条（代金減額）】
　(1)　買主は，解除に代えて，売主に対する表示により，売買代金を減額することができる。この場合においては，第323条第5項第2文に規定する排除事由は，適用しない。
　(2)〜(4)　略

第2節　BGB新規定のもとでの買主の追完請求権　　97

　ここでも，瑕疵ある物の引渡しが売主の義務違反であるとされることから，損害賠償請求権は，一般給付障害法の規定に従って，売主の義務違反を基礎として認められるものとされている。BGB旧規定では，瑕疵についての売主の悪意又は売主による性質保証が，不履行に基づく損害賠償請求権の要件とされていた（BGB旧規定463条，480条2項）。これに対して，BGB新規定によ

---

76)　【BGB新規定第280条（義務違反に基づく損害賠償）】
　⑴　債務者が，債務関係に基づく義務に違反するときは，債権者は，これによって生じた損害の賠償を請求することができる。ただし，債務者が義務違反について責めに帰すべきでないときは，この限りでない。
　⑵　債権者は，給付の遅延に基づく損害賠償を，第286条の付加的要件のもとでのみ請求することができる。
　⑶　債権者は，給付に代わる損害賠償を，第281条，第282条又は第283条の付加的要件のもとでのみ請求することができる。
　【BGB新規定第281条（給付が実現されなかったこと又は給付が債務の本旨に従って実現されなかったことに基づく給付に代わる損害賠償）】
　⑴　債務者が，履行期の到来した給付を実現せず又は債務の本旨に従って実現しない限り，債権者は，債務者に対して給付又は追完のための相当な期間を設定し，それを徒過した場合には，第280条第1項の要件のもとで，給付に代わる損害賠償を請求することができる。債務者が，一部給付を行った場合，債権者は，一部給付に利益を有しないときに限り，全部の給付に代わる損害賠償を請求することができる。債務者が，給付を債務の本旨に従って実現しない場合，債権者は，その義務違反が軽微であるときには，全部の給付に代わる損害賠償を請求することができない。
　⑵～⑸　略
　【BGB新規定第283条（給付義務の排除の場合における給付に代わる損害賠償）】
　債務者が，第275条第1項から第3項までの規定により給付をする必要がない場合，債権者は，第280条第1項の要件のもとで，給付に代わる損害賠償を請求することができる。この場合においては，第281条第1項第2文及び第3文並びに第5項の規定を準用する。
　【BGB新規定第311a条（契約締結の際の給付障害）】
　⑴　債務者が第275条1項から第3項までの規定により給付をする必要がなく，給付障害が契約締結の際にすでに存在していることは，契約の有効性を妨げない。
　⑵　債権者は，その選択により，給付に代わる損害賠償又は第284条に定める範囲における費用の賠償を請求することができる。ただし，債務者が契約締結の際に給付障害を知らず，かつ，その知らないことにつき責めに帰すべきでないときは，この限りでない。この場合においては，第281条第1項第2文及び第3文並びに第5項の規定を準用する。
77)　【BGB新規定第284条（無駄になった費用の賠償）】
　給付に代わる損害賠償に代えて，債権者は，債権者が給付の獲得を信頼して支出し，かつ，正当に支出してもよいとされる費用の賠償を請求することができる。ただし，その費用支出の目的が，債務者の義務違反がなかったとしても達成されなかったであろう場合には，この限りでない。

れば，そのような売主の悪意や性質保証は，もはや損害賠償請求権の要件で
はなく，それに代わって，売主（債務者）が瑕疵（義務違反）について責めに
帰すべきであることが損害賠償請求権の要件とされる——売主（債務者）が
瑕疵（義務違反）について責めに帰すべきでないときは，損害賠償請求権は認
められない——こととなった（BGB新規定280条1項2文）。

　そのうえで，瑕疵ある物の引渡しがされた場合において，売主の義務違反
に基づく損害賠償請求権のうち，「給付に代わる損害賠償請求権」（ここでは
追完に代わる損害賠償請求権）——買主が引き渡された瑕疵ある物を保持して，
その追完に代えて損害賠償を請求する権利——が認められるためには，先に
みた契約解除権や代金減額権と同様に，原則として，買主が売主に対して追
完のための相当期間を設定し，その期間が徒過したことが必要であるとされ
ている（BGB新規定280条3項，281条1項1文）。また，給付に代わる損害賠
償請求権に代えて「費用賠償請求権」が認められるためにも，同様の要件を
満たすことが必要とされる（BGB新規定284条）。

　さらに，瑕疵ある物の引渡しがされた場合において，「全部の給付に代わる
損害賠償請求権」——買主が引き渡された瑕疵ある物を売主に返還して，本
来の給付全部に代えて損害賠償を請求する権利——が認められるためには，
上記の要件に加えて，先にみた契約解除権と同様に，その瑕疵（義務違反）が
軽微でないことも必要である——買主（債権者）は，その瑕疵（義務違反）が
軽微であるときには，「全部の給付に代わる損害賠償」を請求することができ
ない——とされている（BGB新規定281条1項3文）。

(3)　買主の追完請求権の規律内容

　以上のような買主の権利のうち，買主の追完請求権については，具体的に
次のような規律が定められている。

ア　追完請求権の内容

　買主が，追完として，売主に対して請求できる内容（給付内容）は，瑕疵の
除去（修補）又は瑕疵のない物の引渡し（代物給付）である（BGB新規定439条
1項）。

イ　追完方法の選択権

追完方法を修補とするか代物給付とするかの選択権は，買主が有するものとされている（BGB 新規定 439 条 1 項）[78]。

ウ　追完費用の負担

追完の目的のために必要な費用は，売主が負担するものとされている。そのような費用の例として，運送費，交通費，労務費及び材料費が挙げられている（BGB 新規定 439 条 2 項）。

エ　売主の追完拒絶権
(ア)　「過分の費用」に基づく売主の追完拒絶権

売主は，買主が選択した種類の追完を，それが「過分の費用（unverhält-nismäßige Kosten）」をもってのみ可能である場合には，拒絶することができるとされている（BGB 新規定 439 条 3 項 1 文[79]）。すなわち，売主には，買主によって選択された種類の追完（修補又は代物給付）について，「過分の費用」（費用の過分性）に基づく追完拒絶権が認められている[80]。

(イ)　給付請求権の排除に関する一般規定である BGB 新規定 275 条との関係

「過分の費用」に基づく売主の追完拒絶権を定める BGB 新規定 439 条 3 項 1 文の規定のほか，BGB 新規定には，一般的な給付請求権の排除について定める BGB 新規定 275 条[81]が存在する[82]。これらの規定の適用関係は，次の

---

78)　このような買主の選択権の規律について，起草過程に着目して紹介・検討するものとして，丸山愛博「売買目的物の瑕疵と代物請求・修補請求の選択権──ドイツ債務法現代化法の起草過程を中心として」法学新報 113 巻 1 = 2 号（2006 年）531 頁。

79)　なお，BGB 新規定 439 条 3 項の規定は，2017 年の改正により，同条 4 項に移されることになった（項番号の変更のみで，内容の変更はされていない）。ただし，以下では，原則として，2017 年の改正前（債務法現代化法による改正当時）の規定の項番号に従って記述をすすめる。

80)　この規律を紹介するものとして，今西康人「買主の追完請求権に対する制限について」関西大学法学論集 53 巻 4 = 5 号（2004 年）276 頁，とくに 287 頁以下。このほか，ドイツにおける売主の追完拒絶権にかかわる議論を紹介するものとして，田畑嘉洋「ドイツにおける買主の追完請求権と売主の追完拒絶権の関係について」九大法学 109 号（2014 年）130 頁がある。

100 第3章 ドイツ債務法改正と買主の追完請求権

ようなものであるとされている。

a BGB 新規定 275 条 1 項との関係

BGB 新規定 275 条 1 項は,「給付請求権は,それが債務者又はあらゆる者にとって不能である限りで,排除される。」と定めている。追完が不能である場合には,この規定により,追完請求権は当然に排除される[83]。

b BGB 新規定 275 条 2 項との関係

BGB 新規定 275 条 2 項は,「債務者は,給付が,債務関係の内容及び信義誠実の原則の顧慮のもとで,債権者の給付利益に比して著しい不均衡を来たす費用を必要とする限り,給付を拒絶することができる。債務者に対して期待可能な努力の確定に際しては,債務者が給付障害について責めに帰すべきであるかどうかも考慮しなければならない。」と定めている。追完が不能とまではいえない場合であっても,追完に著しく不均衡な費用を要する場合には,債務者は,この規定による給付拒絶権を行使することができる[84]。

もっとも,この給付拒絶権は,一般に,上述した BGB 新規定 275 条 1 項による不能にほぼ等しいような特別の例外事例においてのみ問題となるものと

---

81) 【BGB 新規定第 275 条(給付義務の排除)】
   (1) 給付請求権は,それが債務者又はあらゆる者にとって不能である限りで,排除される。
   (2) 債務者は,給付が,債務関係の内容及び信義誠実の原則の顧慮のもとで,債権者の給付利益に比して著しい不均衡を来たす費用を必要とする限り,給付を拒絶することができる。債務者に対して期待可能な努力の確定に際しては,債務者が給付障害について責めに帰すべきであるかどうかも考慮しなければならない。
   (3) 債務者は,さらに,債務者が給付を自ら実現しなければならない場合で,かつ,債務者の給付を妨げている障害と債権者の給付利益との衡量のもとで,債務者に給付を期待することができない場合には,給付を拒絶することができる。
   (4) 債権者の権利は,第 280 条,第 283 条から第 285 条まで,第 311a 条及び第 326 条によって定まる。
82) BGB 新規定 275 条の規定について,債務法改正の立法過程における議論を含めて紹介・検討するものとして,吉政知広「履行請求権の限界と契約規範」同『事情変更法理と契約規範』(有斐閣,2014 年,初出 2004 年)201 頁,大原寛史「ドイツにおける事実的不能の位置づけ——ドイツ民法 275 条 2 項をめぐる議論を中心に」同志社法学 61巻 6 号(2010 年)65 頁,田中宏治『代償請求権と履行不能』(信山社,2018 年)315 頁以下。
83) BT-Drucks. 14/6040, S. 232.

されている[85]。これに対して，BGB 新規定 439 条 3 項 1 文による追完拒絶権は，この BGB 新規定 275 条 2 項における「一般的な法思想（allgemeiner Rechtsgedanke）の売買法における特別の形態」であって，売主の抗弁の基礎づけに関して BGB 新規定 275 条 2 項よりも「緩やかな基準（niedrigere Schwelle）を定めたもの」とされている[86]。

　これによれば，①BGB 新規定 275 条 2 項による給付拒絶権と BGB 新規定 439 条 3 項 1 文による追完拒絶権は，その基礎にある考え方（「一般的な法思想」）を共有していることになる。これらの基礎にある「一般的な法思想」とは，従来のドイツ連邦通常裁判所（BGH）の判例において，BGB251 条 2 項，旧規定 633 条 2 項 3 文など——「過分の費用」を要する場合に権利者の請求を認めないとする旨の規定——の基礎にあるとされていた考え方のことである[87]。BGH は，これらの規定において「一般的な法思想」が表現されているとし，その「一般的な法思想」によれば，「それ自体としては要求される状態の実現を請求することは，その請求を受けた者が，合理的には期待されえないような過分な費用のもとでしかその請求に応じることができないであろう場合には，権利濫用である（rechtsmissbräuchlich）」としてきた[88]。この考え方が，上述した 2 つの拒絶権において共通の思想的基礎となっているとされるわけである[89]。

　もっとも，②BGB 新規定 275 条 2 項が，債権者の給付利益と債務者の費用

84)　BT-Drucks. 14/6040, S. 129 f. によれば，BGB 新規定 275 条 2 項は，いわゆる「事実的不能（faktische Unmöglichkeit）」の場合——給付障害の除去が，理論的には可能であるものの，理性的な債権者であれば，それを真摯に期待することがありえない場合——を把握するものであるとされる（その例として，債務の目的物である指輪が湖の底に沈んだ場合という教室設例が挙げられている）。これに対して，この規定は，いわゆる「経済的不能（wirtschaftliche Unmöglichkeit）」の場合——単なる債務者にとっての給付困難の場合——を把握するものではないとされる。こうした経済的不能の場合においては，債務者自身の利益の考慮が問題となるところ，BGB 新規定 275 条 2 項は，債権者の給付利益に照準を合わせており，そうした債務者自身の利益（債務者の給付に要する費用と債務者が取得する契約上の対価との関係など）を考慮するものではない。そのため，こうした一定の事由に基づく給付困難の場合については，BGB 新規定 275 条 2 項によるのではなく，行為基礎の喪失に関する BGB 新規定 313 条又は信義則の適用によってのみ解決されるものであるとされている。

85)　BT-Drucks. 14/6040, S. 232.

86)　BT-Drucks. 14/6040, S. 232.

87)　BT-Drucks. 14/6040, S. 130

88)　BGHZ 62, 338 = NJW 1974, 1552; BGH NJW 1988, 699 など。

の「著しい不均衡（grobes Missverhältnis)」を給付拒絶権の要件とするのに対して[90]，BGB 新規定 439 条 3 項 1 文は，追完に「過分の費用（unverhältnismäßige Kosten)」を要することを追完拒絶権の要件とするにとどまっている。すなわち，これらにおいては，拒絶権が認められるために必要とされる費用の過分性（不均衡性）の程度が異なっており，その結果として，BGB 新規定 275 条 2 項による給付拒絶権よりも，BGB 新規定 439 条 3 項 1 文による追完拒絶権のほうが緩やかに認められるものとなっている。

㈡　過分性の判断基準

　追完費用の過分性の評価の際に顧慮されるべき事情として，BGB 新規定 439 条 3 項 2 文は，①瑕疵のない状態における物の価値，②瑕疵の重要性（Bedeutung)，③買主に著しい不利益を与えることなく他の形式の追完を行うことができるかという 3 つの要素を挙げている[91]。

　そして，ここでの過分性の判断においては，一般に，次のような 2 つの種類の過分性が区別されるべきであるとされている[92]。

---

89)　Claus-Wilhelm Canaris, Die Reform des Rechts der Leistungsstörungen, JZ 2001, S. 499 ff., S. 504 f. によれば，BGB 新規定 275 条 2 項は，「債権者利益を過分に優遇すること（unverhältnismäßige Bevorzugung）の禁止という形での権利濫用思想の具体化」，あるいは，「比例原則（Verhältnismäßigkeitsprinzip）を援用した権利濫用の禁止の具体化」であるとされている。すなわち，ここでは，権利濫用の禁止の枠内で，「比例原則」が評価基準として意味をもつと考えられているものとみられる。こうした「比例原則」に基づく給付拒絶に関するドイツの議論を紹介・検討するものとして，山田孝「比例原則を基礎とする給付拒絶の根拠──ドイツにおける判例・学説の検討」法と政治 67 巻 4 号（2017 年）129 頁。

90)　BT-Drucks. 14/6040, S. 130 によれば，BGB 新規定 275 条 2 項による債務者の給付拒絶権が認められるためには，債権者の給付利益と債務者の費用との不均衡の程度が「著しい（grob)」ものでなければならないとされる。すなわち，この不均衡は，とくに極端な，信義誠実によって耐えられない程度に達しなければならないとされている。

91)　BT-Drucks. 14/6040, S. 232 は，①瑕疵のない状態における物の価値を考慮する場合の例として，「価値の低い日用品の場合には，修補はしばしば過分の費用を要することになるため，通常は，代物給付のみが問題となる（例えば，ネジ山に欠陥があるネジ)」としており，②瑕疵の重要性及び③他の形式の追完を考慮する場合の例として，「例えば，洗濯機の瑕疵がネジ 1 本の交換だけで除去できる場合には，売主は，過分の費用を理由として，買主が請求した新たな洗濯機の引渡しを拒絶することができる」としている。

a 絶対的過分性

第1は，買主によって選択された種類の追完がそれ自体として「過分の費用」をもたらすとされる場合である。これは，「絶対的過分性（absolute Unverhältnismäßigkeit）」と呼ばれる。この絶対的過分性は，買主の追完に対する利益と売主の追完に必要な費用とを比較することによって判断される。

b 相対的過分性

第2は，買主によって選択された種類の追完が他の種類の追完と比較して「過分の費用」をもたらすとされる場合である。これは，「相対的過分性（relative Unverhältnismäßigkeit）」と呼ばれる。この相対的過分性は，両者の種類の追完に必要な費用を相互に比較することによって判断される。もっとも，その判断の際には，単なる費用の比較にとどまらず，とりわけ，買主に著しい不利益を与えることなく他の形式の追完を行うことができるかという問題も考慮されるべきものとされている[93]。

---

93) Georg Bitter/Eva Meidt, Nacherfüllungsrecht und Nacherfüllungspflicht des Verkäufers im neuen Schuldrecht, ZIP 2001, S. 2114 ff., S. 2120 ff.; Florian Faust, in: Heinz Georg Bamberger/Herbert Roth (Hrsg.), Kommentar zum Bürgerlichen Gesetzbuch, Band 1, 3. Aufl., 2012（以下では，Bamberger/Roth として引用），§ 439 Rn. 39; Harm Peter Westermann, in: Münchener Kommentar zum Bürgerlichen Gesetzbuch, Band 3, Schuldrecht Besonderer Teil I, 6. Aufl., 2012（以下では，MünchKomm として引用），§ 439 Rn. 21; Annemarie Matusche-Beckmann, in: Julius von Staudinger (Begr.), Kommentar zum Bürgerlichen Gesetzbuch mit Einführungsgesetz und Nebengesetzen, Neubearbeitung, 2014（以下では，Staudinger として引用），§ 439 Rn. 107 などを参照。また，この区別に言及する判例として，BGH NJW 2009, 1660 も参照。

93) なお，消費用動産売買指令3条3項は，ある追完措置が過分であるとされるのは，それが「他の代替措置と比較して売主に期待できない費用をもたらす場合」としており，そこで明示的に規定されているのは，相対的過分性に基づく追完請求権の制限のみである。そのため，欧州司法裁判所は，消費用動産売買において，絶対的過分性に基づく売主の追完拒絶権を認める国内法の規律が，消費用動産売買指令3条3項に違反するものであるとする判決を下した（EuGH NJW 2011, 2269）。これについては，古谷・前掲注70）215頁以下などを参照。その後，2017年の改正により，上記の欧州司法裁判所の判決の内容に対応して，消費用動産売買において，買主が請求できる追完の種類が1つに限られる場合には，その種類の追完の請求について，売主は，絶対的過分性に基づく追完拒絶権の行使ができない等とする旨の特別の規定（改正BGB475条4項）が設けられるに至った（BGBl. Teil I Nr. 23/2017, S. 969 ff.）。

104　第3章　ドイツ債務法改正と買主の追完請求権

オ　代物給付の場合における瑕疵ある物の返還

　売主が追完の目的で瑕疵のない物を引き渡す場合，売主は，買主に対して，解除に関する規定（BGB 新規定 346 条ないし 348 条[94]）に従って，引き渡された瑕疵ある物の返還を請求することができる（BGB 新規定 439 条 4 項[95]）。

㈠　瑕疵ある物の返還

　まず，買主は，引き渡された瑕疵ある物を返還しなければならない。そして，この買主の返還義務は，売主の瑕疵のない物の引渡義務と同時履行の関係にあるとされている（BGB 新規定 348 条参照）。

　また，例えば，その物が滅失，損傷したために，買主が引き渡された物を返還することができない場合には，買主は，瑕疵ある物の返還に代えて価額償還義務を負う（BGB 新規定 346 条 2 項参照）。

㈡　収益の返還

　買主は，BGB 新規定 346 条 1 項に従い，瑕疵ある物の返還に加えて，瑕疵ある物から取得された収益（Nutzungen）をも返還しなければならないとされる。そして，ここでの収益には，瑕疵ある物の使用利益も含まれる（BGB100 条）[96]。

　こうした買主の収益返還義務が認められるのは，次のような考慮に基づくものとされている。すなわち，買主が追完によって新たな物を取得する一方で，瑕疵ある物を，返還までの期間，無償で使用することができるとすると，買主は瑕疵があることから利益を取得しうることになってしまい，相当ではないからである[97]。もっとも，収益返還が意味を有するのは，いずれにして

94）【BGB 新規定第 346 条（解除の効力）】
　⑴　一方の契約当事者が契約によって解除権を留保し又は一方の契約当事者に法定解除権が認められる場合において，解除がされたときには，受領された給付は返還され，取得された収益は引き渡されなければならない。
　⑵～⑷　略
　【BGB 新規定第 348 条（同時履行）】
　　解除に基づいて生じる当事者の義務は，同時に履行されなければならない。この場合においては，第 320 条，第 322 条の規定を準用する。

95）　なお，BGB 新規定 439 条 4 項の規定は，2017 年の改正により，同条 5 項に移されることになった（項番号の変更のみで，内容の変更はされていない）。ただし，以下では，原則として，2017 年の改正前（債務法現代化法による改正当時）の規定の項番号に従って記述をすすめる。

も，買主がその物を瑕疵があるにもかかわらずなお使用することができるような場合だけであるとされている[98]。

カ　買主の追完請求権の消滅時効

買主の追完請求権は，原則として，目的物の交付（Ablieferung）から2年の短期消滅時効[99]にかかるものとされている（BGB新規定438条1項3号・2項）[100]。これは，消費用動産売買指令の要請に対応するものとされている[101]。

もっとも，売主が瑕疵を悪意で黙秘した場合には，上述した短期消滅時効の適用はなく，買主の追完請求権は，通常の消滅時効期間（3年）で消滅時効にかかるものとされている（BGB新規定438条3項）[102]。

---

96)　BT-Drucks. 14/6040, S. 232. もっとも，こうした代物請求の場合における買主の収益返還義務の規律は，消費者たる買主に収益返還義務という負担を負わせるものであることから，消費者が売主に対して「無償」での修補又は代物給付を請求することができる旨を定める消費用動産売買指令3条に反するのではないかが問題とされた。そして，欧州司法裁判所は，こうした消費者に契約に反した消費用動産についての収益返還義務を負わせるドイツ国内法の規律が，消費用動産売買指令3条に違反するものであるとする判決を下した（EuGH NJW 2008, 1433）。そこで，この判決に対応して，消費用動産売買においては，消費者である買主は，代物請求に際し，収益返還義務を負わないとする旨の特別の規定を設ける法改正が行われるに至った（BGBl. Teil I Nr. 57/2008, S. 2399 f.）。

　　　この問題について紹介するものとして，岡孝「ドイツ債務法現代化法における買主の追完請求権について」広中俊雄先生傘寿記念論集『法の生成と民法の体系――無償行為論・法過程論・民法体系論』（創文社，2006年）707頁，とくに730頁以下，同「民法改正の国際的動向――ドイツを中心に」ジュリスト1362号（2008年）26頁，27頁以下，同「ドイツ売買法の新たな展開――瑕疵ある物に対する買主の権利を中心として」前田庸先生喜寿記念『企業法の変遷』（有斐閣，2009年）71頁，原田剛「追完における買主の使用利益返還問題」同『売買・請負における履行・追完義務』（成文堂，2017年，初出2008年）22頁，吉永一行「〔講演〕『ブリュッセルからの強風』――欧州共同体法とドイツ民法」産大法学42巻4号（2009年）133頁，とくに148頁以下，円谷・前掲注70）②43頁以下，田中宏治「ドイツ新債務法における目的論的縮小――クヴェレ事件」千葉大学法学論集24巻3＝4号（2010年）175頁，古谷・前掲注70）228頁以下など。

97)　BT-Drucks. 14/6040, S. 232 f.

98)　BT-Drucks. 14/6040, S. 233.

99)　なお，請求権の通常の消滅時効期間は3年であり（BGB195条），その期間は，原則として，請求権が発生し，かつ，債権者がその請求権を基礎づける事情及び債務者を知り又は重大な過失がなければ知ることができた年の終了によって開始するとされている（BGB199条1項）。また，一般的な請求権については，上述した3年の消滅時効に加えて，債権者の認識及び重大な過失による不認識にかかわりなく，その発生から10年で消滅時効にかかるとされている（BGB199条4項）。

キ　買主の追完請求権の発生障害——買主の責めに帰すべき事由による瑕疵

　このほか，明文の規定はないものの，学説においては，売買目的物の瑕疵が買主の責めに帰すべき事由によるものである場合には，買主の追完請求権は認められないとされている[103]。

　この学説は，その根拠として，解除原因が債権者の帰責事由によって生じた場合に契約解除権を否定する BGB 新規定 323 条 6 項及び 326 条 2 項 1 文の規定を援用する。これらの規定からは，「双務契約において，債権者は，自らがもっぱら（allein）又は主として（weit überwiegend）責任を負うべき給付障害について，自らの権利を行使することができない」という一般的な法思想が導き出されるとする。この考え方に基づいて，目的物の瑕疵について買主がもっぱら又は主として責任を負うべき場合には，そのような瑕疵について，買主の追完請求権は認められないのだとされる。

---

100)　【BGB 新規定第 438 条（瑕疵に基づく請求権の消滅時効）】
　　(1)　第 437 条第 1 項及び第 3 項に掲げる請求権は，次の消滅時効にかかる。
　　　　1．瑕疵が次のものに存在する場合には，30 年
　　　　　a　売買目的物の返還を請求することのできる第三者の物権的権利
　　　　　b　土地登記簿に登記されているその他の権利
　　　　2．瑕疵が次のものに存在する場合には，5 年
　　　　　a　土地工作物
　　　　　b　土地工作物のためにその通常の使用方法に相応して用いられ，かつ，その土地工作物の瑕疵の原因となった物
　　　　3．その他の場合には，2 年
　　(2)　消滅時効は，土地の場合には引渡しによって，その他の場合には物の交付によって，開始する。
　　(3)　第 1 項第 2 号及び第 3 号並びに第 2 項とは異なり，売主が瑕疵を悪意で黙秘した場合には，請求権は，通常の消滅時効期間で消滅時効にかかる。ただし，第 1 項第 2 号の場合においては，消滅時効は同号に定められた期間の経過前には完成しない。
　　(4)・(5)　略
101)　BT-Drucks. 14/6040, S. 228 f.
102)　この場合には，消滅時効の起算点も，通常の消滅時効の規律（BGB199 条 1 項）に従い，目的物の交付又は引渡しの時ではなく，債権者がその請求権を基礎づける事情及び債務者を知り又は重大な過失がなければ知ることができた時となるとされている（BT-Drucks. 14/6040, S. 230）。
103)　Hartmut Oetker/Felix Maultzsch, Vertragliche Schuldverhältnisse, 3. Aufl., 2007, § 2 Rn. 219; Faust, in: Bamberger/Roth（Fn. 92），§ 439 Rn. 59 f.; Matusche-Beckmann, in: Staudinger（Fn. 92），§ 439 Rn. 129 など。

第 2 節　BGB 新規定のもとでの買主の追完請求権　107

2　買主の追完請求権の具体的規律内容をめぐる議論

　以上のように，債務法改正を通じて，BGB 新規定においては，買主の追完
請求権の具体的規律内容についても，一定の範囲で明示的な規定が設けられ
ることとなった。もっとも，その他の規律内容の詳細については，明文の規
定を欠くなどの理由から，改正後においてもなお不明確な点が残されており，
その後，そうした点について激しい議論が展開されることとなった。

　そこで，以下では，債務法改正後に展開された買主の追完請求権の具体的
規律内容をめぐる議論をみてみることにしよう。

(1)　買主の追完請求権の法的性質

　まず，ドイツにおいては，買主の追完請求権の規律内容にかかわる総論的
問題として，BGB 新規定による買主の追完請求権がいかなる法的性質を有
するか——とくに買主の追完請求権と本来的履行請求権との関係をどのよう
に理解するか——が議論の対象とされている。こうした買主の追完請求権の
法的性質は，追完請求権の具体的規律内容を一義的に確定させるものでは必
ずしもないものの，後に詳しくみるように，個々の追完請求権の具体的規律
内容を解釈論上基礎づけるための手がかりの 1 つとされている。

　このような買主の追完請求権の法的性質については，次の 2 つの見解が主
張されている。

ア　修正された本来的履行請求権説

　支配的見解によれば，買主の追完請求権は，修正された本来的履行請求権
（modifizierte Form des ursprünglichen Erfüllungsanspruchs）であるとされる[104]。

(ア)　根　拠

　これによれば，その根拠は，BGB 新規定 433 条 1 項 2 文の規定により，一
般的に，売主が瑕疵のない物の給付義務を負うとされたことに求められる。
すなわち，この規定により，買主には，瑕疵のない物の引渡しを目的とする
本来的履行請求権が認められる。そして，売主が瑕疵ある物を引き渡しても，
売主の瑕疵のない物の給付義務は履行されたことにならない。その結果，瑕

疵ある物が引き渡された場合でも，買主の本来的履行請求権は，履行によって消滅することなく存続することになるとされる。

　もっとも，買主の追完請求権については，例えば，その給付内容，売主の給付拒絶権，消滅時効等において，本来的履行請求権とは異なる特別の規律がされている。そのため，本来的履行請求権が修正を受けたものであるとされる。

　(イ)　帰　結

　以上のように買主の追完請求権が修正された本来的履行請求権の性質を有するということから，一般に，次の2つの解釈論的帰結が導き出されている[105]。もっとも，このことから，それ以上の帰結が導き出されるかどうかに

---

104)　主な文献として，Canaris, Schuldrechtsmodernisierung（Fn. 48），S. XXV; ders., Die Neuregelung des Leistungsstörungs- und des Kaufrechts—Grundstrukturen und Problemschwerpunkte, in: Egon Lorenz（Hrsg.），Karlsruher Forum 2002: Schuldrechtsmodernisierung, 2003, S. 5 ff.（以下では，Karlsruher Forum として引用），S. 78 f.; Lothar Haas, in: Lothar Haas/Dieter Medicus/Walter Rolland/Carsten Schäfer/Holger Wendtland, Das neue Schuldrecht, 2002, § 5 Rn. 143; Peter Huber, Der Nacherfüllungsanspruch im neuen Kaufrecht, NJW 2002, S. 1004 ff.（以下では，Nacherfüllungsanspruch として引用），S. 1005; ders., in: Peter Huber/Florian Faust, Schuldrechtsmodernisierung: Einführung in das neue Recht, 2002, § 13 Rn. 11; Stephan Lorenz/Thomas Riehm, Lehrbuch zum neuen Schuldrecht, 2002, Rn. 504; Matthias Jacobs, Die kaufrechtliche Nacherfüllung, in: Barbara Dauner-Lieb/Horst Konzen/Karsten Schmidt（Hrsg.），Das neue Schuldrecht in der Praxis: Akzente—Brennpunkte—Ausblick, 2003, S. 371 ff., S. 373; Dietrich Reinicke/Klaus Tiedtke, Kaufrecht, 7. Aufl., 2004, Rn. 408; Mandy Kandler, Kauf und Nacherfüllung, 2004, S. 322 ff.; Martina Schürholz, Die Nacherfüllung im neuen Kaufrecht: Zugleich ein Beitrag zum Schicksal von Stück- und Gattungskauf, 2005, S. 47; Andreas Dieckmann, Der Nacherfüllungsanspruch: Beleg für einen Systemwechsel im Schuldrecht von der Stück- zur Gattungsschuld, 2007, S. 116 f.; Oetker/Maultzsch, a. a. O.（Fn. 103），§ 2 Rn. 181; Christian Zwarg, Der Nacherfüllungsanspruch im BGB aus der Sicht eines verständigen Käufers: Zugleich ein Rechtsvergleich zum CISG, 2010, S. 43 ff.; Faust, in: Bamberger/Roth（Fn. 92），§ 439 Rn. 6; Westermann, in: MünchKomm（Fn. 92），§ 439 Rn. 2; Matusche-Beckmann, in: Staudinger（Fn. 92），§ 439 Rn. 1; Riehm, a. a. O.（Fn. 68），S. 246 などを参照。

　また，すでに債務法改正委員会の最終報告書の段階でこの点に言及するものとして，Lothar Haas, Vorschläge zur Überarbeitung des Schuldrechts: Die Mängelhaftung bei Kauf- und Werkverträgen, NJW 1992, S. 2389 ff., S. 2392 がある。

105)　Kandler, a. a. O.（Fn. 104），S. 327; Oetker/Maultzsch, a. a. O.（Fn. 103），§ 2 Rn. 181, 182.

第2節　BGB新規定のもとでの買主の追完請求権　109

ついては，後にみるように争いがある。

a　契約不履行の抗弁

まず，買主の追完請求権が修正された本来的履行請求権の性質を有することから，追完請求権は，本来的履行請求権と同様に，売主の代金支払請求権と牽連関係にあることになる。したがって，売主が追完義務を履行しない限りで，買主は，契約不履行の抗弁（BGB320条）により，売買代金の支払を拒むことができるとされる。

b　買主の追完請求権の要件としての売主の帰責事由の不要性

また，買主の追完請求権は，本来的履行請求権と同様に，売主の責めに帰すべき事由の有無にかかわりなく認められるものであるとされる。

イ　第二次的請求権＝法的救済説

これに対して，買主の追完請求権は，本来的履行請求権とは区別される第二次的請求権（Sekundäranspruch）ないしは法的救済（Rechtsbehelf）であるとする見解も主張されている。

これは，買主の追完請求権と本来的履行請求権を比べると，その規律内容において両者で異なる部分があることを根拠とするものである。

例えば，ベルガー（Christian Berger）は，①追完請求権の内容が当初合意された給付とは異なること，②売主がBGB新規定439条3項による「過分の費用」を理由とする給付拒絶の抗弁を主張できることを理由に，買主の追完請求権は，第一次的な本来的履行請求権とは異なる第二次的請求権であるとする[106]。すなわち，本来的履行請求権と追完請求権との間に上記のような相違がある以上，買主の追完請求権は，本来的履行請求権ではなく，むしろ，損害賠償請求権や代償請求権のような第二次的請求権の性質を有するというわけである。

もっとも，ベルガーも，先にみた支配的見解と同様に，①買主の追完請求権が売主の帰責事由を要件とするものではないとし，また，②買主には契約不履行の抗弁も認められるとしている[107]。そうすると，ベルガーが主眼とし

---

106)　Christian Berger, in: Othmar Jauernig（Hrsg.）, Bürgerliches Gesetzbuch, 12. Aufl., 2007（以下では，Jauernig として引用），§ 439 Rn. 10.

110 　第3章　ドイツ債務法改正と買主の追完請求権

ているのは，これらの帰結の当否ではなく，むしろ，追完請求権が，物の瑕
疵に対する法律上の対応として，当初合意された給付を超える内容を有しう
るものであること——それゆえに本来的履行請求権とは異質なものであるこ
と——を明らかにすることにあるといえよう[108]。

　また，ヴェラー（Marc-Philippe Weller）も，BGB 新規定 439 条 1 項，437 条
1 号に基づく追完請求権は，第一次的権利ではなく，それとは別の法的救済
（Rechtsbehelf）であるとしている[109]。これは，買主の追完請求権の要件及び
効果が，次のように，本来的履行請求権のそれと異なっていることに基づく
ものとされる。

　まず，要件面については，①BGB 新規定 433 条 1 項 1 文に基づく現実的履
行請求権（本来的履行請求権）が，契約の締結によって直接に発生するもので
あるのに対して，②買主の追完請求権は，売主による瑕疵ある履行（BGB 新
規定 434 条）という形態での契約違反があってはじめて発生するものである。
また，確かに，追完請求権は，「第二次的権利」の中では，解除，代金減額，
損害賠償よりも優先的な地位を与えられている（これは，他の第二次的権利が
期間設定とその徒過があってはじめて発生するものであるのに対して，追完請求権
は，期間設定の有無にかかわりなく発生するものであることによる）。しかし，そ
れによっても，追完請求権の性質が単なる法的救済であることに何も変わり
はないという。そのため，「追完請求権は，法的救済の 1 つであり，したがっ
て，契約上の第一次的権利としての現実的履行請求権と同一のものではない」
とする[110]。

　また，効果面についても，立法者は，追完請求権について，履行請求権と
は異なり，とりわけ，①短期消滅時効（BGB 新規定 438 条），②売主が給付か
ら解放されるための要件の緩和（BGB 新規定 439 条 3 項），③追完方法に関す
る買主の選択権（BGB 新規定 439 条 1 項）といった規律を定めているとする。
そして，こうした両請求権の法的効果における相違点（売買契約における担保
責任法の特殊性）は，本来的履行請求権（第一次的権利）と追完請求権（法的救

---

107)　Berger, in: Jauernig（Fn. 106），§ 439 Rn. 6, 10.

108)　Berger, in: Jauernig（Fn. 106），§ 439 Rn. 24. とりわけ，その際にベルガーが念頭にお
　　いているのは，特定物売買においても代物請求権が認められる可能性があるというこ
　　とである。

109)　Marc-Philippe Weller, Die Vertragstreue, 2009, S. 454 ff., 457 f.

110)　Weller, a. a. O.（Fn. 109），S. 458.

済・第二次的権利）が同一のものではなく，むしろ，それらが異なる2つの請求権であると考えれば，解釈論上一貫した形で説明できるとする[111]。

以上のことから，ヴェラーは，「要件に関しても，法的効果に関しても，追完請求権がその基礎にある第一次的権利と異なっているのは，法的救済に典型的な事態である」[112]として，買主の追完請求権を本来的履行請求権とは区別された法的救済の性質を有するものと位置づけている[113]。

ウ　買主の追完請求権の法的性質論における議論のポイント
㋐　買主の追完請求権における2つの側面

以上のような買主の追完請求権の法的性質をめぐる議論をみると，買主の追完請求権は，いずれにしても，次の2つの側面を有すると考えられていることが分かる。

a　本来的履行請求権との同質性

一方で，買主の追完請求権は，本来的履行請求権と同じ性質をもつという側面があると考えられている。買主の追完請求権が，支配的見解によると，修正された「本来的履行請求権」とされるのは，こうした側面に基づくものとみられる[114]。

これは，瑕疵ある物の引渡しによっては，売主の瑕疵のない物の給付義務がいまだ履行されていないという点に着目したものであるといえる。買主の

---

111)　Weller, a. a. O.（Fn. 109），S. 458, 461. このほか，Weller, a. a. O.（Fn. 109），S. 458 は，「追完請求権が，契約に基づく本来的履行請求権ではなく，法律上の（他律的な）法的救済であることから，追完請求権は，売主に対して，一定の範囲で，当初の自律的な当事者の合意を超える努力を要求しうることになる」としている。そして，このことに対応して，特定物売買においても代物給付が可能であるとする見解は，追完請求権が法的救済の性質を有することと整合しているのだとする。もっとも，そのうえで，Weller, a. a. O.（Fn. 109），S. 458 は，こうした解釈論上の説明とは別に，「これらの相違点が実質的に正当化されうるのかどうか」という問題は残されるとしている。

112)　Weller, a. a. O.（Fn. 109），S. 458.

113)　Frank Skamel, Nacherfüllung beim Sachkauf: Zum Inhalt von Nachbesserung und Ersatzlieferung sowie deren Abgrenzung vom Schadensersatz, 2008, S. 235 f. も，これと同様に，追完請求権は，①追完方法の選択権，②BGB 新規定 439 条 3 項による追完拒絶権，③消滅時効の点で本来的履行請求権とは異なることから，解釈論的には，本来的な契約上の履行請求権と区別され，法律上の担保請求権に分類されるべきであるとしている。

112　第3章　ドイツ債務法改正と買主の追完請求権

追完請求権と本来的履行請求権は，いずれも買主に瑕疵のない物を取得させ
るという給付結果の実現を目的とする点で，共通しているいうことができ
る[115]。

b　本来的履行請求権との異質性

他方で，買主の追完請求権は，本来的履行請求権とは性質を異にする側面
もあると考えられている。買主の追完請求権が，「修正された」本来的履行請
求権とされたり，「第二次的」請求権ないし「法的救済」とされたりするのは，
こうした側面に基づくものとみることができる。

これは，買主の追完請求権の規律が本来的履行請求権の規律と異なる部分
があるという点に着目したものであるといえる[116]。買主の追完請求権は，①
本来的履行請求権とは異なり，瑕疵ある目的物の引渡しを要件としてはじめ
て認められるものであるほか，②その具体的規律内容（法的効果）においても，
両者の請求権には異なる部分があるとされているのである。

---

114)　もっとも，買主の追完請求権の法的性質を「修正された本来的履行請求権」とする
　　　支配的見解においても，より詳細にみると，その中には，①買主の追完請求権と本来
　　　的履行請求権とが請求権としても全く同一のものであるとみる見解と，②買主の追完
　　　請求権と本来的履行請求権とが請求権としては別個のものであるとしながら，買主の
　　　追完請求権の法的性質としては，本来的履行請求権との同質性が認められるとする見
　　　解とがみられる（これらの中では，むしろ，②の見解が多数ではないかとみられる）。
　　　したがって，買主の追完請求権の法的性質を「修正された本来的履行請求権」と理解
　　　する場合でも，それは，買主の追完請求権が本来的履行請求権と請求権としても同一
　　　のものであることを意味するわけでは必ずしもないことに注意が必要である。

115)　Kandler, a. a. O.（Fn. 104），S. 322 f.; Dieckmann, a. a. O.（Fn. 104），S. 101; Skamel, a. a.
　　　O.（Fn. 113），S. 109, 235; Zwarg, a. a. O.（Fn. 104），S. 43. もっとも，買主の追完請求権の
　　　目的（保護範囲）がこれに限定されるのかについては，後述するように争いがある。

116)　Kandler, a. a. O.（Fn. 104），S. 323 ff.; Skamel, a. a. O.（Fn. 113），S. 235; Zwarg, a. a. O.
　　　（Fn. 104），S. 43 f.
　　　なお，政府草案理由書（BT-Drucks. 14/6040, S. 221）は，このような追完請求権と本
　　　来的履行請求権の異質性について，次のような説明をしている。すなわち，「不完全給
　　　付（瑕疵ある物の引渡しはこの不完全給付とされる）が完全な不給付に対して有する
　　　特殊性は，売主がこの場合にはすでに一度履行の試みを行ったということにある。こ
　　　のことは，給付請求権の内容に対する影響なしではすまない。この状況においては，
　　　義務づけられた給付結果は，様々な方法で実現されうるのである。すなわち，瑕疵あ
　　　る物の修補あるいは他の瑕疵のない物の引渡しが問題となる。これに基づいて生じる
　　　履行請求権の修正は，政府草案439条において規律されており，その請求権は，……
　　　『追完請求権（Nacherfüllungsanspruch）』と呼ばれる」。

第2節　BGB新規定のもとでの買主の追完請求権　113

(イ)　法律上明文で規定された追完請求権と本来的履行請求権との相違点

　以上からすると，買主の追完請求権は，いずれにしても，本来的履行請求権との同質性と異質性という2つの側面を併有するものと理解されているとみることができる（もっとも，そのいずれの側面を強調するかは論者によって異なっている）[117]。

　その際，買主の追完請求権と本来的履行請求権との異質性を示すものとしては，①請求権の目的である給付内容と買主の選択権，②売主の追完拒絶権，③短期消滅時効の各規律が挙げられるのが一般的である[118]。これらは，すでにみたように，法律において明示的に本来的履行請求権とは異なる特別の規律が定められているものである。

　これらの点についての買主の追完請求権と本来的履行請求権との相違は，学説において，それぞれ次のように説明されている。

a　給付内容と買主の選択権

　本来的履行請求権においては，その目的である給付内容は「瑕疵のない物の引渡し」であり，売主がそれをどのように履行するかは，売主の問題である（「瑕疵のない物の引渡し」を実現するためにどのような措置をとるかは，売主自身が決定することができる）。追完請求権におけるような選択権が買主に認められるわけではない[119]。

　それに対して，追完請求権においては，その目的である給付内容は「修補又は代物給付」とされ，買主にそれらの追完方法に関する選択権が認められ

---

117)　例えば，Canaris, Schuldrechtsmodernisierung（Fn. 48），S. XXV; ders., Karlsruher Forum（Fn. 104），S. 77 f., 80 は，①追完請求権が，本来的履行請求権の存続したものであり，本来的履行請求権と原理的には異なるものではないとする一方で，②それは，本来的履行請求権と同一のものではなく，担保責任法に属するものであって，第一次的請求権の修正ないし本来的履行請求権の担保責任法上の修正であるとしている。これは，このような追完請求権の二面性を示しているものといえるだろう。

118)　例えば，Kandler, a. a. O.（Fn. 104），S. 323 ff.; Oetker/Maultzsch, a. a. O.（Fn. 103），§2 Rn. 146; Skamel, a. a. O.（Fn. 113），S. 235 f.; Zwarg, a. a. O.（Fn. 104），S. 43 f. などを参照。このほか，履行段階と追完段階における売主の義務内容について詳細な構造分析をするものとして，Lars Ferenc Freytag, Grundstrukturen des Kaufvertrages: Auswirkungen der Schuldrechtsmodernisierung auf die Pflichtenstellung des Verkäufers, 2007, S. 98 ff. も参照。

119)　Kandler, a. a. O.（Fn. 104），S. 323 f.; Dieckmann, a. a. O.（Fn. 104），S. 111 f.; Riehm, a. a. O.（Fn. 68），S. 246, Anm. 110.

ている。その結果，買主が修補を選択した場合には，売主は，本来的給付におけるのと全く異なる措置をとらなければならない。すなわち，売主は，物の瑕疵を修理の方法で除去し又はこれを第三者に委託しなければならないことになる。このような瑕疵の除去は，ほとんど売買契約の性質をもつものではなく，むしろ請負契約の性質を有するものであると指摘されている[120]。また，後に詳しくみるように，特定物売買の場合にも代物給付の方法での追完請求権が認められるという立場をとる場合には，売主は，追完請求権の局面において，当初義務づけられた物とは異なる物の引渡義務を負うことになる[121]。

　以上のように，追完請求権においては，本来的履行請求権と比較して，給付内容に変更が生じるとともに，追完方法の選択権が買主に付与されることになる。こうした規律の根拠として，カナーリス（Claus-Wilhelm Canaris）は，次のような修補に対する買主の利益を挙げている。すなわち，追完請求権が問題となる局面では，（契約に適合したものでないとしても）売主はすでに給付を行い，買主はその給付を受領したのであり，その結果，買主は，その物を保持して瑕疵の修補を請求することについて保護に値する利益を有する。なぜなら，買主がその物を（例えば，その物の取付けによって）すでに自らの営業の一部に組み入れていたということや，代物給付の場合に負うことになる不利益（例えば，待機期間）と比べると，その瑕疵を甘受したほうが買主にとっての負担が少ない可能性があるからであるという[122]。

　これによると，ここでは，すでに引き渡された目的物を保持して安定的に利用するという買主の利益——本来的履行請求権の局面では考慮されることのなかった買主の利益——を保護するという観点から，追完請求権において

---

120)　Kandler, a. a. O.（Fn. 104），S. 324 f.; Skamel, a. a. O.（Fn. 113），S. 235.

121)　Canaris, Schuldrechtsmodernisierung（Fn. 48），S. XXV; Kandler, a. a. O.（Fn. 104），S. 324; Skamel, a. a. O.（Fn. 113），S. 235.

122)　Canaris, Karlsruher Forum（Fn. 104），S. 71 f. また，Florian Schulz, Der Ersatzliefe-rungs- und Nachbesserungsanspruch des Käufers im internen deutschen Recht, im UCC und im CISG, 2002, S. 455 ff. も，買主に選択権を認める根拠を，買主が具体的な追完方法に対して利益を有していることに求めている。そこでは，①一方で，代物給付が，通常，より迅速でありかつ買主にとっての不便がより少ない方法であり，買主の利益に対応するという点，②他方で，代物給付は，とりわけ売買目的物の組立てや取付けがされた場合や代物の調達に長期間を要する場合には，買主の利益に対応せず，むしろ，修補が買主の利益に対応するという点が指摘されている。

は，本来的履行請求権とは異なり，履行方法（追完方法）の選択権が買主に認められることになるとされているものとみることができる。

b　売主の追完拒絶権

本来的履行請求権は，BGB 新規定 275 条により，①給付が不能である場合には排除され（同条 1 項），②給付が債権者の給付利益に比して著しく不均衡を来たす費用を必要とする場合には債務者に給付拒絶権が認められる（同条 2 項）ものとされている。

それに対して，追完請求権においては，これらに加えて，買主によって選択された種類の追完が「過分の費用」をもってのみ可能である場合にも，売主に追完拒絶権が認められている。立法者の見解によれば，これは，売主の抗弁の基礎づけについて BGB 新規定 275 条 2 項よりも緩やかな基準を定めるものであるとされている。したがって，買主の追完請求権は，本来的履行請求権よりも広範な制限を受けることになる。

このような制限の根拠を，カナーリスは次のように説明している。すなわち，追完請求権の局面においては，売主は少なくとも履行の試みを行ったのであり，買主はこれを拒絶することなくその物を引き取っている。それゆえ，原則として，売主は，自らがこの契約の履行のために必要なことを行ったのであって，これについてはもはや何らの手段も講じる必要はないということから出発してよいとされる[123]。

これによると，ここでは，売主がいったん履行の試みを行い，その目的物を買主が受領すると，売主には自らの義務が履行された（それゆえ，もはや契約の履行に向けた手段を講じる必要はない）という信頼が生じるところ，そうした履行完了についての売主の信頼を保護するという観点から，（その場面で新たな手段を講じることを売主に要求することになる）追完請求権においては，本来的履行請求権におけるのと比べて，売主の給付拒絶権の要件が緩和されることになるとされているものとみることができる[124]。

c　短期消滅時効

追完請求権は，BGB 新規定 438 条 1 項により，原則として 2 年の消滅時効

---

123)　Canaris, Karlsruher Forum（Fn. 104），S. 76.

に服するのに対して，本来的履行請求権は，3年の一般的消滅時効に服する（BGB195条）。

こうした追完請求権の短期消滅時効の根拠として，カナーリスは，次のような売主の利益を挙げている。すなわち，追完請求権の局面においては，売主は瑕疵があるとしても履行の試みを行ったのであり，買主はその物を拒絶しなかったことから，瑕疵を知らない売主には，その取引が終局的に清算されたという信頼が生まれるとされている[125]。

これによると，ここでも，自らの義務の履行が完了したという売主の信頼を保護するという観点から，追完請求権においては，本来的履行請求権には存在しない特別の短期消滅時効が妥当するとされているものとみることができる。

エ　本来的履行請求権から追完請求権への移行の基準時

本来的履行請求権と追完請求権の間には，その規律内容において上述したような相違が認められる。そこで，このような相違が存在することと関連して，いかなる時点を基準として本来的履行請求権が追完請求権に移行するのか——いかなる時点を基準として本来的履行請求権とは異なる追完請求権に特有の規律が妥当することになるか——が問題とされている。こうした本来的履行請求権から追完請求権への移行の基準時については，次のような争い

---

124) Dieckmann, a. a. O.（Fn. 104），S. 113 ff. も，BGB 新規定 439 条 3 項による「過分の費用」に基づく売主の給付拒絶権は，信義誠実の原則を根拠として，買主が不完全給付を受領したことによって自らの義務を履行したものと信頼した売主に認められる特権（Privilegierung）であるとしている。それに対応して，売主が，給付の際に，引き渡される物に瑕疵があることを買主に悪意で黙秘していた場合には，その売主はこのような法律による特権を受けることはできないとしている。

　　このほか，Weller, a. a. O.（Fn. 109），S. 458 f. は，法律上の（他律的な）法的救済である追完請求権は，売主に対して，一定の範囲で，当初の自律的な当事者の合意を超える努力を要求しうるものであることから，反対に，それは売主に対して譲歩しうるものともなっており，そのことに対応して，BGB 新規定 439 条 3 項は，売主が給付から解放されるための要件を，自律的な当事者の合意に基づく本来的履行請求権における（BGB 新規定 275 条 2 項）よりも緩やかなものとしているのだとする。

125) Canaris, Karlsruher Forum（Fn. 104），S. 92. こうした売主の信頼を根拠とする説明は，売主が瑕疵を悪意で黙秘した場合には，——保護に値する売主の信頼が欠けるために——，買主の追完請求権が，通常の消滅時効にかかるとされていること（BGB 新規定 438 条 3 項）と整合するものといえる。

がある。

㈠ 危険移転時説

支配的見解であるとみられるのは，危険移転（Gefahrübergang）時を基準とする見解である[126]。

これは，追完請求権の要件である「瑕疵」の判断基準時が，危険移転時とされていること（BGB新規定434条1項）に基づくものである。すなわち，目的物に「瑕疵」があるかどうかは，危険移転時を基準として確定されることになる。そうすると，「瑕疵」を要件とする追完請求権もまた，そうした危険移転の時点において——「瑕疵」があると判断された場合に——はじめて認められることになるというわけである。

もっとも，一般には，瑕疵ある物の給付によっては買主への危険移転は生じないと解されている。そこで，この見解においては，危険移転時を基準とするといっても，それは，本来の意味での危険移転時ではなく，もし瑕疵がなかったとすれば危険移転が生じていたであろう時点という意味での「仮定的危険移転（hypothetische Gefahrübergang）」時を意味するものとされている。

㈡ 買主の「承認」時説

これに対しては，買主が売買目的物を「承認（Billigung）」して履行として受領した時を基準とする見解も主張されている[127]。

これは，買主の追完請求権の規律内容が，本来的履行請求権とは異なる点（短期消滅時効や売主の追完拒絶権の規律）に着目して，そのような効果（買主に不利な効果）が正当化されるためには，買主が目的物を履行として「承認」して受領したことを要するという考慮に基づくものである。その際，この見解では，以上のような考え方の根拠として，債権者（買主）が提供された給付を「履行として受領した」場合においては，不履行の証明責任を債権者（買主）が負う——証明責任が転換される——旨を定めるBGB363条の規定が援用

---

126) P. Huber, in: P. Huber/Faust, a. a. O. (Fn. 104), Kap. 13 Rn. 45; Canaris, Karlsruher Forum (Fn. 104), S. 72 f.; Westermann, in: MünchKomm (Fn. 92), § 437 Rn. 6; Matusche-Beckmann, in: Staudinger (Fn. 92), § 437 Rn. 20 など。

127) Oetker/Maultzsch, a. a. O. (Fn. 103), § 2 Rn. 147, Faust, in: Bamberger/Roth (Fn. 92), § 437 Rn. 6 など。

される。

㈦　目的物の交付時説

　以上のほか，目的物が買主に現実に交付（Ablieferung）された時を基準とする見解も主張されている[128]。

　これは，買主の追完請求権の短期消滅時効が目的物の現実の交付時を起算点としていること（BGB新規定438条2項）に基づくものである。

㈢　問題点の分析

　以上でみたところからすると，この議論は，買主の追完請求権の規律内容それ自体を確定しようとするものというよりは，むしろ，一定のすでに確定された追完請求権に特有の規律内容が存在することを前提に，そうした追完請求権に特有の規律内容が妥当する要件ないし基準時を明らかにしようとするものということができる。

　ところが，以上の議論の際に念頭に置かれている追完請求権に特有の規律内容は，各論者によって必ずしも同じではない（短期消滅時効の規律が念頭に置かれていることもあれば，売主の追完拒絶権の規律が念頭に置かれていることもある）。さらに，ここでは，①追完請求権それ自体が発生する要件ないし基準時は何かという問題と，②追完請求権に特有の個々の規律内容が妥当する要件ないし基準時は何かという問題とが，必ずしも区別されないままで議論がされているようにもみえる（例えば，危険移転時説が主として①の問題を念頭に置いているのに対して，他の見解は主として②の問題を念頭に置いているようにみえる）。

　そうであれば，むしろ，①追完請求権それ自体の発生要件ないし基準時は何かという問題と，②追完請求権に特有の個々の規律内容の妥当要件ないし基準時は何かという問題とをさしあたり区別したうえで，①の問題については，追完請求権の要件である目的物の瑕疵が判断されるための基準時である「危険移転時」を基準としつつ，②の問題については，追完請求権に特有の個々の規律内容に応じて──それぞれの本来的履行請求権と異なる規律がされる根拠に照らして──個別的に検討すべきではないかとも思われる[129]。いず

---

128)　Kandler, a. a. O.（Fn. 104），S. 329 ff. など。

第 2 節　BGB 新規定のもとでの買主の追完請求権　119

れにしても，この問題を論じるためには，その前提として，追完請求権に特
有の規律内容がいかなるものかが明らかにされる必要があるといえるだろう。
　上のような議論状況に鑑みて，ここでは，これ以上この問題に立ち入るこ
とはせず，むしろ，その前提問題である「追完請求権の規律内容がいかなる
ものか（それは本来的履行請求権の規律内容と異なるか）」という点について，
個々の具体的問題に即してみていくことにしたい。

オ　小　括

　以上によれば，買主の追完請求権は，本来的履行請求権との同質性と異質
性とを併有するものと考えられているといえる。買主の追完請求権と本来的
履行請求権とは，買主に瑕疵のない物を取得させるという給付結果の実現を
目的としている点で共通しているものの，その具体的な規律内容においては，
上述したようないくつかの相違が認められるからである。
　両者の規律においてそうした相違が存在する理由は，問題となる規律に応
じてさまざまであるが，総じてみれば，本来的履行請求権の規律が，瑕疵あ
る物の引渡しが行われた場合における当事者（売主及び買主）の利益状況を必
ずしも十分に考慮したものでないことに基づくものといえる[130]。買主の追
完請求権においては，そのような本来的履行請求権の規律において考慮の外

---

129)　これについては，Gregor Bachmann, Gefahrübergang und Gewährleistung, AcP 211
　　(2011), S. 395 ff. も参照。また，その際には，すでにみたように，追完請求権に特有の
　　規律内容が，買主に不利な効果（短期消滅時効や売主の追完拒絶権）だけではなく，買
　　主に有利な効果（追完方法についての買主の選択権）もあることに注意する必要があ
　　るだろう。

130)　Oetker/Maultzsch, a. a. O.（Fn. 103），§ 2 Rn. 146 も，以上の 3 つの相違点について，
　　カナーリスと同じ趣旨で，次のように説明している。すなわち，追完請求権の局面で
　　は，すでに給付の移転（Leistungstransfer）が行われたという事情があり，それに基づ
　　いて，両当事者は，すでに行われた取引の法的安定性（Rechtsbeständigkeit）について
　　大きな利益を有する。ところが，そうした利益は，一般的規定をそのまま適用すると
　　すれば，十分に考慮されないことになってしまう。そこで，そのような事情を考慮す
　　るために，追完請求権について特別の規律が用意されているのであり，例えば，追完
　　請求権の短期消滅時効，追完方法に関する買主の選択権，売主の追完拒絶権の規律は，
　　そのことを示すものであるとする。また，Canaris, Karlsruher Forum（Fn. 104），S. 71 は，
　　以上のような一般給付障害法に対する修正は，売主がすでに一度――契約に適合する
　　ものではないとしても――給付を行い，かつ，買主がこれを受領したという事実と結
　　びついているという点で，共通の基本思想に基づくものであるとしている（もっとも，
　　そのうえで，個別的には，さらに付加的な評価の観点が付け加わるともしている）。

に置かれた当事者の利益が，保護に値するものとして考慮に入れられた結果
として，本来的履行請求権とは異なる内容の規律が設けられているというこ
とができるだろう。

　もっとも，以上では，買主の追完請求権と本来的履行請求権について，法
律において明示的に設けられている規律の相違をみたにとどまる。こうした
明示的な規律の相違のほかに，買主の追完請求権が，その規律内容において
本来的履行請求権とどのような点で異なるのか——買主の追完請求権を「修
正された本来的履行請求権」ととらえる見解においては，本来的履行請求権
がどのような点で「修正」を受けるのか——については，後述するように争
いがある。以下では，これについて，それぞれの具体的問題に即してみてい
くことにしたい。

(2)　追完の履行場所

　修補又は代物給付での追完がどの場所で履行されるべきなのかという追完
の履行場所については，とくに（追完請求権に特化した）明文の規定が存在し
ているわけではない。そのため，これについては，次のように，追完の履行
場所がどこであると解すべきか——例えば，本来的給付義務の履行場所であ
るのか，目的物の現在の存在場所であるのか——が争われている[131]。

ア　本来的履行場所説

　一方で，追完の履行場所は，本来的給付義務の履行場所と同じであるとい
う見解が主張されている。

　例えば，M・ヤーコプス（Matthias Jacobs）は，追完請求権が修正された本来
的履行請求権の性質を有することを根拠に挙げて，追完の履行場所は本来的
給付義務の履行場所であるとする[132]。

　また，カンドラー（Mandy Kandler）は，そのような追完請求権の法的性質に
加えて，両当事者に追完の履行場所が予見可能となるということを根拠に，
追完の履行場所は本来的給付義務の履行場所であるとする[133]。また，BGB

---

131)　この問題についての議論を紹介するものとして，古谷貴之「ドイツ売買法における
　　追完の履行場所」同志社法学 61 巻 3 号（2009 年）79 頁，同・前掲注 70）231 頁。

132)　M. Jacobs, in: Dauner-Lieb/Konzen/Schmidt, a. a. O.（Fn. 104），S. 374 f.

133)　Kandler, a. a. O.（Fn. 104），S. 443 f.

新規定 439 条 2 項は，追完の目的ために必要な費用を売主が負担すると定めているが，そのことから，追完の履行場所が目的物の現在の存在場所であるということが導き出されるわけでもないとする。なぜなら，そうした売主の費用負担義務と追完の履行場所は，全く別の問題であるからである[134]。

もっとも，カンドラーによれば，この原則は，いずれにしても，その物が輸送困難であるか又はその物の取付けがされたために輸送できない場合には，BGB242 条によって修正がされるという。こうした場合には，履行場所は，常にその物の存在場所であるとされる[135]。

イ 目的物の現在場所説

他方で，追完の履行場所は，本来的給付義務の履行場所がどこであるかにかかわりなく，売買目的物がその用途に従って現に存在している場所であるとする見解もある。

例えば，P・フーバー（Peter Huber）は，確かに，BGB 新規定 439 条 2 項は義務を負う追完の費用のみを売主に負担させるものであって，この規定自体から追完の履行場所が出てくるものではないとする（この点では，上述したカンドラーの見解と同様である）。しかし，立法過程において，BGB 旧規定 476a 条 2 文の規定――修補請求権の合意がされた場合において，買主が目的物の移送を行ったときに，その増加費用を買主が負担する旨を定めていた規定――が，BGB 新規定 439 条 3 項の追完拒絶権によって売主の保護が確保されることを理由に廃止されることとなった[136]という経緯があったことからすると，立法者は，追完がその物の現在の存在場所で行われるべきであり，かつ，売主がその費用を負担しなければならないことを出発点としていた（そ

---

134) Kandler, a. a. O.（Fn. 104），S. 443. また，Schürholz, a. a. O.（Fn. 104），S. 55 ff. も同じ点を指摘している。

135) Kandler, a. a. O.（Fn. 104），S. 444. このほか，当事者が第一次的請求権について定めた履行場所を追完の履行場所とするのが当事者の利益に適う（当事者にとって効率的である）ものと推定されるとして，基本的に同様の方向性を示すものとして，Hannes Unberath/Johannes Cziupka, Der Leistungsort der Nacherfüllung, JZ 2008, S. 867 ff. も参照。

136) BT-Drucks. 14/6040, S. 231. これによれば，BGB 旧規定 476a 条の規定（売買目的物が受領者の住所又は営業所とは異なる場所で――その用途に従った使用に適さない方法で――使用されていたことによる増加費用について，売主を費用負担義務から解放する旨の規定）の廃止は，売主が BGB 新規定 439 条 3 項によって過分な費用を要する追完請求への防御が可能であることを理由とするものとされる。

のような規律を前提として，過大な費用負担を強いられる売主の保護をBGB新規定439条3項の追完拒絶権によって図ろうとした）のだとする[137]。

また，マトゥシェ＝ベックマン（Annemarie Matusche-Beckmann）は，このことを，追完において買主に不利益を負わせないという法律の趣旨・目的から基礎づける。すなわち，売主は，買主に対して，はじめから瑕疵のない物を取得させなければならなかったのであり，それが義務違反によって実現しなかったという事情から，買主に不利益が生じることがあってはならない。このことを実現するために，売主は，BGB新規定439条2項により，追完の費用を負担しなければならないとされている。買主は，不可避の不便のみを甘受すればよいわけである。このような法律の趣旨・目的によると，追完は，目的物の現在場所で行われなければならないのだという[138]。

ヴェスターマン（Harm Peter Westermann）も，消費用動産売買指令3条3項3文が要請するように，追完は買主にとっての「著しい不便」なくして行われなければならないということを指摘する。例えば，すでに取り付けられた物を著しい技術的費用とリスクをもって撤去することは買主に期待できず，その場合には，売主はその物の存在場所で修補をしなければならない。したがって，買主への代物給付及び修理された物の返還については，本来的給付義務がどのように構成されていたのかにかかわらず，売主の持参債務を出発点とすべきであるとする[139]。

ウ　追完方法区別説

以上の見解に対して，追完の履行場所は，追完方法（修補・代物給付）によって異なるとする見解も主張されている。

すなわち，エクスラー（Jürgen Oechsler）は，追完の履行場所について修補と代物給付とを区別し，修補の場合には目的物の存在場所が履行場所となる

---

137)　P. Huber, in: P. Huber/Faust, a. a. O.（Fn. 104），Kap. 13 Rn. 27; ders., Nacherfüllungs-anspruch（Fn. 104），S. 1006.

138)　Matusche-Beckmann, in: Staudinger（Fn. 92），§ 439 Rn. 27.

139)　Westermann, in: MünchKomm（Fn. 92），§ 439 Rn. 7. そのほか，この見解に立つものとして，Faust, in: Bamberger/Roth（Fn. 92），§ 439 Rn. 13; Oetker/Maultzsch, a. a. O.（Fn. 103），§ 2 Rn. 183 を参照。また，Haas, in: Haas/Medicus/Rolland/Schäfer/Wendtland, a. a. O.（Fn. 104），§ 5 Rn. 154 も，追完の履行場所は，諸般の事情，とりわけ債務関係の性質に従って決まるとするが，疑わしい場合には，原則として，目的物の存在場所であるとしている。

のに対して，代物給付の場合には当事者の当初の合意に従った本来の履行場所が履行場所となるとする。修補の場合には，目的物が存在する場所でその物が修理されなければならないのに対して，代物給付の場合には，本来の履行場所で，当初引き渡された物に代えて他の物が引き渡されることになるからであるとされる[140]。ここでは，おそらく，追完の構造が修補と代物給付とでは異なるという理解を前提に，代物給付とは異なり，当初引き渡された目的物を買主が保持したまま行われるという構造的特性を有する修補の場合においては，そのようにして引き渡された目的物を保持して安定的に利用する買主の利益を保護するという観点から，追完の履行場所が目的物の存在場所とされているとみることができる[141]。

エ　BGB269条1項適用説──判例による態度決定

こうした学説の対立の中，ドイツ連邦通常裁判所の判例（BGH, Urteil vom 13. April 2011 – VIII ZR 220/10）[142]は，追完の履行場所を，給付場所についての一般規定であるBGB269条1項[143]に従って個別的に確定すべきであるとした[144]。

㋐　BCB269条1項の一般規定の適用

この判例は，まず，「売買法における追完の履行場所の問題は，独自の規律

---

140)　Jürgen Oechsler, Schuldrecht Besonderer Teil Vertragsrecht, 2003, § 2 Rn. 139.

141)　追完請求権の規律内容について，追完方法（修補と代物給付）に応じて区別をする見解は，後述する追完請求権の範囲をめぐる議論においてもみられる（これについては，本章注158）も参照）。

142)　BGHZ 189, 196＝NJW 2011, 2278. これは，新品のキャンピング・トレーラーの売買において，買主が目的物の瑕疵の追完のために期間設定をして，売主に対し買主のもとにある目的物の引取りを求めたところ，売主がこれに応じなかったため，売買契約の解除をして代金の返還等を求めた事案に関するものである。こうした事案において，契約解除が認められる前提として，買主が期間設定をして求めた追完の内容（履行場所）が適切であったか──追完の履行場所の問題として，追完にあたって，売主の側が買主のもとに目的物を引き取りに行かなければならないか，それとも，買主の側が売主のもとに目的物を運び込む必要があるか──が問題とされた。

143)　【BGB 第269条（給付場所）】
(1)　給付の場所が定められておらず，かつ，諸般の事情，とりわけ債務関係の性質からも導き出すことがないときは，その給付は，債務者が債務関係の成立の時に住所を有していた場所で行わなければならない。
(2)・(3)　略

を受けなかったのであるから，その確定の基準となるのは，BGB269条1項の一般規定である」とする。すなわち，売買契約における追完の履行場所については，BGBにその点に関する特有の規律が設けられていない以上，給付の履行場所に関するBGBの一般規定の適用によるべきであるというわけである。

そして，「その規定によれば，第一次的には，当事者が行った合意が基準となる。履行場所に関する契約上の合意を欠く場合には，そのつどの諸般の事情，とりわけ債務関係の性質に照準が合わせられなければならない。そこからも決定的な認識が得られない場合には，履行場所は，最終的には，債務者が債務関係の発生の時点で住所ないし営業所（BGB269条2項）を有していた場所となる」としている。

(イ) 追完の履行場所の個別的確定

そのうえで，この判例は，「追完請求権の履行場所は，一般的な形で確定することができない」とし，追完の履行場所を，一般的に，本来的履行場所と一致するとみる見解や目的物の現在場所とみる見解を斥けている。

すなわち，「BGB269条1項の規定は，具体的事情に方向づけられる形で義務づけられた各給付の履行場所を決定することを可能にし，したがって，追完（BGB439条）の枠内においても，事理に適った結果をもたらすものである」。それに対して，「追完の履行場所を一般的にその時々の売買目的物の存在場所と等置する場合にも，当初の第一次的給付義務の履行場所を追完に自動的に転用する場合にも，あらゆる類型的な追完の状況について説得力ある解決を見出すことができるわけではない」としている。

このように，この判例は，追完の履行場所については，これを一般的な形で確定するのではなく，個々の事例における具体的事情に即して個別的に確定すべきであるとしている（そのため，これを一般的な形で確定しようとする見解をいずれも斥けている）。

144）　なお，請負契約における修補請求権に関して，ドイツ連邦通常裁判所の判例（BGH NJW-RR 2008, 724）は，修補義務の履行場所は，疑わしい場合には，修補されるべき仕事の目的物が契約に従って存在する場所であるとしていた。しかし，ここで取り上げる判例では，売買契約における追完の履行場所については，これと同様に考えることはできないとされた。

㈡　追完請求権の法的性質との関係

　また，この判例は，追完の履行場所に関する規律と追完請求権の法的性質との関係についても，次のように詳細に述べて，追完請求権の法的性質（修正された本来的履行請求権）から，追完請求権の履行場所が，本来的履行請求権のそれと必然的に一致すると考えることには否定的な態度を示している。

　「確かに，BGB439条1項に基づく追完請求権は，BGB433条1項に基づく本来的履行請求権が修正されたものである……。なぜなら，立法者の考えによれば，追完によって実現されるのは，BGB433条1項2文に基づく売主の義務の事後的な履行にすぎないからである……。追完によって，一方で，買主は，買主が契約上求めるべきものを取得し……，他方で，売主には，契約の巻戻しと通常結びついている経済的不利益を阻止するために，瑕疵の除去又は瑕疵のない物の引渡しによって，BGB433条1項2文に基づく自らの義務を──2度目の試みによってであるが──なお履行するという『最後のチャンス』が認められる……。それゆえ，原則として，追完請求権は，本来的履行請求権を超えるものではない……。

　しかし，そのことから，追完請求権の履行場所が，第一次的給付請求権のそれと必然的に一致するということが導き出されるわけではない……。すなわち，顧慮されなければならないのは，立法者の考えによれば，追完請求権は，本来的履行請求権と同一のものではなく，引き渡された物の瑕疵を理由に履行の試みが不十分であったことに基づいて一定の修正がされるということである……。履行請求権との相違は，──BGB438条の特別の消滅時効期間のほか──本質的には，追完請求権の目的が，当初の瑕疵のない売買目的物の引渡しではもはやなく，修補又は瑕疵のない物の代物給付による目的物の瑕疵のない状態の作出であるという点にある……。

　このように請求権の内容がBGB433条1項1文の本来的履行請求権と異なるということは，BGB269条1項に従って当事者の合意を欠く場合に債務関係の諸般の事情から導き出される履行場所についても影響を及ぼす可能性がある。なぜなら，行われるべき給付の種類（ここでは，引き渡された物の瑕疵のない状態の作出）も，履行場所の確定に際して顧慮されるべき事情に含まれるからである。このようにBGB433条1項1文に基づく履行請求権と比べて追完（BGB439条）の請求内容が修正を受けるということだけでも，追完請求権は本来的履行請求権とは異なる場所で履行されなければならないことが導

き出されうるのである」。

オ　対立点の検討
㋐　本来的履行請求権の法理と追完請求権の法理の対峙

　以上によると，学説の議論においては，追完の履行場所の規律に関して，買主の追完請求権において，①本来的履行請求権におけるのと同様の規律が妥当すると考えるのか（本来的履行場所説），それとも，②追完請求権に特有の規律が妥当すると考えるのか（目的物の現在場所説），そしてまた，③②のように考える余地があるとして，それは追完方法によって異なると考えるのか（追完方法区別説）が争われていたとみることができる。

　そして，それぞれの見解の根拠についてみると，①本来的履行場所説においては，追完請求権の法的性質（修正された本来的履行請求権）のほか，追完の履行場所に関する当事者の予測可能性を確保することなどが問題とされているのに対して，②それ以外の見解においては，瑕疵ある物の引渡しを受けた買主を追完によって生じる不利益から保護することが問題とされていたといえる。

　こうした中，判例は，追完の履行場所を，BGB269条1項の規定の適用によって確定すべきものとした。これによれば，本来的履行請求権と追完請求権のいずれについても，履行場所の確定は，同じBGB269条1項の一般規定の適用によることになる。もっとも，これは，追完の履行場所について，本来的履行請求権と同じ規律がそのまま妥当するという立場（本来的履行場所説）を採用したものではない。すなわち，BGB269条1項の規定によれば，給付の履行場所は，その点に関する当事者の合意を欠く場合には「諸般の事情」を顧慮して個別的に確定されることになる。そして，判例も指摘するように，本来的履行請求権が問題となる場面と追完請求権が問題となる場面とでは，契約当事者をめぐる利益状況（「諸般の事情」の内容）は異なる。そうすると，同じ規定を適用するとしても，その適用の結果として，本来的履行請求権の履行場所（本来的履行場所）と追完請求権の履行場所が異なるということは十分にありうることになるのである。

　以上からすると，判例は，追完の履行場所について，追完請求権が問題となる場面での個別的な利益状況を考慮に入れて，（本来的履行請求権とは異なる）追完請求権に特有の規律を妥当させようとする立場に立っているといえ

第2節　BGB新規定のもとでの買主の追完請求権　**127**

(イ)　買主の特別の利益の考慮

　もっとも，以上のような対立はあるものの，いずれの見解による場合でも，目的物の引渡しの後に，買主が目的物の取付けを行い，その撤去・輸送が買主に著しい不利益を及ぼすような場合については，本来的履行場所ではなく，その物の現在の存在場所が追完の履行場所とされることに，ほとんど争いはないものとみられる（本来的履行場所説も，このような場合には信義則による例外を認める）。そうすると，一定の場合には，いずれにしても，追完の履行場所について，本来的履行請求権とは異なる追完請求権に特有の規律が妥当するという結果となるものと考えられる。

　そして，このように追完の履行場所について追完請求権に特有の規律が妥当するとされるとき，そこでは，瑕疵ある物の引渡しが行われた場合に，追完によって不利益を被ることなく，引き渡された目的物を安定的に利用するという買主の利益が（保護に値するものとして）考慮に入れられているものとみられる。そうすると，先にみた追完方法の選択権に関する規律（買主に選択権を認める規律）におけるのと同様に，ここでも，瑕疵ある物の引渡しを受けた買主の利益状況（引き渡された目的物を安定的に利用する買主の利益）が考慮に入れられることによって，本来的履行請求権とは異なる追完請求権に特有の規律が正当化されているとみることができる。

(3)　修補方法の選択権

　先に述べたように，修補と代物給付との間の追完方法の選択権は，BGB新規定439条1項により，明示的に買主に認められている。しかし，買主が修補を選択した場合にも，その修補方法について複数の選択肢が存在する場合がある。例えば，修補は，瑕疵ある部品の修理やその部品の交換によって行うことが可能である。その場合の修補方法の選択権について定めた規定は存在しない。そのため，この選択権が買主と売主のいずれに帰属するかについて，次のような争いがある[145]。

───────────

145)　この問題について紹介するものとして，石崎・前掲注3) 105頁，古谷・前掲注70) 237頁。

128   第3章　ドイツ債務法改正と買主の追完請求権

ア　買主選択権説

　一方では，このような修補方法についての選択権も買主に認めるべきであるとする見解が主張されている。

　M・ヤーコプスは，これについて，次のように説明する。すなわち，立法者は，売主がより事情に精通しているにもかかわらず，それを考慮することなく，買主に修補と代物給付との間の選択権を与えた。この基本的評価は，体系の矛盾を回避するために，修補方法の選択にも転用すべきである。したがって，修補内での選択権についての規律の欠缺は，BGB 新規定 439 条 1 項の類推適用によって埋められるべきであるとされる。そして，その場合でも，売主は，BGB 新規定 439 条 3 項による追完拒絶権によって十分に保護されるという[146]。

イ　売主選択権説

　これに対して，多数の見解は，この場合の修補方法についての選択権は，売主に認められるべきであるとしている。

　例えば，P・フーバーは，その根拠として，より事情に詳しい契約当事者は売主であるということを挙げる[147]。ヴェスターマンも，技術的事情に基づいて複数認められる修補方法の選択権に関する限り，そのような事情に詳しいのは売主であることから，売主にその選択権を委ねるべきであるとする[148]。

　また，シュールホルツ（Martina Schürholz）は，上述したように体系の矛盾を指摘する M・ヤーコプスの見解に対して，次のように反論する。売主に修補方法の選択権を認めることは，それが BGB 新規定 439 条 1 項における買主の選択権と異なるとしても，体系の矛盾を意味するものではない。むしろ，代物給付と修補との間の選択権を買主に割り当てること自体が，例外的規律なのである。なぜなら，売主は，瑕疵のない物の給付の結果についてのみ義務を負うのであって，売主がこの結果を達成する方法については，売主自身に委ねられているからであるという[149]。

---

146)　M. Jacobs, in: Dauner-Lieb/Konzen/Schmidt, a. a. O.（Fn. 104），S. 377. 同様に，BGB 新規定 439 条 1 項の類推適用によって買主に修補方法の選択権を認めるものとして，Oechsler, a. a. O.（Fn. 140），§ 2 Rn. 139.

147)　P. Huber, in: P. Huber/Faust, a. a. O.（Fn. 104），Kap. 13 Rn. 24; ders., Nacherfüllungsanspruch（Fn. 104），S. 1006.

148)　Westermann, in: MünchKomm（Fn. 92），§ 439 Rn. 4.

ウ　対立点の検討

以上によれば，修補方法の選択権については，これを買主と売主のいずれに認めるかについて解釈論上の争いがあるものの，いずれの見解も，実質的観点からは，売主に修補方法の選択権が認められるべきであると考えているものとみられる。というのも，買主に修補方法の選択権を認めるM・ヤーコプスも，体系上の根拠からそれを基礎づけているのであり，実質的観点からは，「どのような方法によれば目的に合致しかつより少ない費用で追完が可能であるかをよりよく判断することができるのは売主である」としているからである[150]。したがって，いずれの見解も，基本的には，「より事情に詳しく，より少ない費用で修補を実現することのできる者に修補方法の選択権を認めるべきである」という考え方に立っているとみることができる。

また，シュールホルツが指摘しているように，給付義務の履行方法についての選択権は，本来的には売主に認められるのであって，そのような選択権を買主に認めることは例外的規律とされている。ここでは，「売主は，瑕疵のない物の給付の結果についてのみ義務を負うのであって，売主がこの結果を達成する方法については，売主自身に委ねられるのが原則である」という考え方がその基礎に置かれているといえるだろう。このことから，先にみたように，買主の追完請求権において修補と代物給付との間の選択権が買主に認められていることは，本来的履行請求権とは異なる追完請求権に特有の例外的規律であると考えられていることも確認される。

(4)　追完請求権の範囲——買主が加えた変更の復元請求の可否

買主が瑕疵ある物の引渡しを受けた後，その瑕疵を知らずにその目的物について変更を加えた場合（その目的物の改造や他の物への取付けなどを行った場合）には，その後に追完（修補や代物給付）が行われると，買主が目的物に加えた変更が無に帰することがありうる。その場合，売主は追完義務の枠内において，買主が売買目的物に加えた変更を維持・復元する義務まで負うのか。

---

149)　Schürholz, a. a. O.（Fn. 104），S. 67.

150)　M. Jacobs, in: Dauner-Lieb/Konzen/Schmidt, a. a. O.（Fn. 104），S. 375. このような理由から，修補と代物給付との間の追完方法の選択権を買主に与えるというBGB新規定の規律に対しても批判的なものとして，Haas, in: Haas/Medicus/Rolland/Schäfer/Wendtland, a. a. O.（Fn. 104），§ 5 Rn. 153; Harm Peter Westermann, Das neue Kaufrecht, NJW 2002, S. 241 ff., S. 248; Kandler, a. a. O.（Fn. 104），S. 433 など。

130 第3章 ドイツ債務法改正と買主の追完請求権

具体的には，例えば，買主が引き渡された瑕疵ある本棚に塗装を施した場合，買主は，代物給付として同じように塗装された本棚を請求することができるのか，また，修補のためにその一部が取り替えられなければならない場合には，買主はその一部の塗装をも追完として請求することができるのかといったことが問題となる。このような意味での追完請求権の範囲については，次のような争いがある。

ア　復元義務肯定説

　一方では，買主は，追完請求権によってそのような変更の維持・復元をも請求することができるとする見解が主張されている。

　すなわち，ファウスト（Florian Faust）によれば，買主は，追完の枠内において，売買目的物が契約締結時においてあるべきものとされた状態の作出を請求できるだけではなく，瑕疵がなければ売買目的物が現在あったであろう状態の復元をも請求することができるとされる。したがって，買主がすでに売買目的物について行った変更を維持し又は復元することが必要であるという。

　なぜなら，買主は，追完によって，売買目的物に瑕疵がなかったのと同じ状態に置かれなければならないからである。買主が，すでに加えた変更を新たに行わなければならず，そのための費用を（帰責事由の有無に依存する）損害賠償請求権によってしか請求できないとすれば，それは，以上のような追完請求権の目的と合致しないことになるとされる。

　また，追完の履行場所が追完当時のその物の存在場所と解されること[151]も，その根拠となるという。すなわち，追完の履行場所が目的物の現在場所であるとすれば，買主による売買目的物の場所の変更の結果が，追完の枠内において維持されることになる。このことは，買主による売買目的物の状態の変更についても妥当しなければならない。なぜなら，売買目的物の場所の変更と状態の変更の区別は決して明確でなく（例えば，建築材料の組込みの場合），両者で異なるリスク配分を認める根拠は存在しないからであるとされる[152]。

イ　復元義務否定説

　これに対して，買主は，追完請求権によって買主による売買目的物の変更

---

151) Faust, in: Bamberger/Roth（Fn. 92），§ 439 Rn. 13.
152) Faust, in: Bamberger/Roth（Fn. 92），§ 439 Rn. 19.

の維持・復元まで請求することはできないとする見解も主張されている。これによれば，買主は，そのような変更の復元のために支出した費用について（売主の帰責事由を要件として）損害賠償を請求することができるにとどまるとされる。

例えば，ベルガーによれば，追完の枠内においては，引き渡された物に買主によって加えられた変更は，維持又は復元することができないとされる。例えば，買主によって瑕疵ある物が改造され，又は取り付けられた場合でも，売主は，修補され又は代物として給付された物の改造や取付けの義務を負わないという[153]。

また，ライニッケ／ティートケ（Dietrich Reinicke/Klaus Tiedtke）も，追完請求権は修正された本来的履行請求権にほかならず，売主は，追完においても，売買契約によって義務づけられたことのみを行えば足りるとする。さもなければ，買主は，追完を通じて，売買契約によって認められていた以上のことを請求できることになってしまうとする[154]。

このほか，エトカー／マウルチュ（Hartmut Oetker/Felix Maultzsch）も，売主は，追完の枠内において，買主が目的物について行った変更を復元する義務を負わないとし，そうした買主による変更の復元に関して，売主は，BGB新規定437条3号と結びついた280条1項の要件を満たす場合にのみ，復元のための費用について損害賠償義務を負うにとどまるとする。例えば，買主が目的物である瑕疵ある戸棚に特別な塗装を施した場合において，目的物の修補によってその塗装が無駄になってしまうとしても，売主は，修補の枠内において，その塗装を復元する義務を負うわけではない。また，例えば，買主が，瑕疵ある屋根瓦を屋根に取り付けた場合においても，売主は，代物給付の枠内において，同種の屋根瓦の引渡しをする義務を負うのみであって，引き渡した瑕疵ある屋根瓦を取り外す義務や代わりの屋根瓦を取り付ける義務を負うわけではない。そのように解しなければ，売買契約と請負契約の境界が消え去ってしまうことになるとしている[155]。

---

153)　Berger, in: Jauernig（Fn. 106），§ 439 Rn. 20.

154)　Reinicke/Tiedtke, a. a. O.（Fn. 104），Rn. 440. 同様の理由づけをするものとして，Klaus Tiedtke/Marco Schmitt, Probleme im Rahmen des kaufrechtlichen Nacherfüllungsanspruchs, DStR 2004, S. 2016 ff. und 2060 ff., S. 2061 f. も参照。

ウ　追完方法区別説

　以上の見解に対して，修補と代物給付という追完方法の相違に着目し，売主は，代物給付の枠内においては買主による変更を維持・復元する義務はないが，修補の枠内においてはその義務があるとする見解も主張されている。

　テュールマン（Dagmar Thürmann）[156]によれば，売主が買主による売買目的物の利用に関するリスク（Verwendungsrisiko）を負うのは修補の場合のみであり，代物給付の場合には，売主はそのようなリスクを負わないとされる。このことは，次のように修補と代物給付とでは追完の構造が異なるということから説明されている。

　修補の場合には，はじめに引き渡された売買目的物に修補作業が結びつけられることで契約に適合した状態が実現される。買主が取得するのは，当初引き渡された目的物に他ならず，その間に変更した目的物の状態も維持されなければならない。したがって，当初引き渡された売買目的物の修補の場合には，売主は当初引き渡された物によって契約が履行された状態を実現することに拘束され，修補の完成後には，売買目的物がその前にすでにあった状態が復元されていなければならないことになる[157]。

　それに対して，代物給付の場合には，当初引き渡された目的物は維持されず，第二の履行が開始することになる。すなわち，売主は，もう一度「はじめから」給付を行うことになる。したがって，代物給付の場合には，売主は，当初義務づけられていた形式で，瑕疵のない売買目的物を給付する義務を負うことになるのだとされる[158]。

---

155)　Oetker/Maultzsch, a. a. O.（Fn. 103），§ 2 Rn. 185, 189. また，Stephan Lorenz, Nacherfüllungskosten und Schadensersatz nach „neuem" Schuldrecht—was bleibt vom „Dachziegel"-Fall?, ZGS 2004, S. 408 ff., S. 409 も，このような復元義務が認められるのは請負契約が問題となる場合であり，売買契約においては，こうした復元義務は売買契約の履行を超えるものであって認められない旨を指摘する。

156)　Dagmar Thürmann, Der Ersatzanspruch des Käufers für Aus- und Einbaukosten einer mangelhaften Kaufsache, NJW 2006, S. 3457 ff.

157)　Thürmann, a. a. O.（Fn. 156），S. 3459.

158)　Thürmann, a. a. O.（Fn. 156），S. 3459, 3461. なお，先に述べたように，エクスラー（Oechsler, a. a. O.（Fn. 140），§ 2 Rn. 139）が，追完の履行場所の問題について，修補と代物給付とを区別し，修補の場合には目的物の存在場所が履行場所となるのに対して，代物給付の場合には本来的履行場所が履行場所となることを主張していたのも，おそらく同様の考慮に基づくものとみられる。

エ　対立点の検討

㈠　買主の追完請求権の目的・保護範囲

以上によると，追完請求権の範囲をめぐる議論においては，買主の追完請求権の目的ないし保護範囲がどこまで及ぶのかが争われているとみることができる。すなわち，ここでは，買主の追完請求権の目的・保護範囲が，①契約締結時に予定された売買目的物の契約に適合した状態の実現にとどまると考えるのか（復元義務否定説），それとも，②目的物が引き渡された後の買主による利用・変更の可能性をも考慮に入れて，瑕疵がなければ売買目的物が「現在」あったであろう状態の実現にまで及ぶと考えるのか（復元義務肯定説）が，議論の対象となっているとみることができる。

もっとも，その議論において実質的に問題とされていたのは，テュールマンも指摘するように，追完請求権の枠内において，引き渡された瑕疵ある目的物をその後に買主が利用・変更することに関するリスクを，売主が負担すべきかどうかであるとみることができる。すなわち，以上の議論においては，買主の追完請求権の規律において，上記のリスクを契約当事者においてどのように配分するか（そのリスクをどこまで売主に負担させるべきか）が問題とされており，そのことが，買主の追完請求権の目的・保護範囲の理解を左右するものとなっているとみることができる[159]。

㈡　本来的履行請求権の法理と追完請求権の法理の対峙

こうしてみると，ここでも，買主の追完請求権において，①本来的履行請求権と同様の規律が妥当すると考えるのか，②追完請求権に特有の規律が妥当すると考えるのかという点が，追完請求権の範囲（追完請求権の目的・保護範囲）をめぐる議論の主要な対立軸となっていることが分かる。

すなわち，復元義務否定説は，追完請求権の目的・保護範囲が，本来的履行請求権の目的・保護範囲によって限界づけられるとするものといえる。こ

---

159)　なお，先にみたエトカー／マウルチュの見解が述べるように，買主が目的物に加えた変更を復元するための費用は，損害賠償請求権の対象にはなりうる（もっとも，この費用について損害賠償が認められるのは，売主が瑕疵のない物の引渡義務に違反し，かつ，その義務違反について売主に帰責事由が認められる場合に限られる）。これについては，BGHZ 177, 224 ＝ NJW 2008, 2837 及び BGHZ 200, 337 ＝ NJW 2014, 2183 も参照。これに対して，ここで問題となっているのは，損害賠償請求権の枠内におけるリスク配分ではなく，追完請求権の枠内におけるリスク配分である。

134 第3章 ドイツ債務法改正と買主の追完請求権

れは，追完請求権の範囲も売買契約によって売主が当初引き受けた義務によって画されるという考え方に基づくものであるとみることができる。これによれば，追完請求権の範囲を考える際には，目的物引渡し後における当事者の利益状況（買主が引き渡された目的物を利用・変更するリスク）を考慮に入れるべきではないということになる。

これに対して，復元義務肯定説は，追完によって買主は売買目的物に瑕疵がなかったのと同じ状態に置かれなければならないという考慮から，追完請求権の目的・保護範囲を，本来的履行請求権の目的・保護範囲よりも拡張してとらえるものといえる。これは，先にみた追完の履行場所を目的物の現在場所とする見解と同様に，引き渡された目的物を買主がその後に利用・変更する可能性を考慮し，（本来的履行請求権においては考慮の対象とされていなかった）目的物の安定的利用に関する買主の利益についても，（保護に値するものとして）追完請求権の範囲の規律において考慮に入れようとするものとみることができる。

以上に対して，追完方法区別説は，修補と代物給付の構造が異なることから，追完請求権の目的・保護範囲が，修補と代物給付とで異なることを指摘するものである。これは，修補が，売買目的物の現状を維持しながらその物の契約に適合した状態を実現する追完方法であるという修補の構造的特性に着目し，修補の枠内においてのみ，引き渡された目的物の安定的利用に関する買主の利益も保護の対象となると理解するものであるといえる。

以上のように，ここでは，追完請求権の範囲が，①本来的履行請求権と同様に，売買契約によって売主が当初引き受けた義務によって画されるのか，あるいは，②それを超えて，引き渡された目的物を買主が利用・変更する可能性（引き渡された目的物の安定的利用に関する買主の利益）をも考慮に入れ，目的物に瑕疵がなかったならば現在あったであろう状態の実現にまで及ぶとされるのか，さらに，③以上のことは，追完方法（修補か代物給付か）によって異なるのかという点が問題とされていたといえる。

オ　判例の展開と立法による対応

㋐　判例の展開

以上のような学説の議論状況の中，この問題については，欧州司法裁判所及びドイツ連邦通常裁判所の判例において注目すべき展開がみられることと

第2節　BGB 新規定のもとでの買主の追完請求権　135

なった[160]。

a　消費用動産売買における判例の展開

まず，消費用動産売買との関係では，欧州司法裁判所の判例（EuGH, Urteil vom 16. Juni 2011 - C 65/09 und C 87/09）[161]において，次のような事例が問題となった。

すなわち，消費者である買主が，事業者である売主から床タイルを購入し，引渡しを受けた。買主は，その床タイルを自宅の廊下等に敷き詰めたところ，その後に，引き渡された床タイルに瑕疵があることが判明した。そこで，買主は，売主に対して，瑕疵のない床タイルの引渡しとともに，引き渡された瑕疵ある床タイルの取外しの費用と新たな床タイルの取付けの費用の支払を請求したという事例である。

この事例では，消費用動産売買（事業者・消費者間の動産売買）において，買主（消費者）から代物請求を受けた売主（事業者）が，代物付付による追完の枠内において，①取り付けられた瑕疵ある物の取外しの義務ないしその費用を負担する義務を負うのか，②代物給付される物の取付けの義務ないしその費用を負担する義務を負うのかが問題となった。この問題は，消費用動産売買指令の解釈にかかわるものであったため，欧州司法裁判所にその判断が委ねられることとなった。

そこで，欧州司法裁判所は，この問題に関する消費用動産売買指令3条2項及び3項の解釈について，次のような判断を行った。

「指令の3条2項及び3項は，次のように解釈されるべきである。すなわち，消費者が，契約に適合しない消費用動産を，瑕疵が判明する前に，その種類及び使用目的に従って，善意で取り付けた場合において，その消費用動産を代物給付によって契約に適合した状態にするというときには，売主は，自ら

---

160)　これについては，田中宏治「ドイツ新債務法における代物請求権の範囲——タイル事件」千葉大学法学論集 27 巻 2 号（2012 年）87 頁，古谷・前掲注 70）223 頁以下，原田剛「瑕疵ある物を給付した売主の追完義務の射程——取外しおよび取付け義務」同『売買・請負における履行・追完義務』（成文堂，2017 年）76 頁などを参照。なお，それ以前の議論状況については，ペーター・フーバー（益井公司訳）「新ドイツ売買法における履行と損害賠償の関係に関する近時の諸問題」日本法学 74 巻 1 号（2008 年）197 頁，とくに 215 頁以下，古谷貴之「ドイツ売買法における追完の範囲をめぐる問題」同志社法学 61 巻 7 号（2010 年）207 頁を参照。

161)　EuGH NJW 2011, 2269.

この消費用動産をそれが取り付けられた物から取り外し，かつ，代物給付される消費用動産をその物に取り付ける義務を負い，又はそのような取外し及び代物給付される消費用動産の取付けのために必要な費用を負担する義務を負う。このような売主の義務が存在することは，その売主が，売買契約において当初売却された消費用動産の取付けを行う義務を負っていたかどうかによって左右されない」。

そして，これを受けたドイツ連邦通常裁判所の判例（BGH, Urteil vom 21. Dezember 2011 – VIII ZR 70/08）[162] も，上でみた欧州司法裁判所の判決に従って，BGB 新規定 439 条 1 項の指令適合的解釈として，「同項に定める『瑕疵のない物の引渡し』は，瑕疵ある売買目的物の取外しと搬出を含むものと解釈すべきである」とした。もっとも，その際に，上記の判例は，「要請される BGB439 条 1 項の指令適合的解釈によって，追完請求の枠内において，売主に取外し及び取付けを許容するのか，それとも，買主自身がそれらの作業を行ったうえで売主にその費用の償還のみを求めるのかという選択権が買主に認められることが導き出されるわけではない。欧州司法裁判所は，買主に対してそのような選択権を認めたのではなく，ただ，売主に対して，自ら必要な取外し及び取付けの作業を行うか，又は（相当な範囲で）そのために生じる費用を負担するという義務を負わせたにとどまるのである」とも述べている。

こうして，消費用動産売買に関しては，事業者たる売主は，代物給付による追完の枠内において，瑕疵ある物の取外しの義務及び代物給付される物の取付けの義務，又はそれらのために必要な費用を負担する義務を負うという解釈（BGB439 条 1 項の指令適合的解釈）が，判例において採用されることとなった。

b 消費用動産売買以外の売買における判例の展開

以上に対して，消費用動産売買以外の売買との関係では，ドイツ連邦通常裁判所の判例（BGH, Urteil vom 17. Oktober 2012 – VIII ZR 226/11）[163] は，次のように述べて，上でみたような BGB439 条 1 項の指令適合的解釈が，消費用動産売買を超えて他の売買契約（事業者間の売買や消費者間の売買）にまで及ぶものではないとした。

---

162)　BGHZ 192, 148 = NJW 2012, 1073.
163)　BGHZ 195, 135 = NJW 2013, 220.

「債務法改正の立法者の考えによれば，BGB439条１項に基づく追完請求権は，BGB433条１項に基づく本来的履行請求権が修正されたものである……。BGB439条１項において追完方法の１つとして規定された瑕疵のない物の引渡しにおいては，立法者の考えによれば，……追完請求権と本来的履行請求権とは，売主が負う給付に関して重なり合うことになる。ただ，追完請求権においては，当初引き渡された瑕疵ある物に代えて，（同種・同価値の）瑕疵のない物が引き渡されなければならないというにすぎない。……それゆえ，代物給付というのは，BGB433条１項１文及び２文に従って売主が負う給付の完全な繰返しを求めるものである。売主は，もう一度，瑕疵のない物の占有を移転する義務と所有権を取得させる義務を負うことになるというのであって，それ以上でもそれ以下でもない。というのも，債務法改正の立法者の考えによれば，追完によって実現されるのは，BGB433条１項２文に基づく義務の事後的な履行にすぎないとされるからである」。

「以上のような理解に従って，追完が，BGB433条１項２文に従って売主が負う義務の履行を第二の試みにおいて実現するということに限定されるものであるとすると，追完は，それだけで直ちには，瑕疵ある物の買主をあらゆる財産的不利益から保護するようなものではないということになる。というのも，BGB434条以下の売買法における担保責任の制度によると，売主が最初の試みでは履行を実現できずに，第二の試みによってはじめて履行を実現したことによって買主に生じることになった履行利益を超える財産的不利益は，ドイツの立法者の考えに従えば，——BGB439条２項が定める費用に関する特別の規律が適用されない限り——損害賠償又は費用賠償に関する一般的ルールに従ってのみ埋め合わせられるべきものであるからである……。そのため，瑕疵ある売買目的物の取外し及び代物給付される物の取付けは，ドイツ国内法によれば，原則として，売主の追完義務に含まれるものではない。ただ，指令の３条２項及び３項から異なる内容が導き出され，それがBGB439条１項の指令適合的解釈の枠内で考慮されるべき限りにおいて，その例外が認められるにすぎない」。

「以上でみたようなBGB439条１項による代物給付義務の内容及び範囲に関するドイツの立法者の考えは，指令の３条２項及び３項による代物給付義務の範囲に関する欧州司法裁判所の理解と合致するものではない。それゆえ，欧州司法裁判所が消費用動産売買について行ったような代物給付義務の範囲

の拡張を，指令適合的解釈の方法によって，消費用動産売買を超えて他の売買契約にまで及ぼすということは，ドイツの立法者の意思に合致するものとは認められない」。したがって，「BGB439条1項の指令適合的解釈を，消費用動産売買を超えて，事業者間の売買や消費者間の売買といった広範な売買契約の領域にまで及ぼすことは，拒否されるべきである」。

　こうして，消費用動産売買以外の売買（事業者間の売買や消費者間の売買）に関しては，売主は，代物給付による追完の枠内において，瑕疵ある物の取外しの義務や代物給付される物の取付けの義務，又はそれらのために必要な費用を負担する義務を負うのではないという解釈が，判例において採用されることとなった。

c 小 括

　以上でみたように，買主が引き渡された目的物（動産）の取付けを行ったところ，その後にその目的物に瑕疵があることが判明した場合において，買主が，売主に対して，代物給付による追完を請求するときには，そうした代物給付による追完の枠内において売主が負う義務の内容は，判例によれば，その売買が消費用動産売買かそれ以外の売買かによって，次のように異なるとされることとなった。

　まず，①その売買が消費用動産売買（事業者・消費者間の動産売買）であれば，売主は，代物給付による追完の枠内において，瑕疵のない代物を引き渡す義務とともに，瑕疵ある物の取外し及び代物給付される物の取付けをする義務，あるいは，それらのために必要な費用を負担する義務を負う。

　これに対して，②その売買が消費用動産売買以外の売買（事業者間の売買や消費者間の売買）であれば，売主は，代物給付による追完の枠内において，瑕疵のない代物を引き渡す義務を負うにとどまり，それを超える取外しや取付け等の義務までは負わない。

(イ) 立法による対応

　ところが，以上のような判例による法状況は，瑕疵ある物の買主が事業者たる請負人であった場合において，次のような問題をもたらすものとされた。すなわち，請負人が，売主から瑕疵ある建築材料を購入し，その瑕疵を知らずに第三者のもとでその建築材料を用いて建築を行った場合，その請負人は，

請負契約に基づいて，瑕疵ある建築材料を取り外して，瑕疵のない建築材料を取り付ける義務を負うことになる。しかし，上でみた判例によれば，その請負人は，売主に対しては，上記の作業のために必要な新たな建築材料の引渡しを請求することができるにすぎない。ここでは，請負人は，——売主の責めに帰すべき行為があった場合（売主に損害賠償又は費用賠償を請求することができる場合）を度外視すれば——その取外し及び取付けの費用を自ら負担しなければならないこととなってしまう。

そこで，①このような請負人の法状況を改善し，かつ，②売買法上の瑕疵責任に関するBGBの規定を先にみた欧州司法裁判所の判決に適合させることを目的として，2017年に法改正による対応が行われることとなった[164]。この改正によって，BGB439条3項として，次の規定が設けられた（なお，これにより，従前のBGB439条3項及び4項の規定は，それぞれ同条4項及び5項に移されることになった）[165]。

改正BGB第439条第3項
　買主が，瑕疵ある物を，その種類及び使用目的に従って，他の物に組み込んだ場合又は他の物に取り付けた場合，売主は，追完の枠内において，買主に対し，瑕疵ある物の取外しのために必要な費用，及び修補された物又は引き渡される瑕疵のない物の組込み又は取付けのために必要な費用を償還する義務を負う。この場合においては，第442条第1項の規定[166]を，買主の認識に関して「契約の締結」とあるのを「買主による瑕疵ある物の組込み又は取付け」と読み替えたうえで適用する。

---

164)　以上で述べた点も含めて，改正理由の詳細については，BT-Drucks. 18/8486, S. 25, 38 ff. を参照。この法改正の紹介として，古谷貴之「ドイツ売買法における瑕疵責任の改正——2016年5月18日ドイツ連邦政府改正草案の紹介」産大法学50巻3＝4号（2017年）719頁，原田・前掲注160）274頁以下，田中宏治「ドイツ新債務法の2017年瑕疵担保法改正」廣瀬久和先生古稀記念『人間の尊厳と法の役割——民法・消費者法を超えて』（信山社，2018年）113頁がある。

165)　BGBl. Teil I Nr. 23/2017, S. 969 ff.

166)　【BGB新規定第442条（買主の認識）】
　(1)　瑕疵に基づく買主の権利は，買主が契約の締結の際にその瑕疵を知っている場合には，排除される。買主が，重大な過失によって瑕疵を知らなかった場合には，買主は，売主がその瑕疵を悪意で黙秘していたとき又はその物の性質について保証を引き受けていたときに限り，その瑕疵に基づく権利を行使することができる。
　(2)　略

140 第3章 ドイツ債務法改正と買主の追完請求権

　以上の規定が設けられたことによって，（消費用動産売買以外の売買を含む）あらゆる売買契約において，さらにまた，修補と代物給付のいずれの方法による追完請求についても，買主が，引き渡された瑕疵ある物を善意で（その瑕疵を知らないで）他の物に取り付けた場合には，買主の追完請求権の内容・範囲が，目的物の取外し及び取付けのために必要な費用を売主に償還させることにまで及ぶことになった[167]。すなわち，買主は，追完請求権の枠内において，売主の責めに帰すべき事由があるかどうかにかかわりなく，売主に対して，目的物の取外し及び取付けのために必要な費用の償還を請求できることになったわけである。こうして，買主の追完請求権においては，追完請求権の範囲に関しても，立法によって，本来的履行請求権とは異なる追完請求権に特有の規律が明示的に採用されるに至ったということになる。

(5)　特定物売買における代物請求

　前章でみたように，BGB 旧規定のもとでは，代物請求権は種類売買に限定して認められていた。それに対して，BGB 新規定のもとでは，規定の文言上は，特定物売買と種類売買の区別なく，買主に代物請求権が認められているようにみえる。そのため，特定物売買においても本当に代物請求権が認められるのかが問題とされている。この問題は，債務法改正後において学説の議論の中心となった問題の１つであり，きわめて多くの論者によって検討が加えられてきた[168]。以下では，代表的な論者の見解を，それぞれの見解の理論

---

167)　なお，当初の改正草案においては，先にみた欧州司法裁判所の判決の内容に対応して，この場合に売主が負う追完義務の内容について，「売主は，追完の枠内において，その選択に従って，自ら瑕疵ある物の必要な取外し及び修補された物又は引き渡された瑕疵のない物の取付けを行うか，又は買主に対してこれらのために必要な費用を賠償する義務を負う」とする提案がされていた（BT-Drucks. 18/8486, S. 9 を参照）。もっとも，この提案に対しては，次のような問題があるとされた。すなわち，上記の草案によれば，①瑕疵ある物の取外しと取付けを自ら行うか，それとも，②そのために必要な費用を賠償するかを，売主が選択できることになる。そうすると，瑕疵ある目的物の買主が，瑕疵が判明する前に請負契約によりその目的物を用いて第三者のもとで建築を行ったという場合に，もし売主が取外しと取付けを自ら行うことを選択すると，それによって，その売主が，他人の契約関係に介入することになるという問題が生じることとなってしまうというわけである。そこで，売主が取外しと取付けを自ら行うことを選択できないようにするために，売主の選択権を認める部分を削除するという修正が行われ，その結果として，本文で掲げたような内容の規定が設けられることとなった（以上のような修正の理由については，BT-Drucks. 18/11437, S. 40 を参照）。

第 2 節　BGB 新規定のもとでの買主の追完請求権　**141**

的根拠に着目して，取り上げることにしたい。

ア　代物請求否定説

　これについては，一方で，特定物売買において代物請求は認められないという見解が主張されている。以下では，この見解に属するアッカーマン及び M・ヤーコプスの見解を取り上げる。

(ア)　アッカーマンの見解

　アッカーマン（Thomas Ackermann）[169]は，特定物売買において代物請求が認められないことを次のように説明する。

a　特定物売買における契約内容による追完義務の限定

　追完請求権は，BGB 新規定 433 条 1 項に基づく本来的履行請求権と同様に，契約上の債務関係の内容と結びつけられており，契約内容ではないものは，履行請求権の対象ではありえない。すなわち，追完義務は，契約の内容によって制限されるのである。特定物売買の場合には，具体的に合意されたのとは異なる物の引渡しは，——例えば，在庫品債務の場合に在庫に属さない物の引渡しが契約内容でないのと同様に——契約内容ではない。それゆえ，特定物買主は，瑕疵ある物の引渡しの前後を問わず，他の物を請求することはできない[170]。

b　滅失と瑕疵の取扱いを異にすることによる評価矛盾

　また，特定物売主が，目的物が売主のもとで滅失した場合には履行義務から解放され，代物給付義務も負わない一方で，目的物に瑕疵がある場合には追完として代物給付義務を負うとすれば，履行請求権と追完請求権との間の

---

168)　この問題をめぐる議論を紹介・検討するものとして，今西・前掲注 80）292 頁以下，田中宏治「ドイツ新債務法における特定物売買の今日的課題」民商法雑誌 133 巻 1 号（2005 年）1 頁，同「ドイツ新債務法における引渡前の代物請求」阪大法学 55 巻 6 号（2006 年）63 頁，同「ドイツ新債務法における特定物売買の今日的課題」私法 69 号（2007 年）142 頁，古谷・前掲注 70）236 頁以下など。

169)　Thomas Ackermann, Die Nacherfüllungspflicht des Stückverkäufers, JZ 2002, S. 378 ff.（以下では，Nacherfüllungspflicht として引用）; ders., Erwiderung auf Canaris JZ 2003, 831, JZ 2003, S. 1154 ff.（以下では，Erwiderung として引用）。

170)　Ackermann, Nacherfüllungspflicht（Fn. 169), S. 379.

評価矛盾を生み出すことになる[171]。

c　私的自治との関係

　ある給付の義務を負う者はすべてこの給付についてのみ義務を負い，他の給付の義務を負うのではないということは，私的自治のあらわれである[172]。特定物売買において代物請求権を認めることは，契約自由への著しい介入であるとされる[173]。

　また，当事者の決定によれば履行として認められないものは，（補充的）解釈の方法によっても，追完として認められるものとされてはならない。特定物売買の場合，すなわち，現実の当事者意思（tatsächlicher Wille der Parteien）によれば，他の物ではなく特定の物のみが履行として認められる場合には，仮定的当事者意思を援用して補充すべき契約の欠缺が存在しないため，補充的契約解釈の余地はない。また，履行請求権という「第一次的段階」においては存在しない解釈の自由が，契約責任という「第二次的段階」において獲得されることになるという考えは，そうした「第二次的段階」においても，当事者が私的自治に基づいて定めた履行利益の実現のみが問題となっているのだということを見誤っている[174]。このように当事者意思を無視することによって，第二次的請求権を契約上特定された履行利益から切断することは，裁判官による判断の余地を作り出し，私的自治を害する結果をもたらすことになるとされる[175]。

(イ)　M・ヤーコプスの見解

　また，M・ヤーコプスも，特定物売買において代物請求が認められないことを次のように説明する。

a　特定物売買における義務プログラムと追完請求権の法的性質

　特定物債務の場合には，給付目的物が個別的に確定している。売主は，買

---

171)　Ackermann, Erwiderung（Fn. 169），S. 1154 f.
172)　Ackermann, Erwiderung（Fn. 169），S. 1155.
173)　Ackermann, Nacherfüllungspflicht（Fn. 169），S. 379.
174)　Ackermann, Erwiderung（Fn. 169），S. 1155 f.
175)　Ackermann, Erwiderung（Fn. 169），S. 1156, Anm. 9.

主に対して，契約上合意されたのとは異なる物を引き渡す義務を決して負わない。契約の対象ではない物の代物給付は，売買契約の義務プログラムによって把握されていない。BGB 新規定 439 条の代物請求権は，修正された契約上の履行請求権という解釈論上の法的性質が示すように，――BGB 新規定 433 条 1 項に基づく本来的履行請求権と全く同様に――合意されたのとは異なる物を目的とするものではないとされる[176]。

b　契約自由の侵害

むしろ，特定物売買において代物請求権を認めることは，特定物債務の合意と矛盾し，具体的に個別化された物のみが義務づけられるという契約上の義務プログラムを拡張し，売主の契約自由を著しく侵害するものであるとされる[177]。

c　解釈論的説明

また，解釈論的には，特定物売買において代物請求が認められないのは，特定物売買の場合には他の物の給付義務が不能によって排除される（BGB 新規定 275 条 1 項）という理由に基づくものではない。BGB 新規定 275 条 1 項は，（義務が認められたうえでその）義務の履行が不能となる場合にのみ適用されるのに対して，ここでは，売主は代物給付義務を全く負わないのである。したがって，ここでは，BGB 新規定 275 条 1 項を持ち出すための結節点が存在しないのだという[178]。

---

176)　M. Jacobs, in: Dauner-Lieb/Konzen/Schmidt, a. a. O.（Fn. 104），S. 378.

177)　M. Jacobs, in: Dauner-Lieb/Konzen/Schmidt, a. a. O.（Fn. 104），S. 379.

178)　M. Jacobs, in: Dauner-Lieb/Konzen/Schmidt, a. a. O.（Fn. 104），S. 379. これに対して，特定物売買における代物給付は不能（BGB 新規定 275 条 1 項）を理由として認められないとするものとして，Lorenz/Riehm, a. a. O.（Fn. 104），Rn. 505; P. Huber, in: P. Huber/Faust, a. a. O.（Fn. 104），Kap. 13 Rn. 20; ders., Nacherfüllungsanspruch（Fn. 104），S. 1006; Faust, in: Bamberger/Roth（Fn. 92），§ 439 Rn. 27 などがある。こうした特定物売買における代物請求権を――そうした請求権の存在を本来的履行請求権とは別に認めたうえで――不能を根拠として否定する見解と対比すれば，M・ヤーコプスの見解は，そもそも不能の前提となる請求権の存在を（本来的履行請求権におけるのと同様に）はじめから認めない点で，他の見解よりも，代物請求権と本来的履行請求権の同質性を強調するものとみることができる。

イ　代物請求肯定説

これに対して，判例及び多数の見解は，特定物売買においても代物請求が認められる余地があるとしている。この見解は，特定物売買と種類売買を区別せずに代物請求権を認めている BGB 新規定 439 条 1 項の文言や，特定物売買と種類売買の区別を放棄しようとする立法資料の説明[179]などをよりどころとしている。

もっとも，この見解においても，特定物売買において常に代物請求が認められるとは考えられておらず，代物請求が認められるための要件・基準については見解が分かれる。

以下では，①ドイツ連邦通常裁判所の判例の立場を確認したうえで，②学説における議論の展開を検討する。また，②の検討にあたっては，各学説が，とりわけ特定物売買における代物請求の可能性をどのように理論的に正当化しようとしているのか，また，どのような要件・基準によってこの場合の代物請求を認めようとしているのかという点に着目して，この立場に属するパムラー，カナーリス及びドノウの見解を取り上げることとする。

㈎　判例の立場

ドイツ連邦通常裁判所の判例（BGH, Urteil vom 7. Juni 2006 - VIII ZR 209/05）[180]は，次のように，特定物売買における代物請求の可能性を認めている。

a　代物請求の可能性

まず，判例は，特定物売買における代物請求の可能性について，次のように述べて，これを認めている。

---

179)　BT-Drucks. 14/6040, S. 230.

180)　BGHZ 168, 64 = NJW 2006, 2839. これは，特定の中古自動車の売買契約（特定物売買）において，買主が，目的物に修補不能な瑕疵があった（無事故車として売買されたものが事故車であった）ことを理由に，売主に代金の返還等（買主に代金を融資した会社への支払）を求めた事案に関するものである。こうした事案において，買主による契約解除の可否が問題となり，その前提として，特定物売買において代物給付による追完の余地があるかどうかが問題とされた（代物給付による追完の余地がある場合には，原則として，買主は，追完のための期間を設定し，その期間を徒過した後でなければ契約を解除することができないとされているためである）。

　なお，このほか，特定物売買における代物請求の余地を認める下級審裁判例として，OLG Braunschweig NJW 2003, 1053, LG Ellwangen NJW 2003, 517 がある。

「BGB439条1項によれば、買主は、その選択により、追完として瑕疵の除去又は瑕疵のない物の引渡しを請求することができる。この規定の文言によれば、修補に関しても代物給付に関しても、特定物売買と種類売買のいずれが存在するのかは問題とされておらず、この規定の文言は、買主の代物請求権が種類売買の場合にのみ認められ、特定物売買の場合には認められないと考えるための手がかりとなるものではない。旧法によれば存在していた特定物売買と種類売買の区別——買主は種類売買の場合にのみ瑕疵のない物の引渡しを請求することができるとされる（BGB旧規定480条1項1文）——は、新法においては放棄されたのである。

立法者は、——BGB旧規定459条以下で規律されていなかった——買主の追完請求権の創設が、特定物売買と種類売買のいずれが存在するかにかかわりなく、買主の利益にも売主の利益にも適うものであることを出発点としており、特定物売買の場合についても瑕疵のない他の物の引渡しによる追完の可能性があることを意識的に規定したのである。草案の理由書においては、これについて、次のような説明がされている。すなわち、買主は、第一次的に売買の解消や売買代金の減額に利益を有しているのではなく、買主にとってとりわけ重要であるのは、瑕疵のない物の取得である。こうした買主の利益は、『たいていの場合には（in den meisten Fällen）——特定物売買の場合であっても——修補又は他の同種の物の引渡しによって満足させることができる』というのである。このことから、立法者が、特定物売買における瑕疵のない他の物の引渡しによる追完を、原則として排除されるものとは考えていなかったことを見て取ることができる」。

このように、判例は、規定の文言や立法資料から読み取ることができる立法者意思から、特定物売買においても代物請求の可能性が排除されるものではないことを導き出している。

b 代物請求が認められる基準

もっとも、このように、特定物売買において代物請求の余地が認められるとしても、それがあらゆる場合に可能とされるわけではない。そこでは、代物請求がどのような基準で認められるかが問題となる。判例は、これについて、次のように述べている。

「上述したように、特定物売買における代物給付がはじめから排除される

のではないとしても，それは，——草案の理由書においても強調されている
ように——あらゆる場合に可能であるというわけではない。このことは，と
りわけ，中古品の売買の場合にあてはまる。立法資料においては，特定の中
古品の売買の場合，代物給付は，『たいていの場合には（zumeist），はじめから
排除される』ということが示唆されている」。

　そのうえで，代物給付が認められるかどうかの基準については，「代物給付
が問題となるかどうかは，解釈によって突き止められるべき契約締結時の契
約当事者の意思に従って判断がされるべきである。当事者の観念に従って代
物給付が可能であるとされるのは，売買目的物に瑕疵があった場合に，それ
が同種及び同価値の物によって代替されうる場合である」と述べている。

　このように，判例は，具体的に代物請求が認められるかどうかの基準につ
いて，「解釈によって突き止められるべき契約締結時の契約当事者の意思」に
従った判断をすべきであるとし，その具体的な内容としては，「売買目的物に
瑕疵があった場合に，それが同種及び同価値の物によって代替されうる」か
どうかを基準とすべきであるとしている。これは，後述するカナーリスの見
解に類似するものとみることができる。もっとも，そのうえで，中古品の売
買の場合には，「たいていの場合には」，代物給付の可能性がはじめから排除
されるとしており，中古品の売買の場合についての原則的な解釈の指針が述
べられている点も注目される。

㈡　パムラーの見解

　その一方で，学説の議論をみると，例えば，パムラー（Sebastian Pammler）[181]
は，次のように，売買目的物がBGB91条の意味での「代替物」であるかどう
かを基準として，特定物売買においても代物請求が認められるとしている。

a　代物請求の可能性

　特定物売買であっても，当事者がその物を選択したことのみによって売買
目的物の個別化が行われている場合には，その物は，他の個別化メルクマー
ルを有していないのであり，交換可能なものである。したがって，特定物売

---

181)　Sebastian Pammler, Zum Ersatzlieferungsanspruch beim Stückkauf, NJW 2003（以下では，
　　Ersatzlieferungsanspruch として引用），S. 1992 ff.; ders., in: juris PraxisKommentar BGB,
　　Band 2. 2, 3. Aufl., 2006 （以下では，jurisPK-BGB として引用）.

第2節　BGB 新規定のもとでの買主の追完請求権　147

買の場合であっても，少なくともそのような代替物が問題となっている場合には，代物請求が可能であるとする[182]。売主は，代物給付が BGB 新規定 439条3項による過分の費用を要しない限りで，調達危険を負うのであり，このような売主の負担は，利益に適ったもの（interessengerecht）であるとする[183]。

b　代物請求が認められる基準——代替物への限定

そのうえで，パムラーは，特定物売買における代物給付は，原則として，BGB91 条の意味での代替物が問題となっている場合に限って認められるとしている[184]。学説の中には，特定物売買における代物給付を，代替物である場合を超えて，目的物が「代物可能（ersetzbar）」であるという基準（仮定的当事者意思を基礎に同価値かつ同種の代物が存在するかどうかという基準）で認める見解——後に紹介するカナーリスの見解——も主張されているが，それは，「代物可能な物」というカテゴリーが不明確で不確定なものであるため，著しい法的不安定性をもたらす。したがって，すでに BGB91 条において，明確な区別メルクマールとして確立している「代替物」のメルクマールが用いられるべきであるとする[185]。

以上のように，パムラーは，基準の明確性・法的安定性を根拠として，BGB91 条の意味での「代替物」という客観的基準に従い，特定物売買における代物請求を肯定している。

(ウ)　カナーリスの見解

これに対して，カナーリスは，特定物売買における代物請求の可能性及びそれが認められるための要件に関して，次のような考え方を示している。

182）　Pammler, Ersatzlieferungsanspruch（Fn. 181），S. 1993.

183）　Pammler, Ersatzlieferungsanspruch（Fn. 181），S. 1993; ders., jurisPK-BGB（Fn. 181），§ 439 Rn. 21.

184）　Pammler, Ersatzlieferungsanspruch（Fn. 181），S. 1993; ders., jurisPK-BGB（Fn. 181），§ 439 Rn. 24. このほか，Haas, in: Haas/Medicus/Rolland/Schäfer/Wendtland, a. a. O.（Fn. 104），§ 5 Rn. 84, 150 も，目的物が BGB91 条の意味での代替物にあたるかどうかを代物請求の可否の基準とする。

185）　Pammler, Ersatzlieferungsanspruch（Fn. 181），S. 1993; ders., jurisPK-BGB（Fn. 181），§ 439 Rn. 23.

148 第3章 ドイツ債務法改正と買主の追完請求権

a 追完請求権の理解と特定物売買における代物請求の可能性

まず，カナーリスは，支配的見解と同様に，追完請求権を第一次的履行請
求権の修正であるとしつつも，それが同時に担保責任法に属するものでもあ
ると理解している[186]。そして，そのような担保責任法に属する追完請求権の
保護目的は，代金減額権の目的と同様に，瑕疵ある物の引渡しによって害さ
れた主観的等価性を回復することであるとしている[187]。すなわち，追完請求
権は，主観的等価性の原理（Prinzip der subjektiven Äquivalenz）に基づいて，瑕
疵を除去することによって買主の等価利益を確保し，それによって給付と反
対給付の関係を回復させるものであるとしている[188]。

したがって，売主は，瑕疵のない物の引渡義務を履行しなかった場合には，
代物給付が買主の契約上の給付利益を満足させる限りで，その物に代えて他
の物を引き渡さなければならないとされる[189]。その結果，最初の履行の試み
によって，履行法（Erfüllungsrecht）という第一次的段階から担保責任法
（Gewährleistungsrecht）という第二次的段階へと移行し，それによって，債務
関係の内容ないし給付義務の内容が変更されることとなるという[190]。そして，
こうした移行がそのような変更をもたらすことは，全く普通のことであり，
また，第二次的義務は，常に金銭を目的とするというわけではなく，事情に
よっては「現実的（in Natur）」給付を目的としうるのだとされる[191]。

これによって，カナーリスは，追完請求権が，第一次的履行請求権との同
一性を有するにもかかわらず，これとは異なる物に及ぶことになり，その目
的物，すなわち，法律行為の要素（essentiale negotii）について契約内容の変更
がもたらされることになるのだ[192]と説明している。

---

186) Canaris, Schuldrechtsmodernisierung（Fn. 48），S. XXV; ders., Karlsruher Forum（Fn. 104），S. 77 f., 80.

187) Claus-Wilhelm Canaris, Die Behandlung nicht zu vertretender Leistungshindernisse nach § 275 Abs. 2 BGB beim Stückkauf, JZ 2004, S. 214 ff.（以下では，Leistungshindernisse として引用），S. 219.

188) Canaris, Leistungshindernisse（Fn. 187），S. 219.

189) Claus-Wilhelm Canaris, Die Nacherfüllung durch Lieferung einer mangelfreien Sache beim Stückkauf, JZ 2003, S. 831 ff.（以下では，Nacherfüllung として引用），S. 836.

190) Canaris, Schuldrechtsmodernisierung（Fn. 48），S. XXV; ders., Nacherfüllung（Fn. 189），S. 836.

191) Canaris, Nacherfüllung（Fn. 189），S. 836.

192) Canaris, Karlsruher Forum（Fn. 104），S. 79.

以上からすると，カナーリスは，追完請求権について，①一方では，本来的履行請求権との同一性を有するものであると理解しながらも，②他方では，本来的履行請求権とは区別された担保責任法に属する——主観的等価性の回復を目的とした——第二次的権利の側面をも有するものであると理解しているものとみられる。そして，特定物売買における代物請求の局面では，②の第二次的権利の側面が前面に出てきているとみることができる。

b　代物請求が認められる要件——代物可能性

このように一般論としては特定物売買の場合にも代物請求が認められる余地があることを前提として，カナーリスは，特定物売買において代物請求が認められるための要件を，売買目的物が他の物によって「代物可能（ersetzbar）」であること——「代物可能性（Ersetzbarkeit）」——に求めている[193]。

そして，この要件が存在するかどうかは，解釈によって突き止められるべき当事者意思ないし仮定的当事者意思（hypothetischer Parteiwille）によって決まるとされ，この「代物可能性」が認められるのは，「同価値及び同種の代物が存在する場合」であるとする[194]。

このうち，（物のあるべき状態と比較しての）同価値性の要件は，契約の等価関係——これは，当然に契約の本質に属するとされる——を侵害させないようにするとの要請から出てくるものであるとする[195]。これは，追完請求権が主観的等価性を回復することを目的とするものであるという先に述べたカナーリスの理解を反映するものといえる。

他方で，同種性の要件は，私的自治のあらわれとしての契約自由の原則——当事者は，契約の目的物を自らの意思に従って定めることができる——に配慮するものであるとする。もっとも，この要件は，合理的かつ誠実な当事者を基礎に据えることにより，客観的・規範的な要素を付加することを通じて，この原則を修正するものであるという。そして，この修正は，契約がすでに締結され，実行されたということから認められるものとしている[196]。これによると，カナーリスは，ここでは，すでに売買契約が締結され瑕疵ある目的

---

193)　Canaris, Karlsruher Forum（Fn. 104），S. 80; ders., Nacherfüllung（Fn. 189），S. 835.

194)　Canaris, Nacherfüllung（Fn. 189），S. 835.

195)　Canaris, Nacherfüllung（Fn. 189），S. 835.

196)　Canaris, Nacherfüllung（Fn. 189），S. 835.

物の引渡しがされたという事態が問題となっていることから，契約締結時の現実の当事者意思ではなく，客観的・規範的に判断される合理的な当事者の意思が基準となるという意味で修正がされるものの，それでもなお当事者意思を基準として代物請求の可否が決定されるとすることによって，私的自治の原則への配慮がされると考えているものとみられる。

そのうえで，カナーリスは，特定物売買における代物請求の要件を，契約の目的物がBGB91条の意味での代替物であることとする見解を斥けている。なぜなら，このような純粋に客観的な意味での代替可能性（Vertretbarkeit）を基準とすると，私的自治の原則が十分に顧慮されないからであるという[197]。したがって，例えば，ある特定の絵画が真作として売買されたが，それが贋作であった場合には，こうした真作の絵画のような不代替物であっても，代物給付の対象となる可能性があるとされる[198]。

もっとも，カナーリスは，以上のように特定物売買における代物請求の可能性を認める場合においても，それは，特定物売買における追完請求権の「基礎」を売買契約の（補充的）解釈に求めているのではないということを強調している。すなわち，カナーリスによれば，追完請求権は，「法律行為」に基づくものではなく，「法律」に基づくものである。そして，その「要件」ないし「限界」が，部分的に（補充的）解釈の方法で決定されるにすぎないのだとされる[199]。そのため，アッカーマンの指摘するような「私的自治を害する結果」は問題とならないのだとしている[200]。

以上からすると，カナーリスは，瑕疵ある物が引き渡されたという局面では，当初の私的自治による決定（法律行為）に基づく規律（履行法）が問題と

---

197) Canaris, Nacherfüllung（Fn. 189），S. 835.

198) Canaris, Nacherfüllung（Fn. 189），S. 835.

199) Claus-Wilhelm Canaris, Schlußwort, JZ 2003, S. 1156 ff.（以下では，Schlußwort として引用），S. 1156.

200) Canaris, Schlußwort（Fn. 199），S. 1156. これについて，Schürholz, a. a. O.（Fn. 104），S. 163 は，特定物売買において代物請求が認められる場合には，売買契約の内容は，確かに，当事者がその意思に従って合意したように，第一次的には，特定された物が引き渡されるべきなのであるが，それにもかかわらず，その物に瑕疵がある場合には代物給付が排除されるわけではないというものであるとする。したがって，瑕疵がある場合の代物給付は，はじめから，当事者の契約合意によって把握されており，したがって，この場合に代物給付を認めても，私的自治に反するということは問題とならないとされる。

なっているのではなく，そこでは，そうした局面のために法律が用意している規律（担保責任法）が契約当事者の権利義務を定めることになると考えているとみることができる[201]。そのため，特定物売買においても，履行法とは区別された担保責任法の段階で代物請求権を認めるのだとすると，それは，私的自治に基づいて現実に行われた特定物売買の合意自体に介入するものではない（合意の欠缺を法律の規定によって補充するものにすぎない）。それゆえ，「私的自治を害する結果」も問題とならないとされるわけである。もっとも，そのうえで，カナーリスは，そのような法律上の担保責任法の規律においてもなお，私的自治の原則へ配慮するという観点から，契約当事者の評価を可能な限り尊重しようとし，合理的かつ誠実な当事者の（仮定的）意思に従って——「代物可能性」という基準に従って——その規律を限界づけようとしているものと理解することができる。

c　滅失と瑕疵の取扱いを異にすることによる評価矛盾への対応

また，カナーリスは，滅失と瑕疵の取扱いを異にすることは評価矛盾であるとするアッカーマンの指摘に対しても，次のように対応している。

すなわち，アッカーマンは，売主が，売買目的物の完全な滅失の場合にはBGB新規定275条1項によって履行義務から解放されるのに対して，単なる損傷（瑕疵）の場合には代物給付義務を負うことになるとすれば，それは評価矛盾であると指摘している。

これに対して，カナーリスは，まず，次のような反論を行った。すなわち，売主は，滅失の場合にはBGB新規定326条1項によってその売買代金を失うのに対して，瑕疵（代物給付）の場合には当然にその売買代金を保持したままとなることから，両者の場合は同じではない。売主は，後者の場合には，前者の場合より不利な地位に立つのではなく，単に，前者の場合と異なる地位に立つにすぎない。したがって，両者の状況は，比較不可能であって，アッカーマンの指摘するような評価矛盾は問題とならないというわけである[202]。

もっとも，その後，カナーリスは，物の瑕疵と不能とで取扱いを異にする

---

201)　なお，Weller, a. a. O. (Fn. 109), S. 458 も，これと同様の趣旨で，本来的履行請求権が自律的な契約に基づくものであるのに対して，追完請求権は，法律による（他律的な）法的救済であると指摘している。

202)　Canaris, Schlußwort (Fn. 199), S. 1156.

ことは，やはり受け入れがたい評価矛盾であると認めるに至り，そのうえで，この評価矛盾は次の方法によって解消されるべきであるとしている。すなわち，カナーリスは，第一次的給付が代物可能（ersetzbar）なものである限りでは，目的物の引渡しが不能となった場合についても，BGB新規定439条1項を類推適用して，買主に代物請求権が認められるべきであるとする[203]。これによれば，特定物売買において第一次的給付である特定物の引渡しが不能となった場合においても，その特定物に瑕疵がある場合と同様の基準（「代物可能性」の基準）に従って，買主に代物請求権が認められることになる。その結果，物の滅失（不能）の場合と瑕疵の場合とで取扱いが異なることはなく，上記の評価矛盾が解消されるというわけである。

このように，代物可能な第一次的給付[204]が不能の場合においても，代物請求権が認められることについて，カナーリスは，解釈論的には，「第一次的給付が代物可能なものである場合には，その不能は，第一次的給付の実現を求める請求権にのみ関係し，代物給付を求める請求権には関係しないものであるため，前者の請求権のみがBGB275条1項によって排除されるのだ」と説明している[205]。そうすると，カナーリスは，ここでも，①第一次的給付の実現を求める請求権（本来的履行請求権）と，②代物給付を求める請求権（第二次的請求権）とを別のものとして区別しているものとみられる。

なお，以上に対しては，売買目的物が滅失した場合においては，買主に対する目的物の引渡し——危険の移転——がないために，買主の追完請求権を

---

203) Claus-Wilhelm Canaris, Der Vertrag mit ersetzbarer Primärleistung als eigenständige Rechtsfigur und die Zentralprobleme seiner Ausgestaltung, in: Festschrift für Harm Peter Westermann zum 70. Geburtstag, 2008, S. 137 ff.（以下では，Vertrag mit ersetzbarer Primärleistung として引用），S. 154 f.

204) Canaris, Vertrag mit ersetzbarer Primärleistung (Fn. 203), S. 144 は，「第一次的給付の代物可能性（Ersetzbarkeit der Primärleistung）」は，特定物債務と種類債務の区別とは関係のないものであって，概念上は，「第一次的給付が代物可能か代物不可能か」と「特定物債務か種類債務か」とを組み合わせることにより，①第一次的給付が代物可能な特定物債務，②第一次的給付が代物不可能な特定物債務，③第一次的給付が代物可能な種類債務，④第一次的給付が代物不可能な種類債務という4つの分類が存在することになると説明している。

また，ders., Vertrag mit ersetzbarer Primärleistung (Fn. 203), S. 146 は，先に述べたところと同様に，第一次的給付が「代物可能（ersetzbar）」かどうかは，解釈によって突き止められるべき契約当事者の意思に従って判断されなければならないとしている。

205) Canaris, Vertrag mit ersetzbarer Primärleistung (Fn. 203), S. 155.

認める BGB 新規定 439 条 1 項を適用するための要件（危険の移転）が欠けることになるのではないかという反論が考えられる[206]。しかし，この反論についても，カナーリスは，次のように対応している。すなわち，不能は，その構造からして，除去（修補）が不可能な瑕疵と等置されるものである。しかし，そうした除去（修補）が不可能な瑕疵があった場合において，その瑕疵がすでに引渡しの前に発見され，そのために引渡しがされていないときに，（引渡しがないことを理由に）買主が代物請求権を失うと考えるべきではない[207]。したがって，この問題（第一次的給付が代物可能である場合に代物請求権が認められるかという問題）との関係では，引渡しがあったかどうかは本質的な意義を有しないのだとする[208]。

d 種類債務の特定との関係——評価矛盾の回避

そのうえで，カナーリスは，上のような特定物売買における代物請求権の規律——特定物売買においても第一次的給付が代物可能である場合には代物請求権が認められるという規律——と，種類債務の特定の規律——債務者が種類のみによって定められた物の給付のために債務者の側で必要な行為を完了したときは，債務関係はその物に限定されるという規律（BGB243 条 2 項）——との関係をどのように理解すべきか（両者で評価矛盾が生じないか）という問題についても検討を加えている[209]。これは，①種類債務においては，種類債務の特定があると，債権者に代物請求権が認められないとされるのに対して，②（第一次的給付が代物可能な）特定物債務においては，同様の場合に，なお債権者に代物請求権が認められるのだとすれば，それは評価矛盾ではないかという問題である。

---

206) Canaris, Vertrag mit ersetzbarer Primärleistung（Fn. 203），S. 155. これは，「引渡しが行われていなければ，たいていの場合には，対価危険はまだ買主に移転しておらず，したがって，BGB437 条柱書及び 434 条 1 項 1 文において担保責任の段階（Gewährleistungsstadium）へと入る（一般給付障害法が適用される境界を画する）ために必要とされている要件が満たされないこととなる」のではないかということである。

207) Canaris, Vertrag mit ersetzbarer Primärleistung（Fn. 203），S. 156. その際，カナーリスは，その根拠として，とりわけ BGB 新規定 323 条 4 項（解除の要件が発生するであろうことが明白であるときには，履行期の到来前であっても，債権者は契約を解除することができるとする規定）の法思想を援用することができるとしている。

208) Canaris, Vertrag mit ersetzbarer Primärleistung（Fn. 203），S. 156.

209) Canaris, Vertrag mit ersetzbarer Primärleistung（Fn. 203），S. 156 ff.

154　第3章　ドイツ債務法改正と買主の追完請求権

　この問題についても，カナーリスは，次のように対応している。すなわち，①種類債務の場合には，種類債務の特定が生じた後に，その物が債務者の責めに帰することができない事由によって滅失又は損傷したときには，BGB243条2項により，債権者はもはや他の物の引渡しを請求することはできない（債権者への給付危険の移転が生じる）ところ，②そのことは——評価矛盾を回避するために——第一次的給付が代物可能な特定物債務（代物請求が認められる特定物売買）の場合にも妥当すべきであるとし，こうした特定物債務の場合にも，債務者がその物（代物可能な特定物）の給付のために必要な行為を完了し，その後にその物が債務者の責めに帰することができない事由によって滅失又は損傷したときには，BGB243条2項の類推適用により，債権者はもはや他の物の引渡しを請求することはできないと解すべきであるとしている[210]。

　このように解すると，（第一次的給付が代物可能な）特定物債務においても，種類債務においても，債務者がその物の給付のために必要な行為を完了したときには，債権者は，その後に債務者の責めに帰することができない事由によって生じた滅失又は損傷を理由として，代物請求をすることはできないこととなる。そのため，両者の評価矛盾は生じないというわけである[211]。

　㈑　ドノウの見解
　以上に対して，ドノウ（Antonios Donou）は，立法者が想定した売買契約の典型に着目して，次のように，特定物売買においても原則として代物請求が認められることを説明している。

　a　類型形成が法規範にとって有する意味
　まず，ドノウは，法規範の生成にとっては類型形成が大きな意味を有しているとする。すなわち，立法者は，類型化のメルクマールを確定することによって，非常に頻繁に発生し又は顕著に現れる事例を確認し，現実の観察と類型形成による抽象化を通じて，拘束力ある規範を見出す。したがって，立法者によって想定された類型化のメルクマールに大きな価値が認められなければならないというのである[212]。

---

210)　Canaris, Vertrag mit ersetzbarer Primärleistung (Fn. 203), S. 159 f.; ders., Schuldrechtsmodernisierung (Fn. 48), S. XXIV.

b　売買契約の典型としての大量工業製品売買

そして，債務法改正の時点において，立法者が想定していた売買契約（特定物売買）の典型は，大量工業製品の売買であった[213]。したがって，当事者の利益状況の評価は，こうした売買契約の典型事例に即して行われなければならないとする。

---

211)　なお，その際，債務者がどのような行為をすれば，種類債務の特定の要件である「給付のために債務者の側で必要な行為を完了した」（BGB243条2項）といえるかについて，カナーリスは，次のような支配的見解に従っているものとみられる。すなわち，支配的見解によれば，債務者が「給付のために債務者の側で必要な行為を完了した」といえるためには，持参債務・取立債務・送付債務の区別に応じて，次の行為が必要であるとされている。①持参債務の場合には，目的物を分離して，債権者に現実に提供することが必要であるとされる。②取立債務の場合には，目的物を分離して，債権者のために準備し，その旨を債権者に通知することが必要であり，それで足りるとされる。③送付債務の場合には，目的物を分離して，運送人に引き渡すことが必要であるとされる。これによれば，債務者が「給付に必要な行為を完了した」といえるためには，目的物の引渡しまでは必要なく，したがって，種類債務の特定は，目的物の引渡し以前に生じることになる（Gottfried Schiemann, in: Julius von Staudinger（Begr.）, Kommentar zum Bürgerlichen Gesetzbuch mit Einführungsgesetz und Nebengesetzen, Neubearbeitung, 2015, § 243 Rn. 31 ff. などを参照）。

　　これに対して，債務者が「給付のために債務者の側で必要な行為を完了した」といえるためには，原則として，目的物の引渡しが必要であるとする見解も有力である。これによれば，種類債務の特定（給付危険の移転）は，原則として，目的物の引渡しがあってはじめて生じるとされる。もっとも，その例外として，目的物の引渡しの前であっても，対価危険の移転が生じる場合——①債権者が受領遅滞となった場合（BGB446条3文，またBGB300条2項も参照），②送付売買において運送人への引渡しがあった場合（BGB447条1項）——には，その際に種類債務の特定（給付危険の移転）も生じるとされる（BGB446条1文によれば，対価危険の移転は，原則として目的物の引渡しによって生じるとされているため，この見解においては，給付危険の移転と対価危険の移転の時期は原則として一致することになる）。この見解に従えば，（第一次的給付が代物可能な）特定物債務と種類債務のいずれにおいても，債務者が債権者に目的物を引き渡した場合（又は債権者の受領遅滞等によって対価危険の移転が生じた場合）には，債権者は，その後に債務者の責めに帰することができない事由によって生じた滅失又は損傷を理由として，代物請求をすることはできないこととなる。そのため，——カナーリスの見解のように特定物債務についてBGB243条2項の類推適用をするまでもなく——両者の評価矛盾は生じないこととなる（以上については，Ivo Bach, Leistungshindernisse, 2017, S. 624 ff., 640 ff. を参照）。

212)　Antonios Donou, Erfüllung und Nacherfüllung: Das Verhältnis des ursprünglichen Erfüllungsanspruches zum Nachlieferungs- und Nachbesserungsanspruch beim Sachkauf unter besonderer Berücksichtigung von Stückschulden im neuen Schuldrecht, 2006, S. 71.

213)　Donou, a. a. O.（Fn. 212）, S. 72.

156 第3章 ドイツ債務法改正と買主の追完請求権

立法者は，こうした大量工業製品売買の典型事例においては，当事者の利益が同種の物による代物給付によって満足されるということを出発点としている。すなわち，大量工業製品売買の典型事例において，当事者の利益は，機能する物を迅速に取得することにある。芸術作品のようなものとは異なり，大量工業製品においては，たいていの場合，その機能性のみが問題となる。したがって，当事者の利益は同種の物の代物給付で満足されるのである[214]。

c 法律上の規律としての代物請求権とその要件・限界

このような観点から，立法者が，法律の義務カタログにおいて，無限定な代物給付の可能性を採用した結果として，法律の規定によって代物請求権が認められているのだとする[215]。

すなわち，代物請求権は，あらゆる売買について，あくまで法律上の規定によって発生するものとされる。そのうえで，そのようにして発生した代物請求権の存続・消滅の基準は，代物給付についての当事者の合意が不十分又は欠ける場合には，客観的な取引通念によって決せられる BGB91 条の意味での物の「代替性」によって補充されるという[216]。

その結果，原則として（ないし常に）法律に基づく代物給付義務が存在するが，それは客観的事情（BGB91 条による物の不代替性）に基づいて，BGB 新規定 275 条 1 項により排除されるという原則・例外関係が存在することになる。例外的に，対応する契約上の合意がある場合には，代物給付の可能性が原則に対して制限され（個物への特定）あるいは拡張される（不代替物の代物給付の合意）ことによって，この原則から離れることができるという[217]。

ウ 対立点の検討
㋐ 本来的履行請求権の法理と追完請求権の法理の対峙

以上の議論からは，特定物売買における代物請求の可否の問題においても，追完請求権において，①本来的履行請求権と同様の規律が妥当するのか，それとも，②追完請求権に特有の規律が妥当するのかが問題とされているとみ

---

214) Donou, a. a. O. (Fn. 212), S. 71 f.
215) Donou, a. a. O. (Fn. 212), S. 60 f.
216) Donou, a. a. O. (Fn. 212), S. 66 ff.
217) Donou, a. a. O. (Fn. 212), S. 61, 69.

ることができる。

　代物請求否定説は，修正された本来的履行請求権という追完請求権の法的性質を援用し，また，追完請求権の内容が本来的履行請求権と同様に契約内容によって制限されるという点を指摘することによって，特定物売買における代物請求を否定している。

　これに対して，代物請求肯定説は，追完請求権は法律に基づいて認められるものであって，本来的履行請求権のように当初の契約内容（第一次的給付に関する合意）によって厳格に制限されるものでは必ずしもないと考えている。すなわち，追完請求権においては，法律による独自の――本来的履行請求権とは異なる――規律が妥当するものと考え，その結果として（本来的履行請求権と比較すると）給付内容の変更が生じ，特定物売買においても代物請求が認められる余地があるとしている。

㈡　「特定物売買」の意味――特定物売買と種類売買の区別基準

　もっとも，以上のような考え方の対立があるにもかかわらず，両説は，具体的事例の解決においては，かなり接近する可能性がある。なぜなら，ここでの「特定物売買」の意味ないしは特定物売買と種類売買の区別基準についての理解が，各説で，次のように異なっているとみられるからである。

　まず，代物請求肯定説は，ここでの「特定物売買」を，従来からの一般的な定義に従って，契約締結時に給付対象が個別化されている場合であると理解している[218]。これによれば，①契約締結時に売買目的物が個別化されている場合には，特定物売買が認められることになるのに対して，②契約締結時に売買目的物が種類のみによって定められている場合――個別化されていない場合――には，種類売買が認められることになる。このように，従来の一般的な定義によれば，特定物売買と種類売買の区別は，もっぱら契約締結時

---

218)　Sudabeh Kamanabrou, Der Nachlieferungsanspruch beim Stückkauf, ZGS 2004, S. 57 ff., S. 60; Karl Larenz, Lehrbuch des Schuldrechts, Band I: Allgemeiner Teil, 14. Aufl., 1987, S. 151. また，Canaris, Nacherfüllung（Fn. 189), S. 831 f. も，売買目的物の個別化の有無を基準にして，特定物売買と種類売買を区別しているとみられる（ここでは，走行距離と登録（Zulassung）を受けた日付というメルクマールによって，ないしは売主の店舗での買主の検分によって個別化された自動車の売買が，特定物売買とされるという例が挙げられている――カナーリスによれば，この場合にも，代物請求が認められる余地があるとされる）。

に売買目的物（給付対象）が個別化されているかどうかを基準として行われ，その際，当該特定の目的物によって履行が行われることが契約当事者にとって重要とされているかどうかは問題とされない[219]。代物請求肯定説に立つカナーリスは，特定物売買と種類売買の区別は，「一定の抽象的・一般的メルクマール」に基づくものであると述べているが[220]，これは，以上のような趣旨であるとみられる。

これに対して，代物請求否定説は，ここでの「特定物売買」を，従来の一般的な定義よりも狭く理解し，それに対応して，（代物請求が認められる）種類売買を従来よりも広く理解しようとしている。

例えば，アッカーマンは，特定物売買と種類売買の区別は，カナーリスのいうような「一定の抽象的・一般的メルクマール」に基づくものではなく，給付目的物の契約上の規律に基づくものであり，それは，契約解釈によって，場合によっては，補充的契約解釈によって突き止められるべきものであるとする[221]。そして，カナーリスは，（仮定的）当事者意思を追完請求権の限界づけに用いているが，それは，むしろ，すでに履行請求権に関して，すなわち特定物売買と種類売買の区別について基準となるものであり，（仮定的）当事者意思によって，同種・同価値の目的物が履行に適するものとされる場合に

---

219) 以上について，Kamanabrou, a. a. O.（Fn. 218），S. 60 f. を参照。また，Bitter/Meidt, a. a. O.（Fn. 92），S. 2119; Oetker/Maultzsch, a. a. O.（Fn. 103），§ 2 Rn. 202; Kamanabrou, a. a. O.（Fn. 218），S. 61 によれば，いわゆるセルフサービス売買（買主が，自ら任意に売主の商品棚から商品を選び，それを代金の支払の際にレジに提示するという形で行われる売買）の場合も，特定物売買に分類されるという。なぜなら，この場合には，買主は，その物をレジに提示することによって，この個別化された物を取得しようとすることを表示しているのであり，（意思表示解釈の基準としての）客観的な受領者の立場（objektiver Empfängerhorizont）からすれば，その買主の表示は，その提示された物を買おうとするものと理解されるべきであるからだとされる（Kamanabrou, a. a. O.（Fn. 218），S. 61）。もっとも，これに対して，Canaris, Nacherfüllung（Fn. 189），S. 831 は，こうしたセルフサービス売買においては，実際上，種類物が問題となると指摘しており，必ずしも明確ではないものの，これを直ちに特定物売買に分類することについては消極的であるようにみえる。

220) Canaris, Nacherfüllung（Fn. 189），S. 836. また，ders., Vertrag mit ersetzbarer Primärleistung（Fn. 203），S. 141 も，特定物債務と種類債務の区別は，その目的物が「完全に個別化されている（vollständig individualisiert）」かどうかによるものとしている。そして，各事例においてそうした完全な個別化が現に存在するかどうかは，契約の解釈の方法で確かめられるべきところ，それは，第一次的には，利益状況に従って決まるのではなく，当事者の言動及びそれに影響を与えた当該事例の事情に従って決まるとしている。

は，種類売買が認められるのだとする[222]。

また，M・ヤーコプスも，次のように，特定物売買と種類売買の区別について，従来の一般的理解とは異なる基準を用いようとしている。すなわち，「例えば，買主がある特定の椅子をデパートの商品売場で選び，それをレジに持っていく場合には，一般的には，代替物の特定物売買が想定されることになる。しかし，この場合でも，BGB439条1項による代物給付は必ずしも排除されるべきではない。そこでは，そうした特定物売買が機能的に種類売買に匹敵するかどうかが問題とされうるのであり，そのような売買契約は，特定物売買ではなく，種類売買に分類すべきである」とする[223]。

これらによると，ある売買契約が「特定物売買」であると認められるかどうかは，単に売買目的物が契約締結時に個別化されていたかどうかではなく，ある特定の目的物によって履行がされることが契約当事者にとって重要とされているかどうかによって決まるということになる。

以上のように，ここでは，①単なる売買目的物の個別化の有無の問題と，②特定の目的物による履行の契約当事者にとっての重要性の有無の問題とが区別され，「特定物売買」が認められるための基準としていずれを採用するかが，両説で異なっている——代物請求肯定説が①を基準とするのに対して，代物請求否定説は②を基準としている——とみられる[224]。そのため，いずれの説による場合でも，具体的事例における代物請求の可否については，——

221) Ackermann, Erwiderung（Fn. 169），S. 1155. これによれば，いわゆるセルフサービス売買は，種類売買に分類されるという（ders., Nacherfüllungspflicht（Fn. 169），S. 381; ders., Erwiderung（Fn. 169），S. 1155）。セルフサービス売買に関する同様の見解として，Götz Schulze, Rechtsfragen des Selbstbedienungskaufs: zur Abgrenzung von Qualifikations- und Identitätsaliud beim Stückkauf über vertauschte Ware, AcP 201（2001），S. 232, S. 236 ff. も参照。

222) Ackermann, Erwiderung（Fn. 169），S. 1156.

223) M. Jacobs, in: Dauner-Lieb/Konzen/Schmidt, a. a. O.（Fn. 104），S. 380.

224) 以上のほか，特定物売買と種類売買の区別の問題については，個々の事例群ごとに詳細な検討を加えるものとして，Schürholz, a. a. O.（Fn. 104），S. 123 ff. も参照。これによれば，特定物売買と種類売買への分類において問題となるのは，瑕疵ある引渡しの効果として何が優先されるかではなく，当事者の意思によれば何が第一次的給付義務の目的物であるとされるかであるとされる。したがって，当事者が特定の目的物について個別化利益（Individualisierungsinteresse）を有さないとしても，そしてまた，当事者が引き渡された物に瑕疵がある場合の代物給付に対して特別の利益を有するとしても，それによって種類売買への分類がされるわけではないという（Schürholz, a. a. O.（Fn. 104），S. 131）。

特定物売買においても代物請求を認めることとするか，その売買を種類売買と性質決定することで代物請求を認めることとするかという構成の相違はあっても——結論として同様の解決が導き出される可能性があるわけである。

㈦ 追完請求権の規律を方向づける要因

　以上でみたように，両説は，確かに，その前提とする「特定物売買」の意味の理解が異なっている結果として，具体的事例の解決においてはかなり接近する可能性がある。しかし，その思考枠組みにおいては，やはり各説で注目すべき相違が認められる。そして，その相違は，次のように，とりわけ，追完請求権の規律を方向づける要因を何に求めるかという点に現れているとみることができる。

　一方で，代物請求否定説に立つアッカーマンやM・ヤーコプスにおいては，追完請求権の規律は，本来的履行請求権と同様に当初の特定物売買の合意に拘束され，したがって，本来的履行請求権と同様の規律に服するものと考えられていた。もっとも，このように追完請求権の規律内容を本来的履行請求権と一致させる結果，この見解においては，上述したように，事理に適った代物請求の可能性を確保するためには，ここでの「特定物売買」の意味を，従来の一般的な定義よりも狭く解さざるをえないことになるとされていた。

　これに対して，代物請求肯定説に立つカナーリスにおいては，追完請求権の規律は——本来的履行請求権とは異なり——当初の特定物売買の合意（売買目的物の個別化の合意）に拘束されるものでは必ずしもないと考えられていた。そして，その代わりに，追完請求権の規律内容を方向づけるものとして，最初に挙げられていたのは，「主観的等価性の原理」であった。追完請求権は，瑕疵を除去することによって買主の等価利益を確保し，それによって給付と反対給付の関係を回復させるものであり，したがって，代物給付が買主の契約上の給付利益を満足させる限りで，特定物売買における代物請求も認められるとされた。もっとも，その際，カナーリスは，追完請求権は当初の特定物売買の合意に基づくものではないとしつつも，具体的な代物請求の可否の判断においては，なお私的自治の原則に配慮するという観点から，「合理的な当事者の仮定的意思」が基準となるとしていた。判例もまた，具体的な代物請求の可否を「解釈によって突き止められるべき契約締結時の契約当事者の意思」に従って判断するとしていたが，これも，カナーリスと同様の考えに

基づくものとみることができよう。もっとも，こうした仮定的当事者意思を基準とする場合には，その限りで，法的安定性が害されることになるという指摘も，パムラーによってされていたことには注意が必要である。

また，ドノウによれば，追完請求権の規律を方向づけるのは，「立法者が想定した売買契約の典型」であるということだった。それによれば，「大量工業製品の売買」を売買契約の典型として想定することによって，特定物売買における代物請求権も原則として肯定されることになると考えられていた。そのうえで，これによれば，具体的な代物給付の可否については，原則として，客観的な取引通念による物の「代替性」が基準となるとされており，この点では，法的安定性を重視するパムラーと同様の理解が示されていた。

(6) 総括と分析——買主の追完請求権の規律内容を方向づける要因

ア 本来的履行請求権の法理と追完請求権の法理の対峙

以上でみてきたところによれば，買主の追完請求権の規律内容をめぐる議論においては，それぞれの具体的な問題にかかわる規律内容を確定するにあたって，①本来的履行請求権と同様の規律を妥当させるアプローチと，②追完請求権に特有の規律を妥当させるアプローチのいずれを採用するかが，議論の基本的な対立軸となっていたということができる。これは，追完請求権の法的性質の議論においてみたように，追完請求権が本来的履行請求権との同質性と異質性という2つの側面を有することを反映したものであると考えることができる。

その際，それぞれのアプローチがその基礎に置いている考慮は，次のようにまとめることができるだろう。

(ア) 本来的履行請求権の法理

一方で，追完請求権においても本来的履行請求権と同様の規律を妥当させるアプローチは，追完請求権が本来的履行請求権と同じ性質を有していること，あるいはまた，売買契約締結時の当事者の決定ないし評価を追完請求権の場面でも貫徹すべきであるという考慮をその基礎に置いているということができる。

これは，瑕疵ある物の引渡しによっては，売主の瑕疵のない物の給付義務はいまだ履行されておらず，買主の追完請求権と本来的履行請求権は，いず

162　第3章　ドイツ債務法改正と買主の追完請求権

れも買主に瑕疵のない物を取得させるという給付結果の実現を目的とする点で共通していることに着目したものであるといえる。

(イ)　追完請求権の法理

　それに対して，追完請求権について，本来的履行請求権とは異なる追完請求権に特有の規律を妥当させるアプローチは，総じて次のような考慮をその基礎に置いているとみられる。

　すなわち，本来的履行請求権において妥当する規律は，「瑕疵ある物の引渡し」が行われたという事態の利益状況を必ずしも十分に考慮したものではない[225]。あるいは，そのような本来的履行請求権の規律を基礎づけている売買契約締結時の当事者の決定（現実的意思）もまた，そのような事態の発生を考慮したものでは必ずしもない。それゆえ，瑕疵ある目的物の引渡しが行われた場合には，本来的履行請求権と同様の規律は必ずしも妥当せず，むしろ，そのような――本来的履行請求権の規律が想定していない――事態に即した追完請求権に特有の規律が妥当すべきことになるというわけである。

　例えば，追完の履行場所，追完請求権の範囲の問題について追完請求権に特有の規律が妥当すると考える見解は，買主が目的物の引渡しを受けた後にその物の取付けを行ったり，その物に変更を加えたりする可能性を考慮し，そのような場合に目的物を安定的に利用する買主の利益を保護しようとするものであった。実際，こうした買主の利益は，カナーリスが（同様に追完請求権に特有の規律である）修補と代物給付との間の追完方法の選択権が買主に認められることの根拠として挙げていたものと対応する。そしてまた，このような買主の利益は，本来的履行請求権の規律においては完全に考慮の外に置かれていたものであり，まさに追完請求権に特有の規律を導き出すものとなっているわけである。

　実際，法律上明文で規定された買主の追完請求権の規律内容をみると，①追完方法の選択権，②売主の追完拒絶権，③短期消滅時効の規律においては，

---

225)　Oetker/Maultzsch, a. a. O.（Fn. 103），§2 Rn. 146 も，これと同様の趣旨で，追完請求権が問題となる局面では，「すでに給付の移転（Leistungstransfer）が行われたという事情があり，そうした事情に基づいて，両当事者は，すでに行われた取引の法的安定性（Rechtsbeständigkeit）について大きな利益を有する。ところが，そうした利益は，一般規定をそのまま適用するとすれば，十分に考慮されないことになってしまう」と指摘している。

瑕疵ある物の引渡しが行われた場合における当事者の利益状況を考慮して，法律自身が，明示的にこのようなアプローチを採用しているものとみることができる（なお，2017年の改正においては，以上に加えて，④追完請求権の範囲についても，法律において明示的にこのアプローチが採用されたことになる）。

イ　買主の追完請求権の規律内容を方向づける要因

以上のように，買主の追完請求権の内容確定のあり方については，それぞれの問題において，①本来的履行請求権と同様の規律内容を妥当させるアプローチと，②追完請求権に特有の規律を妥当させるアプローチが対立していたといえる。

このうち，①のアプローチによれば，買主の追完請求権の規律内容は，本来的履行請求権の規律内容をそのまま転用することによって確定されるということになる。

これに対して，②のアプローチによれば，本来的履行請求権の規律内容とは別に，買主の追完請求権に妥当する規律内容を導き出すことが必要になる。そのため，このアプローチにおいては，そうした追完請求権に特有の規律内容が，どのような要因をもとに，いかにして確定されるのかが，あらためて問題とされなければならない。以上でみたドイツ法の議論では，そうした買主の追完請求権に特有の規律内容を方向づける要因も示されていた。最後に，そのような要因を整理・分析しておこう。

㋐　買主の追完請求権に特有の規律内容を方向づける要因

買主の追完請求権に特有の規律内容を方向づける要因として，ドイツ法の議論で取り上げられていたのは，次のようなものであった。

a　主観的等価性の原理

まず，カナーリスにおいては，買主の追完請求権の規律内容を方向づけるものとして，「主観的等価性の原理」が挙げられていた。すなわち，追完請求権は，瑕疵を除去することによって買主の等価利益を確保し，それによって給付と反対給付の関係を回復させるものであるとされる。これによれば，買主の追完請求権の規律内容は，そうした給付と反対給付の主観的等価関係の回復という目的に即して確定され，そのことから，例えば，特定物売買におけ

164 第3章 ドイツ債務法改正と買主の追完請求権

る代物請求を認める要件として，代物の同価値性の要件が導き出されていた。

b 仮定的当事者意思

さらに，カナーリスにおいては，買主の追完請求権の規律内容を方向づけるものとして，「仮定的当事者意思」も挙げられていた。すなわち，カナーリスは，追完請求権の規律内容が，必ずしも契約締結時の「現実の当事者意思」に拘束されるものではないとしつつも，特定物売買における代物請求の可否については，合理的かつ誠実な当事者を基準とする「仮定的当事者意思」によって判断すべきであるとしていた。

これは，法律に基づく追完請求権の規律においてもなお，仮定的当事者意思を考慮に入れることによって，当事者の私的自治への配慮がされることになるという考え方に基づくものであった。このような考え方は，法律による定型的（類型的）な規律よりも実際に行われた個別的な契約を可能な限り尊重しようとするものであるということができる。その点では，この考え方は，買主の修補請求権を規定していなかったBGB旧規定のもとでも，個々の契約においては，補充的契約解釈を通じて例外的に買主の修補請求権が認められる余地があるとしていた前章のラーレンツの見解においても見出される考え方であるといえるだろう。

c 売買契約の典型としての工業製品売買の特質

その一方で，ドノウにおいては，買主の追完請求権の規律内容は，「売買契約の典型として想定された工業製品売買の特質」によって方向づけられるとされていた。それによれば，売買契約の典型として工業製品売買を想定し，そこで非常に頻繁に発生し又は顕著に現れる事例を確認することによって，買主の追完請求権が問題となる場面（瑕疵ある物が引き渡された場面）での当事者の類型的な利益状況が明らかとなり，そのような当事者の利益状況に即して買主の追完請求権の規律内容が確定されることになるとされていた。例えば，ドノウは，以上のような考え方に従い，売買契約の典型としての工業製品売買においては，買主の給付利益が原則として（類型的に）物の機能性を基礎として評価され，そのような買主の給付利益は特定物売買においても代物給付の方法で満足されうるということから，特定物売買においても原則として代物請求が認められるのだとしていた。

第2節　BGB新規定のもとでの買主の追完請求権　165

　これと同様のことは，追完の履行場所や追完請求権の範囲の問題（及び追完方法の選択権の問題）についてもあてはまると考えることができる。すなわち，それらの問題においては，「引き渡された目的物の安定的利用に関する買主の利益」が買主の追完請求権の規律内容において考慮に入れられる余地が認められていたが，これもまた，売買契約の典型として想定された工業製品売買の特質にかかわるものとみることができる。というのも，そこでは，売買契約の典型として工業製品売買が想定され，そうした工業製品売買において買主が引き渡された目的物の取付け等を行うという事態が類型的に生じることが確認されることを通じて，その場面で問題となる「引き渡された目的物の安定的利用に関する買主の利益」が，売買契約の典型（工業製品売買）において類型的に保護に値するものとして，買主の追完請求権の規律内容において考慮の対象とされるに至ったものとみられるからである。実際，上記のような買主の利益が工業製品売買において特徴的に問題となるものであることについては，前節でみたように，債務法改正委員会が，工業製品売買の特徴として，①瑕疵が事後的に発現し，重大な結果損害が生じる可能性があることのほかに，②「目的物の保持及び修補に対する買主の特別の利益」が存在することを挙げていたことからも裏付けられるだろう。

　以上のような意味で，売買契約の典型としての工業製品売買の特質もまた，買主の追完請求権の類型的な規律内容を方向づける要因となっているということができる。

　なお，こうした売買契約の典型としての工業製品売買の特質は，前節でみたように，そもそも買主の追完請求権の法定化にあたって，すでにその基礎に置かれていたものであった。したがって，以上によれば，売買契約の典型としての工業製品売買の特質は，売買契約において買主の追完請求権が原則として認められることを正当化するものであるとともに，そうして認められた買主の追完請求権の類型的な規律内容を方向づけるものでもあるということになるだろう。

d　瑕疵ある目的物の引渡し・受領を契機とする当事者の利益状況

　上記cとも関連し，また，すでに述べたところとも重なるものではあるが，買主の追完請求権の規律内容においては，（本来的履行請求権の規律においては考慮の外におかれていた）「瑕疵ある目的物の引渡し・受領を契機とする当事

者の利益状況」が考慮に入れられていた。そして，そうした当事者の利益として，具体的には，①引き渡された目的物の安定的利用に関する買主の利益，②瑕疵ある目的物を買主が受領したことによる履行完了についての売主の信頼が問題とされていた。このような——瑕疵ある目的物の引渡し・受領があったことによってはじめて問題となる——当事者の利益が法的保護の対象として考慮に入れられることによって，買主の追完請求権は，本来的履行請求権とは異なる規律内容を有することになっていたものといえる。

e 安価費用負担者へのリスクと権限の配分

　このほか，修補方法の選択権をめぐる議論においては，「社会経済構造に照らして，より事情に詳しく，より少ない費用で目的を達成することができる売主に選択権を委ねる」という考え方が示されていた。この考え方は，一般化していえば，「より事情に詳しく，費用において安価に目的を達成できる者にリスクと権限を委ねる」という考え方（安価費用負担者へのリスク・権限の配分）と定式化することができるだろう[226]。これは，そのような安価費用負担者へのリスク・権限の配分が，社会的費用を減少させるという「効率性」の観点から望ましいという功利主義的な考え方に基づくものとみることができる。そしてまた，このような考え方は，前章及び本章前節でみたように，売主に修補義務を負わせること（買主に修補請求権が認められること）を正当化する実質的根拠——売主は，修補を行うことのできる製造者へのアクセス・連絡の方法を買主よりも容易に発見することができることから，売主に修補義務を負わせることが正当化される——においてすでにみられた考え方に対応している。

　この考え方によれば，売買契約においては，原則として，適切な履行方法に関する事情により詳しい売主に，そうした履行方法の選択権が認められるべきことになる。そうすると，追完請求権において修補と代物給付との間の追完方法の選択権が買主に認められることは，以上の原則に対する例外に相当する規律ということになる。そして，このような例外的規律は，上記dでみたように，瑕疵ある物が引き渡された場面では，買主が，すでに引き渡された目的物を安定的に利用するという利益を有しており，そのために，修補

---

226)　これについては，Schürholz, a. a. O.（Fn. 104），S. 62 を参照。

と代物給付との間の追完方法の選択について保護に値する利益を有していることを根拠として，特別に正当化されているものとみることができる[227]。

(イ) 買主の追完請求権の規律内容を方向づける要因相互の構造的関係

ここまで，ドイツ法の議論から析出された買主の追完請求権の規律内容を方向づける諸要因をみてきた。もっとも，以上の各要因は，必ずしもすべて同じ次元に位置づけられるものではない。買主の追完請求権の内容確定のあり方を解明するという本書の問題意識からすれば，これらの各要因が作用しうる範囲ないし射程を明らかにするべく，これらの諸要因が，買主の追完請求権の内容確定において相互にどのような関係に立つかを整理しておくことが有益であるといえるだろう。

そこで，そのような観点から以上の諸要因をみると，これらの要因は，まず，それが契約の一定の属性と結びついたものかどうかによって，「契約の一定の属性と結びついて妥当する契約内在的な要因」と「契約以外にも妥当する一般的・契約外在的な要因」とに分けることができる。さらに，前者の要因は，どのような契約の属性と結びついているかによって，①有償・双務契約の属性と結びついているもの，②特定の売買契約類型の属性と結びついているもの，③実際に行われた個別的な契約の属性と結びついているものに分けることができる。

---

227) これは，安価費用負担者へリスク・権限を配分するという基準それ自体は維持されながらも，ここでは，そうした費用によって達成されるべき目的に，引き渡された目的物の安定的利用に関する買主の利益の保護が加えられることによって，その基準の適用結果が変容を受けたものと説明することができるだろう。すなわち，達成されるべき目的が，単に買主に瑕疵のない目的物を取得させることにとどまるのであれば，通常，その目的達成のための事情により詳しい売主に追完方法の選択権を委ねればよいはずである。しかし，達成されるべき目的に，上記のような買主の利益の保護が加えられると，そのような買主の利益は，買主による目的物の利用状況に応じて，追完方法が修補と代物給付のいずれであるかによって大きく影響を受けることになるものであることから（例えば，固定的に据え付けられた機械に瑕疵があった場合），そこでは，通常，目的物の利用状況についてより詳しい買主に，修補か代物給付かの選択権を委ねるのが適切であると考えられることになる。他方で，これに対して，買主が修補を選択した場合における具体的な修補方法については，以上のような買主の利益が修補方法の相違によって影響を受けることは通常考えられないとすると，目的物の瑕疵の状況に適合する修補方法についての事情により詳しい売主にその選択権を委ねるのが適切であると考えられることになる。以上の点については，Riehm, a. a. O. (Fn. 68), S. 236 の分析も参照。

このような分類に従えば，以上で挙げた要因相互の構造的な関係は，次のように整理することができるだろう。

a　契約の一定の属性と結びついて妥当する契約内在的な要因

まず，主観的等価性の原理，仮定的当事者意思，売買契約の典型としての工業製品売買の特質，瑕疵ある目的物の引渡し・受領を契機とする当事者の利益状況は，次にみるように，それぞれ契約が有する一定の属性と結びついているものといえる。

⒜　有償・双務契約の属性と結びついているもの

まず，「主観的等価性の原理」は，有償・双務契約の属性と結びついて，給付と反対給付の主観的等価性にかかわる規律において作用するものであるといえる。

もっとも，こうした主観的等価性の原理の基礎にある考え方としては，すでにみたところによれば，次の2つのものが考えられる。

第1に，前章のラーレンツの見解において示されていたように，これを，契約正義の要請に基づくものとみる考え方がありうる。すなわち，有償・双務契約において給付と反対給付の主観的な等価関係を維持すべきことは，人々が財の交換をする際に等価交換がされるべきことを求める契約正義（交換的正義）の要請に基づくものと考えるわけである。これによれば，主観的等価性の原理をもって法が服するべき正義の要請に基づくものと考える以上，この主観的等価性の原理は，――給付と反対給付の主観的等価性の維持に関する限り――他の要因に優先し，あるいは他の要因を方向づける形で作用することになると考えられる。

第2に，前節のU・フーバーの鑑定意見において示されていたように，これを，合意原則（「合意は守られなければならない〔pacta sunt servanda〕」の原則）の要請に基づくものとみる考え方もありうる。すなわち，当事者間で「当該契約において等価と考えられるものを互いに給付する」という基本合意がされたとみて，主観的等価性の原理も，このように自律的に確定された基本合意を遵守すべきであるという合意原則の要請に基づくものと考えるわけである。これによれば，主観的等価性の原理は，後述するような，具体的給付内容に関する仮定的当事者意思を方向づけるものとして作用することになるだろう。

もっとも，以上のように，主観的等価性の原理が，買主の追完請求権の規律内容を方向づけるとしても，それは，買主の等価利益ないし給付利益の確保を目的とするという点で，それ自体としては追完請求権に特有のものではなく，本来的履行請求権においても同様に妥当しうるものといえよう[228]。

(b) 特定の売買契約類型の属性と結びついているもの

i 売買契約の典型としての工業製品売買の特質

「売買契約の典型としての工業製品売買の特質」は，特定の売買契約類型の属性と結びついて，買主の追完請求権の規律内容全般に作用するものであるといえる。

これは，上述したように，買主の追完請求権の基礎づけにおいてもすでに考慮に入れられていたものであった。そして，買主の追完請求権の基礎づけやその規律内容において，こうした特定の売買契約類型の特質が考慮に入れられるのは，「売買契約の原則的な規律は，法の基礎にある売買契約の典型（ここでは工業製品売買）に即して確定されるべきである」という考え方が基礎に据えられていることによるものとみられる。

もっとも，そうした「売買契約の典型としての工業製品売買の特質」は，買主の追完請求権の規律内容を方向づけるといっても，それは，あくまで売買契約の原則的・定型的（類型的）な規律内容を方向づけるものにすぎない。したがって，実際に行われた個別的な契約が売買契約の典型として想定された工業製品売買と本質的に異なる場合には，後にみるように，実際に行われた個別的な契約の属性と結びついた仮定的当事者意思に基づく規律が，こうした原則的・定型的（類型的）な規律に優先して妥当すべきことになると考えられる。

ii 瑕疵ある目的物の引渡し・受領を契機とする当事者の利益状況

このほか，「瑕疵ある目的物の引渡し・受領を契機とする当事者の利益状況」

---

228) なお，先にみたように，買主の追完請求権は，（本来的履行請求権と同様に）売主の代金請求権と牽連関係にあるものとされ，買主は，契約不履行の抗弁により，追完が行われるまで売主への代金の支払を拒絶することができるとされていた。売買契約においては，①買主における瑕疵のない物（契約適合物）の取得と，②売主における代金の取得とが互いに対価としての意義を有しており，それらの間において給付と反対給付との主観的等価性が問題となると考えると，上のような契約不履行の抗弁の規律もまた，双務（有償）契約における給付と反対給付との主観的等価性にかかわる規律（履行レベルで相互の主観的に等価な給付の交換の実現をもたらす規律）として，「主観的等価性の原理」から説明することが可能であろう。

という要因もまた，こうした特定の売買契約類型（売買契約の典型）の属性と結びついているものと考えることができる。というのも，すでにみたように，そこで問題とされる当事者の利益は，売買契約の典型として工業製品売買が想定され，そうした工業製品売買における当事者の類型的な利益状況が確認されることを通じて，買主の追完請求権の規律内容において保護に値するものとして考慮の対象とされるに至ったものと考えられるからである。

　もちろん，買主の追完請求権の規律において，そのような当事者の利益が——契約の相手方にそのリスクを負担させる形で——保護されるかどうか，また，具体的にどのような形で保護されるかは，上述した工業製品売買の特質それ自体から論理必然的に導き出されるものではなく，むしろ，そうした特定の売買契約類型（工業製品売買）における売主・買主間の類型的リスク配分のあり方に関する評価（価値判断）——とりわけ工業製品売買における「瑕疵ある目的物の引渡し・受領を契機とする当事者の利益状況」を考慮に入れた類型的リスク配分のあり方に関する評価（価値判断）——に依存する[229]。しかし，そうした類型的リスク配分に関する評価（価値判断）の出発点にあり，そこでの思考を枠づけているのは，上述したように，工業製品売買という売買契約の典型及びそれと結びついた当事者の類型的利益状況の想定にほかならない。その意味では，これもまた特定の売買契約類型の属性と結びついているものということができるだろう[230]。

　先にみたドイツ法の議論では，そうした瑕疵ある目的物の引渡し・受領を契機とする当事者の利益として，具体的に，次の2つが問題とされていた。

(i) 引き渡された目的物の安定的利用に関する買主の利益

　第1は，「引き渡された目的物の安定的利用に関する買主の利益」である。これは，①修補と代物給付との間の追完方法の選択権，②追完の履行場所，③追完請求権の範囲の議論において問題とされていたものである。もっとも，

---

229)　例えば，後記 b で述べる「効率性」の観点に基づくリスク配分というのは，こうした契約当事者間のリスク配分のあり方に関する価値判断の1つであるといえる。

230)　これによると，基礎にある売買契約の類型が異なれば，そうした類型的リスク配分のあり方に関する価値判断も異なってくる可能性がある。例えば，瑕疵が土地工作物（建物）にある場合には，買主の追完請求権の消滅時効期間は2年ではなく5年とされている（BGB 新規定 438 条1項2号 a)。これは，土地工作物の売買における当事者の特別の利益状況を考慮して，売主の信頼保護の要請を類型的に後退させているものとみることができる。

こうした買主の利益が買主の追完請求権の規律内容において考慮されるとしても，それがどのような形でどの程度考慮されるかについては，それぞれの問題局面において異なっており，これに関する見解の対立もあった。

このように買主の追完請求権の規律内容への反映のあり方については議論があるものの，いずれにしても，こうした買主の利益を追完請求権の規律内容において考慮する場合において，その基礎に置かれているのは，「売買目的物の性質に関するリスクだけでなく，買主による目的物受領後の利用に関するリスクについても一定の範囲で売主に負わせることが望ましい」という考え方であるとみられる。このような売買目的物の利用に関するリスクを負担するのは本来であれば買主のはずだと考えると[231]，ここでは，買主の利益保護を拡大する方向で，当事者間の類型的リスク配分が行われているとみることができる。

(ii) **瑕疵ある目的物を買主が受領したことによる履行完了についての売主の信頼**

第2は，「瑕疵ある目的物を買主が受領したことによる履行完了についての売主の信頼」である。これは，①売主の追完拒絶権（BGB439条3項），②買主の追完請求権の短期消滅時効（BGB新規定438条1項）の規律において考慮の対象とされていたものである。これらはいずれも，「買主が売買目的物を受領した場合には，それによって履行が完了したという売主の信頼を保護するために，売主が知らない瑕疵のリスクを何らかの形で部分的に買主にも負担させることが望ましい」という考え方に基づくものとみることができる。また，このような売主の信頼保護の背景には，実際上，買主が目的物を受領した後においてもなお売主が追完等により瑕疵に対応する必要があるとすると，売主が負担する瑕疵への対応コスト[232]が増大することになるため，そうした売主のコスト負担を軽減させることが望ましいとの考慮があると考えられ

---

231) 売買目的物の利用に関するリスク（Verwendungsrisiko）は買主が負担するのが原則とされてきたことについては，Canaris, Karlsruher Forum（Fn. 104），S. 61 も参照（そこでは，物の瑕疵の有無の判断との関係で，主観的瑕疵概念の射程を目的物それ自体の性質を超えて拡張することが，目的物の利用に関するリスクを買主が負担するという原則と緊張関係にあることが指摘されている）。

232) そのような売主のコストとして，ここで売買契約の典型として想定されている工業製品売買においては，とりわけ，短期間（1〜2年）で仕様の異なる新たな工業製品が次々と流通に置かれる中で，過去に販売された工業製品の瑕疵に対応するための人的・物的体制を長期間にわたって維持するコストが問題となるだろう。

172　第3章　ドイツ債務法改正と買主の追完請求権

る。そのために，ここでは，そうした売主の負担を軽減する方向で，当事者間の類型的リスク配分が行われているとみることができる。

　(c)　実際に行われた個別的な契約の属性と結びついているもの

　最後に，「仮定的当事者意思」は，実際に行われた個別的な契約の属性と結びついて，買主の追完請求権の規律内容全般に作用するものであるといえる。

　これは，当事者の私的自治に配慮するという考え方に基づいて，実際に行われた個別的な契約に即した規律内容を妥当させようとするものであった。したがって，上述したように，例えば，実際に行われた契約が，売買契約の典型としての工業製品売買と本質的な点で異なる場合──その意味で，非典型的な売買契約である場合──には，①実際に行われた契約に即した仮定的当事者意思を基準とする個別的な規律が，②工業製品売買を典型として確定された原則的・定型的（類型的）な規律に優先することになると考えられる。このようにみれば，①仮定的当事者意思に基づく個別的な規律と，②上記(b)でみたような，工業製品売買を典型として確定される原則的・定型的（類型的）な規律とは，以上のような優劣関係のもとで，作用する次元を異にするものとして，構造的に両立しうるものであると理解することができるだろう。

　もっとも，実際に行われた個別的な契約がそれ自体として定型性を有するものであればあるほど，こうした仮定的当事者意思に基づく「個別」的な規律は，上記(b)でみたような，特定の契約類型の属性に即した「類型」的な規律に接近する可能性がある（その意味では，両者の区別は相対的なものにとどまるということもできるだろう）。

　b　契約以外にも妥当する一般的・契約外在的な要因

　以上に対して，「安価費用負担者へのリスクと権限の配分」は，契約当事者間において一定のリスクや権限の配分を行う際に依拠すべき基準として作用するものであると考えることができる。

　これは，すでに述べたように，社会経済構造に照らして，より事情に詳しく，より安価に目的を達成することのできる契約当事者にリスクと権限を委ねることが，社会的費用を減少させるという「効率性」の観点から望ましいという功利主義的な考え方に基づくものであった。こうした考え方も，前章及び本章前節でみたように，売主に修補義務を負わせること（買主の修補請求権を認めること）を正当化する実質的根拠──売主は，修補を行うことのでき

る製造者へのアクセス・連絡の方法を買主よりも容易に発見することができることから，売主に修補義務を負わせることが正当化される——として，すでにみられたものである。

　また，上記a(b)でみたような当事者の利益を考慮して行われる売買契約上の類型的リスク配分についても，問題となるリスクを契約当事者のいずれに配分するかを判断する際には，より安価にリスクに対応することができる当事者にそのリスクを配分することが望ましいという「効率性」の観点がすでに——暗黙裡に——考慮に入れられているとみることもできる[233]。そうだとすれば，こうした安価費用負担者へのリスク・権限の配分という考え方は，契約当事者間におけるリスク配分を考えるにあたって依拠すべき基準として，広範な影響力をもつと考えることができるだろう[234]。

　以上のような「効率性」の観点に基づくリスク配分の考え方は，先にみた諸要因とは異なり，それ自体としては，契約の一定の属性と結びついたものではなく，むしろ，より一般的な——契約関係にない者の間においても妥当する余地のある——リスク配分の基準として機能しうるものであるといえる。その意味で，この要因は，契約に特有のものというわけではなく，むしろ，関係者間におけるリスク・権限の配分のあり方に関して，いわば一般的・契約外在的な基準として作用しうるものと位置づけられる[235]。

---

233)　追完請求権の規律との関係で，こうした経済的効率性の観点に着目するものとして，Tobias Tröger, Nacherfüllung beim Stückkauf: Ineffiziente Systemwidrigkeit oder adäquate gesetzgeberische Nachahmung privatautonomer Vertragslösungen?, ZVglRWiss 107 (2008), S. 383 ff.; ders, Inhalt und Grenzen der Nacherfüllung, AcP 212 (2012), S. 296 ff. など。また，古谷貴之「ドイツ売買法における追完制度について——法と経済学の視点から」産大法学 47 巻 3 = 4 号（2014 年）628 頁も参照。

234)　もっとも，売買契約における類型的リスク配分は，こうした安価費用負担者へのリスク・権限の配分というリスク配分の基準だけで確定できるものではないことには注意が必要である。というのも，この基準を用いて，売買契約における類型的なリスク配分を確定するためには，そうしたリスク配分の対象とすべき（類型的な）契約当事者の利益・費用（配分されるべきリスク）の内容——契約当事者の類型的利益状況——がいかなるものかをあらかじめ確定しておく必要があるからである。そうした当事者の利益・費用（配分されるべきリスク）としてどのようなものを取り上げるかは，上記のリスク配分の基準自体からは明らかにならず，それ自体として独自の規範的考慮を要することになる。上記a(b)でみたような当事者の利益の考慮は，この点にかかわるものである。

第3節 小 括

本章では，ドイツの債務法改正作業における買主の追完請求権の法定化を
めぐる議論及び債務法改正後の買主の追完請求権の具体的規律内容をめぐる
議論を取り上げ，買主の追完請求権の法定化がどのような考慮のもとで行わ
れたのか，また，買主の追完請求権の具体的規律内容がどのような要因に基
づいて確定されるのかについて検討を行ってきた。

その検討の結果として明らかとなった点を，最後に簡単にまとめておくこ
とにしよう。

1 買主の追完請求権の基礎づけ──出発点としての売買契約の典型

まず，債務法改正作業において，買主の追完請求権の法定化は，工業上の
技術的製品の売買が売買契約の典型として法の基礎に据えられることを出発
点として基礎づけられていた。

BGB 旧規定におけるように（修補が問題とならないような）不代替物の特定
物売買が売買契約の典型として想定される場合には，引き渡された物に瑕疵
があっても追完による契約の履行は問題とされず，瑕疵担保解除と代金減額
がそのような売買の典型に適合する規律とされていた。そのため，そこでは，
原則として買主の追完請求権は認められないものとされた。

それに対して，工業製品売買[236]が売買契約の典型として想定される場合
には，引き渡された物に瑕疵があれば追完（修補・代物給付）による契約の履

---

235) もっとも，この基準が，あくまで「契約当事者間でのリスク配分」の基準として機能
するときには，──あらゆる者（契約当事者以外の第三者を含む）のうち最も安価で目
的を達成できる者にリスクを配分するというのではなく──契約当事者のうち相対的
に安価で目的を達成できる者にリスクを配分するという形で作用することになる（リ
スク配分が行われる主体である関係者は契約当事者に限定される）。その点に着目す
れば，これも，契約関係と結びついているという意味で，契約内在的な要因と位置づ
けることも不可能ではないだろう。

行が第一次的に問題とされ，それを目的とする買主の追完請求権がそのような売買契約の典型に適合する規律とされることとなった。そのため，ここでは，買主の追完請求権が原則として認められるものとされた。

このように，債務法改正作業においては，法の基礎にある売買契約の典型としてどのような契約類型を想定するかが，買主の追完請求権を法定すべきかどうか——買主の追完請求権を原則として認めるべきかどうか——を決定的に左右するものと考えられていた。そして，そのような売買契約の典型の観念が，BGB旧規定が基礎としていた（修補が問題とならないような）不代替物の特定物売買から現代的な工業製品売買へと転換されることを通じて，買主の追完請求権を法定することが——そうした売買契約の典型に適合する規律として——正当化されることになっていたといえる。

そしてまた，以上のような買主の追完請求権の基礎づけに関する議論は，第1節で詳しくみたように，売主が瑕疵のない物の給付義務を負うことを理論的・解釈論的な前提としながらも，それとは別のレベルの問題として位置づけられるものであった。

2　買主の追完請求権の内容確定

(1)　本来的履行請求権の法理と追完請求権の法理の対峙

買主の追完請求権の内容確定のあり方については，追完請求権が本来的履行請求権との同質性と異質性という2つの側面を有するという理解を反映した議論が展開されていた。すなわち，追完請求権の規律をめぐる各論的問題の議論においては，こうした追完請求権の二面的な性質の理解を反映して，追完請求権の規律内容を確定するためのアプローチとして，①本来的履行請求権と同様の規律を妥当させるアプローチと，②追完請求権に特有の規律を妥当させるアプローチの対立がみられた。

---

236)　これまでみてきたドイツ法の議論からすると，ここで「工業製品売買」という場合には，その特徴として，①売買の目的物が工業製品であることのほか，②売主が，（商人であるなど）類型的に買主よりも容易に，修理のできる者にアクセス・連絡が可能であることが含意されているものと考えられる。

(2) 追完請求権の規律内容を方向づける要因

これらのうち，①のアプローチがその基礎に置いていたのは，追完請求権が本来的履行請求権との同質性を有するということ，あるいはまた，売買契約締結時の当事者の決定ないし評価を追完請求権の場面でも貫徹すべきであるという考慮であった。これは，瑕疵ある物の引渡しによっては，売主の瑕疵のない物の給付義務はいまだ履行されておらず，買主の追完請求権と本来的履行請求権は，いずれも買主に瑕疵のない物を取得させるという給付結果の実現を目的とする点で共通していることに着目したものであった。

それに対して，②のアプローチは，総じて，本来的履行請求権の規律（ないし売買契約締結時の当事者の決定）は，瑕疵ある物の引渡しが行われた場合の利益状況を十分に考慮したものでないことから，追完請求権が問題となる場面（瑕疵ある物の引渡しがあった場面）では必ずしも妥当性を有しないという考慮をその基礎に置いていた。そのため，この場面では，むしろ，本来的履行請求権の規律ではなく，追完請求権に特有の規律内容が妥当すべきであると考えるわけである。そして，そのような追完請求権に特有の規律内容を方向づけるものとして，ドイツ法の議論からは，(1)契約の一定の属性と結びついた契約内在的な要因として，①主観的等価性の原理，②仮定的当事者意思，③売買契約の典型としての工業製品売買の特質，④瑕疵ある目的物の引渡し・受領を契機とする当事者の利益状況が，(2)契約関係以外にも妥当しうる一般的・契約外在的な要因として，⑤安価費用負担者へリスクと権限を配分するという考え方（関係者間でのリスク・権限の配分のための基準）が見出されたのだった。

第4章
買主の追完請求権の基礎づけと
内容確定のあり方

　本章では，前章までのドイツ法の分析・検討を踏まえて，買主の追完請求権の基礎づけと内容確定のあり方について，まず，日本における改正前民法のもとでの議論を取り上げ，その特徴と問題点を明らかにする。

　そのうえで，わが国の民法改正にかかわるものとして，①『債権法改正の基本方針』における買主の追完請求権の提案，②改正民法における買主の追完請求権の規律を取り上げ，これらについても，買主の追完請求権の基礎づけと内容確定のあり方に着目して，ドイツ法との比較という観点から検討を加えることにしたい。

第1節　日本における改正前民法のもとでの
買主の追完請求権

　わが国においては，2017年の民法改正によって改正民法562条の規定が新設されるまで，民法典に買主の追完請求権を認める旨の明文の規定は設けられていなかった。すなわち，改正前民法においては，改正前民法570条（及びこの規定が準用する改正前民法566条）が，売買目的物に瑕疵があった場合に売主が負う責任（売主の瑕疵担保責任）の内容を定めていた[1]。しかし，そこでは，売買目的物の瑕疵に対する買主の救済手段として規定されていたのは，契約解除権と損害賠償請求権のみであり，買主の追完請求権については，明文の規定が設けられていなかったわけである[2]。

　もっとも，買主の追完請求権は，これについて明文の規定を欠く改正前民法のもとでも，主として，①瑕疵担保責任の法的性質をめぐる議論，②追完請求権の法的性質をめぐる議論において検討の対象とされてきた。本節では，買主の追完請求権の基礎づけと内容確定のあり方に着目して，こうした改正前民法のもとで展開された議論を取り上げ，前章まででみたドイツ法の議論と比較しながら，その特徴と問題点を明らかにすることとしたい。

---

1)　改正前民法における瑕疵担保責任に関する判例・学説の歴史的展開については，北川善太郎『日本法学の歴史と理論——民法学を中心として』（日本評論社，1968年）104頁以下，円谷峻「瑕疵担保責任」星野英一編集代表『民法講座(5)契約』（有斐閣，1985年）185頁，半田吉信「瑕疵担保論史」水本浩＝平井一雄編『日本民法学史・各論』（信山社，1997年）255頁，潮見佳男「売主の義務と売主の担保責任——民法560条・561条・563条〜567条・570条」同『債務不履行の救済法理』（信山社，2010年，初出1998年）209頁などを参照。

　改正前民法における瑕疵担保責任の立法過程における議論については，円谷峻「民法制定過程における瑕疵担保責任論——ボアソナード草案および法典調査会質疑応答を中心にして」判例タイムズ558号（1985年）4頁，森田宏樹「瑕疵担保責任に関する基礎的考察(1)」法学協会雑誌107巻2号（1990年）1頁，森田修「『契約の修正』としての代金減額」同『契約規範の法学的構造』（商事法務，2016年，初出2009年）82頁なども参照。

1 日本における従来の議論──改正前民法のもとでの議論

(1) 瑕疵担保責任の法的性質と買主の追完請求権

改正前民法のもとで，買主の追完請求権は，主として，瑕疵担保責任の法的性質論[3]と関連づけられた形で議論の対象とされてきた。

すなわち，改正前民法のもとでは，瑕疵担保責任の法的性質について，①法定責任説（瑕疵担保責任は債務不履行責任とは性質の異なる特別の法定責任であるとする考え方）と，②契約責任説（瑕疵担保責任は債務不履行責任の特則であるとする考え方）の対立がみられたところ，そこでは，「特定物売買におい

---

[2] なお，改正前民法におけるのと同様に，旧民法においても，買主の追完請求権については，明文の規定が設けられていなかった。

ちなみに，旧民法財産取得編 94 条 1 項は，「動産ト不動産トヲ問ハス売渡物ニ売買ノ当時ニ於テ不表見ノ瑕疵アリテ買主之ヲ知ラス又修補スルコトヲ得ス且其瑕疵カ物ヲシテ其性質上若クハ合意上ノ用方ニ不適当ナラシメ又ハ買主其瑕疵ヲ知レハ初ヨリ買受ケサル可キ程ニ物ノ使用ヲ減セシムルトキハ買主ハ其売買ノ廃却ヲ請求スルコトヲ得」と定めていた。この規定は，確かに，「修補」に言及しているが，それは，目的物の修補ができないことが売買廃却訴権の要件（売買契約の解除を求めるための要件）であることを定めたものであって，この規定からは，買主が売主に対して目的物の修補を請求することができるかどうかは明らかではなかった。もっとも，旧民法の起草にあたったボアソナードは，瑕疵が容易に修補できる場合には，買主は，売主に対して，目的物の修補を請求することができると考えていたようである（Gustave Boissonade, Projet de code civil pour l'Empire du Japon accompagné d'un commentaire, Tome III, 1888, n° 334, pp. 414-415）。すなわち，これについて，『ボアソナード氏起稿 再閲修正民法草案註釋 第三編 特定名義獲得ノ部 上巻』867 頁以下（ボワソナード民法典研究会編『ボワソナード氏起稿 再閲修正民法草案註釈 第三編（ボワソナード民法典資料集成 後期 I-II 第 3 巻）』（雄松堂出版，2000 年）438 頁以下）は，「瑕疵ノ容易ニ修補シ得ヘキ場合」において「買主ハ売主ニ対シテ右瑕疵ヲ修補シ売渡サレタル物件ヲ其本然ノ形体ニ復スルヲ請求シ得ヘシ即チ右ノ場合タル蒸気器械，楽器，掛時計ノ如キ物件ニシテ其要部ノ機関ニ缺缺若ハ損傷アル為メ其運転正シカラス或ハ又全ク運転セサルノ場合タルヘシ即チ斯ノ如キ場合ニ於テハ買主売主ニ対シテ右物件ヲ修補シ之ヲ其本然ノ職務ニ復スルヲ請求スルヲ得ヘキ」である──さらに，それだけではなく，売主から修補の申出があった場合には，「買主之レヲ承認シ売買廃斥ノ訴権ヲ抛棄セサル可カラス」──としていた（なお，引用にあたって，旧字体を新字体に改めた）。

[3] 瑕疵担保責任の法的性質ないしは瑕疵担保責任と債務不履行責任との関係について，改正前民法のもとでの議論状況を整理したものとして，山本敬三『民法講義IV-1 契約』（有斐閣，2005 年）262 頁以下，山本豊「売主の瑕疵担保責任」法学教室 354 号（2010 年）81 頁を参照。

て買主の追完請求権が認められるか」が，両説の主要な対立点の1つとされていた[4]。

以下では，瑕疵担保責任の法的性質に関する「法定責任説」と「契約責任説」の考え方を確認したうえで，それぞれの立場によると，どのような場合に買主の追完請求権が認められる（あるいは認められない）とされてきたかをみておこう。

ア　法定責任説

法定責任説[5]は，特定物売買においては，①瑕疵のない物の給付が原始的一部不能であるという前提（原始的不能ドグマ）から[6]，あるいは，②目的物の性質が契約内容（売買契約の合意内容）とならないという前提（特定物ドグマ）から[7]，売主は瑕疵のない物の給付義務を負わないとする。そうすると，目的物に何らかの瑕疵があっても，当該目的物（「この物」）の引渡しがされれば，売主の債務は履行されたこととなる。したがって，この場合に売主が負う瑕

---

4)　こうした買主の追完請求権の有無のほか，瑕疵担保責任の法的性質論においては，①瑕疵担保責任に基づく損害賠償の範囲（履行利益にまで及ぶのか，信頼利益にとどまるのか）や，②買主の瑕疵ある物の受領拒絶権の有無（買主は瑕疵ある物の受領を拒絶することができるか，瑕疵ある物の受領拒絶が買主の受領遅滞となるか）等が，法定責任説と契約責任説の主要な対立点とされていた。

5)　代表的なものとして，鳩山秀夫『増訂日本債権法各論（上巻）』（岩波書店，1924年）337頁以下，我妻栄『債権各論中巻一（民法講義V₂）』（岩波書店，1957年）270頁以下，柚木馨『売主瑕疵担保責任の研究』（有斐閣，1963年）166頁以下，柚木馨編『注釈民法(14)』（有斐閣，1966年）171頁以下〔柚木〕，柚木馨＝高木多喜男編『新版注釈民法(14)』（有斐閣，1993年）260頁以下〔柚木＝高木〕，松坂佐一『民法提要 債権各論』（有斐閣，第5版，1993年）91頁以下，鈴木禄弥『債権法講義』（創文社，四訂版，2001年）234頁以下など。また，初期のものとしては，石田文次郎「信頼利益の賠償論」同『財産法に於ける動的理論』（巌松堂書店，1928年）362頁，421頁以下も参照。そのほか，広中俊雄『債権各論講義』（有斐閣，第6版，1994年）57頁，73頁以下の指摘も参照。さらに，比較的最近のものとして，高森八四郎「売主の瑕疵担保責任の本質」甲南法務研究2号（2006年）1頁。また，近江幸治『民法講義V 契約法』（成文堂，第3版，2006年）138頁以下も参照。

6)　これは，原始的不能の給付を目的とする契約は無効であるという前提（原始的不能ドグマ）から，契約締結時に売買目的物（特定物）に瑕疵がある場合には，売主の瑕疵のない物の給付義務は原始的一部不能であり，その限りで売買契約も一部無効となるために，特定物売主は瑕疵のない物の給付義務を負わないとするものである。この見解（原始的不能ドグマ説）として，鳩山・前掲注5）337頁以下，我妻・前掲注5）271頁など。

疵担保責任は，債務不履行責任ではなく，買主の信頼保護ないし対価的不均衡の是正という観点から法が特別に定めた責任であるとする。

㈎　特定物売買における買主の追完請求権の否定

　こうした法定責任説の立場によれば，特定物売買の場合には，売主は瑕疵のない物の給付義務を負わないため，瑕疵ある物の引渡しによっても売主の給付義務は履行されたことになる。それゆえ，この場合には，売主の給付義務が履行されていないことを前提とする買主の追完請求権は認められないというのが一貫した帰結であるとされる[8]。

㈏　種類売買における買主の追完請求権の肯定

　それに対して，種類売買の場合には，売主は，瑕疵のない物の給付義務を負うとされる。したがって，瑕疵ある物の引渡しは売主の債務の不完全履行となり，その結果，買主の追完請求権（修補請求権・代物請求権）が認められるとされる[9]。

　なお，判例においては，瑕疵担保責任の法的性質についてどのような立場が採用されているかは明らかではないものの，種類売買において買主の追完請求権が認められる旨を述べたものが存在していた。すなわち，最判昭和36

---

7)　これは，特定物売買において法律行為の効果意思を構成するのは「この物の引渡し」のみであって，その物の性質は効果意思を構成するものではなく法律行為の動機にすぎないという前提（特定物ドグマ）から，「この物」の性質は契約内容（売買契約の合意内容〔意思表示の内容〕）とはならず，したがって，売買契約に基づいて売主が負うのは，あるがままの「この物」を給付する義務にとどまる（瑕疵のない物の給付義務は負わない）とするものである。この見解（特定物ドグマ説）として，柚木・前掲注5) 169頁以下など。

　　なお，学説においては，「特定物ドグマ」の語が，①意思表示（法律行為）の内容にかかわるドグマとして，「特定物の性質は，特定物売買の意思表示（法律行為）の内容とはなりえない」という意味で用いられる場合と，②債務（給付義務）の内容にかかわるドグマとして，「特定物の性質（一定の性質を有する特定物の給付）は，特定物売主の債務（給付義務）の内容とはなりえない」という意味で用いられる場合とがある。これらは，厳密には異なるものであるが，ここでは，さしあたり，①の意味で「特定物ドグマ」の語を用いることにする。

8)　柚木・前掲注5) 184頁以下，424頁（もっとも，信義則の介入する場合は別論とする），柚木編・前掲注5) 179頁以下〔柚木〕，鈴木（禄）・前掲注5) 247頁，柚木＝高木編・前掲注5) 270頁以下，395頁以下〔柚木＝高木〕など。また，川井健『民法概論4 債権各論』（有斐閣，2006年）163頁も，買主の修補請求権を否定している。

年 12 月 15 日 (民集 15 巻 11 号 2852 頁) は,「不特定物を給付の目的物とする債権において給付せられたものに隠れた瑕疵があつた場合には, 債権者が一旦これを受領したからといつて, それ以後債権者が右の瑕疵を発見し, 既になされた給付が債務の本旨に従わぬ不完全なものであると主張して改めて債務の本旨に従う完全な給付を請求することができなくなるわけのものではない。債権者が瑕疵の存在を認識した上でこれを履行として認容し債務者に対しいわゆる瑕疵担保責任を問うなどの事情が存すれば格別, 然らざる限り, 債権者は受領後もなお, 取替ないし追完の方法による完全な給付の請求をなす権利を有し, 従つてまた, その不完全な給付が債務者の責に帰すべき事由に基づくときは, 債務不履行の一場合として, 損害賠償請求権および契約解除権をも有するものと解すべきである」としている。

---

9) もっとも, このように, 種類売買の場合においては, いわゆる「不完全履行の理論」に従って, 買主の追完請求権が認められることを前提としつつも, それでは一定の場合に不都合が生じるとし, その不都合を信義則によって制限しようとする見解も有力に主張されていた。そのような見解として, 勝本正晃「不完全履行序論」同『民法研究・第一巻』(巖松堂書店, 1932 年, 初出 1929 年) 133 頁, 231 頁以下, 245 頁以下 (一定の場合に債務者に「特定の抗弁」や「履行認容の抗弁」を認め, 代物請求権の否定や責任全部の否定を導こうとする), 末弘厳太郎「種類売買に於ける瑕疵担保について」同『民法雑考』(日本評論社, 1932 年, 初出 1930 年) 245 頁, 259 頁以下, 我妻・前掲注 5) 309 頁 (買主がその瑕疵を発見しうる時期を経過した後には, 代物請求を認めないなどとする) など。

そのほか, この点に関連して, 学説においては, 種類売買にも瑕疵担保責任の規定の適用が認められるか (それによって買主の追完請求権が排除されないのか) についても議論がされていた。しかし, 種類売買に瑕疵担保責任の規定の適用を認めようとする見解においても, その適用には「取引上の慣習や信義誠実の原則によるかなり大きな制約」があるとされ, 買主の追完請求権は排除されないと考えられていた。これについては, 末川博①「売主の瑕疵担保責任」同『債権』(岩波書店, 1970 年, 初出 1935 年) 309 頁, 323 頁以下, 同②「〔シンポジウム〕種類売買と瑕疵担保──報告の二」私法 19 号 (1958 年) 11 頁以下, 同③『契約法下 (各論)』(岩波書店, 1975 年) 50 頁以下を参照。

なお, これについて, 来栖三郎『契約法』(有斐閣, 1974 年) 117 頁は,「元来, 売主の瑕疵担保責任の規定は, ……特定物売買に即して形成されたのだと思われる。従って不特定物売買にそのまま適用することはできない。他方, 不特定物売買における目的物の瑕疵に対する売主の責任には一般の債務不履行責任ではまかないきれないものを含んでいる」として,「不特定物売買における目的物の瑕疵に対する売主の責任は, むしろ,『法の欠缺』の一場合として, 瑕疵担保責任か債務不履行責任かに拘泥しないで, どのように取扱うのが不特定物売買の事実に一番かなっているかという観点から, 構成すべきである」としていた。

第1節　日本における改正前民法のもとでの買主の追完請求権　183

　これによれば，判例も，少なくとも種類売買において瑕疵ある物が給付された場合には，買主に追完請求権（「取替ないし追完の方法による完全な給付の請求をなす権利」）が認められることを前提としていたようにみえる[10]。

㈡　特定物売買において買主の追完請求権を認める可能性

　以上のように法定責任説の立場からは，特定物売買において買主の追完請求権は認められないとするのが一般的であった。もっとも，これに対しては，法定責任説の立場に立ちつつ，特定物売買においても一定の場合には買主の追完請求権が認められるとする見解も存在していた。

　まず，法定責任説を前提としながら，信義則や取引慣習を根拠として一定の場合には買主の修補請求権が認められるとする見解が主張されていた[11]。しかし，このような見解に対しては，買主の修補請求権が一定の瑕疵のない状態を実現すべきものである以上，これを認めることは，瑕疵のない物の給付義務を認めないという法定責任説の前提と実質的に抵触することになるという批判がされていた[12]。

　また，やはり法定責任説の立場に立つとしながらも，企業による新築分譲

---

10)　もっとも，この判決において直接に問題とされたのは，買主の追完請求権の有無ではなく，買主の契約解除権の有無であった。そのため，一般論としての買主の追完請求権に関する判示部分は，厳密には，いわゆる「判例（主論，ratio decidendi）」ではなく，「傍論（obiter dictum）」に属するとみる可能性もある。なお，裁判理由中の法律的判断のうち，どの部分が「判例（主論）」であるかについては，中野次雄編『判例とその読み方』（有斐閣，三訂版，2009年）29頁以下，土屋文昭「判例に関する覚書──民事判例の主論を中心として」東京大学法科大学院ローレビュー6巻（2011年）218頁などを参照。

11)　柚木・前掲注5）184頁以下のほか，末川・前掲注9）①326頁，同・前掲注9）③52頁なども参照。
　このほか，内池慶四郎「瑕疵担保責任と契約類型」小池隆一博士還暦記念論文集『比較法と私法の諸問題』（慶応通信，1959年）249頁は，法定責任説の立場から，瑕疵担保制度の目的は有償契約の特性である等価性の維持実現であり，その責任内容は，各契約類型において対象とされる目的物の性質（代替物か非代替物か）に即して構成されるとする。そのうえで，代替物取引の担保責任の特色は消費貸借契約の代物請求権に認められ，非代替物取引における担保責任は請負契約の瑕疵修補請求権に特徴づけられるとして，これら2つの契約類型における担保責任の内容を両極として，特定物売買についても，目的物の性状に即して担保責任の一態様としての修補請求権を認める可能性を示唆する。

12)　森田宏樹「売買契約における瑕疵修補請求権──履行請求権，損害賠償又は解除との関係」同『契約責任の帰責構造』（有斐閣，2002年，初出1990-91年）197頁，242頁。

住宅やマンションの売買といった一定の契約類型においては，信義則や当事者意思の合理的解釈に基づいて，売主が瑕疵のない物の給付義務を負うことを認め，その不完全履行として買主の修補請求権を認めようとする見解も主張されていた[13]。

　もっとも，この見解は，特定物売買において売主は瑕疵のない物の給付義務を負わないという法定責任説の前提を絶対的なものと考えているのではなく，当事者の合意によって変更することが可能な原則的規律にすぎないと考えるものであった[14]。すなわち，この見解は，特定物売買において売主が瑕疵のない物の給付義務を負う余地は一切ないという意味での厳格な法定責任説の前提を維持しているわけではなく，これを緩和・修正するものであるとされる（修正法定責任説）[15]。

---

13)　下森定①「建売住宅・マンションの売買における売主の瑕疵修補義務について」同『履行障害法再構築の研究（下森定著作集Ⅱ）』（信山社，2015 年，初出 1984 年）213 頁，247 頁以下，同②「建物（マンション）の欠陥（瑕疵）と修繕」同『履行障害法再構築の研究（下森定著作集Ⅱ）』（初出 1985 年）298 頁，321 頁以下，同③「不完全履行と瑕疵担保責任——不代替的特定物売買における瑕疵修補請求権を中心に」同『履行障害法再構築の研究（下森定著作集Ⅱ）』（初出 1992 年）338 頁，352 頁以下。このほか，円谷峻「ファヴォール・コントラクトス（契約の尊重）」好美清光先生古稀記念論文集『現代契約法の展開』（経済法令研究会，2000 年）3 頁，18 頁以下は，瑕疵担保責任とは別の債務不履行責任の問題として，解釈によって定まる「保証」の内容に従って修補請求権が認められる余地があるとする。

14)　下森定①「瑕疵担保責任論の新たな展開とその検討」同『履行障害法再構築の研究（下森定著作集Ⅱ）』（信山社，2015 年，初出 1998 年）385 頁，393 頁によれば，改正前民法 570 条は，当事者意思の明確でない場合の「当事者意思の補充規定」であるとされており，目的物の性質が合意内容となったとはいえない場合に適用される任意規定として理解されているものとみられる。そして，同②「履行障害法再構築の課題と展望」同『履行障害法再構築の研究（下森定著作集Ⅱ）』（初出 2007 年）843 頁，859 頁は，「『この物』の性質が『契約内容となりうる』ということは，全ての場合に『契約内容となっている』ことを意味しない」とし，「ことは契約解釈の問題であり，瑕疵担保責任制度が本来予定していた不代替物の特定物売買には，明示又は黙示の特約あるいは信義則による介入のある場合は別として，原則として追完給付義務を伴う瑕疵なき物の給付義務は『契約内容となっていない』と解すべきである」とする。ここでは，契約解釈の問題として，（不代替物の）特定物売買の場合には，瑕疵のない物の給付は契約内容とならない（売主は瑕疵のない物の給付義務を負わない）ことが原則とされ，当事者意思の解釈によって瑕疵のない物の給付が契約内容となる（売主が瑕疵のない物の給付義務を負う）場合もあるが，それは，任意規定である改正前民法 570 条の適用を排除する例外である——そして，その場合には，不完全履行の一般原則による処理が妥当する——と考えられているものとみられる。

15)　下森・前掲注 14) ②864 頁参照。

そうすると，この見解と後述する契約責任説との相違は，特定物売買においても売主が一定の瑕疵のない物の給付義務を負うことがありうることを前提に，それを原則とするのか例外とするのかという，契約内容（合意内容）の確定のあり方についての立場の相違とみることもできる[16]。

イ　契約責任説

契約責任説[17]は，上述した法定責任説が依拠する前提（原始的不能ドグマ・特定物ドグマ）を否定し，特定物売買においても，瑕疵のない物の給付は契約内容（売買契約の合意内容）となりうるのであって，瑕疵のない物の給付が契約内容となった場合には，それに対応して，売主は瑕疵のない物の給付義務を負うとする[18]。このように売主が瑕疵のない物の給付義務を負う場合には，瑕疵ある物の引渡しがされると，それは，売主の債務不履行（瑕疵のない物の給付義務の不履行）を意味することとなる。したがって，この場合に売主が負

16)　この点について，潮見佳男「契約責任説と瑕疵担保」同『債務不履行の救済法理』（信山社，2010 年，初出 2008 年）296 頁は，「瑕疵担保責任の法的性質論を契約内容の確定法理と接続させてみたならば」，①「特定物ドグマを否定・修正したときには，契約責任説と法定責任説が対立しているといっても，目的物の性質について売買契約当事者の与えた個別具体的合意内容が確定できる場合にはそれによるという点で両者に差はないこと」，②「目的物の性質について売買契約当事者の与えた個別具体的合意内容が確定できない場合には，『売買契約』に対して類型的に与えられる規範（売買の冒頭規定に含まれている典型的な売買契約規範）が売買契約当事者間に妥当する契約規範になると考えるならば，契約責任説と法定責任説の対立の核心のひとつが，この典型契約規範の内容として『その物が当該性質を備えていること』を認めることができると考えるかどうかにあったこと」が明らかになるとしている。

17)　初期の代表的なものとして，北川善太郎①『契約責任の研究』（有斐閣，1963 年）168 頁以下，同②『債権総論（民法講要Ⅲ）』（有斐閣，第 3 版，2004 年）122 頁以下，五十嵐清「瑕疵担保と比較法」同『比較民法学の諸問題』（一粒社，1976 年，初出 1959-60 年）80 頁，山下末人①「担保責任と債務不履行」契約法大系刊行委員会編『契約法大系Ⅱ　贈与・売買』（有斐閣，1962 年）133 頁，同②「瑕疵担保」於保不二雄先生還暦記念『民法学の基礎的課題（上）』（有斐閣，1971 年）179 頁，星野英一①「瑕疵担保の研究——日本」同『民法論集・第 3 巻』（有斐閣，1972 年，初出 1963 年）171 頁，同②『民法概論Ⅳ（契約）』（良書普及会，合本新訂，1986 年）134 頁以下，谷川久『商品の売買』（有斐閣，1964 年）145 頁以下など。また，契約責任説の考え方の萌芽的な指摘として，於保不二雄『債権総論』（有斐閣，新版，1972 年，初版 1959 年）116 頁（初版では 106 頁以下）も参照。

18)　なお，星野・前掲注 17) ①235 頁は，売主が瑕疵のない物の給付義務を負うとする根拠として，「常識に合すること，妥当な法律効果を導きうる（あるいは正当化しうる）こと，および法律構成上もすっきりすること」を挙げている。

う瑕疵担保責任は，債務不履行責任の性質を有しており，一般の債務不履行責任との関係では，その特則として位置づけられるとする[19]。そして，引き渡された目的物に瑕疵があった場合には，民法の瑕疵担保責任の規定（改正前民法570条）に定められている効果（契約解除権及び損害賠償請求権）とともに，債務不履行（不完全履行）の一般原則に従った効果も認められるとする[20]。

なお，その場合に売主が負うべき「瑕疵のない物」の給付義務の内容——いかなる性質を備えた物が「瑕疵のない物」か——は，契約当事者が売買目的物にどのような性質が存することを合意したかという契約解釈を基準として決まるとされる（したがって，すべての場合に常に目的物のあらゆる性質が契

---

19) このように特定物売買の場合にも売主は瑕疵のない物の給付義務を負うとする見解において，さらに，一般の債務不履行責任に対する瑕疵担保責任の特則性がいかなる点にあるかが問題とされている。

そのような問題に取り組むものとして，加藤雅信①「売主の瑕疵担保責任——危険負担的代金減額請求権説提唱のために」同『現代民法学の展開』（有斐閣，1993年，初出1977年）390頁，同②『新民法大系Ⅳ 契約法』（有斐閣，2007年）223頁，半田吉信『担保責任の再構成』（三嶺書房，1986年）107頁以下，森田宏樹①「瑕疵担保責任に関する基礎的考察」私法51号（1989年）129頁，同②「不特定物と瑕疵担保——瑕疵担保において買主の『受領』はどのような法的意義をもつか」同『契約責任の帰責構造』（有斐閣，2002年，初出1994年）285頁，同③「債務不履行と瑕疵担保」同『契約責任の帰責構造』（初出1996年）299頁，藤田寿夫「瑕疵担保責任の再構成——不特定物売買との関係を中心に」同『表示責任と契約法理』（日本評論社，1994年，初出1992年）67頁，北居功『契約履行の動態理論Ⅱ——弁済受領論』（慶應義塾大学出版会，2013年，初出1996年）3頁以下，513頁以下，潮見佳男①『契約各論Ⅰ——総論・財産権移転型契約・信用供与型契約』（信山社，2002年）190頁以下，207頁以下，同②『基本講義 債権各論Ⅰ——契約法・事務管理・不当利得』（新世社，第2版，2009年）85頁以下，大村敦志『基本民法Ⅱ 債権各論』（有斐閣，第2版，2005年）46頁以下，平野裕之『民法総合5 契約法』（信山社，第3版，2007年）335頁以下，内田貴『民法Ⅱ 債権各論』（東京大学出版会，第3版，2011年）131頁以下，野澤正充「瑕疵担保責任の比較法的考察——日本・フランス・EU(1)～(6)」立教法学73号33頁，74号83頁，76号188頁，77号294頁，81号161頁，91号30頁（2007-15年），同「瑕疵担保責任の法的性質(1)——法定責任説の三つの考え方」同編『瑕疵担保責任と債務不履行責任』（日本評論社，2009年，初出2008年）15頁，同「瑕疵担保責任と債務不履行責任」私法72号（2010年）155頁など。

なお，以上の学説においては，特定物売買においても売主は瑕疵のない物の給付義務を負うという考え方に従いつつも，瑕疵担保責任は一般の債務不履行責任と同じ責任原理に基づく責任ではないと考える見解もある。そうした見解は，必ずしも「契約責任説」と呼ばれているわけではないが，本書では，便宜上，売主が瑕疵のない物の給付義務を負うこと（したがって，瑕疵ある物の引渡しが売主の債務不履行となること）を認める見解を総称して「契約責任説」と呼ぶことにする。

第 1 節　日本における改正前民法のもとでの買主の追完請求権　187

約内容となるわけではない)[21]。

(ア)　買主の修補請求権の肯定

こうした契約責任説の立場によれば，特定物売買においても種類売買においても，瑕疵のない物の給付が契約内容となる場合には，売主は瑕疵のない物の給付義務を負うこととなる。したがって，その場合，瑕疵ある物の引渡しがされると，それは売主の債務の不完全履行となり，その結果，債務不履行（不完全履行）の一般原則に従って，買主には，修補請求権が認められるとされる[22]。

(イ)　買主の代物請求権の可能性

以上と同様に，少なくとも種類売買においては，売主が瑕疵のない物の給

---

20)　なお，来栖・前掲注9) 86 頁以下は，瑕疵担保責任が法定責任か契約責任かは「それ自体重要ではない」とし，「重要なのは担保責任の内容如何である」とする。そして，「売主の担保責任が法定責任なりや契約責任なりやは，解釈上の出発点ではなく，むしろ終着点で，解釈上具体的問題が解決されたのち，そこで得られた解決よりみて，売主の担保責任の性質を簡潔に表現するのに，どちらの方がより妥当かという意味をもつにすぎない。まず，なすべきは具体的問題の解決である」とする。そのうえで，「売主の担保責任についての具体的問題の中心は，売主の担保責任の内容としての損害賠償責任は売主の過失を必要とするか，また損害賠償責任の範囲はどうかである」として，これを検討し，売主の担保責任の内容としての損害賠償責任は，履行利益に及ぶが，売主に過失のあることを必要とすると考えるべきであるとする。そこから，「売主の瑕疵担保責任も，一種の契約責任ないし債務不履行責任と呼んでよい」としているが，同時に「普通の債務不履行責任と全然同一視してよいか疑問である」と一定の留保もしている（来栖三郎「小売商人の瑕疵担保責任——『日本の瑕疵担保法』の序説として」同『来栖三郎著作集Ⅱ 契約法』(信山社，2004 年，初出 1965 年) 273 頁も参照)。

21)　森田（宏)・前掲注12) 243 頁，潮見・前掲注19) ①190 頁以下，217 頁など。

22)　星野・前掲注17) ①206 頁以下，236 頁，同・前掲注17) ②135 頁，谷川・前掲注17) 145 頁以下，石田穣『民法Ⅴ（契約法)』(青林書院，1982 年) 150 頁，半田・前掲注19) 197 頁以下，福永礼治「売主の瑕疵担保責任と瑕疵修補義務」弘前大学文経論叢 24 巻 2 号（経済学篇XLV) (1989 年) 97 頁，加藤雅信「建売住宅・マンションの売主の瑕疵修補義務」同『現代民法学の展開』(有斐閣，1993 年，初出 1985 年) 406 頁，同・前掲注 19) ②239 頁，前田達明『口述債権総論』(成文堂，第 3 版，1993 年) 126 頁，潮見・前掲注 19) ①191 頁，212 頁，同・前掲注 19) ②86 頁，大村・前掲注 19) 51 頁，平野・前掲注 19) 336 頁，内田・前掲注 19) 138 頁，石本雄祐「不代替的特定物売買における瑕疵修補請求権の動向と展望」産大法学 43 巻 3 ＝ 4 号 (2010 年) 1173 頁など。なお，北川・前掲注17) ①366 頁は，買主の追完請求権の問題については，本来の現実的履行の強制論に委ねるべきであるとしている。

188　第4章　買主の追完請求権の基礎づけと内容確定のあり方

付義務を負う場合において，瑕疵ある物の引渡しがされると，売主の債務の不完全履行の結果として，買主には，代物請求権も認められるとするのが一般的であった。

これに対して，特定物売買においても，瑕疵ある物の引渡しがされたときに，買主に代物請求権が認められるかどうかについては，次のように争いがあった。

a　代物請求権肯定説

一方で，特定物売買においても，給付された物に瑕疵があるときは，それが代替性のあるものである限り，売主に完全履行又は追完をさせるべきであるとし，特定物売買においても買主の代物請求権が認められる余地があるとする見解が主張されていた[23]。これによれば，ここでは，問題は（当事者の意思に基づく）特定物売買か不特定物売買かということだけで簡単に決せられるべきものではなく（取引通念に基づく）代替性の有無が重要な問題なのだとされる。

具体的には，「例えば，このシャツあの雑誌という風に初めから特定した物を買った場合にも，その物にしみがあったり落丁があったりするならば，買主は完全履行または追完を請求し得ると観るのが妥当」であるとされる。なぜなら，「こうした場合には，契約当時に目的物が特定しているといえるにしても，当事者間においてはその物の個性に重きをおかぬことについての了解があって契約がなされていると観なければならぬし，かつ取引上の慣習からも代替または追完を許すものと観なければなら」ないからであるという[24]。

b　代物請求権否定説

これに対して，特定物売買においては，買主の代物請求権は認められないとする見解も主張されていた[25]。これによれば，「特定物売買を目的物の個

---

23)　星野・前掲注17）①211頁以下，236頁，同・前掲注17）②135頁，石田・前掲注22）150頁，半田・前掲注19）198頁，潮見・前掲注19）①191頁，北川・前掲注17）②136頁参照。必ずしも契約責任説の立場に立つものではないが，この点についてはすでに，末弘・前掲注9）259頁以下，末川・前掲注9）①326頁，同・前掲注9）②15頁以下，広中俊雄「売主の担保責任」同『民法論集』（東京大学出版会，1971年，初出1959年）99頁，106頁以下が指摘している。

24)　末川・前掲注9）①326頁。

性に着目した場合に限定するかぎり」，代物請求権は認められないとされる。

もっとも，この見解も，「特定物売買を目的物の個性に着目した場合に限定するかぎり」という留保を付しており，特定物売買とされるものの射程を限定している点に注意が必要である[26]。それゆえ，上述した肯定説と同様に，特定物売買を単に「契約締結時に売買目的物が特定・個別化している売買」という意味でとらえるのであれば，この見解も，そのような意味での特定物売買において買主の代物請求権を一律に否定する趣旨ではないとみることもできる。

(2) 追完請求権の法的性質

買主の追完請求権については，以上でみたような瑕疵担保責任の法的性質と関連づけられた議論のほか，とりわけ追完請求権がいかなる規律に従うのかという問題意識から，追完請求権の法的性質をどのように理解するか——追完請求権を本来的履行請求権と同じ性質をもつものとみるかどうか——にかかわる議論も展開されてきた[27]。

---

25)　磯村保「目的物の瑕疵をめぐる法律関係」磯村保＝鎌田薫＝河上正二＝中舎寛樹『民法トライアル教室』（有斐閣，1999年，初出1994年）303頁，316頁。このほか，谷川・前掲注17）145頁以下，山本（敬）・前掲注3）276頁も参照。

26)　これに関連して，代替物の売買の場合には買主の代物請求権が認められるべきであるとの観点から，特定物売買と種類売買の区別を給付目的物の代替性の有無によって決しようとするものとして，戒能通孝『債権各論』（巌松堂書店，1946年）145頁以下がある。また，同様の観点から，少なくとも担保責任に関する限りでは，ここでの「特定物売買」の意味を不代替的特定物売買に限定するものとして，末弘・前掲注9）257頁以下，柚木・前掲注5）167頁，169頁以下のほか，さらに，柚木編・前掲注5）171頁以下〔柚木〕，柚木＝高木編・前掲注5）260頁以下〔柚木＝高木〕（「特定物」を「客観的・一般的に不代替性を有する物であって，しかも当事者が主観的・具体的にその個性に着目した物」あるいは「客観的に不代替性を有ししかも主観的に個性が重視された物」とし，少なくとも担保責任に関する限りでは，特定物売買の意味をかなり限定する）など。

　なお，こうした「特定物」の概念については，磯村保「特定物・不特定物，種類物，代替物・不代替物」法学教室157号（1993年）36頁（「特定物」の概念には，①債権債務の当事者が他の物と区別されたその物だけの個性に着目した物であるという側面（主観的不代替性の側面）と，②給付対象が特定される結果として，複数の物の中からどれか1つを選別する必要が生じないという側面（給付目的物の特定の側面）があり，この2つの側面を分けて考えることが有益であることを指摘する），奥田昌道編『新版注釈民法(10) I 』（有斐閣，2003年）166頁以下〔金山正信＝金山直樹〕，中田裕康『債権総論』（岩波書店，第3版，2013年）33頁以下も参照。

ア　本来的履行請求権の一態様・具体化としての追完請求権

そこでは，追完請求権を本来的履行請求権の一態様ないし具体化とみる見解が，支配的見解とされてきた[28]。

この見解は，債権者の追完請求権を，①（債務者の帰責事由を要件とする）不完全履行の効果とみるか，②（債務者の帰責事由を要件としない）本来的履行請求権に基づくものとみるかという問題をめぐって展開された次のような議論を通じて確立されたものとみられる。

㈎　不完全履行の効果としての追完請求権の可能性

この問題については，一方で，追完請求権を債務者の帰責事由を要件とする不完全履行の効果の1つとして理解しているのではないかとみられる見解が存在していた[29]。これによれば，不完全履行（債務不履行）の要件として債務者の帰責事由が必要であるとされ，追完請求権は，そうした不完全履行の効果として位置づけられるものとされた。その結果，追完請求権が認められ

---

27)　履行請求権と追完請求権の関係について，その理論的な理解の可能性を整理するものとして，潮見佳男『プラクティス民法　債権総論』（信山社，第4版，2012年）102頁以下。

　　そこでは，履行請求権と追完請求権の関係について，⑴履行請求権と追完請求権がそれぞれ，①契約に基づいて成立するもの（契約の直接の効果）と考えるか，②債務不履行の効果として成立するもの（債務不履行の救済手段）と考えるかという観点と，⑵追完請求権について，①履行請求権の一般法理がそのまま妥当する（追完請求権に特別の法理を用意する必要はない）と考えるか，②不完全な履行をしたという先行する事実を考慮に入れて，履行請求権とは異なる特別の法理を用意すべきと考えるかという観点から，考え方の整理がされている。

　　それによると，従前の多数説は，⑴履行請求権と追完請求権はともに，①の契約に基づいて成立するもの（追完請求権は，不完全な履行がされた場合において本来的履行請求権が具体化したものにすぎない）と理解し，かつ，⑵追完請求権については，①の履行請求権の一般法理がそのまま妥当する（追完請求権に特別の法理を用意する必要はない）と考える立場に依拠していたものと目されるとされている。

28)　勝本・前掲注9) 251頁，260頁，柚木・前掲注5) 259頁，柚木編・前掲注5) 219頁〔柚木〕，柚木＝高木編・前掲注5) 324頁〔柚木＝高木〕，下森・前掲注13) ①213頁，254頁以下，沢井裕『テキストブック債権総論』（有斐閣，補訂版，1985年）43頁，半田・前掲注19) 198頁，奥田昌道『債権総論』（悠々社，増補版，1992年）160頁，能見善久ほか「〔シンポジウム〕民法100年と債権法改正の課題と方向」私法61号（1999年）89頁〔奥田昌道発言〕，前田・前掲注22) 126頁以下，北川・前掲注17) ②136頁，内田・前掲注19) 136頁，加藤・前掲注19) ②239頁など。また，潮見・前掲注16) 301頁も，追完請求権を履行請求権の一態様ととらえるのが支配的立場であるとしている。

るためには，不完全履行について債務者の帰責事由が必要であるとされたわけである。

(イ) 本来的履行請求権の一態様・具体化としての追完請求権

これに対して，債権者は，本来の履行請求権に基づいて，債務者の帰責事由の有無にかかわりなく，追完請求をすることができるとする見解が主張された。

それによると，例えば，引き渡した目的物に瑕疵があった場合など，債務の本旨に従った履行がされなかった場合には，「改めて本旨に従った履行をなすことがなお可能であれば，債権者は原則として本来の履行請求権を失わず，債務者に対して本来の給付を請求しうる」。そして，そうした「本来の履行請求のためには，右の不完全給付がなされたことについて債務者に帰責事

---

29) 例えば，谷川・前掲注17) 148頁は，「売主の債務の完全履行を求めるには，通常の債務不履行責任の要件，即ち，瑕疵ある物の給付が，売主の責に帰すべき事由によることの要件の充足を要す」とし，買主の追完請求権が認められるためには，瑕疵ある物の給付について売主に帰責事由があることが必要であるとみているようである。

　このほか，我妻榮①『新訂債権総論（民法講義Ⅳ）』（岩波書店，1964年）153頁は，「不完全履行の要件」として，「債務者の責に帰すべき事由に基づくこと」を挙げ，同154頁は，「不完全履行の効果」として，「追完の可能なとき」において，「債権の目的が債務者の一定の行為であるときには，改めて完全な給付をなすべきことを請求することができる」とし，「売主が瑕疵ある物を給付した場合」には「債権者は瑕疵のない物の履行を請求することができる」としている（もっとも，信義則によって，制限を受けることがあるとする）。また，同②『債権各論中巻二（民法講義Ⅴ₃）』（岩波書店，1962年）635頁は，請負人の修補義務に関して，「瑕疵が請負人の責に帰すべき事由によつて生じた場合には，不完全履行の効果として，注文者は，追完すなわち修補を請求し得るはずである」とし，「請負人の担保責任としての修補義務は，瑕疵が請負人の責に帰すべからざる事由による場合に拡張されたことになる」としている。以上からは，債権者の追完請求権は，基本的には，債務者の帰責事由を要件とする不完全履行の効果としてとらえられているようにみえる。

　しかし，他方で，我妻・前掲注5) 308頁には，解除と損害賠償については売主の帰責事由が必要とされることとの対比で，買主の追完請求権は，売主の帰責事由を要件とせずに認められるかのような記述もみられる。また，我妻・前掲①154頁も，不完全履行の場合に債権者が「瑕疵のない物の履行を請求することができる」ことは，「あたかも履行遅滞と同様である」とし，そうした「履行遅滞の効果」に関して，同112頁は，「履行を遅延したことが債務者の責に帰すべからざる事由に基づく場合でも，債権者が本来の給付を請求する権利に影響を及ぼさない」としている。この点が不完全履行の場合の追完請求においても「同様である」とするのであれば，債権者の追完請求権は，債務者の帰責事由を要件とするものではないと考えられているとみることもできる。

由あるを要しない。債務者は完全な給付をなすべき義務を負っており，それが可能な限りはこの義務から解放されないからである」とされる[30]。

すなわち，①債務の本旨に従った履行がされなかった場合（不完全履行の場合）には，本旨に従った履行がなお可能である限り，債権者は原則として本来の履行請求権を失わず，この場合に債権者に認められる追完請求権は，まさに本来の履行請求権それ自体に基づくものであるところ，②そうした本来の履行請求権の要件として債務者の帰責事由が必要でないことからすれば，本来の履行請求権それ自体に基づく追完請求権においても，その要件として債務者の帰責事由は必要ではないというわけである。

以上によると，この見解は，追完請求権の法的性質を本来的履行請求権の一態様・具体化ととらえることによって，そこから，本来的履行請求権の規律内容（要件として債務者の帰責事由が不要であること）が，そのまま追完請求権においても同様に妥当することを基礎づけようとするものとみることができる。

そうすると，この見解は，追完請求権の法的性質が本来的履行請求権の一態様・具体化であるという理解から，追完請求権の規律内容を確定するための指針として，「追完請求権においても原則として本来的履行請求権と同様の規律が妥当する」という考え方を導き出そうとするものとみることができるだろう。

このように，追完請求権を本来的履行請求権の一態様・具体化とみる見解は，追完請求権の要件（債務者の帰責事由の要否）をめぐる議論の中で，上述したような考え方に従って，追完請求権が債務者の帰責事由の有無にかかわりなく認められるものであることを解釈論的に基礎づける見解として，学説上の支持を集め，その支配的地位を確立するに至ったものとみられる。

イ　「現実賠償」としての追完請求権

以上のような支配的見解に対して，追完請求権（修補請求権）を「現実賠償」の法的性質を有するものとみる見解も主張された[31]。これは，次のように，売主の修補義務に何らかの限定を付すべきであるとの考慮に基づくものであった。

30）　奥田・前掲注28）160頁。

㈦ 瑕疵修補義務を瑕疵のない物の給付義務に包含することの問題性

まず，瑕疵のない物の給付義務と瑕疵修補義務との関係について，「瑕疵なき物の給付義務を瑕疵なき状態を実現すべき義務として広く捉え，瑕疵修補義務は，瑕疵なき物の給付義務の具体的義務の一つとしてこれに包含されるものだと解すれば，瑕疵なき物の給付義務が認められる場合には，修補が可能であれば，つねに売主は瑕疵修補義務を負うことになるはずである」とする。そうすると，修補不能といえない限り，「たとえ瑕疵修補に費用がいくらかかろうとも，それを理由に売主は修補義務は免れることはできないということになりそうである」が，「この解釈は売主にとって酷である場合があるのではないだろうか」と問題点を指摘する[32]。

そして，瑕疵修補請求権の要件として一定の限定を付することが妥当であるとすると，「瑕疵修補義務が当然に売主の瑕疵なき物の給付義務の一内容であると解することには問題があろう」とし，「瑕疵なき状態を指向するという抽象的なレベルでは両者は共通であるとはいえ，売主にとってみれば，瑕疵修補という行為債務は，瑕疵なき物の給付義務とは別個の付加的な負担を売主に課すものではないだろうか」とする。また，「さらにいうと，瑕疵なき状態で目的物を引き渡す債務を負う場合であれば，つねに瑕疵修補義務が課されると解すると，例えば，寄託契約や運送契約など債務者が一定の状態で目的物を引き渡す債務を負うような契約においても同様に解されるべきことになろうが，当然にこう解することは問題ではないだろうか」とし，「ここに，売主の瑕疵修補義務を認めるにつき，なんらかの限定を付する契機があるように思われる」とする[33]。

㈥ 「現実賠償」としての瑕疵修補請求権

そこで，フランス法における「現実賠償」の概念をめぐる議論を参照し，

---

31) 森田（宏）・前掲注12) 197頁。このほか，林良平「売主の瑕疵担保責任の効果」同『近代法における物権と債権の交錯（林良平著作選集Ⅰ）』（有信堂，1989年，初出1962年）189頁注4も，損害賠償の一方法として修補請求を認めることを示唆する。また，髙橋眞「契約各則──売買・役務提供」ジュリスト1392号（2010年）93頁，94頁も，「もし売主自身による修補が可能かつ妥当な場合において現実の修補請求権を認めるのであれば，それは『損害賠償』の現物形態──第三者に修補をさせてその費用の賠償を求めることよりも，売主自ら修補する方が合理的である場合──ととらえることが可能と考える」としている。

32) 森田（宏）・前掲注12) 244頁以下。

「売主の瑕疵修補債務は，債権者の受ける給付内容からみれば，契約上の債務の『現実履行』という契約において期待された利益に近い『満足』を与えるものであるとともに，債務者に課される負担からみれば，損害の『塡補』の方法である『現実賠償』に他ならないという両面の性格を併せもつと考えられる」とする。そして，そうした「現実賠償は，（債権者にとっての）現実履行と（債務者にとっての）等価履行という二つの間の『中途（mi-chemin）』にある」のだという[34]。

このようなフランス法の議論を踏まえて，「結論として，瑕疵修補請求権は，売主の一定の瑕疵なき物の給付義務の不履行に基づく損害賠償の方法の一つとして，金銭賠償に代えて一定の行為債務を売主に課すという『現実賠償』としての法的性格を有する，と捉えるべきである」とする[35]。

(ウ) 瑕疵修補請求権を「現実賠償」ととらえることの帰結

このように瑕疵修補請求権を損害賠償の一方法である「現実賠償」ととらえることの帰結として，「売主の負うべき損害賠償と修補に要する費用とを比較して，修補義務が売主にその負うべき賠償義務として不相当な負担を課すような場合には，売主の修補義務を否定するという解釈」が導き出されるとする[36]。

すなわち，瑕疵修補請求権を「現実賠償」としてとらえることにより，そうした「現実賠償」の要件として，「①瑕疵修補が可能であること，②瑕疵修補に要する費用が，一定の瑕疵なき物の給付義務の不履行に基づく損害賠償として売主が負うべき賠償義務に比して不相当なものでないこと」の２つが導き出されるとする。そのうえで，「この②の要件から，売主の瑕疵修補義務の存否及びその範囲は，売主の負うべき損害賠償の範囲と相関的に判断され

---

33) 森田（宏）・前掲注12）245頁。また，辻伸行①「特定物売買における修補請求権について——完全履行請求権としての修補請求権に対する疑問」小野幸二教授還暦記念論集『21世紀の民法』（法学書院，1996年）216頁，同②「特定物買主の修補請求権について——修補請求権の法律構成の検討を中心にして」上智法学論集41巻1号（1997年）1頁も，修補請求権を「瑕疵なき物の給付義務」と結合させるべきではないとする。

34) 森田（宏）・前掲注12）229頁。また，中田・前掲注26）92頁も，完全履行請求権は，本来の履行の請求としての性質と不履行に対する救済手段としての性質とを併有しているとする。

35) 森田（宏）・前掲注12）246頁以下。

36) 森田（宏）・前掲注12）247頁。

ることになろう」とし，「この売主の負うべき損害賠償の範囲は，売主がどの範囲で不履行のリスクを引き受けたと解されるのか（契約利益）という契約解釈の問題に帰着する」のだとする[37]。

以上によれば，この見解は，買主の追完請求権（修補請求権）の法的性質を損害賠償の方法の1つである「現実賠償」ととらえることによって，そうした追完請求権（修補請求権）の規律内容を，——本来的履行請求権に妥当する規律ではなく——債務不履行に基づく損害賠償請求権に妥当する規律を手がかりとして確定しようとするものとみることができる。すなわち，この見解は，①買主の追完請求権の規律内容が本来的履行請求権の規律内容と必ずしも一致するものではないとするとともに，そのうえで，②そうした追完請求権の規律内容が，むしろ，債務不履行に基づく損害賠償請求権の規律内容を手がかりとして導き出されうるとする点に特徴を有しているとみることができる。

そうすると，この見解は，上述した支配的見解とは異なり，買主の追完請求権（修補請求権）の法的性質が「現実賠償」（損害賠償の方法の1つ）である——本来的履行請求権とは異なる「現実賠償」としての側面を有する——という理解から，追完請求権の規律内容を確定するための1つの指針として，「追完請求権（修補請求権）においては損害賠償請求権と同様の規律が妥当する」という考え方を導き出そうとするものとみることができるだろう[38]。

2　従来の議論の特徴と問題点——ドイツ法の議論との比較

(1)　買主の追完請求権の基礎づけ

ア　日本法の従来の議論

以上のように，改正前民法のもとで，買主の追完請求権については，第1に，瑕疵担保責任の法的性質との関係で，特定物売買においても売主が瑕疵

---

37)　森田（宏）・前掲注12）247頁。また，同248頁は，そうした売主の負うべき損害賠償の範囲を確定する際に具体的に考慮されるべきファクターとして，①（当事者が契約において定めた契約目的に照らした）「瑕疵の程度」，②（職業的な売主であるか素人であるかといった）「売主の資質」，③（第三者に修理させる手段の有無を含む）「売主の修補能力」を挙げている。

のない物の給付義務を負うかという問題と関連づけられて議論がされてきた。そこでは，買主の追完請求権の理論的前提として，特定物売買においても売主が瑕疵のない物の給付義務を負うかどうかが問題とされ，その点が瑕疵担保責任の法的性質に関する法定責任説と契約責任説の主要な対立点とされてきた。

そのうえで，特定物売買であれ種類売買であれ，売主が瑕疵のない物の給付義務を負うとされる場合には，いずれにしても，瑕疵ある物の引渡しは売主の給付義務の不完全履行となり，その結果として，買主の追完請求権が認められるものと考えられてきた。

その一方で，そうした買主の追完請求権の法的性質については，①買主の追完請求権を本来的履行請求権の一態様ないし具体化とみる見解と，②買主の追完請求権を「現実賠償」の性質を有するものとみる見解が対立していた。もっとも，これは，買主の追完請求権に妥当する規律が本来的履行請求権と同様の規律か損害賠償請求権と同様の規律かという点にかかわるものであって，いずれの見解においても，ひとまずは，売主が瑕疵のない物の給付義務を負うのであれば，瑕疵ある物の引渡しを契機として——本来的履行請求権の一態様・具体化あるいは「現実賠償」（損害賠償の方法の1つ）として——買主の追完請求権が認められると考えられてきたものとみられる。

このように，買主の追完請求権の基礎づけに関する従来の学説の議論は，主として，売主が瑕疵のない物の給付義務を負うかどうかに照準を合わせて展開してきたものとみることができる。その結果，一般に，買主の追完請求

---

38) このほか，立法提案として，能見善久「履行障害」山本敬三ほか『債権法改正の課題と方向——民法100周年を契機として〔別冊NBL51号〕』（商事法務研究会，1998年）103頁，112頁も，修補請求権・代物請求権を追完請求権（補完的履行請求権）として本来的履行請求権とは区別し，これについて本来的履行請求権には妥当しない特別の制限を設けるべきであるとしていた。

　これによると，まず，①修補請求権については，「過分な費用がかかる場合」には認められないものとされる。これは，経済的不能に至らない場合にも，「金銭で賠償すればかかる金額に対して修補をすることに不相当に費用がかかる場合に修補請求を認めると経済的合理性に反することを理由に修補請求を制限するものである」とされている。また，②代物請求権については，修補請求と代物請求のいずれも可能である場合には，原則として（「重大な義務違反」がない限りで），「被害当事者はまず修補請求をしなければならない」とされる。これは，「種類売買の売主にとって修補できる場合に代物を給付しなければならないことは大きな負担となるので，債務者が修補か代物給付かを選択できるようにした」ものとされている。

権は,「①瑕疵のない物の給付が売買契約の合意内容となる→②その合意に従って売主は瑕疵のない物の給付義務を負う→③買主は瑕疵のない物の引渡しを求める履行請求権（本来的履行請求権）を有する→④瑕疵ある物が引き渡された場合に買主は追完請求権を有する」という図式に従って基礎づけられると考えられてきたものとみられる[39]。

イ ドイツ法の議論

これに対して，ドイツでは，債務法改正前における買主の修補請求権の有無をめぐる議論において，買主の追完請求権の基礎づけに関して，次のような点が問題とされていた。

まず，買主の修補請求権の基礎づけとして，特定物売買において瑕疵のない物を給付することが売買契約の合意内容となりうるか，また，それに対応して売主が瑕疵のない物の給付義務を負うかが問題とされていた。そして，これらが肯定されることが買主の修補請求権が認められるための理論的前提であることについて，学説の一致がみられた。

しかし，これらが肯定されることによって直ちに買主の修補請求権が認められることになるかどうかについては，学説上争いがあった。そこでは，瑕

---

39) もっとも，これに対しては異論が全くなかったわけではない。例えば，辻・前掲注33) ①227頁以下，同・前掲注33) ②30頁以下は，修補請求権を「瑕疵なき物の給付義務」と結合させるべきではないとし，「売主に修補義務を負わせることの妥当性や修補請求権の内容を判断するためにも，修補請求権は当事者間の明示・黙示の修補の特約（当事者意思の合理的解釈も，黙示の特約の存在を解釈によって認めようとするもので特約とみてよいのではないか）によって生じると解すべきである」としている。
　このほか，建売住宅の売買における売主の瑕疵修補義務に関してであるが，すでに，山下末人「売主の担保責任」中川善之助＝兼子一監修『マンション・建売住宅』（青林書院，改訂版，1979年）430頁以下，439頁も，瑕疵担保責任の法的性質に関する契約責任説によれば，「建売住宅を売買としてとらえつつ，売主の瑕疵修補義務を導くことが一般論としては可能である。しかし，建売業者を『売主』とみるかぎり，売主としての地位から当然に瑕疵修補義務が発生すると考えることには疑問がある」と指摘している。そのうえで，建売住宅の売買において売主の瑕疵修補義務を認めることに関しては，「売主としては，契約の実質的な有償性をみたすべき履行義務があるとはいえても，具体的な修補義務は売主が同時に建売住宅の製造者であることによると考えるべきであろう」とし，「請負人の担保責任として特に瑕疵修補義務を認めているのも，請負人の負担する仕事の完成（製造）者たる地位によるものであるが，建売住宅を請負的要素を備えた売買とみることによって，瑕疵修補義務に関し，抽象的な信義則ではなく，民法典の規定の趣旨に沿った結論を導きうると思われる」としている。

疵のない物の給付が売買契約の合意内容となることないし売主が瑕疵のない物の給付義務を負うことから買主の修補請求権を認めようとする見解も主張されていたが，多数の見解は，むしろ，買主の修補請求権が認められるためには，①瑕疵のない物の給付が売買契約の合意内容となること，②売主が瑕疵のない物の給付義務を負うこと，あるいは，③買主が瑕疵のない物の引渡請求権を有することだけでは必ずしも十分ではないとし，結論として，買主の修補請求権は認められないものとしていた。そうした見解においては，買主の修補請求権が認められるためには，以上に加えて，それとは別のレベルの問題として，買主の修補請求権それ自体が法秩序によって認められていることが必要であるとされ，現行の（債務法改正前の）法秩序によっては買主の修補請求権は認められていないと考えられていた。そして，その実質的根拠としては，(1)BGB 旧規定がローマ法に由来する（修補が問題とならない）不代替物の特定物売買を基礎とする規律に依拠していること，(2)請負契約的な性質を有する修補請求権を認めることは売買契約の本質に反すること，(3)売主の修補能力が認められないことが挙げられていた。

　もっとも，これらの修補請求権を否定する根拠については，すでに債務法改正前の議論においても実質的にそれが克服可能であることが示されていた。そしてまた，その克服は債務法改正によって現実のものとなった。そこでは，(1)従来 BGB の基礎に置かれていた（修補が問題とならない）不代替物の特定物売買ではなく，現代的な工業製品売買が売買契約の典型として想定されることによって，売買契約の原則的規律として買主の追完請求権（修補請求権・代物請求権）を認めることが正当化された。また，(2)請負契約的な性質を有する修補請求権が売買契約において認められることも，工業製品の生産体制が手工業から大量生産に移行し，それによって工業製品の取引において請負契約が売買契約に取って代わられた——売買契約と請負契約との関係ないし売買契約観が変化した——ことに基づいて正当化されていた。さらに，(3)売主の修補能力についても，売主が製造者等との連絡関係を有するという社会経済構造を考慮すれば，一律に買主の修補請求権を否定する根拠となるものではないとされた。

　このように，ドイツにおいては，買主の追完請求権の基礎づけに関して，①瑕疵のない物の給付が売買契約の合意内容となることないしは売主が瑕疵のない物の給付義務を負うことに加えて，②買主の追完請求権それ自体が法

秩序によって認められているかどうかが問題とされていた。そして，②の問題については，とりわけ，買主の追完請求権を原則として認めることが法の基礎にある売買契約の典型に適合する規律として正当化されるかどうかが問題とされていたものとみることができる。

ウ　日本法の従来の議論とドイツ法の議論との比較

　以上でみた日本法の従来の議論とドイツ法の議論とを比較すると，買主の追完請求権の基礎づけに関して，両者は，いずれも売主が瑕疵のない物の給付義務を負うかどうかを問題としている点で共通していたといえる。

　しかし，日本法の従来の議論においては，売主が瑕疵のない物の給付義務を負う場合には，そこから，本来的履行請求権の一態様ないし具体化として，あるいは「現実賠償」の性格を有するものとして，買主の追完請求権が認められるとされており，そこでは，ドイツ法で問題とされていた「売買契約の原則的規律として買主の追完請求権を認めることが法の基礎にある売買契約の典型に適合する規律として正当化されるか」という観点は必ずしも十分に考慮されてこなかったのではないかと考えられる。

　これは，日本法の従来の議論においては，債権総論レベルでの不完全履行に関する一般原則として，——どのような契約（類型）が問題となっているかにかかわりなく——「債務者が瑕疵のない物の給付義務を負うのであれば，その不完全履行の場合に，債権者に追完請求権が認められる」という考え方が基礎に置かれていたためではないかと考えられる。

　もっとも，これについては，すでにみたように，学説においても，上のような考え方による場合の問題点として，「瑕疵なき状態で目的物を引き渡す債務を負う場合であれば，つねに瑕疵修補義務が課されると解すると，例えば，寄託契約や運送契約など債務者が一定の状態で目的物を引き渡す債務を負うような契約においても同様に解されるべきことになろうが，当然にこう解することは問題ではないだろうか」という指摘がされていた[40]。これは，追完請求権の基礎づけを考える際には，その基礎にある契約類型の性質の相違を考慮する必要があることを示唆するものとみることもできる。そうであるとすれば，この指摘は，上述したドイツ法の議論においてみられたのと同様の観点に基づくものと評価することもできるだろう。しかし，その一方では，こうした問題点の指摘がされること自体が，従来の議論においては，追

完請求権の問題が不完全履行に関する一般原則の問題——契約類型の相違に
かかわらない債権総論レベルの問題——として位置づけられており，その基
礎にある契約類型の性質の相違が必ずしも十分に考慮に入れられていなかっ
たことを示しているともいえるだろう。

(2) 買主の追完請求権の内容確定

ア 日本法の従来の議論

以上に対して，買主の追完請求権の規律内容やその確定のあり方について
は，日本法の従来の議論においても，——改正前民法においては，買主の追完
請求権を定める規定がそもそも存在していなかったこともあって——必ずし
も詳細な検討がされているわけではなかった。

もっとも，以上でみた追完請求権の法的性質をめぐる議論においては，追
完請求権の法的性質の理解から，追完請求権の規律内容を確定するための一
定の指針を導き出すことができるものと考えられていたといえよう。すなわ
ち，①追完請求権を本来的履行請求権の一態様・具体化とみる見解は，追完
請求権においても基本的に本来的履行請求権と同様の規律が妥当するとの指
針を導き出し，②追完請求権を「現実賠償」の性質を有するものとみる見解
は，追完請求権においては損害賠償請求権と同様の規律が妥当するとの指針
を導き出していたといえる。

また，追完請求権の規律内容にかかわる具体的問題としては，特定物売買
においても買主の代物請求権が認められるかが問題とされていた。これにつ
いては，特定物売買においても，代替物が問題となる場合には，買主の代物
請求権を認めるべきであるという見解が一部で主張されていた。もっとも，
①こうした特定物売買において代物請求権が認められることがどのようにし
て理論的に正当化されるか，②その場合の代物請求権と本来的履行請求権と

---

40) 森田（宏）・前掲注12) 245頁。また，辻・前掲注33) ①219頁，同・前掲注33) ②
8頁も，「物の運送や寄託において」，「運送人・受寄者は目的物を毀損しないように目
的地まで運送して引渡をするとか，または毀損しないように保管し保管終了後返還す
るという義務を負うのであるから，これらの者はなす債務と並んで付随的に『瑕疵な
き物の給付義務』を負うとみてよいであろう。しかし，それにもかかわらず，これらの
者に修補義務を認めることは適当でない。運送・寄託においては，目的物に毀損があっ
たとしても，運送人・受寄者の帰責事由を要件とした損害賠償の問題としてのみ処理
すべきであると思われる」としている。

第1節　日本における改正前民法のもとでの買主の追完請求権　201

の関係をどのように理解するかについては必ずしも十分に明らかにされているわけではなかったように思われる。

イ　ドイツ法の議論

これに対して，ドイツにおいては，とりわけ債務法改正作業の過程及び債務法改正の後において，買主の追完請求権の規律内容をめぐる議論が展開されていた。

そこでは，解釈論上争いのある買主の追完請求権の規律内容を確定するにあたって，①本来的履行請求権と同様の規律を妥当させるアプローチと，②追完請求権に特有の規律を妥当させるアプローチのいずれを採用するかが，議論の基本的な対立軸となっていた。そして，後者のアプローチに関しては，さらに，そうした追完請求権に特有の規律内容を方向づける要因として，①主観的等価性の原理，②仮定的当事者意思，③売買契約の典型としての工業製品売買の特質，④瑕疵ある目的物の引渡し・受領を契機とする当事者の利益状況，⑤安価費用負担者へリスクと権限を配分するという考え方が見出された。

また，ドイツにおいては，債務法改正後，特定物売買における代物請求の可否についても，上記のアプローチの対立を反映した激しい議論が展開されていた。そこでは，①特定物売買において代物請求権を認めることがどのようにして理論的に正当化されるか，②その場合の代物請求権と本来的履行請求権との関係をどのように理解するかについても詳細な検討が行われていた。さらに，特定物売買における代物請求の可否の基準についても，代替物かどうかを基準にする見解のほか，仮定的当事者意思に基づく「代物可能性」を基準とする見解が主張されていた。

ウ　日本法の従来の議論とドイツ法の議論との比較

以上でみた日本法の従来の議論とドイツ法の議論とを比較すると，まず，買主の追完請求権の内容確定の基本的な指針に関して，日本における追完請求権を本来的履行請求権の一態様・具体化とみる見解は，ドイツにおける追完請求権に本来的履行請求権と同様の規律を妥当させるアプローチに対応するものとみられる。また，日本における追完請求権を「現実賠償」の性質を有するものとみる見解は，──追完請求権に本来的履行請求権とは異なる規

律を妥当させようとする点で——ドイツにおける追完請求権に本来的履行請求権とは異なる追完請求権に特有の規律を妥当させるアプローチに概ね対応するものといえよう。もっとも，後者に関しては，日本における追完請求権を「現実賠償」の性質を有するものとみる見解が，追完請求権に損害賠償請求権と同様の規律を妥当させようとするものであるのに対して，ドイツにおける追完請求権に特有の規律を妥当させるアプローチは，必ずしも損害賠償請求権の規律を参照しているわけではなく，むしろ，上述した具体的な諸要因を考慮して，きめ細かに追完請求権の規律内容を確定しようとしていた。これは，追完請求権の法的性質を持ち出すだけでは，追完請求権について問題となるさまざまな規律内容を具体的に導き出すための手がかりとして必ずしも十分ではないことによるものと考えられる。そうだとすると，追完請求権の規律内容の確定にあたっては，いずれにしても，ドイツ法の議論においてみられたように，そうした追完請求権の規律内容が，どのような要因・考慮に基づいて，いかにして確定されるのかを個々の問題に即して具体的に明らかにしていく必要があるといえるだろう。

　また，追完請求権の規律内容にかかわる具体的問題に関しては，日本においてもドイツにおいても，特定物売買における代物請求の可否という問題が議論されていた。しかし，日本法の議論においては，ドイツ法の議論とは異なり，特定物売買において買主の代物請求権を認める見解においても，①それを理論的にどのように正当化するか，②そこで認められる代物請求権と本来的履行請求権との関係をどのように理解するかについては，必ずしも明らかにされているわけではなかった。

第2節 『債権法改正の基本方針』における買主の追完請求権

　買主の追完請求権は，民法改正に向けて行われた学界の議論においても検討対象として取り上げられた。その中でも，民法（債権法）改正検討委員会による『債権法改正の基本方針』[41]においては，①新たに「不完全な履行」の場合について「債権者の追完請求権」を一般的に規定し，さらに，②売買についても，これに対応して，給付された目的物に瑕疵がある場合の「買主の追完請求権」を規定することが提案された。そして，これらの提案については，詳細な解説が付されている。

　もちろん，この『債権法改正の基本方針』における改正提案は，そのままの形で改正民法に反映されたわけではない。しかし，①この提案は，現に法制審議会民法（債権関係）部会における審議にも大きな影響を与えたものであって，改正民法の規律の趣旨を検討するにあたっても参照するに値する資料の1つであるほか，②この提案は，それ自体が，民法改正に向けて行われた学問的な検討作業の成果であって，独立して検討対象とするに値する学術的価値を有しているものと考えられる。そこで，本節では，こうした『債権法改正の基本方針』における買主の追完請求権の提案を取り上げ，ドイツ法との比較という観点から，その意義と問題点について検討を加えることとしたい[42]。

---

41)　民法（債権法）改正検討委員会編『債権法改正の基本方針〔別冊 NBL126 号〕』（商事法務，2009 年）（以下では，『基本方針』として引用）。

42)　『債権法改正の基本方針』の改正提案のうち，とくに債務不履行・契約責任に関する部分について検討を加えるものとして，半田吉信『ドイツ新債務法と民法改正』（信山社，2009 年）273 頁以下，石崎泰雄「『債権法改正の基本方針』の検討——契約の不履行の基本構造」法学会雑誌 50 巻 2 号（2010 年）107 頁など。また，その中でも，とくに売主の瑕疵担保責任に関する部分について検討を加えるものとして，野澤正充「売買——瑕疵担保責任と債務不履行責任の一元化に対する評価」法律時報 81 巻 10 号（2009 年）50 頁，円谷峻「瑕疵担保責任——担保責任と債務不履行責任の接合」同編著『社会の変容と民法典』（成文堂，2010 年）381 頁，下田由紀「売主の適合物引渡義務と瑕疵担保責任——フランス法における二元的構成」関西大学法学論集 59 巻 6 号（2010 年）63 頁など。さらに，買主の追完請求権に関しては，青野博之「買主の追完請求権についての立法論——請負及びドイツ売買法を参考にして」法律時報 82 巻 4 号（2010 年）104 頁も参照。

1 『債権法改正の基本方針』における買主の追完請求権の規律

『債権法改正の基本方針』においては、①契約及び債権一般に関する規律として、債権者の履行請求権及び追完請求権に関する一般規定を設けることが提案され、それに加えて、②個別の契約類型である売買に関しても、買主の追完請求権に関する規定を設けることが提案されていた。

そこで、本節では、まず、①一般的な債権者の追完請求権（及び履行請求権）の規律にかかわる提案をみたうえで、それに続いて、②売買における買主の追完請求権の規律にかかわる提案をみていくことにしよう。

(1) 債権者の追完請求権の規律

『債権法改正の基本方針』においては、債権者の履行請求権を明示的に規定することが提案され、債権者の追完請求権は、そうした債権者の履行請求権が「不完全な履行」の場合に具体化したものと位置づけられている。そこで、以下では、債権者の履行請求権の規律にかかわる提案の内容からみていくことにしよう。

ア　債権者の履行請求権
(ア)　履行請求権の位置づけ

まず、『債権法改正の基本方針』においては、債権者の履行請求権について、次のような規定を設けることが提案された。

> 【3.1.1.53】（債権と請求力）
> 　債権者は、債務者に対し、債務の履行を求めることができる。

これは、「債権を有する債権者は、債権という権利に基づいて、債務者に対して債務の履行を求めることができること、換言すれば、債権には履行請求力が内在していることを示したものである」とされている。すなわち、この提案は、債権と履行請求権との関係について、履行請求権が債権に内在する権能であり、債権の成立によって履行請求権が基礎づけられるとする立場に

立つことを表明するものといえる。これによれば、「債権を有する債権者は、債権という権利に基づいて、債務者に対して債務の履行を求めることができる」。そして、「債権には履行請求力が内在しているという考え方」からは、「特段の合意ないし法律上の規定がある場合を除き、債権者は債権の成立（原因）を主張・立証しさえすれば債務者に対し履行請求をすることができる」ことが導き出されるものとされている[43]。

㈠ 債務者の期待不可能による履行請求権の限界

以上のように債権に内在する権能としての履行請求権に関しては、その限界（障害要件）についても、次のような規定を設けることが提案された。

【3.1.1.56】（履行を請求することができない場合）
　履行が不可能な場合その他履行をすることが契約の趣旨に照らして債務者に合理的に期待できない場合、債権者は、債務者に対して履行を請求することができない。

これは、「具体的な局面において、契約の趣旨に照らせば債務の履行をすることが債務者にとって合理的に期待できないときには、このような行為をすることは契約のもとで債務者に求められていないと考えられるゆえに、債権者が契約を根拠として債務者に対し契約に照らして合理的に期待できない行為をするよう請求することは正当化できない」との考え方に基づくものとされている[44]。

そして、履行することが合理的に期待できないかどうかは、契約外在的な「社会通念」という客観的基準ではなく、明示の合意その他契約の趣旨に即して判断されるとする。また、ここでの期待不可能は、客観的にみて合理的なものであることを要し、単に債務者の具体的・主観的な事情に照らすと履行をすることが期待できないというのでは足りないとされる[45]。

---

43)　前掲注41)『基本方針』130頁、民法（債権法）改正検討委員会編『詳解・債権法改正の基本方針II──契約および債権一般(1)』（商事法務、2009年）（以下では、『詳解II』として引用）185頁以下。

44)　前掲注43)『詳解II』196頁。

45)　前掲注41)『基本方針』132頁、前掲注43)『詳解II』197頁。

206 第4章 買主の追完請求権の基礎づけと内容確定のあり方

さらに，ここでいう「契約の趣旨に照らして」とは，明示的に契約内容とされているもののほか，契約の目的，性質，対象，当事者の属性，当事者が契約締結に至った事情その他両当事者をとりまく諸事情を考慮に入れて判断するという意味であるとされている[46]。

イ　債権者の追完請求権

『債権法改正の基本方針』においては，さらに「不完全な履行」の場合における債権者の追完請求権についても，次のような規定を設けることが提案された。

【3.1.1.57】（追完請求権）
〈1〉　債務者が不完全な履行をしたときは，債権者は履行の追完を請求することができる。
〈2〉　〈1〉の場合において，債権者が追完の催告をしたにもかかわらず，相当の期間を経過しても債務者が追完しないときは，債権者は追完に代わる損害賠償を請求することができる。
〈3〉　〈1〉〈2〉にかかわらず，追完を債務者に請求することが，契約の趣旨に照らして合理的には期待できないときは，債権者は債務者に対し直ちに追完に代わる損害賠償を請求することができる。
〈4〉　〈3〉の場合において，債務者は，【3.1.1.58】[47]に従い追完をなすことによって追完に代わる損害賠償義務を免れることができる。
〈5〉　追完および追完に代わる損害賠償請求権についての債権時効については，【3.1.3.44】[48]〈1〉に定める期間は，不完全な履行に当たる事実が発生した時から起算され，同〈2〉に定める期間は，債権者が不完全な履行に当たる事実が発生したことを知った時から起算される。

---

46)　前掲注41)『基本方針』132頁，前掲注43)『詳解Ⅱ』198頁。
47)　【3.1.1.58】（追完権）
　　〈1〉　債務者が不完全な履行をしたときは，次の要件をみたす場合に，債務者は，自己の費用によって追完を為す権利を有する。
　　　〈ア〉　債務者が，なすべき追完の時期および内容について，不当に遅滞することなく通知すること
　　　〈イ〉　通知された追完の時期および内容が契約の趣旨に照らして合理的であること
　　　〈ウ〉　債務者が追完をなすことが債権者に不合理な負担を課すものでないこと
　　〈2〉　不完全な履行が契約の重大な不履行にあたる場合には，債務者の追完の権利は債権者の解除の権利を妨げない

㋐ 「不完全な履行」の概念

これによれば，追完請求権は，「不完全な履行」という不履行態様に限って適用される救済であるとされている。ここでいう「不完全な履行」とは，もろもろの債務不履行の類型の中から，不能や遅滞のような，完全不履行ないし無履行と呼ばれるものを除いた，「一応履行らしきものが受領されたがそこに何らかの契約上の義務の違反がある場面」のことであるとされている[49]。

そして，こうした「不完全な履行」と「無履行」（全部不能及び全部遅滞）とを区別することの意味は，「債務の履行（したがって不履行）をプロセスとしてとらえた場合に，そこでの債権者の関与（ただし客観的なそれで足り，必ずしも意思的な要素を前提としない）が異なっていることに着目」したものとされる。すなわち，「無履行にあっては，およそ履行は為されておらず，債権者は履行の引取りをおよそしていない。これに対して『不完全な履行』においては，契約不適合があるにもかかわらず，債権者は履行らしきものを一応引き取っている点が異なる」とされている[50]。

㋑ 追完請求権の内容

また，追完請求権の内容に関しては，「追完請求権は，『不完全な履行』の態様に即して，物の給付に瑕疵がある場合の修補請求権，代物請求権，数量不足に際しての追履行請求権，再施工請求権などのさまざまな形態を取って現れるが，その個別具体的な内容は契約の解釈によって決まる」とされている[51]。そして，債権者が請求できる具体的内容の決定は，「不完全な履行の態様に即して，当該追完を債権者に認めることが当初の合意によって債務者の引き受けた内容に当たるといえるかという，個別的な規範的判断に帰着する」とされる[52]。

---

48) 【3.1.3.44】（債権時効の起算点と時効期間の原則）
　　〈1〉　債権時効の期間は，民法その他の法律に別段の定めがある場合を除き，債権を行使することができる時から［10年］を経過することによって満了する。
　　〈2〉　〈1〉の期間が経過する前であっても，債権者（債権者が未成年者または成年被後見人である場合は，その法定代理人）が債権発生の原因および債務者を知ったときは，その知った時または債権を行使することができる時のいずれか後に到来した時から［3年／4年／5年］の経過により，債権時効の期間は満了する。

49) 前掲注41)『基本方針』132頁。

50) 前掲注43)『詳解Ⅱ』202頁。

51) 前掲注41)『基本方針』132頁以下。

208 第4章 買主の追完請求権の基礎づけと内容確定のあり方

㈦ 追完請求権の法的性質

　このようにさまざまな形態を取って現れる追完請求権は，「いずれも，『不完全な履行』の場面における債権者の履行請求権の具体化として位置づけられ」るとされている[53]。これについては，「追完請求権と履行請求権とが請求権として同一であるとするものではないが，両者は本質を同じくするという理解に立っている。その上で，履行請求権が『不完全な履行』の場面で具体的に表現されるものが追完請求権であるととらえている」と説明されている[54]。

　そして，このことの法技術的な意味としては，①追完請求権の内容的な限界が，履行請求権の内容の限界の個別問題と位置づけられること，②追完請求権と追完に代わる損害賠償請求権との関係について履行請求権と履行に代わる損害賠償請求権との関係と同じ論理が妥当することの2点が挙げられている。

　まず，①については，追完請求権が「履行請求権の具体化」と位置づけられることによって，追完請求権には，上述した【3.1.1.56】（履行を請求することができない場合）の履行請求権排除制度の制約がかかるとされる。例えば，瑕疵が重大であっても，修補に過分の費用を要する場合には，「債務の履行をすることが債務者に期待できない場合」の一場面として追完請求権の一態様である修補請求権は否定されるものとされている[55]。

　また，②についても，債権者が履行に代わる損害賠償を請求するために一定の要件（履行の催告や履行の期待不可能）が必要であるとされる（【3.1.1.65】〈1〉〈ア〉，〈ウ〉）のと同様に，債権者が追完に代わる損害賠償を請求するためにもそれと同様の要件（追完の催告や追完の期待不可能）が必要であるとされている（【3.1.1.57】〈2〉，〈3〉）。このことは，「追完請求権の本質が履行請求権のそれと同一であることに基礎を有している」とされている[56]。

　以上によれば，ここでは，追完請求権が本来的履行請求権と本質を同じくする「履行請求権の具体化」として位置づけられ，そこから，「追完請求権に

---

52)　前掲注43)『詳解Ⅱ』204頁参照。そこでは，とりわけ修補請求権が問題とされているが，このことは，修補請求権にとどまらず，追完請求権一般に妥当しうるものと考えられる。

53)　前掲注41)『基本方針』133頁。

54)　前掲注43)『詳解Ⅱ』200頁。

55)　前掲注41)『基本方針』133頁，前掲注43)『詳解Ⅱ』201頁。

は原則として本来的履行請求権と同様の規律が妥当する」という考え方が導き出されているとみることができる[57]。このような追完請求権の法的性質の理解は，前節でみたように，これまでの学説における支配的見解に対応するものといえる[58]。もっとも，このような追完請求権の法的性質から，追完請求権の具体的内容が機械的に導出できるわけではないともされており，債権者が請求できる具体的内容は，上述したように，「契約の解釈」によって，不完全な履行の態様に即して，個別的・規範的に判断されるものとされている[59]。

㈒　追完請求権の債権時効の時効期間と起算点

　以上のほか，『債権法改正の基本方針』においては，追完請求権の消滅時効（債権時効）についても，「追完および追完に代わる損害賠償請求権についての債権時効については，【3.1.3.44】〈1〉に定める期間は，不完全な履行に当たる事実が発生した時から起算され，同〈2〉に定める期間は，債権者が不完全な履行に当たる事実が発生したことを知った時から起算される。」とする提案がされている（【3.1.1.57】〈5〉）。

　これは，「追完請求権独自に短期の期間制限を用意するものではなく，期間については時効総則制度を確認・具体化するものとして規定することが想定されている」とされている[60]。これによれば，追完請求権の債権時効の「時

---

56)　前掲注41)『基本方針』133頁，前掲注43)『詳解Ⅱ』201頁，206頁。もっとも，【3.1.1.57】〈4〉において，債務者の追完権（【3.1.1.58】）を認めている点は，履行請求権（履行に代わる損害賠償）の場合には存在しない追完請求権（追完に代わる損害賠償）に特有の規律であるといえる。

57)　このような理解については，山本豊「契約責任論の新展開（その3）——追完請求権と追完権」法学教室345号（2009年）111頁，115頁以下，同「債務不履行・約款」ジュリスト1392号（2010年）84頁，87頁も参照。

58)　前掲注43)『詳解Ⅱ』204頁は，このように追完請求権を履行請求権の具体化ととらえることによっても，前節でみた修補請求権を「現実賠償」の性質を有するものとみる立場の志向するところ（修補請求権の内容を適切な限度に制限すること）は実現することができるとする。すなわち，履行請求権の排除原因である「履行が不可能な場合その他債務の履行をすることが債務者に期待できない場合」（【3.1.1.56】）を追完請求権について問題とすれば，「追完請求権の限界という問題も，当事者が合意によってどこまでの履行努力を引き受けたかということに解消されることになる。……その結果過分の費用のかかる修補については，履行請求権が排除されることになり，したがって追完請求権も適宜排除することが可能となる」とする。

59)　前掲注43)『詳解Ⅱ』204頁参照。

効期間」に関しては，本来的履行請求権と同様の規律（時効期間）が予定されているということができる。

　他方で，この提案によれば，追完請求権の債権時効の「起算点」は，①不完全な履行に当たる事実が発生した時（客観的起算点）又は②債権者が不完全な履行に当たる事実が発生したことを知った時（主観的起算点）となる[61]。これは，本来的履行請求権にかかる債権時効の起算点が，①債権を行使することができる時（客観的起算点）又は②債権者が債権発生の原因及び債務者を知った時（主観的起算点）とされている（【3.1.3.44】〈1〉，〈2〉参照）のとは異なっている。したがって，この点では，本来的履行請求権とは異なる独自の規律が提案されていることになる[62]。これは，上述したように，追完請求権と本来的履行請求権とが「請求権として同一であるとするものではない」とされていたことに対応するものと考えられる。

(2)　売買における買主の追完請求権の規律

　『債権法改正の基本方針』においては，以上のような債権者の追完請求権に関する一般規定に加えて，さらに，契約各則（「各種の契約」）の部分において，売買における買主の追完請求権について——他の救済手段に関する規律とともに——次のような規定を設けることが提案された。

【3.2.1.16】（目的物の瑕疵に対する買主の救済手段）
〈1〉　買主に給付された目的物に瑕疵があった場合，買主には以下の救済手段が認められる。
　〈ア〉　瑕疵のない物の履行請求（代物請求，修補請求等による追完請求）
　〈イ〉　代金減額請求
　〈ウ〉　契約解除
　〈エ〉　損害賠償請求
〈2〉　瑕疵の存否に関する判断については【3.2.1.27】に従って危険が移転する時期を基準とする。

---

60)　前掲注41)『基本方針』133頁。
61)　前掲注41)『基本方針』133頁。
62)　前掲注43)『詳解II』209頁参照。

第2節 『債権法改正の基本方針』における買主の追完請求権　　**211**

【3.2.1.17】（救済手段の要件と相互の関係）

　【3.2.1.16】〈1〉で定められる各救済手段の認められる要件と相互の関係は，以下のとおりとする。

　〈ア〉【3.2.1.16】〈1〉〈ア〉の代物請求は，契約および目的物の性質に反する場合には認められない。

　〈イ〉【3.2.1.16】〈1〉〈ア〉の修補請求は，瑕疵の程度および態様に照らして，修補に過分の費用が必要となる場合には認められない。

　〈ウ〉【3.2.1.16】〈1〉〈ア〉において，代物請求と修補請求のいずれも可能である場合，買主はその意思に従って，いずれの権利を行使するかを選択することができる。

　　　この場合において，買主の修補請求に対し，売主は代物を給付することによって修補を免れることができる。

　　　また，買主の代物請求に対し，瑕疵の程度が軽微であり，修補が容易であり，かつ，修補が相当期間内に可能である場合には，修補をこの期間内に行うことによって代物給付を免れることができる。

　〈エ〉【3.2.1.16】〈1〉〈イ〉は，売主に免責事由がある場合でも，また買主が履行請求権を行使することができない場合でも，認められる。ただし，買主に〈ア〉の救済手段が認められる場合，買主が〈ア〉の履行を催告しても売主がこれに応じない場合に限って認められる。

　〈オ〉【3.2.1.16】〈1〉〈ウ〉は，瑕疵ある物の給付，または催告があっても瑕疵のない物を給付しないことが契約の重大な不履行に当たることを要件とする。

　〈カ〉売主が免責事由を証明した場合には，【3.2.1.16】〈1〉〈エ〉の救済手段は認められない。

　〈キ〉【3.2.1.16】〈1〉〈ア〉の追完請求が可能な場合，【3.2.1.16】〈1〉〈エ〉の救済手段は，買主が相当期間を定めて〈ア〉の追完請求をし，その期間が経過したときに行使することができる。ただし，期間が経過したときは，売主は追完請求の時点から損害賠償債務について遅滞に陥るものとする。

　〈ク〉買主が【3.2.1.16】〈1〉〈イ〉の権利を行使した場合，【3.2.1.16】〈1〉〈ウ〉の救済手段は認められない。また，【3.2.1.16】〈1〉〈イ〉の権利と相容れない【3.2.1.16】〈1〉〈エ〉の救済手段は認められない。

【3.2.1.18】（瑕疵の通知義務）

〈1〉　買主が，目的物の受領時，または受領後に瑕疵を知ったときは，契約の性質に従い合理的な期間内にその瑕疵の存在を売主に通知しなければならない。ただし，売主が目的物の瑕疵について悪意であるときは，この限りでない。

〈2〉　買主が，〈1〉の通知をしなかったときは，買主は目的物の瑕疵を理由と

する救済手段を行使することができない。ただし，通知をしなかったことが買主にとってやむを得ない事由に基づくものであるときは，この限りでない。

ア　買主の追完請求権の承認

これによれば，「買主に給付された目的物に瑕疵があった場合」，買主には，「瑕疵のない物の履行請求（代物請求，修補請求等による追完請求）」が認められるとされている（【3.2.1.16】〈1〉〈ア〉）。

そして，このような買主の追完請求権に関する規定を設ける趣旨については，次のような説明がされている。すなわち，「現行規定において，瑕疵ある物が給付された場合に，買主が代物請求ないし修補請求をなす権利（いわゆる完全履行請求権ないし追完請求権。以下，追完請求権を用いる）は本来の履行請求の延長にほかならず，債務不履行規定においても，債権者の権利として具体的に規定されていない。また，瑕疵担保責任を法定責任と解すれば，追完請求権がないのは当然だということになるが，契約責任説の立場からは，買主の権利として認められるべき効果が売買の規定中に置かれていないことになる」ところ，「物の瑕疵に対する責任を債務不履行責任として捉える本試案の立場からすれば，追完請求権を買主に認められる救済手段として，明示的に掲げることが適切である」というわけである[63]。

そのうえで，この規定の内容に関する説明としては，「瑕疵ある物を受領した買主は，引き続き，瑕疵なき物の給付を請求する権利を有する」とされ，「ここで定められる代物請求や修補請求は，【3.1.1.57】（追完請求権）で定められる追完請求権を売買契約に即して具体化したものといえる」とされている[64]。また，その際に，履行が不完全である場合の追完請求権を一般的に規定する【3.1.1.57】（追完請求権）に加えて，売買契約においてそのような買主の追完請求権を規定する意味は，「売買契約に即して追完請求の内容を具体的に明らかにするところ」にあると説明されている[65]。

これは，「売主は買主との合意に従って引き受けた債務を履行する義務が

---

63) 民法（債権法）改正検討委員会編『詳解・債権法改正の基本方針Ⅳ——各種の契約(1)』（商事法務，2010年）（以下では，『詳解Ⅳ』として引用）74頁。

64) 前掲注41)『基本方針』277頁。

65) 前掲注63)『詳解Ⅳ』74頁。

ある」という基本的な考え方[66]に従い，売主が買主に対して瑕疵のない物（契約に適合した物)[67]を給付する義務を負うことを出発点とするものであるとみられる[68]。すなわち，ここでは，買主は，売買契約に基づいて，瑕疵のない物の給付を請求する権利（履行請求権）を有するのであり，その権利（履行請求権）が，売主の瑕疵ある物の給付という「不完全な履行」の場面で追完請求権に具体化したものが，ここで定められた代物請求権や修補請求権であると考えられているといえる。そのため，こうした買主の追完請求権は，「本来の履行請求の延長」にほかならないというわけである[69]。

　以上からすると，『債権法改正の基本方針』においては，上述した「不完全な履行の場合に，債権者は履行請求権の具体化としての追完請求権を有する」という一般原則を基礎とし，また，従来の学説における一般的な見解に対応する形で，「①瑕疵のない物の給付が売買契約の合意内容となる→②その合意に従って売主は瑕疵のない物の給付義務を負う→③買主は瑕疵のない物の引渡しを求める履行請求権を有する→④瑕疵ある物が引き渡された場合（「不完全な履行」の場合）に買主は（履行請求権の具体化として）追完請求権を有する」という図式に従って，買主の追完請求権が基礎づけられているとみることができる。

イ　買主の追完請求権の限界

　そのうえで，そうした追完請求権の具体化としての代物請求権と修補請求権には，それぞれ次のような限界が設けられている。

---

66)　前掲注41)『基本方針』266頁。

67)　「物の瑕疵」については，【3.1.1.05】において，「物の給付を目的とする契約において，物の瑕疵とは，その物が備えるべき性能，品質，数量を備えていない等，当事者の合意，契約の趣旨および性質（有償，無償等）に照らして，給付された物が契約に適合しないことをいう」と定義されている。

68)　これによって，売主の物の瑕疵に対する責任の問題は，売主の債務不履行責任の問題としてとらえられることになるとされている。これは，前述した従来の瑕疵担保責任の法的性質に関する契約責任説に対応する。これについては，前掲注41)『基本方針』266頁，内田貴『債権法の新時代──「債権法改正の基本方針」の概要』（商事法務，2009年）181頁以下を参照。

69)　前掲注63)『詳解IV』74頁。

㋐ 代物請求権の限界

まず，代物請求権については，「契約および目的物の性質に反する場合には認められない」という限界が設けられている（【3.2.1.17】〈ア〉）。

この規定により，具体的に代物請求が認められない場合としては，①本来の意味での「特定物」売買が合意された場合，②給付目的物の再調達が不可能ないしきわめて困難である場合という2つの場合が想定されている。

まず，①については，「本来の意味での特定物，すなわち契約の両当事者がその個性に着目し，主観的には他の物をもって給付しても債務の履行には当たらない物である場合には，契約当事者のそのような合意の趣旨から，他に代わるべき物が存在しない以上，代物請求の余地がないと考えられる」とされている[70]。

また，②については，「契約の時点においては特定物には当たらなかった場合でも，給付をした目的物について瑕疵があり，その後に再度の調達が不可能ないしきわめて困難となる場合には，同様に〈ア〉の場合に該当すると解される」とされている[71]。

もっとも，これらのうち，少なくとも①については，次にみる修補請求権の限界とは異なり，【3.1.1.56】（履行を請求することができない場合）の内容を具体化したものではなく，それとは別個の基準・考慮によって，代物請求の限界を定めるものであるとみられる[72]。それに対して，②については，必ずしも明らかではないものの，【3.1.1.56】（履行を請求することができない場合）の内容を具体化したものとみることもできそうである。

---

70) 前掲注63)『詳解Ⅳ』78頁，さらに23頁以下も参照。

71) 前掲注63)『詳解Ⅳ』78頁。

72) 前掲注41)『基本方針』279頁，前掲注63)『詳解Ⅳ』78頁以下は，修補請求権の制限については，【3.1.1.56】（履行を請求することができない場合）の内容を具体化したものと説明しているものの，代物請求権の制限については，このような説明をしていない。また，修補請求権の制限は，修補請求権が原則として認められることを前提に，その限界を問題とするものであるのに対して，ここでの「特定物」売買の場合の代物請求権の制限は，代物請求権の存否自体を問題とし，代物請求権がはじめから認められない——したがって，その限界の問題を考える余地がない——とするものであると考えられる（これに対して，給付目的物の再調達が不可能ないしきわめて困難な場合の代物請求権の制限は，代物請求権が原則として認められることを前提に，その限界を問題とするものであるとみられる）。このようにみれば，両者は，理論的にも異質な問題であるということができる。

第2節　『債権法改正の基本方針』における買主の追完請求権　**215**

㈠　修補請求権の限界

修補請求権については，「瑕疵の程度および態様に照らして，修補に過分の費用が必要となる場合には認められない」という限界が設けられている（【3.2.1.17】〈イ〉）。

これは，請負契約における修補請求権の限界について定める改正前民法634条1項ただし書とは異なり，「瑕疵が重大である場合を含めて，修補に過分の費用が必要となる場合には，売主の修補義務が否定され，買主はその他の救済手段によって満足するべきもの」としたものとされている[73]。

そのうえで，「『過分の費用が必要となる場合』とはどのような場合を指すかを考えるについては，債権総則の問題として債務不履行の場合にどこまで追完を求めることができるか，債務者がどこまで債務の履行について責任を負うべきものかに関わるものであり，その一般規定との整合性をはかることが必要となる」とされ[74]，上の提案は，「【3.1.1.56】（履行を請求することができない場合）の内容を具体化したものといえる」とされている[75]。

そして，これによれば，修補のための追加の費用支出が，売買契約の趣旨・性質に照らし，また目的物の瑕疵の性質と態様に照らして，過分の費用に当たると解される場合には，修補請求権は認められないものとされる[76]。

ウ　追完方法の選択権

さらに，代物請求と修補請求のいずれも可能である場合については，これらの追完方法相互の関係について，次のような規律が設けられている。

㈠　買主の選択権

まず，「代物請求と修補請求のいずれも可能である場合，買主はその意思に従って，いずれの権利を行使するかを選択することができる」とされ（【3.2.1.17】〈ウ〉1文），原則として，代物請求権と修補請求権との選択権が買主に認められている。

---

73)　前掲注63)『詳解Ⅳ』78頁以下。
74)　前掲注63)『詳解Ⅳ』79頁。
75)　前掲注41)『基本方針』279頁。
76)　具体的設例に即した説明として，前掲注63)『詳解Ⅳ』79頁を参照。

216　第4章　買主の追完請求権の基礎づけと内容確定のあり方

㈡　修補請求に対する売主の代物給付権

　もっとも，「買主の修補請求に対し，売主は代物を給付することによって修補を免れることができる」とされ（【3.2.1.17】〈ウ〉2文），買主が修補請求権を選択した場合には，売主は代物給付によって無条件に買主の修補請求を拒絶することができることとされている。これは，代物請求と修補請求という追完請求権内部の関係において，売主に修補請求に対する無条件の代物給付権を認めたものとみることができる。

　このように売主に無条件の代物給付権を認める根拠としては，①「買主にとって代物の給付は本来の給付内容が実現される点で，とくに不利益が生じる場合を考えにくいと思われること」，②「契約の趣旨から，給付された目的物を保持する利益を買主に保障する必要性は乏しいと考えられること」が挙げられている[77]。

㈢　代物請求に対する売主の修補権

　その一方で，「買主の代物請求に対し，瑕疵の程度が軽微であり，修補が容易であり，かつ，修補が相当期間内に可能である場合には，修補をこの期間内に行うことによって代物給付を免れることができる」とされ（【3.2.1.17】〈ウ〉3文），買主が代物請求権を選択した場合には，売主は，一定の要件のもとで，修補をすることによって買主の代物請求を拒絶できることとされている。そして，このことは同時に，「買主の代物請求に対して，修補をすることによって代物給付義務を免れようとする売主は，修補で足りるとする要件が充足されていることを主張・立証する必要があることを意味するものである」とされている[78]。これは，代物請求と修補請求という追完請求権内部の関係において，売主に代物請求に対する条件付きの修補権を認めたものとみることができる。

　このように売主の修補権を限定する根拠としては，「修補された結果が，本来の種類物給付と同じ結果を実現できているかどうかを，買主は必ずしも確認することができない」ことが挙げられている[79]。

　以上のように，この提案においては，①買主の修補請求に対しては売主に

---

77)　前掲注63)『詳解Ⅳ』80頁。
78)　前掲注63)『詳解Ⅳ』80頁。
79)　前掲注63)『詳解Ⅳ』80頁。

無条件の代物給付権が認められているのに対して，②買主の代物請求に対しては売主に条件付きの修補権しか認められていない。このことからすると，この提案は，代物給付と修補という追完方法相互間の関係において，代物給付という追完方法を優先しているものとみることができるだろう。

エ　買主の瑕疵通知義務違反による救済手段の行使制限

以上のほか，『債権法改正の基本方針』においては，「買主が，目的物の受領時，または受領後に瑕疵を知ったときは，契約の性質に従い合理的な期間内にその瑕疵の存在を売主に通知しなければならない。」として（【3.2.1.18】〈1〉），買主が瑕疵の通知義務を負うとする規律も設けられている。そのうえで，買主が，瑕疵の通知をしなかったときは，「買主は目的物の瑕疵を理由とする救済手段を行使することができない」とされ（【3.2.1.18】〈2〉），買主の瑕疵通知義務違反の効果として，追完請求権を含む救済手段を買主が行使できなくなるとされている。

このような制限を設ける根拠としては，①「すでに履行を終えたという期待を抱いた売主を保護すること」，②「買主による通知義務の懈怠」が認められることが挙げられている[80]。

そして，①の根拠からすると，「売主が瑕疵の存在について悪意であった場合にまで，短期の期間制限による保護を与えるべき理由がなく，この場合には，たとえ買主において通知義務の違反があったとしても，売主は一般原則に従って責任を負うべきものと解される」ことから，「売主が目的物の瑕疵について悪意であるとき」には，買主の瑕疵通知義務が認められないものとされている（【3.2.1.18】〈1〉ただし書）[81]。

また，②の根拠からすると，「通知をしなかったことについて，買主の懈怠を問うことができないやむを得ない事情があるときは，売主の期待のみを一

---

80)　前掲注63）『詳解Ⅳ』90頁。

81)　前掲注63）『詳解Ⅳ』90頁。もっとも，そこでは，売主が瑕疵の存在について悪意であった場合には，「たとえ買主において通知義務の違反があったとしても，売主は一般原則に従って責任を負うべきものと解される」とされ，この場合にも，買主が瑕疵通知義務を負うことが前提とされているかのようである。しかし，【3.2.1.18】〈1〉が買主の瑕疵通知義務の有無に関する規定とされていることからすれば，本文のように，この場合には，買主は瑕疵通知義務を負わない――したがって，そもそも「通知義務の違反」が観念できない――と説明するのが一貫するといえるだろう。

218　第4章　買主の追完請求権の基礎づけと内容確定のあり方

方的に保護することは適当とはいえない」ことから、「通知をしなかったことが買主にとってやむを得ない事由に基づくものであるとき」には、通知義務違反による買主の救済手段の行使制限の効果が認められないものとされている（【3.2.1.18】〈2〉ただし書)[82]。

　もっとも、このように「通知義務違反を理由として買主が救済手段を行使できなくなることについては、買主に重い負担を課することになるとする懸念も表明されている」という[83]。こうした懸念には、大きく分けると、次のような2つの異なる観点に基づくものが存在しているとみられる。

　第1は、一般の債務不履行責任に比して、買主の負担で、瑕疵ある目的物を給付した売主に特別の保護を与えることに対する懸念である[84]。すなわち、「売主が瑕疵ある目的物を給付してもその履行を終えていない以上、一般の債務不履行責任原則に比して、短期間で責任を免れるべき理由に乏しい」という考慮から、むしろ、「目的物を受領した買主が、その瑕疵を認識した場合に、それ以後においても一般的な債務不履行の期間内であれば権利行使ができる」と考えるわけである[85]。これは、①瑕疵ある目的物の給付という「不完全な履行」の場合の責任を、あるいは、②その中でも債務者が「売主」の場合の責任を、一般の債務不履行責任に比して特別に取り扱うことに対する懸念であるということができる。

　もっとも、このような懸念については、①このような特別扱いを正当化する根拠が存在することによって、あるいはまた、②物の給付を目的とする他の契約類型とのバランスをはかることによって、解消することができるものと考えられる。

　第2は、買主の救済手段の行使制限について、債権者たる買主が「通知義務」を負い、その義務違反により権利を喪失するという構成をとることに対する懸念である[86]。これは、先にみた第1の懸念とは異なり、瑕疵ある目的物を給付した売主に特別の保護を与えることに対する懸念というよりも、むしろ、そうした売主に一定の保護を認めることを前提とした、買主の救済手

---

82)　前掲注63)『詳解IV』90頁。
83)　前掲注41)『基本方針』280頁、前掲注63)『詳解IV』87頁以下。
84)　前掲注63)『詳解IV』88頁。
85)　前掲注63)『詳解IV』88頁。
86)　前掲注63)『詳解IV』89頁。

段の行使制限の法的構成のあり方に対する懸念であるとみられる。

　これについては，確かに，この提案は，期間が固定的でない点を除いて，買主が瑕疵を知った時から1年以内に権利行使をしなければならないとする改正前民法566条3項と実質的に同様の趣旨であると説明されている[87]。しかし，改正前民法566条3項が一定の時の経過を理由に救済手段の行使制限を基礎づけているのに対して，ここでは，債権者たる買主への通知義務の賦課とその違反を理由に救済手段の行使制限が基礎づけられている。上述した第2の懸念は，このような相違に着目したものであると考えられる。こうしてみると，両者は，救済手段の行使制限を基礎づける考え方ないし構成のあり方においては，やはり大きく異なっている――したがって，その点において，この提案は，上述した懸念を完全に解消しうるものではない――とみることもできる。

2　『債権法改正の基本方針』とドイツ法との比較

　以上でみた『債権法改正の基本方針』における買主の追完請求権の規律内容をドイツ法における買主の追完請求権の規律内容と比較すると，とりわけ，①追完方法の選択権，②追完請求権の限界，③追完請求権の行使制限の規律について，両者には，次のような共通点と相違点を見出すことができる[88]。

---

87)　前掲注41)『基本方針』280頁，前掲注63)『詳解Ⅳ』89頁以下。
88)　ここで取り上げるもののほかにも，例えば，代物給付の場合において買主が引き渡された瑕疵ある物やその使用利益等の返還の義務を負うかどうかについても，ドイツ法では明示的な規定が存在するのに対して，『債権法改正の基本方針』では明示的な規定がないという相違点を指摘することができる。しかし，『債権法改正の基本方針』においても，代物給付の場合において買主が瑕疵ある物の使用利益を返還しなければならないかが問題とされており（前掲注63)『詳解Ⅳ』91頁以下)，そのことからすると，代物給付の場合には，当然に，買主が引き渡された瑕疵ある物を売主に返還すること――場合によっては，さらに，引き渡された瑕疵ある物の使用利益をも売主に返還すること――が予定されているとみることができる。もっとも，こうした買主の使用利益の返還義務については，「わが国においてこれまで十分な議論の蓄積がなく，今後の解釈に委ねられるべき問題」とされている（前掲注63)『詳解Ⅳ』92頁)。
　なお，このような代物給付の場合における買主の使用利益（収益）返還義務に関しては，ドイツでも議論があることにつき，第3章注96)を参照。

(1) 追完方法の選択権

まず，修補と代物給付との間の追完方法の選択権については，『債権法改正の基本方針』も，ドイツ法も，原則として，これを買主に認めている。これは，ドイツ法の検討において明らかにされたように，本来的履行請求権とは異なる追完請求権に特有の規律であるということができる。しかし，買主が選択した方法での追完請求を拒絶する売主の権利についての規律は，両者で次のように異なっている。

ドイツ法においては，買主が選択した方法での追完請求（修補請求又は代物請求）を拒絶する売主の権利は，BGB新規定439条3項による「過分の費用」に基づく売主の追完拒絶権として構成されている。これによれば，買主が選択した方法での追完が他の追完方法との比較において「過分の費用」を要するものである場合には，売主に追完拒絶権が認められる。そして，その場合の「過分の費用」（相対的過分性）が認められるかどうかは，両者の種類の追完に必要な費用を比較することによって判断される。もっとも，その判断の際には，単なる費用の比較にとどまらず，買主に著しい不利益を与えることなく他の形式の追完を行うことができるかという問題も考慮されるべきものとされている。そのため，買主が選択した方法とは異なる方法での追完によると買主に著しい不利益を与えることになる場合，そのことは，上述した「過分の費用」（相対的過分性）による追完拒絶権を否定する方向にはたらくことになる。このように，ドイツ法は，「過分の費用」に基づく売主の追完拒絶の可否の判断にあたって，他の方法による追完がされる場合に買主が受けることになる不利益を考慮に入れることで，売主の追完拒絶権に制約を設けて，買主が有する追完方法の選択権を実質的に保障しようとしているものとみることができる。

これに対して，『債権法改正の基本方針』においては，売主は，買主の追完請求（代物請求・修補請求）に対して，それぞれ他の方法での追完（修補・代物給付）をすることによって，その請求を免れることができることとされている。これは，買主の請求した方法での追完を免れるためには，売主が他の方法による追完（修補・代物給付）をする必要があるとするものであり，売主の追完拒絶に関して，ドイツ法のような「過分の費用」による追完拒絶権とは異なる構成を採用したものといえる。

その一方で,『債権法改正の基本方針』においては,①売主が修補によって買主の代物請求を拒絶するためには,「瑕疵の程度が軽微であり,修補が容易であり,かつ,修補が相当期間内に可能である場合」という要件を満たすことが必要であるとされている。これは,ドイツ法におけるのと同様に,修補による追完がされる場合に買主が受けることになる不利益に配慮するものであるといえ,その点では,ドイツ法と同じ方向性が示されているものとみることができる。これに対して,②売主が代物給付によって買主の修補請求を拒絶する場合については,上記のような要件は何ら必要とされていない。そのため,この提案は,実質的には,買主に修補を選択する権利を否定するに等しいものとなっている。上述したように,ドイツ法では,売主が買主の修補請求を拒絶する場合についても,代物給付による追完がされる場合に買主が受けることになる不利益に配慮した制約を設けて,買主が修補を選択する権利を実質的に保障しようとしていたことと比較すると,『債権法改正の基本方針』が提案する規律は,この点において,ドイツ法の規律とは大きく異なっているということができる。

(2) 追完請求権の限界

ア 「過分の費用」に基づく売主の追完拒絶権の妥当範囲

ドイツ法においては,追完請求権の限界に関する規律として,修補請求についても代物請求についても,BGB新規定439条3項による「過分の費用」に基づく売主の追完拒絶権が認められている。これによれば,買主が選択した方法での追完がそれ自体として「過分の費用」を要するものである場合には,売主の追完拒絶権が認められる。そして,その場合の「過分の費用」(絶対的過分性)が認められるかどうかは,買主の追完に対する利益と売主の追完に必要な費用との比較によって判断される。

『債権法改正の基本方針』においても,「過分の費用」に基づく追完請求権の限界が認められている。しかし,この限界は,規定上,買主の修補請求のみを対象としたものであり,代物請求については「過分の費用」に基づく限界はそれ自体としては設けられていない。この点で,少なくとも表面的には,ドイツ法との相違が認められる。

もっとも,『債権法改正の基本方針』においては,代物請求も,「契約および目的物の性質に反する場合」には認められないものとされている。そして,

給付目的物の再調達が不可能ないしきわめて困難である場合は，上記の「契約および目的物の性質に反する場合」にあたるとされている。これは，規律の実質的な内容からすれば，ドイツ法の「過分の費用」に基づく追完拒絶権に相当するものであると考えられる。こうしてみれば，『債権法改正の基本方針』では，代物請求についても，——規定上は，「過分の費用」に基づく限界とはされていないものの——実質的にはドイツ法におけるのと同様の限界を設けることが提案されているとみることができる。

イ　追完請求権の限界と本来的履行請求権の限界との相違

　ドイツ法においては，「過分の費用」に基づく売主の追完拒絶権（BGB 新規定 439 条 3 項）は，本来的履行請求権の場合に認められる債務者の給付拒絶権（BGB 新規定 275 条 2 項）よりも緩やかな基準で認められるものと考えられていた。

　これに対し，『債権法改正の基本方針』においては，上述した「過分の費用」に基づく修補請求権の限界について，それが本来的履行請求権の限界の規律の内容を具体化したものであると説明されているにとどまる。ドイツ法におけるように，①そうした修補請求権の限界の基準が本来的履行請求権の限界の基準よりも緩やかなものであるのか，また，②代物請求権の限界（とりわけ，給付目的物の再調達が不可能ないしきわめて困難な場合の限界）についても，そうした修補請求権の限界と同様に考えてよいのかは，明らかではない[89]。

ウ　特定物売買における代物請求

　ドイツ法においては，以上でみた売主の追完拒絶権のほか，特定物売買における代物請求の可否とその要件も問題とされていた。これについては，①特定物売買の場合には代物請求を一律に否定する見解も主張されていたが，②特定物売買の場合にも代物請求を認める見解がむしろ多数であった。そして，②の見解においては，さらに，その場合の代物請求の要件が問題とされ，そこでは，目的物が代替物の場合に限定する見解，目的物に仮定的当事者意思を基準とした代物可能性が認められる場合に限定する見解が主張されていた。もっとも，以上の①と②の見解の間では，その前提である「特定物売買」

---

89)　これについては，前掲注 43)『詳解 II』207 頁も参照。

の意味の理解が異なっており、①の見解が、これを、ある特定の目的物によって履行がされることが契約当事者にとって重要とされている場合と理解していたのに対して、②の見解は、単に売買目的物が契約締結時に個別化されていた場合と理解していた。

これに対して、『債権法改正の基本方針』においては、本来の意味での「特定物」売買の合意がされた場合には、代物請求は、「契約および目的物の性質に反する場合」にあたるために、認められないとされている。そして、ここにいう本来の意味での「特定物」とは、契約の両当事者がその個性に着目し、主観的には他の物をもって給付しても債務の履行にはあたらない物である場合とされている。そうすると、この立場は、ドイツ法における特定物売買の場合に代物請求を一律に否定する見解（上記①の見解）及びその見解が前提としている「特定物売買」の意味の理解——ある特定の目的物によって履行がされることが契約当事者にとって重要とされている場合が「特定物売買」であるとする理解——に対応するものとみられる。

もっとも、ここでも、仮に「特定物売買」を、ドイツ法において特定物売買における代物請求の可能性を肯定する見解（上記②の見解）に対応して、単に「売買目的物が契約締結時に個別化されていた場合」と理解した場合に、そのような意味での「特定物売買」において代物請求が認められる可能性があるのか（その限りで、追完請求権の内容が本来的履行請求権の内容と異なることになる可能性があるのか）、その可能性があるとして、どのような要件のもとでそれが認められるかは別途問題となりうる。これについて『債権法改正の基本方針』がどのような態度をとっているかは、必ずしも明らかではない。

(3) 追完請求権の行使制限

ドイツ法においては、買主の追完請求権について、本来的履行請求権とは異なる特別の短期消滅時効が定められている（BGB 新規定 438 条）。これは、履行が完了したという売主の信頼を保護することを趣旨とするものであるとされていた。

それに対して、『債権法改正の基本方針』においては、買主の追完請求権について、ドイツ法のような特別の短期消滅時効が提案されているわけではなく[90]、その代わりに、買主の瑕疵通知義務違反による行使制限が提案されている。そして、これは、履行が完了したという売主の信頼を保護するという

224　第 4 章　買主の追完請求権の基礎づけと内容確定のあり方

観点から認められるものであるとされている[91]。そうすると，この規律は，その限りでは，上でみたドイツ法の規律と同様の趣旨によるものといえる。もっとも，ドイツ法の規律が，短期消滅時効という「一定期間の経過」に基づく期間制限として構成されているのに対して，ここでの規律は，瑕疵通知義務違反という「買主の義務違反」に基づく行使制限として構成されているといえる[92]。したがって，以上のような規律の構成のあり方においては，両者に相違があるとみることができる。

3　『債権法改正の基本方針』における買主の追完請求権に関する提案の意義と問題点

以上のようなドイツ法との規律内容の相違を踏まえたうえで，本書の検討課題である買主の追完請求権の基礎づけと内容確定のあり方に着目して，『債権法改正の基本方針』における買主の追完請求権に関する提案をみると，この提案に対しては，ドイツ法との比較という観点から，次のような意義と問題点を指摘することができる。

(1)　買主の追完請求権の基礎づけ

まず，買主の追完請求権の基礎づけについてみると，『債権法改正の基本方

---

90)　もっとも，債権時効の起算点については，本来的履行請求権とは異なる規律（【3.1.1.90】）が提案されている。

91)　前掲注63）『詳解Ⅳ』90 頁。また，前掲注41）『基本方針』367 頁は，請負におけるパラレルな規律である注文者の瑕疵通知義務の規律（【3.2.9.05】）に関して，「給付された目的物が契約に適合しない不完全履行があった場合において，債務の本旨に従った履行を完了したと信じた善意の債務者の正当な信頼を保護するために，契約当事者の協力義務の一環として，不完全履行の事実を知った債権者がその時から契約の性質に応じた合理的な期間内に債務者にその旨を通知する義務を負い，それによって，不完全履行に基づく損害賠償責任が保存されるとする考え方に基づく規律である」と説明している。これについては，民法（債権法）改正検討委員会編『詳解・債権法改正の基本方針Ⅴ──各種の契約(2)』（商事法務，2010 年）（以下では，『詳解Ⅴ』として引用）64 頁以下も参照。

92)　前掲注63）『詳解Ⅳ』90 頁は，こうした買主の権利行使制限の規律の提案について，「売主の期待の保護必要性とともに，買主が売主の債務不履行責任を追及できなくなるという不利益を受けるのは，買主による通知義務の懈怠の効果であると考えることができる」と説明している。これは，この規律が，単なる売主の信頼・期待の保護だけでなく，買主の通知義務違反をも基礎としたものであることを示すものといえる。

針』においては，買主の追完請求権を認めるための理論的前提として，「売主は買主との合意に従って引き受けた債務を履行する義務がある」という基本的な考え方に従い，売主が買主に対して瑕疵のない物（契約に適合した物）を給付する義務を負うことが承認されていた。これは，従来の学説との関係では，瑕疵担保責任の法的性質に関する法定責任説が依拠していた前提（特定物ドグマ・原始的不能ドグマ）を否定し，契約責任説に相当する考え方に立ったものと評価することができる。

　そのうえで，買主の追完請求権は，従来の学説における一般的な見解に対応して，「①瑕疵のない物を給付することが売買契約の合意内容となる→②売主は瑕疵のない物の給付義務を負う→③買主は瑕疵のない物の履行請求権を有する→④瑕疵ある物が引き渡された場合（「不完全な履行」の場合）に買主は（履行請求権の具体化として）追完請求権を有する」という図式に従って基礎づけられていた。そして，これは，「不完全な履行の場合に，債権者は履行請求権の具体化としての追完請求権を有する」という一般原則を基礎とするものであった。

　そうすると，ここでも，従来の学説と同様に，売主が瑕疵のない物（契約に適合した物）の給付義務を負う場合には，そうした義務に対応する瑕疵のない物の「履行請求権の具体化」として，買主の追完請求権が認められると考えられており，買主の追完請求権の基礎づけにおいて，ドイツ法において問題とされていたような「売買契約の原則的規律として買主の追完請求権を認めることが法の基礎にある売買契約の典型に適合する規律として正当化されるか」という観点からの検討は，必ずしも意識的に行われているわけではないものとみられる。

　ドイツ法の検討によれば，上記のような観点の基礎にあったのは，「売買契約の原則的な規律は，法の基礎にある売買契約の典型に即して確定されるべきである」という考え方であった。仮にこうした考え方が日本法においても妥当すべきであるとすれば，買主の追完請求権の基礎づけについても，以上のような観点からの検討が必要となるのではないかと考えられる。

　このような観点からすると，例えば，瑕疵のない物の給付が売買契約の合意内容となり，売主が瑕疵のない物の給付義務を負うとされたとしても，仮に（修補が問題とならないような）不代替物の特定物売買が売買契約の典型ととらえられれば，買主の追完請求権という救済手段は原則として認められな

いとされる可能性も生まれることになる。そうだとすると，買主の追完請求権が原則として認められるべきかどうかを考えるにあたって，売買契約の典型としてどのようなものを法の基礎に据えるかという問題は，避けて通ることができないというべきだろう。このことは，民法の改正を考える場面では，よりいっそう妥当する。

(2) 買主の追完請求権の内容確定

次に，買主の追完請求権の内容確定のあり方についてみると，『債権法改正の基本方針』においては，買主の追完請求権の規律内容を確定するための基本的な指針として，「履行請求権の具体化」という追完請求権の法的性質から，「追完請求権には基本的に本来的履行請求権と同様の規律が妥当する」という考え方が導き出されているものとみられる。

もっとも，このような追完請求権の法的性質から，追完請求権の具体的内容が機械的に導出できるわけではないともされており，債権者が請求できる具体的内容は，「契約の解釈」によって，個別的・規範的に決まるものとされていた。さらに，そのような追完請求権をさらに具体化したものである買主の代物請求権や修補請求権に関しては，とりわけ，追完請求権の制限，追完方法の選択権，追完請求権の行使制限の規律において，本来的履行請求権におけるのとは異なる規律内容が提案されていた。

このようにみれば，ここでは，本来的履行請求権の規律内容が，履行請求権の「具体化」ないし「契約の解釈」の名のもとに，追完請求権において修正・変更されているとみることができる。しかし，このような請求権の規律内容の修正・変更をもたらす「具体化」ないし「契約の解釈」がどのような実質を有するものであるかは必ずしも明らかではない。そうすると，追完請求権を仮に履行請求権の「具体化」と位置づけるとしても，追完請求権の規律内容を具体的に確定するためには，ドイツ法の議論についてみたように，このような履行請求権の追完請求権への「具体化」や「契約の解釈」の実質的内容及びその内容が導かれる根拠を明らかにする必要があるものと考えられる。

(3) 瑕疵ある目的物の引渡し・受領を契機とする当事者の利益状況の考慮

　上記(2)で述べた点に関する具体例の１つとして，買主の追完請求権の内容確定において，瑕疵ある目的物の引渡し・受領を契機とする当事者の利益状況が考慮されるべきか，考慮されるとして，どのような形で考慮されるべきなのかという点についても，以下でみるように，さらに検討の余地があったものと考えられる。

　ドイツ法の検討によれば，買主の追完請求権の規律内容を方向づける要因の１つとして，「瑕疵ある目的物の引渡し・受領を契機とする当事者の利益状況」を見出すことができた。そして，そのような当事者の利益として，具体的には，①引き渡された目的物の安定的利用に関する買主の利益，②瑕疵ある目的物を買主が受領したことによる履行完了についての売主の信頼が問題とされていた。

ア　瑕疵ある目的物を買主が受領したことによる履行完了についての売主の信頼

　これらのうち，②の売主の信頼は，従来のわが国における瑕疵担保責任に関する議論においても（とりわけ短期期間制限の根拠として）取り上げられていたものであり[93]，『債権法改正の基本方針』においても，買主の瑕疵通知義務違反による救済手段の行使制限の規律において考慮されている。

　もっとも，追完請求権の規律においてこのような売主の信頼を考慮するとしても，それをどのような形で考慮すべきかについては，議論の余地がありうる。ドイツ法においては，こうした売主の信頼は，買主の救済の短期期間制限や買主の追完請求に対する売主の追完拒絶権の要件の緩和という形で考慮されていた。これに対し，『債権法改正の基本方針』においては，そうした

---

93)　例えば，内田・前掲注19）131頁は，瑕疵担保責任の１年の短期期間制限について，「たとえ目的物に瑕疵があっても，それが『隠れた瑕疵』であり，瑕疵に気づいていない買主が給付された物を履行として受領した場合，売主としては，履行が完了したものと期待するのが通常」であると考えられるので，「それを，後から，実は債務の本旨に従った履行ではなかったとして文句をつけるのだから，売主の期待との調整も考えて，一般の債務不履行よりも短期間で処理した方がよい」という考慮から定められたという説明が可能であるとしていた。

228 第4章 買主の追完請求権の基礎づけと内容確定のあり方

売主の信頼は，買主に瑕疵通知義務を課し，その違反によって救済手段の行使が認められなくなるという形で考慮されている。しかし，これに対しては，先にみたように，買主に重い負担を課することになるという懸念も表明されているというのであった。また，買主に瑕疵通知義務を課すことに対しては，買主が事業者で平常取引をしている種類の物を買った場合を除いて適切でないとの批判もされていた[94]。

このように，上記のような売主の信頼を追完請求権の規律において考慮するか，また，仮に考慮するとしても，どのような形で考慮するかについては複数の可能性があり，これについては，なお検討の余地があったものと考えられる[95]。

イ　引き渡された目的物の安定的利用に関する買主の利益

これに対して，①の買主の利益は，『債権法改正の基本方針』における買主の追完請求権の規律において必ずしも考慮されているわけではないものとみられる。例えば，買主の修補請求に対して，売主は無条件の代物給付権を有するものとされており，その結果，買主が引き渡された目的物を保持し，現場での修補を望む場合にも，売主は代物給付によって修補を拒絶できることとなっている。これは，追完方法の選択権の規律においてこのような買主の利益が考慮されていないことを裏付けるものといえよう[96]。

もっとも，このような規律が適切であるかどうかについては，なお検討の余地がある。確かに，追完請求権を「履行請求権の具体化」としてとらえ，追完請求権において考慮される買主の利益が本来的履行請求権において考慮されるそれを超えるものではないと考えるのであれば，以上のような目的物を保持して修補を受ける買主の利益は——本来的履行請求権の規律では考慮されていなかったものであるがゆえに——追完請求権の規律においても考慮されず，売主に無制限の代物給付権を認めることが一貫するとも考えられる。しかし，ドイツ法の議論においてみたように，追完請求権においては，本来的履行請求権におけるのとは異なり，引き渡された目的物の安定的利用に関する買主の利益をも考慮に入れてその規律内容を確定すべきであるとの考え方——すなわち，この場合には，目的物受領後の買主による利用に関するリ

---

94)　半田・前掲注42) 297頁以下，359頁。

スクについても一定範囲で売主に負担させるのが望ましいとの考え方——も
ありうるところである。このような考え方によれば、ここでも、そのような

95) これと関連して、そのような売主の信頼を基礎づけるものとされる買主による目的
物の「受領」の意味をどのようにとらえるかも問題となりうる。従来、こうした買主に
よる目的物の「受領」は、とりわけ、一般の債務不履行責任に対する瑕疵担保責任の特
則性（とりわけ、瑕疵担保責任の短期期間制限など）を基礎づけるものとして議論の
対象とされてきた（これについては、下村正明「履行認容の概念と効果に関する覚書」
阪大法学 145＝146 号（1988 年）477 頁、森田（宏）・前掲注 19）①-③、藤田・前掲注
19）、北居・前掲注 19）513 頁以下、潮見・前掲注 19）①207 頁以下などを参照）。もっ
とも、そこでも、こうした買主の「受領」の意味をどのようにとらえるかについては見
解の一致をみておらず、それとともに、そうした買主の「受領」の法的効果がどのよう
なものであるかについても争いがあった（これについては、先に掲げたもののほか、
池田清治「不特定物と瑕疵担保——特に目的物『受領』の法的意味づけについて」民事
研修 566 号（2004 年）3 頁も参照）。
　　『債権法改正の基本方針』においても、売買と請負での、買主／注文者の瑕疵通知義
務（【3.2.1.18】、【3.2.9.05】）の契機として、目的物の「受領」が注目されている。しか
し、売買と請負とでは、こうした目的物の「受領」の意味づけは異なっているようであ
る。すなわち、目的物の「受領」は、①売買においては、単なる「物理的な目的物の受
取り」という意味で理解されている（前掲注 41）『基本方針』280 頁）のに対して、②
請負においては、仕事の目的物を「履行として受け容れるという注文者の行為」ない
し「注文者が仕事の完成を承認するという意思的要素が含まれている」ものと理解され
ている（前掲注 41）『基本方針』364 頁、前掲注 91）『詳解V』50 頁以下、67 頁以下）。
このように、目的物の「受領」という契機に着目して一定の規律を設ける場合でも、①
そうした「受領」がどのような意味でとらえられるのか、②それがどのような法的効
果と結びつけられるのか、③それらは契約類型によって異なるのかが問題となるとい
えるだろう。
　　本書での検討によれば、この問題も、結局のところ、売買契約／請負契約の典型を
基礎とした類型的なリスク配分のあり方をめぐる問題の一環であると位置づけられるこ
とになるだろう。そこでは、法の基礎に据えられた売買契約／請負契約の典型につい
て、その履行過程でどのような事態・利益状況が類型的に想定され、その中で目的物
の「受領」という事態が（いかなる意味づけのもとで、また、どのような形で）契約当
事者の利益状況に影響を及ぼすものとされるのか、そして、そうした事態を契機とし
て問題となるリスクがいずれの当事者にどのような形で配分されるべきかということ
が——それぞれの契約の典型事例に即して類型的に——検討されるべきことになる。
これによれば、以上のように『債権法改正の基本方針』において売買と請負とで「受
領」の意味づけが異なることも、それぞれの契約類型における類型的リスク配分のあ
り方の相違に基づくものと理解されることになるだろう。おそらく同様の観点から、
請負契約における受領の意味内容について検討するものとして、黒田尚樹「請負契約
における受領の意義——典型契約固有の属性との相互規定的関係」池田真朗＝平野裕
之＝西原慎治編著『民法（債権法）改正の論理』（新青出版、2010 年）363 頁も参照。
96) 前掲注 63）『詳解IV』80 頁も、「契約の趣旨から、給付された目的物を保持する利益
を買主に保障する必要性は乏しいと考えられる」としている。

目的物を保持する買主の利益を考慮して，買主の修補請求に対する売主の代物給付権に制限を設けることも考えられる。

以上のように，追完請求権の内容確定に際して，瑕疵ある目的物の引渡し・受領を契機とする当事者の利益がどの程度考慮されるべきであるか，また，どのような形で考慮されるべきであるかについても，なお検討の余地があったのではないかと考えられる。

第3節　改正民法における買主の追完請求権

　売買における買主の追完請求権については，2017年の民法改正によって，民法典に新たに明文の規定（改正民法562条）が設けられることとなった。

　本節では，このように民法改正によって新設された買主の追完請求権の規律を取り上げて，その立案に至る過程——法制審議会民法（債権関係）部会における審議の過程——での議論を参照しながら，その規律の趣旨・内容を明らかにするとともに，ドイツ法との比較という観点から，その意義と課題について検討を加えることとしたい。

1　改正民法における買主の追完請求権の規律

　改正民法においては，売買における買主の追完請求権について，新たに明文の規定（改正民法562条）が設けられることとなった。

　これに対して，一般的な債権者の履行請求権や追完請求権については，改正前民法におけるのと同様に，改正民法においても，なお明文の規定は設けられていない。もっとも，法制審議会民法（債権関係）部会における審議の過程では，債権者の履行請求権・追完請求権に関する一般規定を設けるかどうかも検討対象とされており，これに関して行われた審議の内容は，明文の規定が設けられた買主の追完請求権の規律とも一定の関係を有している。

　そこで，以下では，まず，①改正民法において債権者の履行請求権・追完請求権一般の規律がどのように取り扱われることとなったのかを確認したうえで，②改正民法において新たに設けられた買主の追完請求権の規律の内容を詳しくみていくことにしたい。

(1)　債権者の履行請求権と追完請求権

ア　債権者の履行請求権
(ア)　債権者の履行請求権の承認
　改正民法においては，改正前民法と同様に，債権者に履行請求権が認めら

れることを直接に定める明文の規定は設けられていない[97]。

　もっとも，法制審議会民法（債権関係）部会における審議の過程では，債権者の履行請求権について明文の規定を設けるかどうかが検討の対象とされていた。すなわち，「現行民法下の多数の学説は，履行の請求（強制）に関し債権者には，①債権者が債務者に対し任意に履行せよと請求できる権能（請求力），②債務者がした給付を適法に保持できる権能（給付保持力），③債権者が債務者に対し訴えによって履行を請求することができる権能（訴求力），④給付判決が確定しても債務者が任意に履行しない場合において，強制執行手続をとることにより，国家機関の手によって債権の内容を実現できる権能（執行力・強制力）が認められるとしている（以下，債権者に認められるこれらの権能を併せて「履行請求権」ともいう。）」。ところが，「この点について，現行民法は，第414条において，債権者が裁判所に対して債務の強制履行を請求することができることなどの履行の強制に関する規定を置く以外に，特段の規定を置いていない。そのため，債権者が債務者に対して債務の履行を請求できることなどの基本的な権能を有していることが，条文上明らかではない」とされた。そこで，「債権者が履行の請求（強制）に関して上記各権能を有していることが最も基本的な法律関係であることに照らせば，債権者がこれらの権能を有していることを条文上明確にすることが望ましいという考え方がある」として，債権者の履行請求権について明文の規定を設けるかどうかが検討対象とされることとなったわけである[98]。

---

97)　なお，「履行の強制」について定める改正前民法414条・改正民法414条の規定も，債権者に履行請求権が認められることそれ自体を直接に定めるものではない。もっとも，それらの規定は，債権者に「履行の強制」（強制執行手続を通じた債権の内容の強制的実現）の権能を認めるにあたって，（そうした強制的実現の対象となるべき）債権者の履行請求権の存在を当然の前提としているとみることはできる。

98)　部会資料5-2・2頁。また，債権者の履行請求権について明文の規定を設ける意義について，部会資料5-2・3頁は，①本文でみた債権の各権能のうち，「債権者が訴求力を有するという点は比較法的に見て必ずしも自明なことではない。例えば，英米法では，契約違反の救済は金銭賠償が原則であり，債務を約束されたままの形で履行することを求めることができるのは例外とされている。そのため，債権者が履行の請求（強制）に関して上記各権能を有していることを規定することは，日本民法典が，英米法等と異なり，債権者に訴求力を認める法制を採用することを宣明するという意義を有する」とし，②「さらに，裁判実務においては，債権者は債権の成立を主張・立証しさえすれば債務者に履行請求できるのが原則であるということを示す意義を有するものと考えられる」としていた。

第3節　改正民法における買主の追完請求権　　233

　そして，これについては，具体的に，「債権者は，債務者に対し，その債務の履行を請求することができる。」という旨の明文の規定を設けることが提案された[99]。

　この提案は，「民法第3編第2節の『債権の効力』には，履行の強制（同法第414条）や債務不履行による損害賠償（同法第415条）など，債務が任意に履行されない場合に債権者が採り得る方策に関する規定が置かれているが，その前提として，債権者が債務者に対し，その債務の履行を請求することができること（請求力を有すること）については，明示的な規定がない。しかしながら，債権の効力として，債権者が債務者に対し，その債務を任意に履行するよう請求する権能（請求力）が認められることには，異論がない」ということから，このことを明文化しようとするものであった[100]。

　しかし，結局のところ，改正民法において，このような明文の規定が設けられるには至らなかった。その理由は，「債務の履行が不能であるときは債権者はその債務の履行を請求することができない旨を定めれば，債権者が債務者に対してその債務の履行を請求することができる旨の規律も表現されているとみることができる」ことによると説明されている[101]。すなわち，履行請

---

99)　中間試案（第9，1），中間試案の補足説明105頁以下，部会資料68A・1頁，部会資料79-1・7頁，部会資料79-3・8頁以下，部会資料82-1・11頁。なお，「中間試案」に向けた審議の過程における提案の内容については，部会資料32・1頁以下，部会資料53・33頁，部会資料58・37頁，部会資料60・15頁を参照。また，法制審議会民法（債権関係）部会における履行請求権をめぐる審議の経緯については，森田修「履行請求権：契約責任の体系との関係で（その2）」法学教室442号（2017年）78頁，田中洋「履行請求権とその限界（追完請求権・履行の強制を除く）——債権法改正立法資料集成(1)」民商法雑誌154巻4号（2018年）215頁を参照。

100)　中間試案の補足説明106頁。なお，債権者の履行請求権については，当初，債権の基本的効力として，①請求力に加えて，②訴求力，③給付保持力についても明文の規定を設けることが提案されていた（部会資料32・1頁以下）。そして，その提案については，①「請求力に関しては，これを明文化することで，特段の合意又は法律の規定がある場合を除き，債権の成立原因を主張立証しさえすれば債務者に対し履行請求ができることを導くことができるという意義がある」とされ，②「訴求力に関しては，債権者が債権の内容の実現を訴求する権能を有することは比較法的に見て必ずしも自明なことではなく，契約違反の救済は金銭賠償が原則とされる法制もある。このため，訴求力を規定することは，わが国の原則の国際的な透明性を高めるという観点からも意義がある」とされていた（部会資料32・2頁）。しかし，これらのうち，②訴求力と③給付保持力を明文化することについては，審議において慎重論が出されたこともあり（部会第37回会議議事録3頁以下での議論を参照），審議の対象から外されることとなった（部会資料53・35頁）。

求権の行使が例外的に認められない場合（履行請求権の限界）について，次に
みる「履行不能」に関する規定（改正民法412条の2第1項）を設ければ，その
規定によって，債権者に履行請求権が認められるという原則もすでに表現さ
れているとみることができることから，そうした原則について定める規定を
重ねて設ける必要はないとされたわけである。

　以上の経緯からすると，改正民法においては，「債権者は，債務者に対し，
その債務の履行を請求することができる」ことについて明文の規定は設けら
れなかったものの，そのような規律自体が否定されたわけではないものとみ
られる。したがって，債権者に原則として履行請求権が認められることにつ
いては，改正民法においても——改正民法412条の2第1項の規定によって
暗に示されているものとして——当然の前提とされているものとみることが
できる。

(イ)　債権者の履行請求権の限界——履行の「不能」

　改正民法においては，履行請求権の限界について，「債務の履行が契約その
他の債務の発生原因及び取引上の社会通念に照らして不能であるときは，債
権者は，その債務の履行を請求することができない。」とする規定（改正民法
412条の2第1項）が設けられている。

　これは，改正前民法のもとで，明文の規定はなかったものの，債務の履行
が「不能」である場合（履行不能の場合）には，債権者は債務の履行を請求す
ることができないと解されていたことを踏まえて，履行請求権の限界につい
て新たに明文の規定を設けたものである。

　この規定は，①履行請求権の限界事由を「不能」概念によって一元的に把
握しようとしている点，②その「不能」の判断を「契約その他の債務の発生
原因及び取引上の社会通念に照らして」行うべきこととしている点にその特
徴がある[102]。これらの点について，その背景と内容を確認しておこう。

---

101)　部会資料83-2・8頁。
102)　なお，この規定が，「債務の履行が……不能であるとき」という文言を用いているの
　　は，「原始的不能と後発的不能とを区別しない考え方（原始的不能であることのみを理
　　由として契約が無効となることはないという考え方……）」を前提としたものであり，
　　ここでの「不能」が，後発的不能の場合（契約の成立後に履行が不能となった場合）
　　だけではなく，原始的不能の場合（契約の成立当初から履行が不能である場合）をも含
　　むことを示す趣旨である（部会資料68A・3頁参照）。

a 「不能」概念による履行請求権の限界の一元的把握

①の点については，法制審議会民法（債権関係）部会における審議の過程において，その内容に次のような変遷があった。

まず，「中間試案」の段階では，「契約による債権の履行請求権の限界事由」について，次のような内容の提案がされていた[103]。

　契約による債権（金銭債権を除く。）につき次に掲げるいずれかの事由（以下「履行請求権の限界事由」という。）があるときは，債権者は，債務者に対してその履行を請求することができないものとする。
ア　履行が物理的に不可能であること。
イ　履行に要する費用が，債権者が履行により得る利益と比べて著しく過大なものであること。
ウ　その他，当該契約の趣旨に照らして，債務者に債務の履行を請求することが相当でないと認められる事由

この提案は，次のような背景によるものであった。すなわち，改正前民法のもとでは，上述したように，明文の規定はなかったものの，履行請求権の限界として，債務の履行が「不能」である場合（履行不能の場合）には，債権者は債務の履行を請求することができないものと解されていた。そして，そうした「不能」には，債務の目的物の滅失等により債務の履行が物理的に不可能である場合（物理的不能の場合）だけではなく，債務の履行が物理的には可能であっても法的には「不能」と評価すべき場合（いわゆる「社会通念上の不能」）も含まれると解されていた[104]。そのような中，法制審議会民法（債権関係）部会においては，こうした履行請求権の限界の判断基準について審議が進められ，その結果，履行請求権の限界は，（契約によって生じた債権については）取引通念をも考慮に入れた「契約の趣旨」に照らして判断されるべきものであるという認識が広く共有されることとなった[105]。上記の提案は，これを受けて，まず，①履行請求権の限界事由の有無が「契約の趣旨」に照らして評価判断されるべきことを明記し（上記ウ），そのうえで，②そうした規

---

103)　中間試案（第9，2），中間試案の補足説明106頁以下。なお，「中間試案」に向けた審議の過程における提案の内容については，部会資料32・5頁以下，部会資料53・34頁，部会資料58・37頁以下，部会資料60・16頁を参照。

範的評価を含む限界事由の外延をできるだけ明確にする観点から，その事由
に該当する例を示す（上記ア・イ）という方法によって，履行請求権の限界に
関する規律の内実を明示する規定を設けようとしたものであった[106]。

しかし，その後，「中間試案」についてのパブリック・コメント手続を経て
行われた審議（第3ステージの審議）において，上記の提案は，その提案にか
かる規定の内容（とくに上記ウの内容）に疑義がある等の指摘があったことか
ら，結局のところ採用されないこととなった[107]。その結果，履行請求権の限
界については，上記の提案に代えて，上述した改正前民法における議論（い
わゆる「社会通念上の不能」に関する議論）を引き継ぐ形で，履行請求権の限界
事由を「不能」概念によって一元的に把握するという案が採用されることと

104）　中間試案の補足説明 106 頁は，履行請求権の限界について，「従来はこれを『履行不
　　能』と称することが一般的であったが，これには物理的に不可能な場合のみならず，
　　過分の費用を要する場合など，日常的な『不能』の語義からは読み取りにくいものが
　　広く含まれると解されている（社会通念上の不能）」と説明している。
　　　なお，部会資料 5-2・13 頁は，改正前民法における「不能」に関する判例として，①
　　不動産の二重譲渡がされて，第二買主が所有権移転登記を備えた場合（最判昭和 35 年
　　4 月 21 日民集 14 巻 6 号 930 頁），②他人物賃貸借の賃借人が，同一目的物について真
　　の権利者とさらに賃貸借契約を締結した場合（最判昭和 49 年 12 月 20 日判時 768 号
　　101 頁），③契約締結後，法律により目的物の取引が禁止された場合（大判明治 39 年
　　10 月 29 日民録 12 輯 1358 頁），④賃借人の賃借物返還義務に関して，賃貸建物の内部
　　が焼損し，修復工事に相当高額の費用を要し，建物の使用が不可能な状態に至った場
　　合（東京地判昭和 62 年 3 月 26 日判時 1260 号 21 頁）を挙げている。
105）　中間試案の補足説明 107 頁は，「履行請求権の限界事由に該当するか否かの判断基
　　準につき，伝統的な学説は『取引通念（社会通念）』によって判断するとしている一方，
　　近時の学説は，契約の趣旨に照らして債務者に債務の履行を期待するのが相当か否か
　　という観点から履行請求権の限界事由を判断しているとされる。もっとも，部会にお
　　ける議論を見ても，両者の考え方は，具体的な考慮要素等についてほとんど違いがな
　　いということができる。すなわち，履行請求権の限界事由を『契約の趣旨』によって判
　　断する考え方は，明示の合意のみを考慮するという考え方ではなく，契約の性質，契
　　約をした目的，契約締結に至る経緯等，当該契約をめぐるさまざまな事情に加え，そ
　　の契約に関する取引通念をも考慮要素に含むものとし，そのような考慮要素に基づく
　　判断を『契約の趣旨に照らして』と表現しようとする考え方である」，「他方，『取引通
　　念（社会通念）』を判断基準とすることを支持する考え方も，履行請求権の限界事由の
　　有無を判断するにあたって当該契約をめぐる事情が中心的な判断基準となることは承
　　認しており，明示の合意内容のみが過度に重視されることへの懸念から社会通念を補
　　充的な考慮要素とすべきであるというのであって，契約をめぐる事情を一切捨象して
　　不能か否かを評価判断すべきとする考え方は示されなかった」としている。
106）　中間試案の補足説明 106 頁以下。改正前民法のもとでの法状況については，部会資
　　料 5-2・9 頁以下の説明も参照。

第3節　改正民法における買主の追完請求権　　237

なった[108]。

　もっとも，このことは，上記の提案が意図していた実質的内容を否定する
趣旨ではなく，むしろ，この規定の「不能」概念によって，上記ア～ウに相
当する履行請求権の限界事由のすべてをとらえることを意図したものである
と説明されている[109]。したがって，これによれば，この規定にいう「不能」
には，上でみたように，「履行が物理的に不可能である」場合だけではなく，
「履行に要する費用が，債権者が履行により得る利益と比べて著しく過大な
ものである」場合（＝履行に過分の費用を要する場合[110]）など，債務者に履行

---

107)　部会資料68A・2頁以下は，「パブリック・コメントの手続に寄せられた意見の中に
　　は，履行請求権の限界は契約によって生じた債権に限らず問題となるから債権一般に
　　関する規律を設けるべきである旨の指摘，『履行請求権の限界事由』という表現は分か
　　りにくい旨の指摘，『当該契約の趣旨に照らして債務者に債務の履行を請求すること
　　が相当でないと認められる』という要件では，履行が不能となる範囲が広くなるおそ
　　れがある一方で，例えば不動産の二重譲渡をした者が一方の譲受人に対する所有権移
　　転登記手続をした場合には，従来，他方の譲受人に対する債務は原則としてその履行
　　が不能となるとされていたが，上記の『当該契約の趣旨に照らして債務者に債務の履
　　行を請求することが相当でないと認められる』という要件に該当すると言えるのか疑
　　問がある旨の指摘などがあった」としている。
108)　部会資料68A・2頁以下，部会資料79-3・8頁以下。
109)　部会第78回会議議事録2頁以下〔金洪周関係官発言〕は，「中間試案では，いわゆる
　　過分の費用を要する場合に関しては，イで規律を設けておりましたが，この規律も本
　　来はウのように契約の趣旨に照らして判断すべきものですので，ウと同じように契約
　　の趣旨に照らして債務の履行を請求することが相当でないかどうかといった定め方を
　　する必要があるとも考えられます。そうしますと，結局，表現が分かりにくいとパブ
　　コメで指摘されたところがそのまま妥当してしまうようにも思われますので，今回は
　　伝統的なといいますか，従来用いられてきた履行の不能という概念の中で全てを捉え
　　るという提案をしております」と説明している。
110)　部会資料72A・5頁は，「履行請求権一般について，履行が物理的には可能であると
　　しても，過大な費用を要する場合には，履行が法律上不能と評価されることがあると
　　理解されて」いるとしたうえで，そこでいう「過大な費用を要する場合」――「中間試
　　案」にいう「履行に要する費用が，債権者が履行により得る利益と比べて著しく過大
　　なものである」場合に相当する場合――というのは，注文者の修補請求権の限界につ
　　いて改正前民法634条1項ただし書が定めていた「過分の費用を要する」場合とその
　　内容において一致すると整理している（そこでは，「同項ただし書の『過分の費用』の
　　程度について，履行請求権一般と別異に解する理由はない」とされている）。
　　　部会第90回会議議事録45頁〔金洪周関係官発言〕も，ここでの「不能」と「過分の
　　費用を要する場合」との関係について，「履行の不能という要件に加えて過分の費用を
　　要する場合という要件を設けるかどうかという点については，……裸で不能という表
　　現を用いて，その中に過分の費用を要する場合も含まれていると説明するのは確かに

238   第4章　買主の追完請求権の基礎づけと内容確定のあり方

を期待することが相当でない場合も含まれると理解されることになる[111]。

b　「不能」の判断と「債務の発生原因」との関連づけ

　次に，②の点は，履行請求権の限界としての「不能」の判断が，「契約その他の債務の発生原因」と関連づけて行われるべきこと，また，その際には「取引上の社会通念」（取引通念）も考慮に入れられるべきことを示すものである。

　これは，契約に基づく債務についていえば，その債務の履行が「不能」かどうかは，「契約の内容（契約書の記載内容等）のみならず，契約の性質（有償か無償かを含む。），当事者が契約をした目的，契約の締結に至る経緯を始めとする契約をめぐる一切の事情を考慮し，取引通念をも勘案して，評価・認定

　　相当でないとも思いますが，今回の案は，契約その他の当該債務の発生原因及び取引上の社会通念に照らして不能という表現を用いております。いわゆる社会通念上の不能などと呼ばれてきたものを想定した表現ですけれども，その表現で取り込もうとしているものの代表例が正に過分の費用を要する場合を履行不能と扱うということだろうと思います」とし，ここでの「不能」には「過分の費用を要する場合」も含まれるという理解を示している。

　　なお，法制審議会民法（債権関係）部会における審議の過程では，履行請求権の限界事由として，「不能」による限界とは別に，「過分の費用」による限界に相当するものについても明文の規定を設けるべきであるとする意見が出されたものの，結局のところ，そのような規定が設けられるには至らなかった。これについては，部会第78回会議議事録2頁以下，部会第81回会議議事録40頁以下，部会第84回会議議事録6頁以下，部会第90回会議議事録44頁以下，部会第94回会議議事録25頁以下及び40頁以下での議論を参照。

111)　こうした改正民法における履行請求権の限界（「不能」）の判断基準について，山口幹雄「改正民法の『不能』に関する一考察」広島法学40巻3号（2017年）306頁，286頁以下は，「費用便益分析に基づく合理的選択」の観点が，「取引上の社会通念」の文言を通じて履行請求権の限界の判断基準に取り入れられるとし，債務の履行が「契約その他の債務の発生原因及び取引上の社会通念に照らして不能であるとき」とは，「裁判を念頭に置く（訴訟の制約を前提とした）費用便益分析の結果として，債務の履行が不合理であるとき」と解することも不可能ではないとする。

　　これに対して，田中宏治『代償請求権と履行不能』（信山社，2018年）442頁以下は，改正民法412条の2第1項の「不能」には，「著しく不相当な費用による給付困難」の場合——「中間試案」にいう「履行に要する費用が，債権者が履行により得る利益と比べて著しく過大なものである」場合に相当する場合——は含まれないと解すべきであるとする。これによると，「著しく不相当な費用が給付に必要な場合」には，「通常は，契約その他債務の発生原因の解釈としてそもそも，給付のためにそのような費用を現実に支出するべきという債務が発生していない」ことを理由として履行請求が否定されるのであって，改正民法412条の2第1項の「不能」を理由として履行請求が否定されるのではないという。

される」ところの「契約の趣旨」に照らして判断されるべきことを意味するものとされている[112]。

そしてまた，こうした「契約その他の債務の発生原因及び取引上の社会通念に照らして不能」という表現は，「いわゆる社会通念上の不能などと呼ばれてきたものを想定した表現」であって，この表現を用いることによって，上述したように，「過分の費用を要する場合」もまた「不能」に含まれることが示されると説明されている[113]。

以上のほか，これについては，「契約及び取引通念に照らして履行不能かどうかが判断されるといっても，例えば，製作物供給契約上の特約において，ある原材料の価額が一定額以上に高騰した場合には履行不能と扱う旨が定められ，現にそのような価額の高騰が生じた場合に，契約及び取引通念に照らして判断した結果，履行不能とは認められないといったことは想定されていない」とされ，「『契約及び取引上の社会通念に照らして履行不能であるときは履行の請求をすることができない』旨の規律は，その意味で任意規定である」と説明されている[114]。

イ　債権者の追完請求権

改正民法においては，債権者の追完請求権に関しても，改正前民法と同様に，債務者が不完全な履行をした場合において債権者に追完請求権が一般的

---

112)　部会資料 68A・2 頁参照。また，中間試案の補足説明 90 頁，107 頁も参照。なお，この規定の「契約その他の債務の発生原因及び取引上の社会通念に照らして」という部分について，当初は，（その債務が契約によって生じたものである場合にあっては）「当該契約の趣旨に照らして」という文言が用いられていた（部会資料 68A・1 頁）。しかし，これについては，「①契約によって生じた債務と契約以外の原因によって生じた債務とで規律の定め方に差がある……との問題，②『契約の趣旨に照らして』との文言からは取引通念が考慮されるべきであることが読み取りにくいとの問題があった。そこで，①については，債務の発生原因を問わずに適用される規律に改めることとし，②については，『取引上の社会通念に照らして』との表現を加えることとした」とされている（部会資料 79-3・7 頁参照）。本文の説明は，「当該契約の趣旨に照らして」という文言が用いられていた段階での説明ではあるが，上記のような文言の変更は，契約によって生じた債務について規律の内容を変更する趣旨ではないとされている（部会資料 79-3・7 頁参照）ことから，その説明は，改正民法 412 条の 2 第 1 項のもとでも同様に妥当するものと考えられる。

113)　部会第 90 回会議議事録 45 頁〔金洪周関係官発言〕。

114)　部会資料 79-3・8 頁。

に認められることを定める明文の規定は設けられていない。

　もっとも，法制審議会民法（債権関係）部会における審議の過程では，こうした債権者の追完請求権に関しても，「債務者が不完全な履行をした場合に，債権者は，債務者に対して，履行の追完を請求することができる。」という旨の一般的な規定を設けるかどうかが検討の対象とされていた。すなわち，「判例・学説は，債務者が不完全な履行をした場合，債権者には代物請求権や瑕疵修補請求権等の追完請求権（完全履行請求権，補完的履行請求権）が認められると解しているが，現行民法には，請負に関して瑕疵修補請求権の規定（民法第634条第1項）が置かれているほかは，追完請求権に関する規定が置かれてない。追完請求権が，不完全な履行がされた場面で債権者が行使することのできる基本的で重要な権限の一つであることに照らせば，国民に分かりやすい民法とする観点から，これを条文上明確にすることが望ましいという考え方がある」とされ[115]，「不完全な履行」の場合に債権者の追完請求権が認められることについても，明文の規定を設けるかどうかが検討対象とされることとなったわけである[116]。

---

115)　部会資料5-2・7頁以下。また，部会資料32・8頁以下も参照。

116)　その際，このような明文の規定を設ける意義について，部会資料5-2・7頁は，「追完請求権における追完の具体的内容は，瑕疵修補請求，代物請求，追履行請求，再履行請求等，債権の内容や不完全な履行の態様等により千差万別であり，多くの場合，その内容は，債権成立時の履行内容と異なるという特徴がある。そのため，債務者による履行が全くない場面と異なり，当初の債権の内容と異なる内容の追完を望まない当事者をどこまで契約あるいは当該債権関係に拘束するか，追完を望まない債権者に対する債務者の追完利益をどこまで保障するかという新たな考慮要素が生じ得る。そのため，追完請求権に関する規定を置くことは，このような追完請求権の特徴を踏まえた解釈の発展を促すことにもつながり得る上，国民一般に分かりやすい民法とする観点から，追完の遅滞による損害賠償請求権や追完不能による追完に代わる損害賠償請求権の規定，追完請求権の限界に関する規定等，追完請求権の特徴を踏まえた規定を設けることを可能にするという意義も認められる」と説明していた。

　なお，追完請求権の発生要件とされる「不完全な履行」の意義について，①部会資料5-2・7頁以下は，「追完請求権が問題になる場面の特殊性（当初の債権の内容と異なる内容の追完を希望しない者をどこまで契約あるいは当該債権関係に拘束するか，その場合の債務者の追完利益をどこまで保障するか）を考慮すれば，『不完全な債務の履行』とは，すなわち，債務者による無履行（全部不能及び全部遅滞）以外の不履行態様全般（債務者による何らかの履行がされた場合）を意味すると解することが想定される」とし，②部会資料32・10頁は，「『不完全な履行』とは，一応履行はあったがそれが完全には契約に適合していない場合（典型的には，給付された目的物やサービスの内容に瑕疵がある場合）という趣旨である」としていた。

第3節　改正民法における買主の追完請求権　241

　しかし，その後の審議においては，この種の一般的・抽象的な規定の有用性等について十分なコンセンサスを得ることができなかったこともあって[117]，審議の途中の段階で，債権者の追完請求権一般に関する明文の規定を設けることについては，結局のところ，債権者の追完請求権に関連するその他の一連の規律を設けることも含めて，審議の対象から外されることになった[118]。その結果，改正民法においても，債権者の追完請求権一般に関する規定が設けられることはなかった。

　以上のような経緯からすると[119]，債権者の追完請求権一般に関する明文の規定は設けられなかったものの，そのことは，改正民法において明文規定を欠く場合に債権者の追完請求権を一律に否定しようとする趣旨ではないものとみられる。そうすると，債権者の追完請求権については，それに関連する一連の規律も含めて，今後の判例・学説の展開に委ねられたものと考えることができるだろう[120]。

---

117)　これは，追完請求権の内容（追完方法）が契約類型や個別事案ごとに多様であることに鑑みると，追完請求権に関する一般規定を設けるとしても，抽象的な規定を設けることしかできず意義が乏しいとの意見があったことなどを理由とするものとみられる。これについては，部会第37回会議議事録18頁以下での議論のほか，部会資料32・9頁も参照。

118)　部会資料53・35頁，43頁参照。これにより，債権者の追完請求権一般については，①追完請求権に関する明文規定の要否，②追完方法が複数ある場合の選択権，③追完請求権の限界事由のほか，④追完に代わる損害賠償請求権の要件に関する規律も含めて審議の対象から外されることになった。

119)　法制審議会民法（債権関係）部会における追完請求権に関する審議の過程については，潮見佳男「追完請求権に関する法制審議会民法（債権関係）部会審議の回顧」星野英一先生追悼『日本民法学の新たな時代』（有斐閣，2015年）671頁を参照。また，改正前民法のもとでの議論を含めて追完請求権をめぐる議論状況を概観するものとして，原田剛「改正民法における『追完請求権』論序説」法学新報124巻11＝12号（2018年）1頁がある。

120)　改正民法における債権者の追完請求権一般に関する解釈論を提示するものとして，潮見佳男『新債権総論Ⅰ』（信山社，2017年）326頁以下を参照。このほか，改正民法における履行請求権・追完請求権の体系的位置づけについて比較法的観点から検討を加えるものとして，石崎泰雄「本来的履行請求権と法的救済としての履行請求権」同『新民法典』の成立――その新たな解釈論』（信山社，2018年，初出2017年）107頁，また，「契約の尊重」という観点から改正民法における追完制度について検討を加えるものとして，中村肇「改正民法における売買の追完規定の検討――『契約の尊重』と『契約規範』の多層的構造という観点から」伊藤進先生傘寿記念論文集『現代私法規律の構造』（第一法規，2017年）147頁がある。

242 第4章 買主の追完請求権の基礎づけと内容確定のあり方

(2) 売買における買主の追完請求権の規律

ア 買主の追完請求権の承認

改正民法においては，買主の追完請求権について，「引き渡された目的物が種類，品質又は数量に関して契約の内容に適合しないものであるときは，買主は，売主に対し，目的物の修補，代替物の引渡し又は不足分の引渡しによる履行の追完を請求することができる。」とする規定が設けられた（改正民法562条1項本文）。改正前民法において明文の規定を欠いていた買主の追完請求権は，この規定によって，その存在が明示的に承認されたことになる。

それでは，このように改正民法において買主の追完請求権が原則として承認されるに至った理由はどのようなものであったのだろうか。法制審議会民法（債権関係）部会の審議において，買主の追完請求権は，売主の瑕疵担保責任（改正前民法570条）の改正をめぐる問題の1つとして，①目的物の品質等に関する売主の義務の内容や，②目的物の品質等に関する売主の責任の法的性質の問題とあわせて検討の対象とされてきた。そこで，以下では，具体的な改正提案の方向性が示された「中間試案」以降の審議の過程において，上記の2つの問題についてどのような態度決定がされたのかを確認したうえで，改正民法において，いかなる理由から買主の追完請求権が承認されるに至ったのかを詳しくみてみることにしよう。

(ア) 売主の契約適合物引渡義務の承認

目的物の品質等に関する売主の義務の内容については，審議の過程において，売主が契約の内容に適合した目的物を引き渡す義務を負うとすべきことが提案されることとなった。

a 「中間試案」における提案

まず，「中間試案」においては，売主の瑕疵担保責任（改正前民法570条）の改正をめぐって行われた審議の経緯を踏まえて[121]，「売主が買主に引き渡すべき目的物は，種類，品質及び数量に関して，当該売買契約の趣旨に適合するものでなければならないものとする。」という提案がされた[122]。

この提案については，次のような説明がされている。

「目的物の品質等に関する売主の責任の在り方については，主には民法第

第3節 改正民法における買主の追完請求権 243

570条の解釈論（取り分け同条の法的性質論）として論じられてきた。その背景には，同条及び同条が準用する同法第566条は，買主の救済手段として，損害賠償請求権及び解除権の2つを示すのみであり，同法第570条と債務不履行の一般原則との関係や，当該瑕疵に基づいて買主が売主に対して瑕疵の修補や代替物の引渡しなどの履行の追完を請求できるか否かといった基本的な問題点について，規定上不明確なことがある。そして，これらの問題の解決について，いわゆる瑕疵担保責任の法的性質の理解とも絡む多様な学説があるほか，判例の立場も必ずしも一貫した理解が容易でないと指摘されているなど，解釈論レベルでの対応も安定的なものとは言い難い状況にある」。「し

121) 法制審議会民法（債権関係）部会では，「中間試案」に至るまでに，目的物の品質等に関する売主の責任の法的性質（瑕疵担保責任の法的性質に関するいわゆる法定責任説と契約責任説の対立）についてどのように考えるかが審議の対象とされた（部会資料15-2・8頁以下を参照）。そこでは，「瑕疵担保責任の法的性質については契約責任と構成することが適切であるという意見が多数あった」とされる一方で，「もっとも，具体的な議論の進め方については，瑕疵担保責任の法的性質に関する理論的な検討のみから演繹的に要件・効果を導くのではなく，現実社会における具体的な事例の解決にとって現在の規定のどこに不備があるか，具体的な事案を前提に買主にどのような救済手段を認めるべきかという観点からの検討を併せて行うべきであるという意見が複数あった」とされる（中間的な論点整理の補足説明292頁）。
　　なお，その際，部会第14回会議議事録7頁以下〔山本敬三幹事発言〕は，いわゆる契約責任説に相当する考え方に基づいて改正を行うべきであるとする立場から，法定責任説の前提である特定物ドグマや原始的不能論を採用すべきでないとする理由について，次のように述べている。すなわち，「ここでの核心的な問題は，特定物が持つべき性質について，契約で合意することができるとすべきかどうかです。この問いに対して，特定物が持つべき性質についても，契約で合意できるとすべきであると考える理由はどこにあるかといいますと，まず，特定物が持つべき性質について契約の当事者が実際に合意をしているときには，その合意をそのまま尊重することが私的自治や契約自由の要請ではないかという理由が考えられます」。「しかし，これは，必ずしも決定的な理由ではないかもしれません。問題はむしろ，なぜ，そのような事柄について，私的自治や契約自由を認めるべきかというところにあります」。「ここでポイントになるのは，……現代の取引社会では，買主が自らの経済活動や生活を合理的に設計できるようにするためには，購入した目的物が意図したとおりの性質を備えていることが不可欠ではないのかということにあります。購入する目的物の性質について合意することができなければ，自らの経済活動や生活を合理的に設計することはできないと思います。そのような取引社会ないしは社会の要請に応えるためには，特定物のドグマを維持することはやはり難しい。ここに，特定物のドグマや原始的不能論を採用すべきではないと考える理由があるのではないかと思います」。

122) 中間試案（第35, 3(2)）。なお，「中間試案」に向けた審議の過程における提案の内容については，部会資料43・7頁以下，部会資料56・26頁以下，部会資料59・21頁以下，部会資料60・58頁以下を参照。

244　第4章　買主の追完請求権の基礎づけと内容確定のあり方

かし，目的物が種類物か特定物かによって救済の体系を峻別し，前者について
は一般原則によるとして買主の追完請求権や損害賠償請求権や契約の解除
権を肯定しつつ，特定物である場合には民法第570条によるとして売主の追
完義務を一律に否定するという，典型的な法定責任説の考え方が，非常に硬
直的であって工業製品が目的物の中心となっている現代の取引実務に適合的
でないとの認識は，広く共有されていると考えられる。そうすると，民法に
おいて規定すべき売主の義務としては，目的物が種類物であるか特定物であ
るかを問わず，売主は当該売買契約の趣旨に適合した目的物を引き渡す契約
上の義務を負っているとするのが適切である」[123]。

b 「中間試案」以降の審議

　その後，「中間試案」についてのパブリック・コメント手続を経て行われた
審議（第3ステージの審議）においても，目的物の品質等に関する売主の義務
の内容について，売主は契約に適合した目的物を引き渡す義務を負うとする
旨の提案がされた。この提案についても，次のような説明がされている。

　「目的物の性状等に関する売主の責任の在り方については，主には民法第
570条の解釈論（取り分け同条の法的性質論）として論じられてきた。その背景
には，同条及び同条が準用する同法第566条は，買主の救済手段として，損
害賠償請求権及び解除権の二つを示すのみであり，同法第570条と債務不履
行の一般原則との関係や，当該瑕疵に基づいて買主が売主に対して瑕疵の修
補や代替物の引渡しなどの履行の追完を請求することができるか否かといっ
た基本的な問題点について，規定上不明確なところがある。これらの問題の
解決については，いわゆる瑕疵担保責任の法的性質の理解とも絡む多様な学
説があり，判例の立場も必ずしも一貫した理解が容易でないと指摘されてい
る」。「いわゆる法定責任説の典型的な考え方は，目的物が不特定物か特定物
かによって救済の体系を峻別し，前者については一般原則によるとして買主
の追完請求権，損害賠償請求権や契約の解除権を肯定しつつ，特定物である
場合には民法第570条によるとして売主の追完義務を一律に否定するという
ものであるが，この考え方は非常に硬直的であり，工業製品が目的物の中心
となっている現代の取引実務に適合的ではない。そうすると，民法において

---

123)　中間試案の補足説明399頁。

第3節 改正民法における買主の追完請求権 **245**

規定すべき売主の義務としては、目的物が不特定物であるか特定物であるかを問わず、売主は当該売買契約の趣旨に適合した目的物を引き渡す契約上の義務を負っているとするのが適切であり、この考え方に基づき売主の義務を明文化する必要がある」[124]。

なお、この段階では、上の説明からも分かるように、売主が契約に適合した目的物を引き渡す義務を負うことを承認するとともに、そのような売主の義務について明文の規定を設けることも提案されていた[125]。

ところが、その後の審議において、一転して、上記のような売主の義務について明文の規定を設けるという提案は斥けられることとなった。それは、「特定物売買だとしても、引き渡された目的物が種類、品質又は数量に関して契約の内容に適合しないものであるときは、売主には修補義務があること等を明記していることから、従前の案における上記規定はこれと重複している」ことを理由とするものと説明されている[126]。すなわち、引き渡された目的物に契約不適合があった場合に、売主が追完義務を負うこと(買主が追完請求権を有すること)等を規定すれば、それによって、売主が契約の内容に適合した目的物を引き渡す義務を負うこともまた明らかになっているとされ、そのような売主の義務を定める規定を重ねて設ける必要はないとされたわけである。

c 改正民法における売主の契約適合物引渡義務の承認

以上のような経緯から、改正民法においては、結局のところ、上記のような売主の義務(契約適合物の引渡義務)に関する明文の規定は設けられないこととなった。しかし、明文の規定は設けられなかったとはいえ、「売主が契約の内容に適合した目的物を引き渡す義務を負う」ことそれ自体については、その後の審議においても否定されたわけではない。

立案担当者の解説においても、改正民法における売主の契約不適合責任の規律について、「新法においては、特定物売買であるか不特定物売買であるか

---

124) 部会資料75A・9頁。

125) 部会資料75A・7頁では、「売主は、売買の目的が物であるときは、性状及び数量に関して、その売買契約の趣旨に適合するものを引き渡す義務を負う。」とする規定を設けるという提案がされ、その後、部会資料81-1・6頁、部会資料81-3・8頁では、「売買の目的が物であるときは、売主は、種類、品質及び数量に関して、契約の内容に適合するものを買主に引き渡す義務を負う。」とする規定を設けるという提案がされていた。

126) 部会資料83-2・42頁。

246 第4章 買主の追完請求権の基礎づけと内容確定のあり方

を問わず，売主は種類，品質及び数量に関して契約の内容に適合した目的物を引き渡す債務を負うことを前提に，引き渡された目的物が種類，品質又は数量に関して契約の内容に適合しない場合には，買主は，救済手段として，①その修補や代替物の引渡し等の履行の追完の請求（新法第562条第1項本文），②代金減額の請求（新法第563条第1項・第2項），③新法第415条の規定による損害賠償の請求（新法第564条）及び④新法第541条，第542条の規定による契約の解除（新法第564条）をすることができるとしている」という説明がされている[127]。

　そしてまた，そうした改正の理由についても，次のような説明がされている。

　「売買は，国民がごく日常的に行う取引類型であるから，引き渡された売買の目的物に不具合（キズや性能不足など）があった場合に買主がどのような救済を求めることができるのかといった基本的な法律関係については，取引社会の実情を踏まえて，明快で合理的なルールを用意しておくのが望ましいと考えられる。しかしながら，旧法第570条は『売買の目的物に隠れた瑕疵があったとき』に買主は損害賠償の請求及び契約の解除をすることができるとしているものの，売買の目的物に不具合があった場合に買主にどのような救済手段があると解すべきかについては，学説は大別すれば法定責任説と契約責任説とで激しく対立し，判例の立場も必ずしも明瞭ではなかった」。「現代社会においては，売買の目的物は，大量生産され，不具合があった場合には部品の交換や代替物の給付など履行の追完が可能であるものが多く，実際の取引においてもそのような対応が一般化している。また，問題となった具体的な取引が特定物売買であるか不特定物売買であるかの判別が実際上必ずしも容易でないケースも少なくない。そのため，法定責任説のように，特定物売買と不特定物売買とを截然と区別してその取扱いを大きく異ならせるのは，取引の実態に合致しておらず，また，いたずらにルールを複雑化するものであって合理的でない」。「特定物売買と不特定物売買とを区別することなく売主は一般に種類，品質及び数量に関して売買契約の内容に適合した目的物を引き渡す債務を負うことを前提に，引き渡された目的物が契約の内容に適合

───────────

127)　筒井健夫＝村松秀樹編著『一問一答 民法（債権関係）改正』（商事法務，2018年）275頁。これについては，第193回国会衆議院法務委員会議録第4号4頁〔小川秀樹政府参考人発言〕も参照。

しない場合には債務は未履行であるとの整理（契約責任説）を基本として，買主が有する救済手段を具体的に明文化するのが合理的である」[128]。

以上からすると，改正民法において，「売主が契約の内容に適合した目的物を引き渡す義務を負う」ことは，──明文の規定はないものの──当然の前提として承認されているものと考えられることになるだろう。

(イ)　債務不履行責任としての売主の契約不適合責任

以上のように売主が契約に適合した目的物を引き渡す義務を負うことを基礎としながら，「中間試案」においては，「目的物が契約の趣旨に適合しない場合の売主の責任の基本的在り方」についても，「引き渡された目的物が契約の趣旨に適合しない場合の売主の責任を債務不履行の一般原則に従うと整理し」，「その観点から規律内容を改める」ことが提案された[129]。

そして，このような提案が，その後の審議においても維持され，改正民法に採用されることとなった。その結果，改正前民法に定められていた瑕疵担保責任の規律は，債務不履行責任の性質を有する契約不適合責任へと再編されることになった。

すなわち，上述したように，売主が契約の内容に適合した目的物を引き渡す義務を負うことを承認する場合には，引き渡された目的物が契約の内容に適合しないことは，売主の債務不履行（契約適合物引渡義務の不履行）を意味することとなる。その結果，この場合に売主が負う責任は債務不履行責任ということになり，買主には，債務不履行の一般規定により，①債務不履行に基づく損害賠償請求権（改正民法415条）や，②債務不履行に基づく契約解除権（改正民法541条，542条）が認められることになる。そこで，改正民法は，以上のような理解に従って，目的物に契約不適合があった場合の売主の責任を債務不履行責任の1つと位置づけたうえで，関係する規定の整理を行っている[130]。

そのような整理の結果として，改正民法564条は，「前二条の規定は，第四

---

128)　筒井＝村松編著・前掲注127）274頁以下。これについては，第193回国会衆議院法務委員会議録第4号4頁〔小川秀樹政府参考人発言〕も参照。

129)　中間試案の補足説明404頁。なお，「中間試案」に向けた審議の過程における提案の内容については，部会資料43・15頁以下，部会資料56・28頁以下，部会資料59・22頁以下，部会資料60・59頁を参照。

130)　中間試案の補足説明405頁。部会資料75A・17頁も参照。

248 第4章 買主の追完請求権の基礎づけと内容確定のあり方

百十五条の規定による損害賠償の請求並びに第五百四十一条及び第五百四十二条の規定による解除権の行使を妨げない。」と定めている。

これは，上述したように，引き渡された目的物が契約の内容に適合しない場合には，それが売主の債務不履行（契約適合物引渡義務の不履行）を意味することから，債務不履行の一般的な規律（債務不履行による損害賠償に関する改正民法415条の規定・債務不履行による契約の解除に関する改正民法541条及び542条の規定）がそのまま適用され，その規律に従って，買主に損害賠償請求権及び契約解除権が認められる旨を確認的に定めたものと理解することができる。

立案担当者の解説においても，「新法においては，特定物売買と不特定物売買とを区別することなく売主は一般に種類，品質及び数量に関して売買契約の内容に適合した目的物を引き渡す債務を負うことを前提に，引き渡された目的物が契約の内容に適合しない場合には債務は未履行であるとの整理（契約責任説）を基本としており，損害賠償請求及び解除についても，債務不履行の一般的な規律がそのまま適用されるものであり，規定上もこのことを明確にしている（新法第564条）」という説明がされている[131]。

---

131) 筒井＝村松編著・前掲注127) 280頁。これについては，第193回国会衆議院法務委員会議録第4号4頁，5頁〔小川秀樹政府参考人発言〕も参照。
　　なお，部会資料75A・16頁では，ここでの規律について，「引き渡された目的物が性状及び数量に関して契約の趣旨に適合しないものであるときは，買主は，債務不履行一般の規定による損害賠償の請求及び契約の解除をすることができる。」とする内容の提案がされていた。これは，「契約の趣旨に適合しない目的物を交付することが売主の債務不履行となり，債務不履行の一般原則が適用されることを明示する必要性がある」という考慮に基づくものであった（部会資料75A・17頁）。ところが，その後，この規律については，表現の変更がされ，改正民法564条の規定に相当する表現（「……の規定による権利の行使は，債務不履行一般の規定による損害賠償の請求及び解除権の行使を妨げない」という表現）が採用されることとなった（部会資料81-1・7頁）。しかし，そこでの表現の変更は，「従前の案……の表現について，債務不履行一般の規定との重複を避ける観点から修正し」たものであって，「規律の内容を変更するものではない」と説明されている（部会資料81-3・9頁）。
　　以上によれば，改正民法564条の規定は，上記のように「債務不履行一般の規定との重複を避ける」ことを理由に，「……を妨げない」という表現を採用しているものの，それは，上述したように，目的物の契約不適合があった場合には，それが売主の債務不履行を意味することから，「買主は，債務不履行一般の規定による損害賠償の請求及び契約の解除をすることができる」ということを明らかにする趣旨であるということができる。

第3節　改正民法における買主の追完請求権　249

(ウ)　買主の追完請求権の承認

上記のように改正前民法における瑕疵担保責任が契約不適合責任へと再編されるのに伴って，買主の追完請求権についても，これを認める旨の明文の規定を設けることが提案された。

a　「中間試案」における提案

まず，「中間試案」においては，「引き渡された目的物が……契約の趣旨に適合しないものであるときは，買主は，その内容に応じて，売主に対し，目的物の修補，不足分の引渡し又は代替物の引渡しによる履行の追完を請求することができるものとする。ただし，その権利につき履行請求権の限界事由があるときは，この限りでないものとする。」という提案がされた[132]。

この提案については，先にみた売主の契約適合物引渡義務の承認に関する説明とは別に，とくに次のような説明がされている。

「民法第570条は，目的物に瑕疵があった場合に，買主がその修補や代替物の引渡しといった履行の追完の請求をすることができるか否かについて言及していない。そして，同条の法的性質の理解がこの点の帰結の相違に結びつくと考えられてきた。しかし，売買の目的物における工業製品等の占める割合が大きくなっている現代においては，種類物売買の重要性が高まるとともに，例えば中古車売買のように特定物か種類物かの区別によって取扱いを異にする合理性が乏しいと考えられる場面が増えており，このため，目的物が種類物か特定物かを問わず，修補又は代替物の引渡しといった追完による対応が合理的と認められる場面は広く存在するようになっている」。「これを踏まえ，……引き渡された目的物が……契約の趣旨に適合しないものであるときは，買主は，その内容に応じて，売主に対し，目的物の修補，不足分の引渡し又は代替物の引渡しによる履行の追完を請求することができるものとしている」[133]。

---

132)　中間試案（第35，4(1)）。なお，「中間試案」に向けた審議の過程における提案の内容については，部会資料43・20頁以下，部会資料56・28頁以下，部会資料59・22頁以下，部会資料60・59頁を参照。また，法制審議会民法（債権関係）部会における買主の追完請求権をめぐる審議の経緯については，森田修「売主の担保責任：一般債務不履行との関係を中心に（その3）」法学教室448号（2018年）80頁，85頁以下も参照。

133)　中間試案の補足説明404頁。

b 「中間試案」以降の審議

その後,「中間試案」についてのパブリック・コメント手続を経て行われた審議(第3ステージの審議)においても,「引き渡された目的物が……契約の趣旨に適合しないものであるときは,買主は,その内容に応じて,売主に対し,目的物の修補,代替物の引渡し又は不足分の引渡しによる履行の追完を請求することができる。」とする旨の提案が維持された。

この提案についても,次のような説明がされている。

「民法第570条は,目的物に瑕疵があった場合に,買主がその修補や代替物の引渡しといった履行の追完の請求をすることができるか否かについて言及していない」。「従来,法定責任説の考え方では,特定物売買の場合はこれらの請求ができず,不特定物売買の場合にはこれらの請求ができるとされ,契約責任説の考え方では,特定物売買の場合も不特定物売買の場合もこれらの請求ができるとされてきたが,この点については,……契約の趣旨に適合した目的物の引渡義務を負う旨を定めることにより,契約責任説の立場に立つことを明らかにした」。「また,……売買の目的物における工業製品等の占める割合が大きくなっている現代社会においては,不特定物売買の重要性が高まるとともに,例えば中古車売買のように特定物か不特定物かの区別によって取扱いを異にする合理性が乏しいと考えられる場面が増えている。このため,目的物が特定物か不特定物かを問わず,修補又は代替物の引渡しといった追完による対応が合理的であると認められる場面は,実際上も広く存在するようになっている」。「以上より,特定物か不特定物かを問わずに,修補等の追完請求権を明文化する必要がある」[134]。

このような提案がその後の審議においても維持され,改正民法においては,買主の追完請求権を承認する旨の明文の規定が設けられることとなった[135]。

c 改正民法における買主の追完請求権の基礎づけ

さて,改正民法において買主の追完請求権が承認されるに至った理由について,以上の説明をみると,そこでは,一方で,①売主の瑕疵担保責任(改正前民法570条)の法的性質の理解──法定責任説と契約責任説の対立──が,

---

[134] 部会資料75A・12頁。

[135] 筒井=村松編著・前掲注127)276頁参照。また,第193回国会衆議院法務委員会議録第4号5頁〔小川秀樹政府参考人発言〕も参照。

第3節 改正民法における買主の追完請求権　251

買主の追完請求権が認められるかどうかの「相違に結びつくと考えられてきた」[136]と指摘されており，契約不適合に対する売主の責任の法的性質——売主が契約適合物の引渡義務を負うかどうか——が，買主の追完請求権の基礎づけの問題と理論的な関連性を有することが意識されていることが分かる。すなわち，ここでは，買主の追完請求権が認められるためには，少なくとも，その理論的前提として，売主が契約適合物の引渡義務を負うこと——契約責任説の立場を採用すること——が必要と考えられているものとみられる[137]。そして，これについては，「契約の趣旨に適合した目的物の引渡義務を負う旨を定めることにより，契約責任説の立場に立つことを明らかにした」[138]ことによって，買主の追完請求権を承認するための理論的前提が整備されることとなったものといえる。

　他方で，買主の追完請求権を承認する理由については，以上に加えて，②「しかし，売買の目的物における工業製品等の占める割合が大きくなっている現代においては，……目的物が種類物か特定物かを問わず，修補又は代替物の引渡しといった追完による対応が合理的と認められる場面は広く存在するようになっている」[139]という説明や，「また，……売買の目的物における工業製品等の占める割合が大きくなっている現代社会においては，……目的物が特定物か不特定物かを問わず，修補又は代替物の引渡しといった追完による対応が合理的であると認められる場面は，実際上も広く存在するようになっている」[140]といった説明もされている。これは，先にみた売主の契約適合物引渡義務の承認とは別に，それに加えて，買主の追完請求権に固有の実質的考慮——工業製品等の売買が大きな割合を占める現代社会においては追完による対応が合理性を有する場面が多いこと——から，買主の追完請求権の承認それ自体を直接に基礎づけようとするものとみられる。

　以上でみたように，買主の追完請求権の基礎づけについては，①の売主の

---

136)　中間試案の補足説明404頁。

137)　例えば，部会資料43・15頁では，売主が瑕疵のない目的物を引き渡す義務を負うとする提案は，「買主が追完請求権を有することの論理的前提となっている」という指摘がされている。

138)　部会資料75A・12頁。もっとも，先にみたように，最終的には，そうした売主の義務についての明文の規定は設けられなかった。

139)　中間試案の補足説明404頁。

140)　部会資料75A・12頁。

契約適合物引渡義務の承認に関する説明に加えて，それとは別に，②のような買主の追完請求権の承認に固有の説明もされていることが分かる。そうすると，改正民法においては，必ずしも明確ではないものの，先にみたように売主の契約適合物引渡義務が承認されたことのみから，それだけで直ちに買主の追完請求権が基礎づけられているわけでは必ずしもないと理解することができる。改正民法における買主の追完請求権は，むしろ，①そうした売主の義務（契約適合物引渡義務）の承認を理論的前提としながらも，それに，②買主の追完請求権に固有の実質的考慮（工業製品等の売買における追完による対応の合理性）が加わることによってはじめて基礎づけられているものと理解することができるように思われる[141]。

イ　買主の追完請求権の要件——引き渡された目的物の契約不適合

㋐　引き渡された目的物の契約不適合

改正民法562条1項本文の規定によれば，買主の追完請求権が認められるためには，「引き渡された目的物が種類，品質又は数量に関して契約の内容に適合しないものである」ことが必要である。

これによると，買主の追完請求権は，①目的物の引渡しがあったこと，②その引き渡された目的物について種類・品質・数量に関する契約不適合があることを要件として認められることになる。なお，この要件は，買主の追完請求権の要件というだけではなく，目的物の契約不適合に対する買主の救済手段（代金減額請求権・損害賠償請求権・契約解除権）に共通の要件として位置づけられるものである。

a　目的物の引渡し

改正民法562条1項本文の規定によれば，買主の追完請求権が認められるためには，目的物の引渡しがあったこと——「引き渡された」目的物の契約不適合——が必要である。

これによると，目的物の引渡し前に契約不適合が発見された場合でも，引渡し前の段階においては，目的物の引渡しの要件を満たさない以上，買主は，改正民法562条1項が規定する追完請求権によって，売主に対して，「履行の追完」を請求することはできないことになる。

もっとも，買主は，そのように目的物の引渡し前に目的物の契約不適合を

発見したときには，その受領を拒絶したうえで，――改正民法562条1項が規定する追完請求権によるのではなく――売買契約に基づく本来的履行請求権により，売主に対して，あらためて「契約の内容に適合した目的物の引渡し」を請求することができるものと解される[142]。

b　目的物の契約不適合――売主の債務不履行

買主の追完請求権が認められるためには，目的物の引渡しに加えて，その

---

141)　以上でみた説明においては，買主の追完請求権の承認を基礎づける論拠として，①売主の契約適合物引渡義務の承認と，②買主の追完請求権に固有の実質的考慮（工業製品等の売買における追完による対応の合理性）が挙げられていた。もっとも，これらの論拠がどのような関係にあるかは，必ずしも明らかではない。

　一方では，①の売主の契約適合物引渡義務の承認に関しても，その理由として，「いわゆる法定責任説の典型的な考え方は，……非常に硬直的であり，工業製品が目的物の中心となっている現代の取引実務に適合的ではない」といった実質的観点からの説明がされており，その限りでは，②のような実質的考慮が，①においても，すでに織り込まれているとみる余地もある（もっとも，その場合においても，そこで示されている考え方は，契約適合物の給付を内容とする当事者の「合意」に従って売主の契約適合物引渡義務を認めようとする従来の典型的な契約責任説の考え方とは必ずしも一致しないことに注意する必要がある）。

　しかし，他方では，①の論拠が契約不適合に対する売主の責任の規律一般にかかわる（買主の追完請求権に限られない）ものであるのに対し，②の論拠はもっぱら買主の追完請求権という救済手段にかかわるものであって，両者は取り扱う問題の次元を異にするものということができる。実際，先にみた買主の追完請求権の承認に関する説明においても，①の説明に加えて，それとは別に，②の説明がされており，そこでは，これらは別のものとして理解されている――②の論拠が①の論拠に完全に解消されるとは考えられていない――ものとみられる。そうしてみると，買主の追完請求権は，これら双方の論拠によって，すなわち，①売主の契約適合物引渡義務の承認を理論的前提としながらも，それに，②買主の追完請求権という救済手段に固有の実質的考慮が加わることによって基礎づけられているものと理解することができる。

　いずれにしても，以上の説明においては，①契約適合物の給付を内容とする当事者の「合意」に従って売主の契約適合物引渡義務が認められ，②そこから論理必然的に買主の追完請求権が導き出されるといった考え方が採用されているわけではないことに注意する必要がある。このことは，法制審議会民法（債権関係）部会による第1ステージ（第1読会）の審議において，瑕疵担保責任に関する規定の改正を検討するにあたって，「具体的な議論の進め方については，瑕疵担保責任の法的性質に関する理論的な検討のみから演繹的に要件・効果を導くのではなく，現実社会における具体的な事例の解決にとって現在の規定のどこに不備があるか，具体的な事案を前提に買主にどのような救済手段を認めるべきかという観点からの検討を併せて行うべきであるという意見が複数あった」こと（中間的な論点整理の補足説明292頁）に対応したものとみることができるだろう。

引き渡された目的物について種類・品質・数量に関する契約不適合があることが必要である。

　先に述べたように，改正民法においては，明文の規定は設けられなかったものの，売主が，種類，品質及び数量に関して契約の内容に適合した目的物を買主に引き渡す義務（契約適合物引渡義務）を負うことが前提とされている。そのため，「引き渡された目的物が種類，品質又は数量に関して契約の内容に適合しないものである」こと——契約の内容に適合しない目的物が引き渡されたこと——は，売主の債務不履行（契約適合物引渡義務の不履行）を意味する。そうすると，買主の追完請求権は，そうした売主の債務不履行（目的物の

---

142)　これについては，磯村保「売買契約法の改正——『担保責任』規定を中心として」Law & Practice10号（2016年）61頁，70頁以下，山野目章夫「新しい民法の債権関係規定のもとにおける種類物売買の法律関係」法の支配190号（2018年）72頁，73頁以下，平野裕之『新債権法の論点と解釈』（慶應義塾大学出版会，2019年）343頁以下などを参照。なお，買主の追完請求権の要件である目的物の引渡し（「引き渡された」）を，買主が目的物を履行として受領したことと解するものとして，藤田寿夫「売買における契約不適合責任の効果，債務不履行との関係」同『表示責任と債権法改正』（成文堂，2018年，初出2015年）222頁，237頁などがある。

　もっとも，このように，改正民法562条1項本文が，買主の追完請求権の要件として目的物の引渡しを必要としているのは，目的物の引渡し後に契約不適合が発見されたという典型的な問題状況に対応して規定が設けられたことによるものとも考えられる。そうだとすれば，目的物の引渡し前の段階においても，本来的履行請求権の規律によるのではなく，むしろ買主の追完請求権の規律（改正民法562条が定める特別の規律）によるのが適切であると考えられる場合には，改正民法562条の類推適用によって対応することが考えられてよいだろう（例えば，部会第97回会議議事録40頁以下〔金洪周関係官発言〕では，本来的履行請求権についても，改正民法562条2項に定められた規律と実質的に同様の規律が妥当する場合がありうることが示唆されている）。

　これに関して，潮見・前掲注120) 330頁以下は，債権者の追完請求権一般に関するルールとして，①「債務者が不完全な履行をした場合には，債権者は債務者に対して履行の追完を請求することができる。」という不文のルール，②「不完全な履行の追完が契約その他の債務の発生原因および取引上の社会通念に照らして不能である場合には，債権者は債権者に対して履行の追完を請求することができない。」という不文のルールに加えて，③「不完全な履行がされることが履行期前に明確になった場合には，履行期前であっても，債権者は債務者に対して不完全さの追完を請求することができる。」というルール（契約危殆を想定したルール）を認めるべきであるとしている。③のルールは，「債務の履行期が到来する前の段階で既に，履行期にされるであろう履行の不完全が明白である場合（たとえば，中古車の売買でワイパーが欠損していることが履行期前の段階で既に外観上明らかな場合や，建物の建築請負において，建物の完成・引渡し前の段階で，契約で使用されるものとされていた免震バネの強度不足が明らかとなった場合）」（同326頁）を想定し，そうした場合には，現に不完全な履行がされる前であっても，債権者に追完請求権を認めようとするものとみられる。

契約不適合）の効果として認められるものと位置づけられることになる。

(イ)　目的物の契約不適合の判断構造

さて，買主の追完請求権の要件である「引き渡された目的物が種類，品質又は数量に関して契約の内容に適合しないものである」かどうか（目的物の契約不適合の有無）を判断するためには，①売買の目的物が備えるべき種類・品質・数量に関する「契約の内容」を確定したうえで，②実際に引き渡された目的物が，種類・品質・数量に関して，その「契約の内容」に適合しているかどうかを判断することが必要になる。

こうした目的物の契約不適合の判断構造は，改正前民法570条における「瑕疵」の判断構造を踏まえたものであるとされている[143]。すなわち，改正前民法のもとで，「民法第570条にいう『瑕疵』の有無の判断は，より具体的には，目的物が本来備えるべき品質等を確定した上で，その『備えるべき品質等』との対比において，実際の目的物が当該『備えるべき品質等』を有しているかどうかの評価であると考えられる」とされ，「瑕疵の存否は，結局，契約の趣旨を踏まえて目的物が有するべき品質，性状等を確定した上で，引き渡された目的物が当該あるべき品質等に適合しているか否かについての客観的・規範的判断に帰着すると考えられ」るものとされた[144]。

そこで，これを踏まえて，改正民法562条1項においては，目的物の瑕疵（不適合）の判断が，契約の趣旨に照らして行われるべきことを明示する趣旨で，「引き渡された目的物が……契約の内容に適合しない」という表現が用いられることとなった[145]。なお，その際，この規定における「契約の内容」というのは，明示ないし黙示の合意内容だけではなく，契約をめぐる諸事情（取

---

143)　もっとも，改正前民法570条にいう「瑕疵」は，主として目的物の「品質・性能」に関するものであったのに対して，改正民法562条にいう「契約の内容に適合しない」（契約不適合）は，目的物の「種類，品質及び数量」に関するものをすべて対象としている。したがって，改正民法における契約不適合責任では，改正前民法における瑕疵担保責任と比べると，その適用対象が拡張されていることに注意を要する。

144)　中間試案の補足説明400頁。なお，部会資料75A・9頁以下も参照。改正前民法のもとでの「瑕疵」の判断基準については，潮見佳男「売買における物的瑕疵の帰責構造」同『契約責任の体系』（有斐閣，2000年，初出1993年）305頁，田中洋「判批：最判平成22年6月1日」神戸法学雑誌60巻3＝4号（2011年）163頁，瀬川信久「『瑕疵』の判断基準について」星野英一先生追悼『日本民法学の新たな時代』（有斐閣，2015年）645頁などの分析を参照。

256　第4章　買主の追完請求権の基礎づけと内容確定のあり方

引通念も含む）から認められる契約の趣旨を意味するものとされている[146]。

㈡　目的物の契約不適合の判断基準時

　このほか，引き渡された目的物の契約不適合の要件については，そうした契約不適合の有無がどの時点を基準として判断されるのか（目的物の契約不適合の判断基準時）も問題となる。これは，換言すれば，どの時点で存在する契約不適合について，売主は責任を負うことになるか（買主は救済を求めることができるか）という問題である[147]。

　こうした目的物の契約不適合の判断基準時について，改正民法は，明文の規定を設けていない。もっとも，関連する改正民法の規定やその背景にある考え方を手がかりとすると，これについては，次のように考えることができる。

a　改正民法562条1項の規定との関係

　まず，改正民法562条1項は，「引き渡された目的物が……契約の内容に適合しない」と定めているところ，そうした「引き渡された目的物」の契約不適合の有無の判断は，それ自体として，目的物が「引き渡された」時点ではじめて可能となるものである。目的物が引き渡される前の段階では，「引き渡された目的物」の契約不適合の有無は判断しようがないからである。そうすると，「引き渡された目的物」の契約不適合の有無は，その判断が可能となる時点である目的物が「引き渡された」時を基準として判断することが予定されているものと解するのが自然ではないかと考えられる。

---

145)　筒井＝村松編著・前掲注127）275頁（注）は，「旧法第570条は『瑕疵』という用語を用いているが，判例（最判平成22年6月1日，最判平成25年3月22日）は，その実質的な意味を『契約の内容に適合しないこと』であると解釈していた。そのため，目的物に多少のキズなどがあっても契約の内容に適合する限り『瑕疵』ではないと扱われるが，『瑕疵』という用語を用いると，目的物に客観的にキズがあれば契約の内容と適合するかどうかにかかわらず売主が担保責任を負うとの誤解を招くおそれがある。そこで，新法では，『契約の内容に適合しない』との用語を用いて，端的に『瑕疵』の具体的な意味内容を表すこととしている」と説明している。これについては，第193回国会衆議院法務委員会議録第4号4頁以下〔小川秀樹政府参考人発言〕も参照。
146)　中間試案の補足説明400頁，部会資料75A・9頁以下，部会資料81-3・8頁を参照。
147)　野澤正充「契約責任法の新たな展開——瑕疵担保責任から契約不適合責任へ」NBL1107号（2017年）4頁，9頁以下，森田修「売主の担保責任：一般債務不履行との関係を中心に（その2）」法学教室447号（2017年）70頁，76頁以下も参照。

このように，「引き渡された目的物が……契約の内容に適合しない」と定めている改正民法562条1項の規定を手がかりとすると，目的物の契約不適合の有無は，原則としては，目的物が「引き渡された」時点を基準として判断することが予定されているものと解することができる[148]。

b　目的物の契約不適合を売主の債務不履行とみる考え方との関係

　また，先にみたように，改正民法においては，売主は契約の内容に適合した目的物を引き渡す義務（契約適合物引渡義務）を負い，その結果として，引き渡された目的物の契約不適合があったことは，売主の債務不履行（契約適合物引渡義務の不履行）を意味するという考え方が基礎に置かれている。そして，このような考え方によると，そうした売主の契約適合物引渡義務の不履行の有無（＝目的物の契約不適合の有無）は，まさに「契約の内容に適合しない目的物が引き渡されたかどうか」という観点から，目的物の引渡し時を基準として判断されることになるものと解される。

　このように，目的物の契約不適合を売主の債務不履行とみる考え方（改正民法の背景にある考え方）からすれば，目的物の契約不適合の判断基準時は，原則として，――売主の契約適合物引渡義務の不履行の有無が判断される時点である――目的物の引渡し時とすることが予定されているものと解することができる。

c　改正民法567条が定める危険移転の規律との関係――規律の整合性の確保

　以上のように目的物の契約不適合の判断基準時を原則として目的物の引渡し時と解することは，次にみるように，改正民法567条が定める規律（目的物

---

[148]　もっとも，このように「引き渡された目的物」の契約不適合の判断基準時を目的物の引渡し時と解することは，「引き渡された目的物が……契約の内容に適合しない」という改正民法562条1項の規定の文言自体から，論理必然的に導き出されるものではないことに注意を要する。実際，野澤・前掲注147）10頁は，改正民法562条1項は，「『引き渡された目的物』が『契約の内容に適合しないものであるとき』の定めであって，『契約の内容に適合しない』ことが，引渡しの前であるか，引渡しの後も含むのかは，同条からは判然としない」と指摘する。これによれば，改正民法562条1項の規定の文言自体からは，「引き渡された目的物」の契約不適合の判断基準時を，目的物の引渡し時ではなく，例えば，①目的物の引渡し前の一定の時点や，②目的物の引渡し後の一定の時点と解する可能性も，（その当否は別として）論理的には排除されないこととなろう。

の滅失等についての危険の移転）との整合性を確保するという実質的な観点からも基礎づけられるものと考えられる。

ⓐ 目的物の滅失・損傷についての危険の移転時期との整合性

i 改正民法567条1項の規定の内容——危険の移転時期

改正民法567条1項は，「売主が買主に目的物（売買の目的として特定したものに限る。以下この条において同じ。）を引き渡した場合において，その引渡しがあった時以後にその目的物が当事者双方の責めに帰することができない事由によって滅失し，又は損傷したときは，買主は，その滅失又は損傷を理由として，履行の追完の請求，代金の減額の請求，損害賠償の請求及び契約の解除をすることができない。この場合において，買主は，代金の支払を拒むことができない。」と定めている。

この規定は，目的物の実質的な支配の移転時期をもって危険の移転時期とすべきであるという考え方に従って，目的物の滅失・損傷についての危険の移転時期——給付危険及び対価危険の移転時期[149]——を，原則として，「目的物」[150]の「引渡しがあった時」[151]としたものであるとされる[152][153]。

これによれば，目的物の滅失・損傷についての危険は，原則として，①目的物の引渡し前は売主が負担し，②目的物の引渡し以後は買主が負担するということになる。そして，このことは，買主に引き渡された目的物が契約の内容に適合したものであるかどうかを問わないとされている。すなわち，売主が買主に目的物を引き渡したのであれば「目的物が契約の内容に適合していない場合にも危険が移転すること」になる。これは，「売主の意図としては契約の内容に適合した目的物を引き渡したというものであったとしても，実際にはその目的物が契約の内容に適合していないことがある。この場合に売主は目的物が契約に内容に適合していないことについて履行の追完等の責任を負うべきではあるが，目的物の支配については引渡しにより売主から買主

---

149) 潮見・前掲注120）202頁は，改正民法567条は，①給付危険を誰が負担するかという問題と，②対価危険を誰が負担するかという問題が論理的に別の問題であることを意識しつつも，「売主が給付危険を免れる時期と，買主が対価危険を負担することとなる時期とが一致するとの考え方のもとで危険の移転に関するルールを設けている」としている。また，部会資料43・61頁も，「『危険の移転』の具体的な意味としては，債権者が危険の移転後に発生した目的物の滅失又は損傷を理由として，追完の請求，損害賠償の請求，代金減額請求権の行使，契約の解除といった救済を債務者に主張することができなくなることを指すと考えられる」としており，ここでいう「危険の移転」が，給付危険の移転と対価危険の移転の双方を意味するものと理解している。

第3節　改正民法における買主の追完請求権　　259

に移転することから，引渡しがあった時以後に売主の帰責事由によらない目的物の減失又は損傷が生じた場合には，これを理由とする履行の追完請求等はすることができないとするのが公平の観点から相当であると考えられるか

---

150)　改正民法 567 条 1 項括弧書は，改正民法 567 条にいう「目的物」について，「売買の目的として特定したものに限る」と定めている。これは，売買における他の規定では，「目的物」という用語を「特定物，特定した種類物及び特定していない種類物がいずれも含まれる意味で使っているところ，ここでの『目的物』は，特定物と特定した種類物を意味するものであることから，単に『目的物』と書くのみでは，文言の使い方が不安定で適切でない」ことによるものとされている（部会資料 83-2・43 頁）。これによれば，改正民法 567 条にいう「目的物」には，①特定物と，②特定した種類物が含まれるが，③特定していない種類物は含まれないことになる（この用語法は，改正民法 567 条 1 項だけでなく，同条 2 項についても妥当する）。

　もっとも，種類売買において売主が契約の内容に適合しない物を選定して引き渡した場合にも，売主が選定した物（契約の内容に適合しない物）が，改正民法 567 条 1 項括弧書にいう「売買の目的として特定したもの」（＝改正民法 567 条にいう「目的物」）にあたるかについては，必ずしも明確ではなく，解釈に委ねられている。これについては，部会第 96 回会議議事録 48 頁以下での議論も参照。

151)　目的物の実質的な支配の移転時期をもって危険の移転時期とすべきであるという考え方に従うのであれば，改正民法 567 条 1 項が定める目的物の「引渡しがあった時」というのは，相手方への目的物の実質的支配の移転時期，すなわち，相手方による目的物の引渡しの受領時を意味していると考えるのが一貫する（潮見・前掲注 120) 204 頁以下も参照）。

　また，ここでいう「引渡し」には，占有改定（民法 183 条）や指図による占有移転（民法 184 条）の方法による引渡しも含まれるものと解される（曽野裕夫「売買」法律時報 86 巻 12 号（2014 年）88 頁，93 頁注 16，山野目章夫「民法の債権関係の規定の見直しにおける売買契約の新しい規律の構想」法曹時報 68 巻 1 号（2016 年）1 頁，17 頁以下，平野・前掲注 142) 351 頁以下など）。これらの方法による引渡しがあった場合にも，買主は直接占有者（占有代理人）を介した目的物の支配（間接占有）を取得することになるため，売主から買主への実質的な支配の移転があるとみることができるからである。

152)　中間試案の補足説明 429 頁以下，部会資料 75A・30 頁以下，部会資料 81-3・9 頁以下を参照。また，筒井＝村松編著・前掲注 127) 287 頁も参照。

　目的物の引渡し時を危険移転時期とする理由について，部会資料 43・62 頁は，「目的物の実質的支配が移転する時期をもって危険の移転時期とすべきであるとの立場からは，危険の移転の徴表として目的物の引渡しが挙げられることが多く，不動産の売買を含めた契約実務でも，危険の移転時期として目的物の引渡し時が規定されることが多いと考えられる」ことを踏まえたものであると説明している。

153)　もっとも，目的物の減失・損傷についての危険のうち，種類売買における給付危険の移転（集中）については，①目的物の引渡しによって生じると考えるのか，②民法 401 条 2 項による種類債権の特定によって生じると考えるのかにつき争いがある。この問題については，中田裕康『契約法』（有斐閣，2017 年）330 頁以下などを参照（本節 1 (2)キも参照）。

らである」と説明されている[154]。

以上によれば，買主は，売主に対して，原則として，①目的物の引渡し前に生じた滅失・損傷を理由とする救済を求めることができるが，②目的物の引渡し以後に生じた滅失・損傷を理由とする救済を求めることはできないことになる[155]。

ii 目的物の契約不適合の判断基準時との整合性

こうした改正民法 567 条 1 項の規定は，確かに，それ自体としては，目的物の「滅失」・「損傷」についての危険を規律対象とするものであって，目的物の「契約不適合」についての危険を直接の規律対象とするものではないとも考えられる。しかし，目的物の「（一部）滅失」や「損傷」があった場合には，それが，同時に，目的物の「契約不適合」をもたらすこととなるのが通例であると考えられる。そうすると，ここでは，こうした「（一部）滅失」・「損傷」の危険に関する規律と「契約不適合」の危険に関する規律の整合性を確保する（両者の規律の間で矛盾が生じることを回避する）という観点から，両者の規律の平仄を合わせることが望ましいものと考えられる。

実際また，改正民法 567 条 1 項の規定は，「履行の追完の請求」等の契約不適合に対する救済に言及しており，それ自体が，目的物の「滅失」・「損傷」が目的物の「契約不適合」をもたらすことになるような事態を想定した規定である——すなわち，売主の契約不適合責任にかかわることを想定した規定

---

154) 部会資料 81-3・10 頁。もっとも，そこでは，「目的物が種類物で，異種物が引き渡された場合など，特定による危険の移転を認めるべきかどうかが争われるケースも考えられるが，どのような場合に『目的物を引き渡した』と評価できるかは解釈に委ねている」とされている。これについては，部会第 96 回会議議事録 48 頁以下での議論も参照。

155) 筒井＝村松編著・前掲注 127) 287 頁によれば，①改正民法 567 条 1 項前段の規定は，「売主が買主に目的物を引き渡した場合には，それ以後に当事者双方の責めに帰することができない事由によって生じた目的物の滅失又は損傷については，買主は，これを理由とする担保責任の追及（履行の追完の請求，代金減額の請求，損害賠償の請求及び契約の解除）をすることができない」ことを定めたものであるのに対して，②改正民法 567 条 1 項後段の規定は，「買主に引き渡されたものの契約の内容には適合しない目的物の滅失又は損傷により履行不能となった場合には，危険負担に関する新法第 536 条第 1 項をそのまま適用すると，買主は代金支払を拒絶することができることとなってしまう」ために，「同項の特則として，……危険の移転後においては，買主は代金の支払を拒むことができないこと」を定めたものであるとされている（②については，部会資料 81-3・10 頁も参照）。

である——と理解することができる[156]。

　以上のように考えると、目的物の「契約不適合」についての危険も、目的物の「滅失」・「損傷」についての危険と同様に、——目的物の実質的な支配の移転時期をもって危険の移転時期とすべきであるという考え方に従って——原則として、①目的物の引渡し前は売主が負担し、②目的物の引渡し以後は買主が負担すると解するのが相当である。

　これによれば、買主は、売主に対して、①目的物の引渡し前に生じた契約不適合を理由として救済を求めることができるが、②目的物の引渡し以後に生じた契約不適合を理由として救済を求めることはできないということになる。

　これは、目的物の契約不適合の判断基準時を——危険の移転時期と一致させて——原則として目的物の「引渡しがあった時」とすることにほかならない。

(b)　例外的規律の妥当性

　もっとも、改正民法567条は、上で述べた目的物の滅失・損傷についての危険の移転時期に関する原則的規律に加えて、次にみるような例外的規律をも定めている。

　先にみたように、目的物の契約不適合の判断基準時と改正民法567条が定める規律（目的物の滅失等についての危険の移転）との整合性を確保するという観点からは、そうした例外的規律もまた、目的物の契約不適合について同様に妥当すると解すべきことになるだろう。

i　目的物の引渡し以後に生じた売主の責めに帰すべき事由による契約不適合の処遇

　まず、改正民法567条1項は、目的物の引渡し以後に「当事者双方の責め

---

156)　野澤・前掲注147) 10頁も、①「実質的には、目的物の『滅失又は損傷』も、契約不適合の1つの場合であると考えることができる」として、「契約不適合は、『滅失又は損傷』よりも広い概念ではあるが、基本的には同質の概念であり、そこに新567条1項を適用ないし類推適用する基礎を見出すことができよう」と指摘し、②規定の位置からしても、「新567条1項は、『目的物の種類又は品質に関する担保責任の期間の制限』（新566条）と『競売における担保責任等』（新568条）の間に位置し、契約不適合に関する規律の1つとして位置づけられている」ことから、「新567条1項は、契約不適合についての基準を明示するものであると解される」として、「契約不適合についても、新567条1項が適用ないし類推適用される、と解するのが自然である」としている。

に帰することができない事由」によって目的物が滅失・損傷した場合に，その滅失・損傷を理由とする買主の救済が排除される旨を定めている。

これは，①目的物の引渡し以後に目的物が滅失・損傷した場合には，原則として，その滅失・損傷を理由とする買主の救済が排除されること（買主が危険を負担すること）に加えて，②目的物の引渡し以後に目的物が滅失・損傷した場合においても，その滅失・損傷が「売主の責めに帰すべき事由」によるものであるときには，例外的に，その滅失・損傷を理由とする買主の救済は排除されないこと（売主が危険を負担すること）をその趣旨とするものである[157][158]。

上述した規律の整合性を確保するという観点からは，①の規律だけではな

---

157) これについては，中間試案の補足説明430頁，部会資料75A・30頁以下，部会資料84-3・14頁を参照。

　とりわけ，②の規律について，中間試案の補足説明430頁は，原則的な危険移転時期の「規律の例外として，その滅失又は損傷が売主の債務不履行によって生じたとき（例えば，目的物の滅失又は損傷が引渡し後に生じたがそれが引渡し前の保存義務違反……に起因する場合等）は，その滅失等が引渡し後に生じたものであっても売主にその危険を負担させるのが相当である……。この場合には，買主は，当該滅失等に関して履行の追完等を売主に求める権利を失わない」と説明している。

　また，潮見佳男『民法（債権関係）改正法の概要』（金融財政事情研究会，2017年）270頁は，目的物の引渡し以後に「売主の責めに帰すべき事由」によって目的物が滅失・損傷した場合の例として，「機械の売買で売主が操作方法について誤った説明をしていたためにその機械が爆発して破損した場合」を挙げている。このほか，山野目章夫＝中井康之「売買」ジュリスト1521号（2018年）84頁，92頁〔中井発言〕も，「特定物の引渡し後に滅失損傷した場合でも，滅失損傷について売主に帰責事由があれば，売主が危険を負担します。例えば，引き渡した特定物に契約不適合があるために目的物が滅失損傷したときは，その危険は売主が負担することになります」としている。

158) 改正民法567条においては「当事者双方の責めに帰することができない事由」という表現が用いられているが，これについては，当初，本文で述べた趣旨で「売主の責めに帰することができない事由」という表現が用いられていた（部会資料75A・30頁）。ところが，その後，他の同種の規律の表現と合わせるために，上記の表現に代えて「当事者双方の責めに帰することができない事由」という表現が採用されることとなった。しかし，それは，「実質的な規律を変更するものではない」と説明されている（部会資料84-3・14頁）。以上によれば，改正民法567条の「当事者双方の責めに帰することができない事由」という表現は，「売主の責めに帰することができない事由」という意味で理解されるべきものであるといえるだろう（これにより，売主の責めに帰すべき事由による目的物の滅失・損傷については，それが目的物の引渡し以後に生じたものであっても，売主がその危険を負担する〔その滅失・損傷を理由とする買主の救済は排除されない〕ことになる）。

く，②の規律もまた，目的物の契約不適合について同様に妥当すべきであると考えられる。そうすると，目的物の引渡し以後に生じた契約不適合であっても，それが「売主の責めに帰すべき事由」によるものであるときには，例外的に，その契約不適合についても売主は責任を負う（買主はその契約不適合を理由とする救済を求めることができる）と解すべきことになる。

ⅱ 買主の受領遅滞後に生じた契約不適合の処遇

また，改正民法567条2項は，「売主が契約の内容に適合する目的物をもって，その引渡しの債務の履行を提供したにもかかわらず，買主がその履行を受けることを拒み，又は受けることができない場合において，その履行の提供があった時以後に当事者双方の責めに帰することができない事由によってその目的物が滅失し，又は損傷したとき」も，その滅失・損傷を理由とする買主の救済が排除される旨を定めている。

これは，目的物の引渡し前であっても，買主の受領遅滞があった後[159]に売主の責めに帰することができない事由によって目的物が滅失・損傷した場合には，その滅失・損傷を理由とする買主の救済が排除されること（買主が危険を負担すること）をその趣旨とするものである（ちなみに，買主の受領遅滞があった後に「売主の責めに帰すべき事由」によって──売主が「自己の財産に対するのと同　の注意」をもってする保存義務（改正民法413条1項）を尽くさなかったために──目的物が滅失・損傷した場合には，その滅失・損傷を理由とする買主の救済は排除されないことになる）[160][161]。

---

159) 改正民法567条2項が「履行の提供があった時以後に……その目的物が滅失し，又は損傷したとき」と定めていることについて，磯村・前掲注142) 88頁以下は，「履行の提供時と受領遅滞時の間に時間差が生ずる場合」には問題があるとする。すなわち，「取立債務において，売主が買主に対して履行の準備ができたことを通知し，買主が売主の住所においてその後一定期間内に目的物を受け取るべき場合には，買主は，売主の履行の提供があった場合でも，約定の期間内であれば未だ受領遅滞にあるとはいえないから，売主が履行の提供をした時点と，買主に受領遅滞があったといえる時点との間には時間的なずれが生じる」とし，改正民法567条2項の趣旨は，「引渡しがなされていない場合でも，本来であれば引渡しがなされていたはずの時点以後は引渡しがあった場合と同様に扱うということにあると解され，そうだとすれば，文言からはやや離れるが，『履行の提供があった時』とは『履行の提供により受領遅滞に陥った時』と解釈することが必要であると思われる」としている。これについては，曽野・前掲注151) 94頁，山野目・前掲注151) 23頁注24も参照。

160) 中間試案の補足説明430頁，部会資料75A・31頁，部会資料84-3・14頁を参照。また，筒井＝村松編著・前掲注127) 287頁（注2）も参照。

264　第4章　買主の追完請求権の基礎づけと内容確定のあり方

ここでも，上述した規律の整合性を確保するという観点からは，上でみた規律もまた，目的物の契約不適合について同様に妥当すべきであると考えられる。そうすると，目的物の引渡し前に生じた契約不適合であっても，それが買主の受領遅滞の後に売主の責めに帰することができない事由によって生じたものであったときは，その契約不適合について売主は責任を負わない（買主はその契約不適合を理由とする救済を求めることができない）と解すべきことになる。

d　小　括──目的物の契約不適合の判断基準時と売主の責任

以上でみたところによれば，改正民法においては，目的物の契約不適合の

---

161)　なお，債権者の受領遅滞後に「履行不能」が生じた場合については，すでに改正民法413条の2第2項がその規律を定めている。この規定に加えて，買主の受領遅滞後に「目的物の滅失又は損傷」が生じた場合について，わざわざ改正民法567条2項の規定が設けられたのは，次のような理由によるものとされている（部会資料75A・31頁参照）。

すなわち，①「受領遅滞後に生じた目的物の滅失又は損傷により売主の債務の全部又は一部の履行が不能となった場合」については，改正民法413条の2第2項が定める規律によって処理されることになる。それによれば，債権者の受領遅滞後に生じた履行不能は債権者（買主）の責めに帰すべき事由によるものとみなされ，その結果，その履行不能（滅失又は損傷）を理由とする債権者（買主）の救済は，いずれも排除されることになる。具体的には，①追完請求権は，履行不能（追完不能）を理由として排除され（改正民法412条の2第1項），②代金減額請求権は，不適合が「買主の責めに帰すべき事由」によることを理由として排除され（改正民法563条3項），③損害賠償請求権は，債務の不履行が「債務者の責めに帰することができない事由」によることを理由として排除され（改正民法415条1項ただし書），④契約解除権は，債務の不履行が「債権者の責めに帰すべき事由」によることを理由として排除される（改正民法543条）。また，危険負担による履行拒絶権（改正民法536条1項）も，履行不能が「債権者の責めに帰すべき事由」によることを理由として排除される（改正民法536条2項）。そのため，受領遅滞後の目的物の滅失・損傷によって売主の債務が履行不能となった場合には，改正民法567条2項の規定がなくとも，その滅失・損傷の危険は買主が負担するという帰結が導かれることになる。

ところが，②「受領遅滞後に目的物が滅失又は損傷したとしても，目的物の修補や代替物の引渡し等による履行の追完が可能であれば……，売主の債務の履行が不能となったとまでは言えない場合がある。受領遅滞後に目的物の滅失又は損傷が生じた場合に履行の追完が不能であるか否かで差異を設ける合理的理由はないことから，履行の追完が可能な場合にも目的物の滅失又は損傷の危険が売主から買主に移転することとするのが相当であると考えられる」。そこで，そのような場合に対応するために，改正民法413条の2第2項の規定に加えて，改正民法567条2項の規定が設けられたものとされている。

判断基準時は，危険の移転時期と一致して，原則として，目的物の「引渡しがあった時」と解すべきものと考えられる。その結果，売主は，原則として，目的物の引渡し時に存在する契約不適合について責任を負う（買主はその契約不適合を理由とする救済を求めることができる）ということになる[162]。

　もっとも，以上の原則に対する例外として，①目的物の引渡し以後に生じた契約不適合（目的物の引渡し時には存在していなかった契約不適合）であっても，それが売主の責めに帰すべき事由によって生じたものであるときには，その契約不適合について売主は責任を負うと解すべきである（売主の契約不適合責任の発生要件の拡張）。また，②目的物の引渡し前に生じた契約不適合（目的物の引渡し時に存在していた契約不適合）であっても，それが買主の受領遅滞の後に売主の責めに帰することができない事由によって生じたものであるときには，その契約不適合について売主は責任を負わないと解すべきである（売主の契約不適合責任の発生障害）。

ウ　買主の追完請求権の内容——追完方法

　以上の要件を満たして，引き渡された目的物に契約不適合があったと判断されると，買主には，原則として，追完請求権が認められる。

　このとき，買主が追完請求権によって請求することができる内容（給付内容）として，改正民法562条1項本文は，①「目的物の修補」，②「代替物の引渡し」，③「不足分の引渡し」を挙げている。これは，引き渡された目的物に契約不適合があった場合の対応として，一般に想定することができる追完方法を列挙したものと考えられる。

　もっとも，これらのうち，買主が具体的にどの方法による履行の追完を請求することができるかは，目的物の契約不適合の内容——種類・品質・数量のいずれに関する契約不適合か——によって異なるものと考えられる。

　一般的には，①「目的物の修補」は，品質に関する契約不適合があった場合の追完方法，②「代替物の引渡し」は，種類・品質に関する契約不適合があった場合の追完方法，③「不足分の引渡し」は，数量に関する契約不適合

---

162)　潮見・前掲注120) 201頁も，「新法は，売買目的物が契約の内容に適合しているか否かを判断する際の基準時は，引渡し時（＝引渡しを受領した時）であることを基礎に据えている」としている。このほか，契約不適合の判断基準時については，部会第1分科会第6回会議議事録18頁での議論も参照。

があった場合の追完方法であると考えることができる。もっとも，例外的ではあるが，次のような場合も考えられる。例えば，部品の交換や取付けなどによって目的物の種類そのものを変更することができるような場合には，「目的物の修補」が種類に関する契約不適合があった場合の追完方法として機能することもありうるだろう。また，一定数量がセットとなってはじめて価値を有するような目的物について，数量不足（数量に関する契約不適合）があったときには，履行の追完として，単なる不足分の引渡しではなく，あらためて正規の数量による別のセットの引渡しが必要とされることも考えられる。このような場合には，「代替物の引渡し」が数量に関する契約不適合があった場合の追完方法として機能することになるだろう。

エ　追完方法の選択権
(ア)　買主の選択権——第一次的選択権
　目的物の契約不適合の内容によっては，その契約不適合への対応として複数の追完方法が選択可能であることがある（例えば，品質に関する契約不適合があった場合には，その追完方法として，目的物の修補と代替物の引渡しの双方が選択可能であることがある）。その場合に，改正民法562条1項本文は，こうした複数の追完方法の選択権を，第一次的に買主に与えることとしている。

　このことは，次のように説明されている。すなわち，「例えば新品の機械の売買において目的物に不具合がある場合など，ある契約不適合の追完につき修補による対応と代替物等の引渡しによる対応のいずれもが想定される場合に，いずれを請求するかは買主の選択に委ねることを前提としている。適切な追完がされることに最も強い利害を有するのは買主であるから，買主に第一次的な選択権を与えるのが相当であると考えられることによる」というわけである[163]。この説明によれば，「適切な追完がされることに最も強い利害を有するのは買主である」ことが，買主に追完方法の第一次的な選択権を与える理由とされているものとみられる。

---

163)　中間試案の補足説明404頁。なお，部会資料75A・12頁も参照。このほか，部会資料43・22頁も，追完方法の選択について，「いずれの救済手段が合理的であるかは，目的物の性質や，瑕疵が露見した時点における買主の目的物の利用状況などによって異なると考えられる。このため，いずれの請求も可能である場合に，一律にいずれかを優先的に行使すべきものと決するのは困難であって，瑕疵の除去につき最も利害を有する買主の選択に委ねることが適切であると考えられる」と指摘している。

第3節 改正民法における買主の追完請求権 267

　このように，追完方法の第一次的な選択権が買主に認められるのは，どのような方法で追完がされるかについて買主が有する利益に配慮したものであるということができる。そうすると，買主は，追完請求に際して追完の方法を自ら選択しなければならないわけでは必ずしもなく，売主に対して，「何らかの方法で履行の追完をするよう請求すること」──上述した追完方法について買主が有する利益への配慮を求めずに，追完方法の選択を売主に委ねること──も可能であると解される[164]。

(イ)　売主の対抗措置──異なる方法による追完

　もっとも，以上のように追完方法の第一次的な選択権を買主が有することを前提として，改正民法562条1項ただし書は，「ただし，売主は，買主に不相当な負担を課するものでないときは，買主が請求した方法と異なる方法による履行の追完をすることができる。」と定めている。これによれば，売主は，「買主に不相当な負担を課するものでない」ことを要件として，買主が請求したのとは異なる方法による追完をすることで，買主が請求した方法による履行の追完を拒むことができる。

　このことは，次のように説明されている。すなわち，「目的物の契約不適合の内容によっては，目的物の修補と代替物との交換といった複数の追完手段による対応が考え得る場面がある。このような場合に，追完方法の選択につき当事者間の主張が対立する場面を念頭に，売主の提供する追完方法と買主の請求する追完方法とが異なる場合には，原則として買主の選択する追完方法によることとしつつ，一定の要件を満たす場合に売主の提供する追完方法が優先する旨の規定を設けるものである」。「具体的には，買主の選択する履行の追完の方法と売主が提供する追完の方法とが異なるときは，売主の提供する追完の方法が契約の趣旨に適合し，かつ買主に不相当な負担を課すものでないときに限り，履行の追完は，売主が提供した方法によるとするものである」とされている[165]。

　また，「買主に不相当な負担を課するものでない」という要件については，上記のような売主の対抗措置を認める規律が，追完手段の選択が買主に委ねられるという原則に対する制約であることから，「買主による選択の利益を

---

164)　筒井＝村松編著・前掲注127）277頁（注1）。
165)　中間試案の補足説明406頁。なお，部会資料75A・13頁も参照。

268 第4章 買主の追完請求権の基礎づけと内容確定のあり方

不当に害しないものとするために，限定的な要件を設けるものである」と説明されている[166]。

そして，こうした売主の対抗措置の効果として，売主がこの要件を満たす「履行の追完の提供をしたときは，弁済の提供としての効力が生じ，買主は当初選択した方法による履行の追完の請求ができない」とされている[167]。これによれば，売主が上記の要件を満たす履行の追完の提供をすれば，①「弁済の提供としての効力」が生じる（改正民法 492 条により，買主は売主の追完義務の不履行（履行遅滞）を理由とする損害賠償の請求や契約の解除ができなくなる）とともに，②買主は当初選択した方法による履行の追完の請求ができなくなるという効果が生じることになるものと考えられる[168]。とりわけ，②の効果

---

166) 中間試案の補足説明 406 頁。部会資料 75A・13 頁も参照。なお，潮見・前掲注 157) 258 頁は，「買主に不相当な負担を課するものではない」という要件を満たすかどうかが問題となる例として，「売買されて工場に設置された機械の修理」を挙げている。

167) 中間試案の補足説明 406 頁。なお，「中間試案」では，ここでの規律について，「売主の提供する履行の追完の方法が買主の請求する方法と異なる場合には，売主の提供する方法が契約の趣旨に適合し，かつ，買主に不相当な負担を課するものでないときに限り，履行の追完は，売主が提供する方法によるものとする。」という内容の提案がされていた（中間試案（第 35, 4(3)））。本文の説明は，この「中間試案」の提案に関する説明である。ところが，その後，この規律については，「買主が請求した履行の追完の方法と異なる方法を売主が提供する場合において，売主の提供する方法が契約の趣旨に適合し，かつ，買主に不相当な負担を課するものでないときは，履行の追完は，売主が提供する方法による。」という表現に改める旨の提案がされ（部会資料 75A・11 頁），さらにその後，再度の表現の変更により，改正民法 562 条 1 項ただし書の規定に相当する表現（「……売主は，買主に不相当な負担を課するものでないときは，買主が請求した方法と異なる方法による履行の追完をすることができる。」という表現）が採用されることとなった（部会資料 81-1・6 頁）。しかし，そこでの表現の変更は，「従前の案……の要件・効果を明確にする意図で表現を改め」たものであって，「規律の内容を変更するものではない」と説明されている（部会資料 81-3・9 頁）。したがって，「中間試案」において提案されていた規律の実質的な内容は，結局のところ，改正民法にそのまま引き継がれたとみることができ，それゆえにまた，本文の説明は，改正民法 562 条 1 項ただし書の規定においても同様に妥当するものとみられる。

168) ここにいう「弁済の提供としての効力」は，売主の債務不履行（履行遅滞）責任を免れさせるにとどまり（改正民法 492 条），買主の追完請求それ自体を妨げるものではない（弁済の提供は，買主の追完請求それ自体を妨げる抗弁とはならない）ことからすると，売主による履行の追完の提供があった場合に，①「弁済の提供としての効力」が生じることと，②「買主が当初選択した方法による履行の追完請求ができない」こととは，それぞれ区別された別個の効果であると位置づけられるべきものと考えられる（これについては，やや文脈は異なるものの，部会第 67 回会議議事録 51 頁〔山本敬三幹事発言〕も参照）。

については，「例えば，買主から履行の追完請求権の行使として代替物の引渡しを求める訴訟を提起されたという事案においては，売主は適法に修補による履行の追完を選択したことを請求原因に対する権利消滅の抗弁として主張することができるものと解される」という説明もされている[169]。

オ　買主の追完請求権の限界──追完の「不能」

(ア)　履行請求権の限界に関する一般規定の適用

先に述べたように，「履行不能」に関する改正民法412条の2第1項は，「債務の履行が契約その他の債務の発生原因及び取引上の社会通念に照らして不能であるときは，債権者は，その債務の履行を請求することができない。」と定めているところ，この規定は，履行請求権だけでなく，買主の追完請求権にも適用されることが予定されている[170]。したがって，改正民法においては，買主の追完請求権の限界として，履行の追完が，「契約その他の債務の発生原因及び取引上の社会通念に照らして不能であるときは」，買主は，その履行の追完を請求することができないということになる。

このように，改正民法においては，買主の追完請求権に特有の限界事由に関する定めが設けられているわけではなく，履行請求権の限界に関する一般規定（改正民法412条の2第1項）が，買主の追完請求権についても適用されることが予定されている[171]。

---

169)　筒井＝村松編著・前掲注127) 277頁（注2）。

170)　部会資料75A・13頁は，「債務の履行が不能である場合の規律……が追完請求権にも適用されることは明らかであると考えられる」として，履行請求権の限界に関する一般規定が，買主の追完請求権にも適用されることを当然の前提としている。

171)　なお，「中間試案」においては，買主の追完請求権について，「引き渡された目的物が……契約の趣旨に適合しないものであるときは，買主は，その内容に応じて，売主に対し，目的物の修補，不足分の引渡し又は代替物の引渡しによる履行の追完を請求することができるものとする。ただし，その権利につき履行請求権の限界事由があるときは，この限りでないものとする。」という提案がされていた（中間試案（第35，4(1)））。そして，中間試案の補足説明404頁によれば，この提案の第2文は，「履行の追完を請求する権利につき，履行請求権の限界事由に関する一般原則に服することを示すものである」と説明されていた。その後の審議において，「中間試案」が提案していた履行請求権の限界事由は，「不能」概念によって一元的に把握されることとなったものの，買主の追完請求権の限界が履行請求権の限界に関する一般原則に服すべきことについては，「中間試案」における提案の内容が，改正民法においてもそのまま維持されている。

もっとも，その際，上の規定にいう「不能」の概念は，先に述べたように，「中間試案」において履行請求権の限界事由とされていた，「ア　履行が物理的に不可能であること」，「イ　履行に要する費用が，債権者が履行により得る利益と比べて著しく過大なものであること」，「ウ　その他，当該契約の趣旨に照らして，債務者に債務の履行を請求することが相当でないと認められる事由」のすべてを含むものとされている[172]。そのため，買主の追完請求権の限界が，追完の物理的不能の場合に限定されているわけではないことに注意が必要である。

㈡　「不能」による限界と「過分の費用」による限界との関係

ところで，改正前民法634条1項は，請負における注文者の修補請求権について，「仕事の目的物に瑕疵があるときは，注文者は，請負人に対し，相当の期間を定めて，その瑕疵の修補を請求することができる。ただし，瑕疵が重要でない場合において，その修補に過分の費用を要するときは，この限りでない。」と定めていた。これは，注文者の修補請求権の限界について，①「瑕疵が重要でない場合」において，②「その修補に過分の費用を要する」ことを要件として，注文者は瑕疵の修補を請求することができないとするものであった。その際，②の修補に要する費用が「過分」であるかどうかは，一般に，修補に必要な費用と修補によって生ずる利益とを比較して判断すべきものとされていた[173]。

それでは，このように注文者の修補請求権の限界について改正前民法が定めていた特別の規律は，改正民法においてどのように扱われることになったのだろうか。ここでは，とりわけ，こうした改正前民法において定められていた注文者の修補請求権の限界（とくに「過分の費用」による限界[174]）の規律が，改正民法412条の2第1項が定める履行請求権一般の限界（「不能」による限界）の規律とどのような関係にあると理解されるのか——さらにまた，買主の追完請求権の限界の規律とどのような関係にあると理解されるの

172）　部会第78回会議議事録2頁以下〔金洪周関係官発言〕。

173）　我妻・前掲注29）②634頁以下など。

174）　ここでは，改正前民法634条1項ただし書が定めていた注文者の修補請求権の限界についての要件（①「瑕疵が重要でない場合」，②「その修補に過分の費用を要する」）のうち，（①の要件を除いた）②の「過分の費用」のみを要件とする限界のことを「過分の費用」による限界と呼ぶことにする。

か——が問題となる。

そこで，買主の追完請求権の限界に関する規律の内容を明らかにするためにも，上記の問題について，法制審議会民法（債権関係）部会における審議の過程でどのような理解が示され，その結果として，改正民法においてどのような立場が採用されたのかを確認しておこう。

a 「中間試案」における提案

注文者の修補請求権の限界については，まず「中間試案」において，履行請求権一般の限界と同様の規律に従うべきものとする提案が示された。

この提案については，次のような説明がされている。

「民法第634条第1項ただし書は，①仕事の目的物の瑕疵が重要でないこと，②修補に過分の費用を要することという2つの要件が満たされるときは，注文者は瑕疵の修補を請求することができないと定めている。②の『過分の費用を要する』という要件を満たすかどうかは，修補のために請負人が負担しなければならない費用と修補によって注文者に生ずる利益とを比較して判断するとされている。しかし，従来から，履行が物理的には可能であるとしても，履行に過大な費用を要する場合には履行が法律上不能と評価されることがあるとされ，履行に要する費用が履行によって得られる利益に比べて著しく過大な場合には履行を請求することができないことを明文化することとされており……，②の要件は，単独で履行請求権の限界事由となり得る」。そして，②の要件が，「中間試案」における履行請求権の限界事由（「履行に要する費用が，債権者が履行により得る利益と比べて著しく過大なものであること」）と「完全に重なるのであれば，①は，通常の債権であれば履行を請求することができない程度に過大な費用を要する場合であっても，仕事の目的物の瑕疵が重要である場合には請負人に修補を義務づけるという意味を持つことになるが，これは請負人に不当に過大な義務を負わせることになると考えられる」。「他方，②の『過分』の程度は，履行請求権一般の限界事由が生じるまでには至らない程度のものを意味すると理解することもできる。すなわち，民法第634条第1項ただし書は，瑕疵が重大でない場合については，履行請求権一般の原則よりも緩やかな要件の下で修補請求権を制限していることになる。しかし，請負契約の仕事の目的物の瑕疵修補請求権について，履行請求権一般の限界事由や売買目的物に瑕疵があった場合の修補請求権の障害事由と異

なる考え方を採る理由はないように思われる」。

　以上のような考慮から，「仕事の目的物が契約の趣旨に適合しない場合の修補請求権の限界について，売買の目的物が契約の趣旨に適合しない場合……と同様に，履行請求権の限界事由……の一般原則に委ねることとする」旨の提案がされることとなった[175]。

　このように，「中間試案」においては，注文者の修補請求権の限界について，買主の追完請求権の限界と同様に，追完請求権に特有の限界事由を定めることはせず，履行請求権の限界事由の一般原則に委ねることとする旨の提案が示されることになった。そして，以上の説明によると，そこでは，①注文者の修補請求権の限界について，改正前民法634条1項ただし書が定めていた「瑕疵が重要でない場合」という要件は不要であるとされ，そしてまた，②その場合における注文者の修補請求権の限界の判断基準（「過分」の程度）についても，履行請求権一般の限界事由——「履行に要する費用が，債権者が履行により得る利益と比べて著しく過大なものであること」——よりも緩やかに考える必要はないとされている。

b 「中間試案」以降の審議

　その後，「中間試案」についてのパブリック・コメント手続を経て行われた審議（第3ステージの審議）において，履行請求権一般の限界事由については，先にみたように，「中間試案」での提案から一転して，「不能」概念によって一元的に把握するという提案がされることになった。しかし，その中にあってもなお，注文者の修補請求権の限界については，「中間試案」におけるのと同様に，引き続き，履行請求権一般の限界と同様の規律を妥当させるという提案が維持されている。

　これについては，「中間試案」での説明の内容を基本的に引き継ぐ形で，次のような説明がされている。

　「民法第634条第1項は，仕事の目的物に瑕疵があるときに，注文者に瑕疵の修補請求権があることを定めており，同項ただし書は，瑕疵の修補を請求することができない場合について規定している。同項ただし書の具体的な要件は，①仕事の目的物の瑕疵が重要でないことと，②修補に過分の費用を要

---

175)　中間試案の補足説明478頁以下。

することであり，②の『過分の費用を要する』という要件を満たすかどうか
は，修補のために請負人が負担しなければならない費用と，修補によって注
文者に生ずる利益とを比較して判断するものと理解されている」。「もっとも，
履行請求権一般について，履行が物理的には可能であるとしても，過大な費
用を要する場合には，履行が法律上不能と評価されることがあると理解され
ており，同項ただし書の『過分の費用』の程度について，履行請求権一般と
別異に解する理由はない。したがって，②の要件を満たせば，通常は，それ
だけで瑕疵の修補を請求することはできない場合に該当すると解される」。
「そうすると，民法第634条第1項ただし書の意義は，履行請求権の一般原則
によって修補請求をすることができないとされる場面を①の要件によって限
定し，①に該当しない場合（瑕疵が重要である場合）には，修補に過分の費用
を要するときであっても修補請求を認めることとする点にあるということに
なる。しかし，請負の場合に履行請求権の一般原則よりも重い修補義務を課
すことは必ずしも合理的であるとは考えられない」。「以上を踏まえると，民
法第634条第1項ただし書を改め，仕事の目的物が契約の趣旨に適合しない
場合の修補請求権の限界について，履行請求権の一般原則と同様の規律とす
る必要があると考えられる」[176]。

　このような考慮から，注文者の修補請求権の限界については，「中間試案」
におけるのと同様に，履行請求権の限界事由の一般原則に委ねられることと
された。そして，以上の説明によると，ここでも，「中間試案」におけるのと
同様に，①注文者の修補請求権の限界について，改正前民法634条1項ただ
し書が定めていた「瑕疵が重要でない場合」という要件は不要であるとされ
ている。そのうえで，ここでは，②履行請求権一般の限界について，「履行が
物理的には可能であるとしても，過大な費用を要する場合には，履行が法律
上不能と評価されることがあると理解されて」いるとされ，注文者の修補請
求権の限界事由としての「過分の費用」を要する場合もまた，こうした履行
請求権一般の限界事由としての「不能」に含まれるという理解が採用されて
いる。そしてまた，③そうした「過分の費用」の程度に関しても，「履行請求
権一般と別異に解する理由はない」とされており，注文者の修補請求権の限
界は，履行請求権一般の限界と判断基準を異にするものではないとされてい

---

176)　部会資料72A・4頁以下。

る。

c 改正民法における注文者の修補請求権の規律

以上のような趣旨の提案がその後の審議においても維持され，最終的に，改正民法に採用されることとなった。その結果，改正民法においては，注文者の修補請求権の限界についても，——上でみた買主の追完請求権の限界と同様に——その規律は，履行請求権一般の限界（「履行不能」）に関する改正民法412条の2第1項の規定に委ねられることとなった。そして，この規定との重複を避けるために，改正前民法634条1項ただし書は，削除されることになった[177]。

さらにそのうえ，注文者の修補請求権に関しては，買主の追完請求権について定める改正民法562条の規定が，民法559条の規定（有償契約への準用）を通じて請負契約など他の有償契約に準用されることから，注文者の修補請求権それ自体について定めていた改正前民法634条1項本文もまた，その規律内容を上記の包括準用規定に委ねることとして削除されることとなった[178]。その結果，改正民法においては，注文者の修補請求権について直接に定める規定は存在しないこととなったわけである。

d 小 括——「不能」による限界と「過分の費用」による限界との関係

以上でみたところによれば，改正民法における「不能」による限界と改正前民法における「過分の費用」による限界との関係については，次のように整理することができる。

まず，①改正民法においては，追完請求権の限界に関して，改正前民法634条1項ただし書が定めていたような「過分の費用」による限界について定める明文の規定は設けられなかった。しかし，②履行請求権の限界について改正民法412条の2第1項が規定する「不能」の概念には，そうした「過分の

---

[177] 部会資料81-3・18頁は，「民法第634条第1項ただし書は，仕事の目的物が契約の内容に適合しない場合の修補請求権の限界について定めるものであるが，これは履行請求権の一般原則についての規律……に委ねられるべきものである」とする。

[178] 部会資料84-3・16頁以下，部会資料88-2・7頁以下を参照。これについて，部会資料88-2・8頁は，請負における担保責任についても，民法559条によって売買の規定を準用することとし，「その具体的な内容については，請負の性質を踏まえた個別の解釈論に委ねざるを得ないと考えられる」としている。

費用」による限界に相当する事由[179]も含まれることとされている[180]。その
うえで，③そのような意味での「不能」による限界の規律が，履行請求権一
般の限界についても，追完請求権の限界についても，等しい判断基準のもと
で——履行請求権の限界と追完請求権の限界とで判断基準を異にすることな
く[181]——適用されることが予定されていることになる[182]。

　そうすると，結局のところ，改正民法における買主の追完請求権の限界に

---

179)　これに対して，改正前民法634条1項ただし書が定めていた要件のうち，「瑕疵が重
　　要でない場合」という要件については，以上でみたところによれば，①履行請求権・追
　　完請求権一般の限界に関する要件でないことはもちろん，②注文者の修補請求権の限
　　界に特有の要件でもないと考えられているものとみられる。
　　　筒井＝村松編著・前掲注127）340頁も，改正前民法634条1項を削除した理由とし
　　て，①買主の追完請求権に関する規定（改正民法562条）が請負についても準用され
　　る（民法559条）ために，それとは別に瑕疵修補請求ができる旨の規定が不要となっ
　　たことに加えて，②「現代社会では，建築技術の進歩等により，高額の費用をかければ
　　修補が可能な場面も想定されるようになったため，瑕疵が重要ではあるものの修補に
　　過分の費用を要するときであっても修補義務を免れないとすると，請負人の負担が過
　　大となる場合が生じ得る状況となっていた」とし，「そのため，瑕疵が重要である場合
　　に請負人に現実に修補をさせることとしていた点においては規定は合理性を失ってい
　　た」ことを挙げている。
　　　以上によれば，改正前民法634条1項ただし書が定めていた「瑕疵が重要でない場
　　合」という要件は，同規定の削除により，改正民法においては，もはや注文者の修補請
　　求権の限界に関する要件ではなくなったものと考えられる。
180)　部会第90回会議議事録45頁〔金洪周関係官発言〕。筒井＝村松編著・前掲注127）
　　341頁（注1）も，「新法の下では，過分の費用を要するときは，修補は取引上の社会通
　　念に照らして不能であると扱われ，履行不能に関する一般的な規定（新法第412条の
　　2第1項）によって，請負人に修補を請求することはできないことになる」としている。
181)　法制審議会民法（債権関係）部会における審議の過程では，当初，追完請求権の限界
　　について，履行請求権の限界事由とは別に，追完請求権独自の限界事由を設けるかど
　　うかも検討対象とされていた（部会資料5-2・14頁以下，中間的な論点整理の補足説
　　明21頁以下，部会資料32・11頁以下を参照）。また，例えば，部会第94回会議議事録
　　26頁〔山本敬三幹事発言〕は，「履行請求一般の限界事由の問題と追完請求が問題にな
　　る場合は，共通する部分もあるけれども，異なる部分もあり得る。追完請求の限界が
　　問題になる場合は，それぞれの追完請求が規定されているところ，売買と請負もそう
　　なのですが，そこで限界事由に当たるものも明確に個別的に書いていく。ただ，考え
　　方はできる限り統一して整理するというのが，私は規定の仕方として望ましいのでは
　　ないかと思います」としていた。
　　　しかしながら，少なくとも，以上でみた立案に至る経緯からすると，改正民法にお
　　いては，①追完請求権独自の限界事由を定める規定は設けられず，また，②改正民法
　　412条の2第1項の規定の適用にあたって，履行請求権の限界と追完請求権の限界と
　　で判断基準を区別するという理解が採用されることもなかったものとみられる。

276　第 4 章　買主の追完請求権の基礎づけと内容確定のあり方

ついては，改正民法 412 条の 2 第 1 項が定める「不能」概念を通じて規律が
されることになるものの，そこでいう「不能」には，①追完が物理的に不能
である場合のほか，②改正前民法における「過分の費用」による限界に相当
する場合（追完に過分の費用を要する場合）も含まれており[183]，これらに該当
するときには，買主は，売主に対して，履行の追完を請求することができな
いということになる。

カ　買主の追完請求権の発生障害──「買主の責めに帰すべき事由」による契約不適合

改正民法 562 条 2 項は，「前項の不適合が買主の責めに帰すべき事由によ
るものであるときは，買主は，同項の規定による履行の追完を請求すること

---

183)　もっとも，これに対しては，改正民法のもとでも履行請求権の限界と追完請求権の
限界の判断基準を区別するという解釈の方向性を示すものもある。

　　例えば，山野目・前掲注 151) 7 頁は，「物の給付義務の本来的な履行と，その不完全
な履行があった場合の追完の履行に共通に履行請求権の限界事由として『不能』とい
うことが考えられる……が，これらの文脈を異にする二つの不能の概念が全く同様の
仕方で解釈運用されるかは，やや問題である」とし，「解釈運用によっては，本来的な
履行については不能を容易には認めないとしても，いったん不完全にせよ履行に着手
された段階における不能の概念は，相対的に緩やかに不能を肯定する方向で処される
という在り方も，あながち背理とは言い難いと感ずる」としている。

　　また，潮見・前掲注 120) 336 頁以下も，追完請求権の限界について，「追完請求権の
場合には，追完が可能か否かを判断する際や，追完内容の合理性を判断する際に，履
行がされなかった場合の履行請求権の場合とは異なった観点からの考慮が必要である
点に留意しなければならない」とし，その理由として，「追完請求の場合には，不完全
ながら既におこなわれた履行行為の巻戻しと清算に要する費用を考慮する必要がある
し，本来の履行行為とは異なる内容の追完行為に要する債務者の費用（修補のコスト，
代替品調達コストなど），追完に際して協力をする必要に迫られた場合の債権者の不
利益（たとえば，工場機械の売買で，買主がみずからの工場に当該機械を搬入し固定
した後に，不適合が発覚したが，取り換えるには機械をとりはずす大がかりな工事が
必要であるような場合），当該追完措置によって実現される債権者の利益状態を考慮
に入れ，当該追完行為が債務発生原因（たとえば，契約）に照らし受け入れる余地があ
るものか否かを判断しなければならないからである」としている。

　　そのほか，森田宏樹「売買における契約責任──契約不適合に基づく担保責任の意
義」瀬川信久ほか編『民事責任法のフロンティア』（有斐閣，2019 年）273 頁，282 頁
も，「追完請求権は，不完全な履行がなされたことを前提として，契約に基づく当初の
給付とは別個の追加的な負担を売主に課するものであることから，限界事由の解釈に
あっては，そのことを考慮に入れる必要が生ずる」とし，「本来の履行請求権と不完全
な履行がなされた場合における追完請求権とでは，その限界事由の内容は同じではな
い」としている。

第3節　改正民法における買主の追完請求権　　**277**

ができない。」と定めている。すなわち，目的物の契約不適合が「買主の責め
に帰すべき事由」によるものであるときは，買主の追完請求権は認められな
い。

　これは，「契約不適合が買主の帰責事由による場合にまで買主に履行の追
完の権利を認めるのは売主に酷であると考えられること，履行の追完も買主
がとり得る他の救済手段と整合的である必要があるところ，契約の解除……，
代金減額請求……及び損害賠償請求……は買主に帰責事由がある場合には行
使することができないとされていることから，履行の追完の請求についても，
買主に帰責事由がある場合にはすることができないこととするものである」
と説明されている[184]。これによると，上記の規律は，契約不適合が買主の責
めに帰すべき事由によるものである場合には，そのような契約不適合による
不利益は買主が負担すべきものであって，売主に対してその救済を求めるこ
とを許すべきではないという一般的な──追完請求権などの目的物の契約不
適合に対する買主の救済手段に共通する──考慮に基づくものとみることが
できる。

　以上のような買主の追完請求権の発生障害の規律は，（本来的）履行請求権

---

183)　なお，以上によれば，改正民法412条の2第1項の「不能」概念に含まれるとされる
　　「過分の費用」による限界は，「中間試案」において履行請求権の限界事由の1つとし
　　て挙げられ，その後，「不能」概念によって把握されることとなった「履行に要する費
　　用が，債権者が履行により得る利益と比べて著しく過大なものであること」と完全に
　　重なると理解されているものとみられる（例えば，部会第78回会議議事録2頁以下で
　　の議論では，両者が重なるという理解が前提とされているようである）。もっとも，後
　　者の限界事由は，その「著しく過大」という文言からすると，単なる「過分の費用」に
　　よる限界（改正前民法における修補請求権の限界）よりも厳しい基準で履行請求権の
　　限界を画そうとするもの──すなわち，履行請求権の限界を追完請求権の限界よりも
　　厳しい基準で判断しようとするもの──と理解する余地もないわけではなかった（例
　　えば，部会第64回会議議事録45頁〔潮見佳男幹事発言〕は，履行請求権の限界につい
　　て，「履行に過分の費用を要することというのは，若干，誤解を招くのではないかと思
　　います」とし，「履行を受けることについての債権者の利益と，それから，履行するこ
　　とに要する債務者の負担，この間の不均衡というものを捉えて，そして，履行請求と
　　いうものが濫用的であるというような場合」に履行請求権の限界が設定されるという
　　理解を示していた）。しかしながら，少なくとも，以上でみた立案に至る経緯からは，
　　改正民法においてそのような理解が採用されたという形跡を見出すことはできない。
184)　部会資料81-3・9頁。なお，部会資料75A・15頁以下も参照。また，筒井＝村松編
　　著・前掲注127）277頁は，「新法においては，公平の観点から，引き渡された目的物が
　　契約の内容に適合しなかったとしても，それが買主の責めに帰すべき事由によるもの
　　であるときは，履行の追完の請求をすることができないとしている」と説明している。

には存在しないものであり，したがって，買主の追完請求権に特有の規律であるということができる[185]。そして，このような規律が設けられたのは，上の説明からも分かるように，この場面における買主の追完請求権が，契約解除権・代金減額請求権・損害賠償請求権と並ぶ「売買目的物の契約不適合に対する救済手段」としての性質——本来的履行請求権とは異なる性質——を有するものと理解されたことによるものとみられる[186]。

キ　種類債権の特定後に生じた契約不適合と買主の代物請求権の発生障害の可能性

このほか，買主の追完請求権のうち，種類売買における買主の代物請求権（代替物の引渡しによる履行の追完を請求する権利）については，種類債権の特定の規律（民法401条2項）との関係で，種類売買において種類債権の特定後（引渡し前）に目的物の契約不適合が生じた場合にも，その契約不適合を理由とする買主の代物請求権が認められるか（目的物の契約不適合が種類債権の特定後に生じたものであったことが，買主の代物請求権の発生障害事由となるか）が問題となる。

この問題は，次にみるように，改正民法のもとで，種類売買における給付危険の移転（集中）が生じる時期をどのように理解するかにかかわる。

(ア)　種類売買における給付危険の移転（集中）の時期

改正民法のもとで，種類売買における給付危険の移転（集中）が生じる時期をどのように理解するか——原則として，①目的物の引渡しの時と解するか，

---

185)　部会第93回会議議事録55頁〔潮見佳男幹事発言〕も，この規律は，「追完請求権が履行請求権の態様であるということでは説明がつきません。つまり，本来の履行請求権においては債権者の帰責事由の有無とは関係ない形で履行請求権があり履行請求権の限界が定まるという枠組みをとっていますから，これをそのままスライドした場合にはここの追完請求権でこんな論理が出てくるはずはない」，「しかし，これが合理的だという判断をされたということは，売買における追完請求権については一般準則とは違ったものがここで妥当すべきであるという考慮が働いたのかもしれません」と指摘している。

186)　これについて，中田・前掲注153) 319頁は，「不完全ながら一応は履行がされた後の適切な是正方法を売買という契約類型に即して用意する，という観点からは，履行請求権と追完請求権の各消極的要件が異なることはありうることであり，新562条2項はそのような選択をしたものとして理解することができる」としている。

②種類債権の特定の時と解するか——については，争いがある。

種類売買において給付危険の移転（集中）が生じた場合には，その後に（売主の責めに帰することができない事由によって）特定した目的物が滅失・損傷したとしても，売主は，買主に対して，もはや他の物を調達して引き渡す義務（代物給付義務）を負わないと解されている。そのため，給付危険の移転（集中）が生じる時期をどのように理解するか——①目的物の引渡しの時と解するか，②種類債権の特定の時と解するか——は，具体的には，種類売買において，種類債権の特定後・引渡し前に，（売主の責めに帰することができない事由によって）目的物が滅失又は損傷した場合に，買主が，売主に対して，その滅失又は損傷を理由として，代替物の引渡しを請求することができるかという問題にかかわる[187]。

a　引渡し説

これについては，一方で，改正民法 567 条 1 項の規定の反対解釈により，改正民法のもとでは，種類売買における給付危険の移転（集中）は，原則として，種類債権の特定のみによっては生じず，特定した目的物の引渡しがあってはじめて生じるとする見解が主張されている[188]。これは，改正民法のもとでは，種類売買における給付危険の移転（集中）は，種類債権の特定の効果ではなく，特定した目的物の引渡しの効果であると理解するものである[189]。

これによれば，種類売買において，種類債権の特定後・引渡し前に，（売主の責めに帰することができない事由によって）目的物が滅失又は損傷した場合

---

187)　この問題については，部会第 97 回会議議事録 33 頁以下での議論も参照。

188)　曽野・前掲注 151) 92 頁以下，山野目・前掲注 151) 17 頁以下，山野目＝中井・前掲注 157) 96 頁〔山野目章夫発言〕，磯村・前掲注 142) 86 頁以下，野澤正充「売買——瑕疵担保責任から契約不適合責任へ」法学セミナー 739 号（2016 年）36 頁，38 頁以下，同・前掲注 147) 10 頁以下，潮見・前掲注 120) 215 頁，橋口祐介「債権の目的」潮見佳男ほか編『詳解 改正民法』（商事法務，2018 年）97 頁，101 頁，江頭憲治郎『商取引法』（弘文堂，第 8 版，2018 年）22 頁注 1 など。

このように解すべき理由について，大村敦志＝道垣内弘人編『解説 民法（債権法）改正のポイント』（有斐閣，2017 年）415 頁以下〔石川博康〕は，特定物債務に関しては，（買主の受領遅滞の場合等を除けば）引渡し前には買主への危険移転の契機が存在しないことに鑑みると，「種類物債務に関する危険の移転についてのデフォルト・ルールとしても，特定が生じていても引渡しがなされるまでは買主に危険（給付危険を含む）は移転しないものと解するのが整合的であろう」と指摘する（石川博康「売買」潮見佳男ほか編『詳解 改正民法』（商事法務，2018 年）426 頁，437 頁以下も同様である）。

には，いまだ目的物の引渡しによる給付危険の移転（集中）が生じていない以上，買主は，売主に対して，その滅失又は損傷を理由として，代替物の引渡しを請求することができることになる。

b　種類債権の特定説

これに対しては，民法401条2項が定める種類債権の特定の規律が改正前民法のもとで有していた意義——給付危険の移転（集中）に関する規律としての意義[190]——を維持するという観点から，改正民法のもとでも，種類売買における給付危険の移転（集中）は，種類債権の特定によって——目的物の引渡し前であっても——生じるとする見解も主張されている[191]。これは，改正民法のもとでも，種類売買における給付危険の移転（集中）は，種類債権の特定の効果であって，特定した目的物の引渡しの効果ではないと理解するものである[192]。

これによれば，種類売買において，種類債権の特定後・引渡し前に，（売主の責めに帰することができない事由によって）目的物が滅失又は損傷した場合には，すでに種類債権の特定による給付危険の移転（集中）が生じている以上，買主は，売主に対して，その滅失又は損傷を理由として，代替物の引渡しを請求することはできないことになる。

---

189)　この見解によると，種類売買においても，原則として，給付危険の移転（集中）時期（＝目的物の引渡し時）と対価危険の移転時期（＝目的物の引渡し時）は一致することになる。

　　もっとも，この見解においても，当事者の合意によって，目的物の引渡し時とは異なる時期をもって危険（給付危険及び対価危険）の移転時期とすることや，給付危険の移転（集中）時期と対価危険の移転時期を別々の時期とすること——給付危険の移転（集中）時期を対価危険の移転時期に先行させること——は可能である。したがってまた，当事者の合意によって，種類債権の特定時を給付危険の移転（集中）時期とすることも可能である。

　　以上のほか，種類債権の特定後に買主の受領遅滞があった場合には，目的物の引渡し前であっても，受領遅滞の効果として買主に危険（給付危険及び対価危険）が移転することになる（改正民法567条2項）。

190)　改正前民法のもとでは，一般に，種類債権の特定（民法401条2項）によって，給付危険の移転（集中）が生じると解されていた（我妻・前掲注29）①34頁，中田・前掲注26）40頁など）。

191)　山本敬三「契約責任法の改正——民法改正法案の概要とその趣旨」法曹時報68巻5号（2016年）1頁，40頁以下，中田・前掲注153）330頁以下。また，森田（修）・前掲注147）77頁も参照。

もっとも，この場合においても，種類債権の特定による給付危険の移転（集中）によって否定されるのは，あくまで代替物の引渡しの請求のみであり，買主が，売主に対して，目的物の修補の請求など他の救済を求めることが否定されるわけではない。

㈠ 種類債権の特定後に生じた契約不適合による買主の代物請求権の発生障害の有無

以上のような種類売買における給付危険の移転（集中）の時期をめぐる議論に照らしてみると，種類売買において，種類債権の特定後・引渡し前に生じた目的物の契約不適合を理由とする買主の代物請求権が認められるか（目的物の契約不適合が種類債権の特定後に生じたものであったことが，買主の代物請求権の発生障害事由となるか）についても，上でみたそれぞれの見解から，次のように解されることになると考えられる。

a 引渡し説による場合

種類売買における給付危険の移転（集中）が，特定した目的物の引渡しによってはじめて生じるとする見解（引渡し説）によると，種類売買において種類債権の特定後・引渡し前に目的物の契約不適合が生じた場合には，いまだ目的物の引渡しによる給付危険の移転（集中）は生じていないことから，その契約不適合を理由とする買主の代物請求権はなお認められることになる。

b 種類債権の特定説による場合

種類売買における給付危険の移転（集中）が，種類債権の特定によって――目的物の引渡し前であっても――生じるとする見解（種類債権の特定説）によ

---

192) この見解によると，種類売買においては，原則として，給付危険の移転（集中）時期（＝種類債権の特定時）が対価危険の移転時期（＝目的物の引渡し時）に先行し，両者の時期は一致しないことになる。

もっとも，この見解においても，民法401条2項における「債務者が物の給付をするのに必要な行為を完了し」たことによる特定（必要行為完了による特定）について，「必要な行為を完了し」たといえるために目的物の引渡しがあったことまで必要であると解する場合には，必要行為完了による特定が問題となる限りでは，結局のところ，給付危険の移転（集中）時期（＝種類債権の特定時＝目的物の引渡し時）と対価危険の移転時期（＝目的物の引渡し時）は原則として一致することになる（北居功「給付危険と対価危険」法学教室454号（2018年）32頁，35頁参照）。

ると，種類売買において種類債権の特定後・引渡し前に目的物の契約不適合が生じた場合には，すでに種類債権の特定による給付危険の移転（集中）が生じている以上，その契約不適合を理由とする買主の代物請求権は認められないことになると考えられる。すなわち，目的物の引渡し時に契約不適合が存在していた場合であっても，その契約不適合が種類債権の特定後に生じたものであったときには，その契約不適合を理由とする買主の代物請求権は認められないことになる（すなわち，その契約不適合が種類債権の特定後に生じたものであったことが，買主の代物請求権の発生障害事由となる）。

　もっとも，この場合においても，契約不適合が種類債権の特定後に生じたものであったことによって否定されるのは，あくまで代替物の引渡しの請求（買主の代物請求権）のみであり，買主が，売主に対して，その契約不適合を理由として，目的物の修補の請求など他の救済を求めることが否定されるわけではない。

ク　目的物の契約不適合の場合における買主の権利の期間制限

㋐　種類又は品質に関する契約不適合の場合における買主の権利の期間制限

　改正民法 566 条本文は，「売主が種類又は品質に関して契約の内容に適合しない目的物を買主に引き渡した場合において，買主がその不適合を知った時から一年以内にその旨を売主に通知しないときは，買主は，その不適合を理由として，履行の追完の請求，代金の減額の請求，損害賠償の請求及び契約の解除をすることができない。」と定めている。

　これによれば，「種類」又は「品質」に関する目的物の契約不適合の場合については，買主は，その不適合を知った時から 1 年以内にその旨を売主に通知しなければ，その不適合を理由とする救済手段（追完請求権など）を行使することができないことになる。これにより，種類・品質に関する目的物の契約不適合に基づく買主の権利については，一般的な消滅時効の規律に加えて，特別の期間制限の規律が設けられていることになる。

a　期間制限の趣旨

　これは，改正前民法における売主の担保責任の期間制限（改正前民法 570 条が準用する 566 条 3 項）の趣旨が，「①目的物の引渡し後は履行が終了したと

の期待が売主に生ずることから，このような売主の期待を保護する必要があること，②物の瑕疵の有無は目的物の使用や時間経過による劣化等により比較的短期間で判断が困難となるから，短期の期間制限を設けることにより法律関係を早期に安定化する必要がある」などとされていたことを踏まえて，改正民法においても，種類・品質に関する契約不適合に基づく売主の責任について，上記と同じ趣旨の期間制限を設けたものとされている[193]。

　もっとも，買主が権利保存のために1年の期間内にすべき行為に関しては，改正前民法の規律と改正民法の規律との間で次のような相違がみられる。すなわち，①改正前民法566条3項が定めていた期間制限について，判例は，買主が事実を知った時から1年以内に，「売主に対し，具体的に瑕疵の内容とそれに基づく損害賠償請求をする旨を表明し，請求する損害額の算定の根拠を示す」ことが必要であるとしていた[194]。これに対して，②改正民法566条本文が定める期間制限については，買主がその不適合を知った時から1年以内にその旨（不適合の事実）を売主に通知すれば足りることとされている。これは，改正前民法における「判例の示す損害賠償請求をする旨の表明等は，買主に加重な負担を課すものであるとの指摘がされている」ことから，「判例の示す権利保存の要件を緩和して売主に対する契約不適合の通知で足りることとし」たものとされている[195]。

b　「通知」の意義

　また，この規定にいう「通知」の意義については，「商法第526条第2項の『通知』と同様に解釈するのが合理的であると考えられる。同項の『通知』は，売主に善後策を講ずる機会を与えるためのものであることから，瑕疵・数量不足の種類とその大体の範囲を通知する必要があるとされており（大判大正11年4月1日民集1巻155頁）」，ここでの「通知」もこれと同程度のものにな

---

193)　部会資料75A・23頁を参照。また，筒井＝村松編著・前掲注127) 284頁も，買主の権利の期間制限を設ける理由について，「現代社会においても，不特定多数の買主に対し，日々，大量の商品を販売する態様の取引が多いため，目的物の引渡しにより履行を終えたと考える売主に，買主からの担保責任の追及に備えて，関係証拠を長期間にわたって保存しておくことを期待するのは，売主に過度の負担を強いることになる」と説明している。

194)　最判平成4年10月20日民集46巻7号1129頁。

195)　部会資料75A・24頁。

284 第4章 買主の追完請求権の基礎づけと内容確定のあり方

ると考えられると説明されている[196]。

　すなわち,「この『通知』の趣旨は,引き渡した物の種類や品質に関する欠陥等は時間の経過とともに不分明となるため,不適合を知った買主から早期にその事実を売主に知らせ,売主にその存在を認識し把握する機会を与えることにあるから,『通知』は,単に契約との不適合がある旨を抽象的に伝えるのみでは足りない。細目にわたるまでの必要はないものの,不適合の内容を把握することが可能な程度に,不適合の種類・範囲を伝えることを想定している」とされている[197]。

c 「数量」に関する契約不適合の場合における期間制限の不存在

　「種類」又は「品質」に関する契約不適合の場合とは異なり,「数量」に関する契約不適合の場合については,このような期間制限は設けられていない[198]。

　これは,「特定物売買であるか不特定物売買であるかを問わず,性状に関する契約不適合の場合と異なり,数量不足は外形上明白であり,履行が終了したとの期待が売主に生ずることは通常考え難く,買主の権利に期間制限を適用してまで,売主を保護する必要性は乏しいと考えられる。また,数量不足の場合は,性状に関する不適合と異なり,目的物の使用や時間経過による劣化等により比較的短期間で瑕疵の有無の判断が困難となることから,法律関係の早期安定という期間制限の趣旨が妥当しない場面が多いように思われる。そこで,……数量に関して契約不適合である場合における買主の権利については期間制限を適用しないこととするのが相当と考えられる」ことによるものと説明されている[199]。

---

196)　部会資料75A・24頁。筒井＝村松編著・前掲注127)286頁(注3)も参照。

197)　筒井＝村松編著・前掲注127)285頁。

198)　このほか,移転した権利の契約不適合の場合についても,特別の期間制限は設けられていない。部会資料75A・24頁は,その理由について,「権利移転義務の不履行については,売主が契約の趣旨に適合した権利を移転したという期待を生ずることは想定し難く,短期間で契約不適合の判断が困難になるとも言い難い。そこで,目的物の性状に関する契約不適合について論じられているような,消滅時効の一般原則と異なる短期の期間制限を必要とする趣旨が妥当しないと考えられる」と説明している。

(イ) 期間制限の例外

上記の期間制限の規律を前提として，改正民法566条ただし書は，「ただし，売主が引渡しの時にその不適合を知り，又は重大な過失によって知らなかったときは，この限りでない。」と定めている。すなわち，引渡しの時に不適合について悪意又は重過失であった売主との関係では，上述した期間制限による買主の失権効は生じないものとされている。

これは，「悪意又は重過失の売主については，買主の負担の下に期間制限の恩恵を与える必要性に乏しいこと」から，上述した期間制限の規律を適用しないこととしたと説明されている[200]。

(ウ) 消滅時効の一般原則の適用

なお，上でみた改正民法566条が定める特別の期間制限の規律は，「消滅時効の一般原則の適用を排除するものではなく，制限期間内の通知によって保存された買主の権利の存続期間は，債権に関する消滅時効の一般原則によることになる」とされている[201]。

これによれば，種類又は品質に関する契約不適合の場合の買主の権利については，①上述した改正民法566条による特別の期間制限の規律のほか，②

---

200) 部会資料75A・24頁以下。筒井＝村松編著・前掲注127) 284頁も，買主の権利の期間制限が適用される場面を種類又は品質に関する契約不適合があった場合に限定する理由について，「このような期間制限は買主の権利を大きく制限することになるため，売主の期待を保護する必要性がある類型に限るのが相当である。そして，長期間にわたって担保責任の負担を売主に負わせるのが最も酷なケースは目的物に物理的な欠陥がある場合であるが，これと比較すれば，例えば，数量が不足していたことは外見上明らかであることが多く，また，目的物に担保物権や用益物権が付着していた場合なども登記等が対抗要件とされていてその判断は比較的容易であるといえる」と説明している。そして，同285頁（注1) は，「上記の趣旨からは，目的物に種類又は品質に関して契約不適合があり，期間制限が適用されるのは，基本的に，目的物に物理的な欠陥がある場合に限られるものと解される」としている。
200) 部会資料75A・24頁。筒井＝村松編著・前掲注127) 285頁も，「1年間の期間制限は履行済みと考えている売主の期待を保護するものであるが，売主が引渡しの時に引き渡した目的物が契約の内容に適合しないことを知り，又は重大な過失によって知らなかったときは，そのような売主を保護すべき理由はない」と説明している。
201) 部会資料75A・24頁。筒井＝村松編著・前掲注127) 285頁（注2) も，「買主は，……契約不適合であることを通知すれば，この期間制限の規定の適用は免れるが，別途，消滅時効の規定（新法第166条第1項）の適用を受けるため，権利保存後，買主の権利が時効消滅する余地はある」と説明している。

改正民法 166 条 1 項 1 号による「債権者が権利を行使することができることを知った時」（主観的起算点）から 5 年の消滅時効，③改正民法 166 条 1 項 2 号による「権利を行使することができる時」（客観的起算点）から 10 年の消滅時効の規律がいずれも適用されることになる（なお，数量に関する契約不適合の場合の買主の権利については，①の特別の期間制限の規律は適用されないものの，②・③の消滅時効の規律は適用されることになる[202]）。

　ところで，改正前民法のもとで，判例は，「瑕疵担保による損害賠償請求権には消滅時効の規定の適用があり，この消滅時効は，買主が売買の目的物の引渡しを受けた時から進行すると解するのが相当である」としていた[203]。これは，瑕疵担保による損害賠償請求権（改正前民法 570 条）について，改正前民法 167 条 1 項による 10 年の消滅時効の規律の適用を認めたうえで，その起算点を「買主が売買の目的物の引渡しを受けた時」とするものであった。また，その理由づけとして，この判例は，「買主が売買の目的物の引渡しを受けた後であれば，遅くとも通常の消滅時効期間の満了までの間に瑕疵を発見して損害賠償請求権を行使することを買主に期待しても不合理でないと解される」と指摘していた。この判例の趣旨が改正民法のもとでも同様に妥当すると考えるのであれば，——改正前民法が定めていた消滅時効に対応する——上記③の 10 年の消滅時効（改正民法 166 条 1 項 2 号）の起算点（客観的起算点）は，「買主が売買の目的物の引渡しを受けた時」と解されることになるだろう[204]。

　以上によれば，契約不適合に基づく買主の権利は，改正民法 566 条による特別の期間制限の規律に服するほか，買主が「権利を行使することができることを知った時」（契約不適合を知った時）から 5 年，又は「権利を行使することができる時」（買主が売買の目的物の引渡しを受けた時）から 10 年の経過により，時効によって消滅することになる。

---

202)　部会資料 75A・25 頁は，「数量に関する契約不適合の場合，移転した権利が契約不適合の場合及び権利の一部が移転されない場合における買主の権利については，期間制限が適用されないこととする」として，「これにより，以上の場合における買主の権利については，消滅時効の一般原則によることになる」としている。

203)　最判平成 13 年 11 月 27 日民集 55 巻 6 号 1311 頁。

204)　これに対して，磯村・前掲注 142) 83 頁は，客観的起算点から 10 年の消滅時効（改正民法 166 条 1 項 2 号）の起算点は，「引渡時ではなく，履行期であるとみるべきである」とする。

2　改正民法とドイツ法との比較

以上でみた改正民法における買主の追完請求権の規律内容をドイツ法における買主の追完請求権の規律内容と比較すると，とりわけ，①追完方法の選択権，②追完請求権の限界，③追完請求権の発生障害，④追完請求権の期間制限の規律について，両者には，次のような共通点と相違点を見出すことができる[205]。

(1)　追完方法の選択権

まず，修補と代物給付との間の追完方法の選択権については，改正民法も，ドイツ法も，原則として，これを買主に認めている。これは，すでに述べたように，本来的履行請求権とは異なる追完請求権に特有の規律ということができるものである。しかし，買主が選択した方法での追完請求を拒絶する売主の権利の規律については，両者で次のような相違がみられる。

ドイツ法においては，買主が選択した方法での追完請求（修補請求又は代物請求）を拒絶する売主の権利は，BGB新規定439条3項による「過分の費用」に基づく売主の追完拒絶権として構成されている。これによれば，買主が選択した方法での追完が他の追完方法との比較において「過分の費用」を要するものである場合には，売主に追完拒絶権が認められる。そして，その場合の「過分の費用」（相対的過分性）が認められるかどうかは，両者の種類の追完に必要な費用を比較することによって判断される。もっとも，その際には，単なる費用の比較にとどまらず，買主に著しい不利益を与えることなく他の形式の追完を行うことができるかという問題も考慮されるべきものとされている。そのため，買主が選択した方法とは異なる方法での追完によるとすれ

---

205)　ここで取り上げるもののほか，例えば，代物給付による追完がされる場合において買主が引き渡された契約不適合物（瑕疵ある物）やその使用利益等の返還の義務を負うかどうかについても，ドイツ法では明示的な規定が存在するのに対して，改正民法では明示的な規定がないという相違点を指摘することができる。

　これについて，磯村・前掲注142)87頁は，買主が代物請求をする場合には，買主は，引き渡された契約不適合物を売主に返還する義務を負うと理解しているようである（これを前提として，契約不適合であった原物の返還が不能である場合に，買主が価額返還義務を負わないかどうかを問題とする）。

ば買主に著しい不利益を与える場合には，そのことは，上述した「過分の費用」（相対的過分性）による追完拒絶権を否定する方向にはたらくことになる。そうすると，ドイツ法は，「過分の費用」に基づく売主の追完拒絶の可否の判断にあたって，他の方法による追完がされる場合に買主が受けることになる不利益を考慮に入れることで，売主の追完拒絶権に制約を設けて，買主が有する追完方法の選択権を実質的に保障しようとしているものとみることができる。

　これに対して，改正民法においては，買主の選択した方法での追完請求に対する売主の対抗措置として，「売主は，……買主が請求した方法と異なる方法による履行の追完をすることができる」とされている（改正民法562条1項ただし書）。この規定により，売主は，買主が選択した方法とは異なる方法による追完（の提供）をすることによって，買主の追完請求（買主の選択した方法での追完）を拒むことができるとされている。これは，買主の請求した方法での追完を免れるためには，売主が他の方法による追完（の提供）をする必要があるとするものであり，売主の追完拒絶に関して，ドイツ法のような「過分の費用」（相対的過分性）による追完拒絶権とは異なる構成を採用したものとみることができる。

　その一方で，改正民法は，売主が買主の選択した方法と異なる方法で追完をするためには，それが「買主に不相当な負担を課するものでない」という要件を満たすことが必要であるとしている。これは，他の方法による追完がされる場合に買主が受けることになる不利益を考慮に入れることで，売主の対抗措置（他の方法による追完）に制約を設けて，買主が追完方法を選択する権利を実質的に保障しようとする——買主が他の方法による追完の場合に受ける不利益を避けることができるようにする——ものとみることができる。そうすると，売主の追完拒絶（対抗措置）に関する規律の構成が異なっているとはいえ，買主が有する追完方法の選択権を実質的に保障しようとする点では，改正民法は，ドイツ法と同様の方向性を示しているとみることができるだろう。

(2)　追完請求権の限界

ア　追完請求権の限界一般の規律

　ドイツ法においては，追完請求権の限界に関する規律として，①BGB新規

定275条1項による「不能」に基づく追完請求権の排除，②BGB新規定275条2項による「債権者の給付利益と費用との著しい不均衡」に基づく債務者の給付拒絶権，③BGB新規定439条3項による「過分の費用」に基づく売主の追完拒絶権が存在している。これらのうち，①・②は本来的履行請求権においても認められるものであるのに対して，③は追完請求権に特有のものである。そして，一般に，③の売主の追完拒絶権は，②の債務者の給付拒絶権よりも緩やかな基準で認められるものと考えられていた。

これに対して，改正民法においては，追完請求権の限界は，本来的履行請求権の限界と同様に，改正民法412条の2第1項の規定に従い，「契約その他の債務の発生原因及び取引上の社会通念に照らして不能である」かどうかによって判断されるべきものとされている。そして，先に述べたように，立案過程で示された理解によれば，ここでの「不能」の概念には，「過分の費用」による限界も含まれると理解され，その規律が本来的履行請求権と追完請求権のいずれにも妥当するものとされている。そうすると，改正民法では，ドイツ法とは異なり，追完請求権の限界は，本来的履行請求権の限界と同様の基準で判断されることが想定されているものとみられる[206]。

イ　特定物売買における代物請求

ドイツ法においては，追完請求権の限界とも関連するものとして，特定物売買における代物請求の可否が問題とされていた。そこでは，規定の文言上，特定物売買と種類売買の区別なく，買主の代物請求の可能性が認められるかのようになっており（BGB新規定439条1項），そのため，学説では，特定物売買における代物請求の可否やその要件について激しい議論が展開されることとなった。

改正民法においても，改正民法562条1項は，ドイツ法と同様に，その文言上，特定物売買と種類売買の区別なく，買主の代物請求の可能性が認められるかのような規定となっている。また，買主の追完請求権を認める根拠に

---

206)　もっとも，改正民法においても，民法412条の2第1項の「不能」の解釈上，——立案過程で示された理解とは異なり——履行請求権の限界と追完請求権の限界とは異なる基準で判断されるべきであるという考え方に立つのであれば，ドイツ法におけるのと同様に，追完請求権の限界は，履行請求権の限界よりも緩やかな基準で判断されるとみる余地はある（これについては，本章注182）も参照）。

ついて，「目的物が種類物か特定物かを問わず，修補又は代替物の引渡しといった追完による対応が合理的と認められる場面は広く存在するようになっている」旨の説明がされており[207]，これによれば，特定物売買における代物請求の可能性も否定されていないようにみえる。もっとも，この問題については，法制審議会民法（債権関係）部会の審議において明確な態度決定が示されたわけではないとみることもできる。そうすると，改正民法において，特定物売買における代物請求の可否やその要件が具体的にどのように解されるかについては，今後の解釈に委ねられているものと考えられる[208]。

(3) 追完請求権の発生障害——「買主の責めに帰すべき事由」による契約不適合（瑕疵）

ドイツ法においては，物の瑕疵が買主の責めに帰すべき事由による場合に，買主の追完請求権が認められるかどうかについて，明文の規定が設けられていない。もっとも，これについて，学説では，物の瑕疵が買主の責めに帰すべき事由による場合には，買主の追完請求権は認められないとする見解が主

---

[207]　中間試案の補足説明404頁。部会資料75A・12頁も参照。

[208]　これについて，磯村・前掲注142）71頁以下は，「不動産の売買や中古車の売買のように，目的物が特定物であり，契約当事者にとって当該目的物そのものを売買契約の対象として合意しているときには，その目的物以外の物は売買の対象とはされておらず，代替物の引渡請求が認められない。したがって，売主も代替物を引き渡すことによって追完義務を履行することはできないと考えるべきである」とする。もっとも，「条文上は，不特定物と特定物の間で区別しておらず，議論の余地が残されている」ともしている。

　　これに対して，森田（宏）・前掲注182）301頁は，「担保責任としての代物請求を，不完全履行を治癒するための賠償方法の1つとして，代替物の給付という当初の契約上の義務とは別個の行為義務を新たに課すものであると捉えるときは」，主観的に代替性を有する特定物売買において，「代物請求を認めることは，理論的にも可能である」とする。また，不特定物売買における特定後の代物請求の可否についても，①不特定物の売買においては，「契約に適合しない物であっても，売主がその物を引き渡し，買主がこれを受領した場合には，遅くともその時点には特定が生じ，買主に目的物の所有権が移転する」（同298頁）としながら，②そこでも，「目的物の引渡し後における代物請求権は，契約に適合しない物の引渡しという不完全履行に対する賠償方法の1つとして，代替物の引渡しというそれまで負っていた履行義務とは別個の行為義務を課すものとして基礎づけることができる」とし，「担保責任としての追完請求権は，不完全履行を治癒するために，代替物の引渡しという現実給付を付加的負担として新たに課すものであると捉えるときは，特定が生じた後であってもこれを認めることは理論的にまったく可能である」とする（同296頁）。

張されていた。これは，解除原因が債権者の帰責事由によって生じた場合に契約解除権が否定されるとする規定（BGB 新規定 323 条 6 項及び 326 条 2 項 1 文）から，「双務契約において，債権者は，自らがもっぱら又は主として責任を負うべき給付障害について，自らの権利を行使することができない」という一般的な法思想が導き出されるとし，この一般的な法思想に基づいて，上記の場合に買主の追完請求権を否定するものであった。

　これに対して，改正民法においては，ドイツ法とは異なり，目的物の契約不適合が買主の責めに帰すべき事由によるものであるときは，買主の追完請求権は認められないとする旨の明文の規定（改正民法 562 条 2 項）が設けられている。その規定の内容は，ドイツで主張されている上記学説の見解に対応するものといえよう。そして，これは，すでに述べたように，本来的履行請求権とは異なる追完請求権に特有の規律であるということができる。

(4)　追完請求権の期間制限

　ドイツ法においては，買主の追完請求権について，本来的履行請求権とは異なる特別の短期消滅時効が定められている（BGB 新規定 438 条）。これは，履行が完了したという売主の信頼を保護することを趣旨とするものとされていた。

　それに対して，改正民法においては，買主の追完請求権について，ドイツ法のような特別の短期消滅時効は設けられていないものの，種類・品質に関する目的物の契約不適合の場合について，買主が不適合を知ってから 1 年以内にその旨の通知をしなかったことを理由とする行使制限が設けられている（改正民法 566 条）。これは，①目的物の引渡し後は履行が終了したという期待が売主に生じることから，このような売主の期待を保護する必要があること，②種類・品質に関する契約不適合の有無は目的物の使用や時間経過による劣化等により比較的短期間で判断が困難となることから，法律関係を早期に安定化させる必要があることを趣旨とするものとされている。そうすると，この規律は，少なくとも，上記①に関しては，ドイツ法の規律と同様の趣旨によるものといえる。

　もっとも，ドイツ法の規律が，短期消滅時効という目的物の交付時から「一定期間の経過」を理由とする期間制限として構成されているのに対して，改正民法の規律は，こうした期間制限というよりもむしろ，買主が不適合を知っ

たにもかかわらず，その時から一定期間内に売主に不適合の通知をしなかった（不適合通知義務の違反）という「買主の義務違反」を理由とする権利の行使制限として構成されていると評価することができる[209]。そうだとすると，以上のような規律の構成のあり方においては，両者に相違があるとみることができるだろう。

　そのほか，ドイツ法においては，数量不足が「物の瑕疵」と同等に取り扱われること（BGB新規定434条3項）から，数量不足の場合についても，特別の短期消滅時効の規定が適用されることとされている。これに対して，改正民法においては，特別の期間制限の規定が適用されるのは，種類・品質に関する契約不適合の場合のみであり，数量不足（数量に関する契約不適合）の場合については，特別の期間制限の規定は適用されないこととされている。そのため，こうした特別の期間制限の規定の適用対象においても，両者には相違があるということができる。もっとも，改正民法において，数量不足（数量に関する契約不適合）の場合に特別の期間制限の規定が適用されないこととされている理由は，「数量不足は外形上明白」であり，上述した期間制限の趣旨が妥当しないことが「通常」ないし「多い」と考えられることによるものであった。この理由からすると，数量不足の場合においても，上述した期間制限の趣旨が妥当する場面が——「通常」ないし「多い」わけではないとしても——例外的に存在しうることは，必ずしも否定されていないとみることもできる。そうであるとすれば，数量不足（数量に関する契約不適合）の場合であっても，そのような例外的な場面——上述した期間制限の趣旨が妥当する場面——については，特別の期間制限の規定（改正民法566条）が類推適用されると解することも不可能ではないだろう。

---

209)　確かに，改正民法566条には，「目的物の種類又は品質に関する担保責任の期間の制限」という見出しが付されている。しかし，以上で述べたことからすれば，この規定は，その実質からすると，売主の責任の期間制限というよりも，むしろ買主の通知義務違反による失権（権利の行使制限）を定めたものとみるべきだろう。

　これと関連して，部会第84回会議議事録24頁〔潮見佳男幹事発言〕では，こうした期間制限の規律の提案について，「今回出されている素案というのは，……買主の主観的な要件を入れて起算点というものを立てています。そういう意味では，単にこれは履行が完了したという売主の期待を保護するためにのみ1年にしたというよりは，むしろ，受領した買主，引渡しを受けた買主も相応のリスクを負担しろという観点から1年というものを見ているという面もあるのではないでしょうか」という指摘がされている。

第3節　改正民法における買主の追完請求権　293

3　改正民法における買主の追完請求権の規律の意義と課題

　以上のようなドイツ法との相違を踏まえたうえで，本書の検討課題である
買主の追完請求権の基礎づけと内容確定のあり方に照準を合わせて，改正民
法における買主の追完請求権の規律をみると，これについては，ドイツ法と
の比較という観点，さらには日本法の従来の議論との比較という観点から，
次のような意義と課題を指摘することができる。

(1)　買主の追完請求権の基礎づけ

　まず，買主の追完請求権の基礎づけについてみると，改正民法においても，
ドイツ法の議論や日本法の従来の議論と同様に，買主の追完請求権が認めら
れるためには，その理論的前提として，売主が瑕疵のない物の給付義務（契
約適合物の引渡義務）を負うことが必要であると考えられているものとみられ
る。そして，改正民法においては，まさにそうした買主の追完請求権が認め
られるための理論的前提として，——明文の規定は設けられなかったもの
の——売主が契約の内容に適合した目的物を引き渡す義務を負うことが承認
されることとなった。これは，改正前民法のもとでの学説との関係では，瑕
疵担保責任の法的性質について法定責任説が依拠していた前提（特定物ドグ
マ・原始的不能ドグマ）を否定して[210]，売主が瑕疵のない物の給付義務（契約
適合物の引渡義務）を負うことを承認する契約責任説の立場を採用したもの
と評価することができる[211]。

　もっとも，その一方で，改正民法において買主の追完請求権が承認される
に至った理由については，以上のほかに，「売買の目的物における工業製品等
の占める割合が大きくなっている現代においては，……目的物が種類物か特
定物かを問わず，修補又は代替物の引渡しといった追完による対応が合理的
と認められる場面は広く存在するようになっている」[212]といった説明もされ
ていた。これは，先にみた売主の契約適合物引渡義務を承認することに加え
て，それとは別に，買主の追完請求権に固有の実質的考慮——工業製品等の
売買が大きな割合を占める現代社会においては追完による対応が合理性を有
する場面が多いこと——を示すことによって，買主の追完請求権が承認され
るべきであることをそれ自体として基礎づけようとするものとみられる。

294 第4章 買主の追完請求権の基礎づけと内容確定のあり方

　以上からすると，改正民法においては，必ずしも明確ではないものの，売主が契約適合物の引渡義務を負うことから，それだけで直ちに買主の追完請求権が基礎づけられるとされているわけでは必ずしもなく，むしろ，買主の追完請求権は，①そうした売主の義務（契約適合物の引渡義務）の承認を理論的前提としながらも，それに，②買主の追完請求権に固有の実質的考慮（工業製品等の売買における追完による対応の合理性）が加わることによってはじめて基礎づけられていると理解することが可能であるように思われる。

　このように，改正民法における買主の追完請求権が上記のような考慮から基礎づけられているのだとすると，そのことは，前章までのドイツ法の分析から得られた結果とも対応するものということができる。すなわち，ドイツ法の議論では，買主の追完請求権の基礎づけを考える際に，売主が瑕疵のな

---

210)　とりわけ，原始的不能については，改正民法において，「契約に基づく債務の履行がその契約の成立の時に不能であったことは，第四百十五条の規定によりその履行の不能によって生じた損害の賠償を請求することを妨げない。」とする規定（改正民法 412 条の 2 第 2 項）が設けられることとなった。これは，原始的不能ドグマを否定し，原始的不能がそれ自体としては契約の無効原因とはならないこと——原始的に不能な給付を目的とする契約であっても無効とはならず，そこから債務が発生し，債務不履行（履行不能）による損害賠償が認められる余地があること——を示すものとされる（これに対して，錯誤など原始的不能以外の原因によって契約の効力が失われることを否定するものではない）。

　確かに，この規定が直接の対象としているのは，債務不履行による損害賠償であるが，それは，法制審議会民法（債権関係）部会の審議において，「契約に基づく債務の履行がその契約の締結時に不能であったことが，その契約の効力の妨げとならない旨の規定を設けるという考え方が提示されていた」ところ（中間試案の補足説明 324 頁以下，部会資料 75A・2 頁以下を参照），「これに対しては，その契約の効力が妨げられないという消極的な規定ぶりによって，具体的にどのような法的効果が導かれるのかが明らかでないとの問題点の指摘がある」ことから，「契約の効力が妨げられないことによって実現される最も代表的な法的効果として損害賠償を取り上げ」たものと説明されている（部会資料 83-2・35 頁）。

　なお，このように原始的不能ドグマを否定することとした理由としては，①「契約に基づく債務の履行が成立時から不能であったか成立後に不能になったかは偶然の事情に基づくものであり，場合によってはきわめて小さい時間差しかない場合もあるのに，契約の効力の有無や損害賠償の範囲の点で効果が大きく異なるのは相当ではない」こと，②「契約を締結した当事者はそれに基づく債務の履行が可能であると考えて契約を締結するのであり，その履行がされなかった場合には，それが原始的に不能であったかどうかにかかわらず履行利益の賠償を認めなければ，債権者に不測の損害をもたらす場合がある」ことが挙げられている（部会資料 75A・3 頁）。

211)　部会資料 75A・12 頁を参照。

212)　中間試案の補足説明 404 頁。部会資料 75A・12 頁も参照。

い物の給付義務を負うかという問題に加えて，それとは別に，「売買契約の原則的規律として買主の追完請求権を認めることが法の基礎にある売買契約の典型に適合する規律として正当化されるか」という実質的な観点からの検討が行われていた。そしてまた，そこでは，債務法改正に向けた検討作業を通じて，工業製品売買が売買契約の典型として法の基礎に据えられることとなり，そのような工業製品売買に適合する規律として，買主の追完請求権を承認する——買主の追完請求権を法定する——ことが正当化されていた。

　実際，これと同様の考慮は，わが国の改正民法における買主の追完請求権の基礎づけにおいても見出すことができる。すなわち，改正民法においては，上述したように，「売買の目的物における工業製品等の占める割合が大きくなっている現代においては，……目的物が種類物か特定物かを問わず，修補又は代替物の引渡しといった追完による対応が合理的と認められる場面は広く存在するようになっている」[213]ことが，買主の追完請求権を承認することの実質的な根拠とされていた。これは，現代社会において大きな割合を占める「工業製品等」の売買を売買契約の典型として想定したうえで，そのような売買契約の典型としての「工業製品等」の売買においては，契約不適合に対する法的救済として買主の追完請求権を認めることが当該契約類型に適合的な規律である——「修補又は代替物の引渡しといった追完による対応が合理的と認められる場面は広く存在する」——ということを説明しようとしたものだと理解することができる。そうだとすると，改正民法においても，ドイツ法においてみられたのと同様の観点から，買主の追完請求権が基礎づけられているとみることができるだろう。

　こうしてみると，改正民法においては，買主の追完請求権（売主の追完義務）は，売主が契約適合物の引渡義務を負うことのみから直ちに基礎づけられるのでは必ずしもなく，むしろ，法の基礎にある売買契約の典型との適合性という観点からの実質的考慮を経ることによってはじめて基礎づけられていると理解することが可能であるといえよう。

　以上のように考える場合，売主の義務の側からみれば，買主の追完請求権が問題となる場面においては，①売主の契約適合物引渡義務と，②売主の追完義務（買主の追完請求権に対応する義務）という2つの義務が観念されるこ

---

213)　中間試案の補足説明404頁。部会資料75A・12頁も参照。

とになる。そして、これらの義務は、——①の義務が②の義務の理論的前提となっているという意味で関連性を有するものの——それぞれ性質・レベルを異にする別個の義務として理解されるべきことになる。すなわち、売主の追完義務は、売主の契約適合物引渡義務と同一の義務なのではなく、売主の契約適合物引渡義務の存在を前提として、その義務の不履行（目的物の契約不適合）があった場合に、その効果として発生する別個の義務であると位置づけられることになる[214]。

ところで、先に述べたように、改正民法においては、売主が契約適合物の引渡義務（契約の内容に適合した目的物を引き渡す義務）を負う旨を定める明文の規定は、結局のところ、売主が追完義務を負うこと等を定めることと重複するという理由から設けられるに至らなかった[215]。しかしながら、以上でみたように、売主の契約適合物引渡義務と売主の追完義務とが、関連性を有しつつも性質・レベルを異にする別個の義務であると理解されるのだとすると、そうした両者の義務の性質・レベルの相違を明らかにするという意味で、民法の規定においても、買主の追完請求権（売主の追完義務）について定める規定に加えて、それとは別に、売主の契約適合物引渡義務について定める規定もまた設けておくほうが、理論的には、より望ましかったのではないかと考えられる[216]。

(2) 買主の追完請求権の内容確定

次に、買主の追完請求権の内容確定のあり方についてみると、改正民法においても、買主の追完請求権の規律内容を確定するための指針が示されているわけでは必ずしもない。

もっとも、先にみたように、改正民法における買主の追完請求権が、売主の契約適合物引渡義務——あるいはまた、それに対応する買主の本来的履行請求権（契約適合物の引渡請求権）——からそれだけで直ちに基礎づけられるものではないと考えるのであれば、そのことは、買主の追完請求権の内容確

---

214) その結果、引き渡された目的物に契約不適合があった場合においては、①契約に適合しない目的物を引き渡したという点で、売主の契約適合物引渡義務の不履行が観念されるとともに、②その契約不適合について履行の追完がされない場合には、さらに、売主の追完義務の不履行もまた観念されることになる（これについては、部会資料56・28頁、部会第67回会議議事録52頁〔新井吐夢関係官発言〕も参照）。

215) 部会資料83-2・42頁。

第3節　改正民法における買主の追完請求権　297

定のあり方にも影響を及ぼすものと考えられる。確かに，買主の追完請求権は，本来的履行請求権と同様に，買主に契約に適合した目的物を取得させるという給付結果の実現を目的とするものであり，その点に，本来的履行請求権との同質性を見て取ることができる。しかし，その一方で，買主の追完請求権が，上述したように，①売主の契約適合物引渡義務（買主の本来的履行請求権）からそれだけで直ちに基礎づけられるものではなく，②契約不適合に対する法的救済として買主に追完請求権を認めることが売買契約の典型──「工業製品等」の売買──に適合的な規律かどうかという実質的考慮を経てはじめて基礎づけられるものであるのだとすれば，買主の追完請求権は，その基礎づけにおいてすでに，本来的履行請求権とは異質な側面を有していることになる。そうすると，買主の追完請求権の内容確定のあり方に関しても，少なくとも，買主の追完請求権の法的性質を「本来的履行請求権の一態様ないし具体化」であると考えて，そこから「追完請求権には本来的履行請求権と同様の規律が妥当する」などと単純に考えることはできないというべきだろう。

　実際，改正民法をみると，買主の追完請求権については，上述したように，①一方で，本来的履行請求権について適用されるのと同じ規定──「履行不能」に関する改正民法412条の2第1項の規定──が適用されることが想定されているのに対して，②他方では，本来的履行請求権とは異なる追完請求権に特有の規律を定める規定──(1)追完方法に関する買主の選択権に関す

216)　売主が契約適合物の引渡義務を負う旨の規定を設けないとしたことについては，部会第96回会議議事録48頁〔鹿野菜穂子幹事発言〕も，「契約の内容に適合した権利を買主に移転する義務についての従来の提案を削除するということについては，非常に疑問を覚えます。しかもここでは，従来の提案について内容的な異論が出されたからということではなく，内容的には恐らく異論はなかったのだろうと思うのです。この点が特に問題だというのは，ここでは従来のいわゆる特定物売買におけるところの法定責任説の考え方は採らないのだという重要な意味合いがあるからです」と指摘していた。
　　　また，曽野・前掲注151) 94頁以下も，──改正民法562条（買主の追完請求権）に相当する規定を，「売主の追完義務」に関する規定として設けることを提案していた「民法（債権関係）の改正に関する要綱仮案」（第30, 3）について──「追完義務の規定は，むしろその位置からして，売主の適合性義務違反があった場合の買主の救済方法としての，追完請求権の規定として規定するほうが適切なように思われる。仮に，追完義務として規定するとしても，その基礎には適合性義務があるというべきであり，そのことを明示的に規定すべきように思われる」と指摘していた。
　　　このほか，森田（宏）・前掲注12) 244頁以下も，改正前民法のもとで，買主の瑕疵修補請求権を認める場合には，売主の瑕疵のない物の給付義務と売主の瑕疵修補義務とを別個の義務ととらえるべきことを示唆していた。

298　第4章　買主の追完請求権の基礎づけと内容確定のあり方

る改正民法 562 条 1 項の規定，(2)追完請求権の発生障害に関する改正民法
562 条 2 項の規定，(3)追完請求権を含む買主の権利の期間制限に関する改正
民法 566 条の規定——もまた設けられている。これは，改正民法における買
主の追完請求権が，その規律内容において，本来的履行請求権との同質性と
異質性を併有していることを示すものとみることができるだろう[217]。

　前章でみたドイツ法の議論においても，買主の追完請求権の法的性質は「修
正された本来的履行請求権」などとされ，本来的履行請求権との同質性と異
質性を併有するものとみられており，少なくとも，本来的履行請求権と完全
に同じものであると単純に考えられているわけではなかった。そしてまた，
そのことを反映して，買主の追完請求権の内容確定にあたっても，それぞれ
の各論的問題をめぐる議論において，①本来的履行請求権と同様の規律を妥
当させるアプローチと，②追完請求権に特有の規律を妥当させるアプローチ
の対立がみられたのであった。

　こうしてみると，改正民法においても，買主の追完請求権の内容確定にあ
たっては——とりわけ，明文の規定がない規律内容を確定するにあたって
は——，買主の追完請求権が本来的履行請求権との同質性と異質性の双方を
併有していることを視野に入れて，その規律内容を明らかにしていくことが
必要となるものと考えられる。すなわち，買主の追完請求権の規律内容を確
定する際には，それぞれ問題となる規律に応じて，①追完請求権に本来的履
行請求権と同様の規律内容を妥当させることが適切であるのか，②それが適
切ではなく，追完請求権に特有の規律内容を探求することが必要となるのか
を慎重に検討する必要がある[218]。そしてまた，その際には，そうした追完請

---

[217]　森田（宏）・前掲注 182) 282 頁も，「562 条が規定する追完請求権は，本来の履行請
　　　求権と共通の規律が妥当する同質面と，本来の履行請求権では問題とならない規律が
　　　適用される異質面とが併存しており，単に本来の履行請求権が具体化したものとみる
　　　ことはできないものとなっている」としている。
[218]　森田（宏）・前掲注 182) 286 頁も，「新法のもとでは，追完請求権には，本来の履行
　　　請求権とは異なる規律が課されており，追完請求権は本来の履行請求権の一態様ない
　　　し具体化したものにすぎず，両者はその法的性質を同じくするとの見方が，理論的に
　　　正当化が困難なものとなっている」としたうえで，「もっとも，契約に適合した物の引
　　　渡債務における本来的履行請求権と追完請求権の関係について，同質説と異質説のい
　　　ずれを採るべきかといった二者択一の問題設定はあまり意味がない。共通する規律が
　　　妥当する局面と異なる規律が適用される局面とが併存するのであれば，それぞれの規
　　　律内容が理論的にどのような観点から基礎づけられるのかを確認しておくことが重要
　　　であろう」としている。

求権の規律内容が，どのような要因に従って，いかにして確定されるのかを明らかにすることが必要となってくるだろう[219]。

219)　なお，潮見・前掲注119) 710 頁以下は，改正民法における追完請求権について，法制審議会民法（債権関係）部会の審議においては，「当初より，追完請求権は履行請求権の一態様であるのか，それとも，履行請求権とは異質な権利であり，不完全な履行がされたことの効果として代金減額請求権，損害賠償請求権，解除権などと並んで債権者に与えられる救済手段であるのかという点が意識されつつも，最後まで，この二つの性質を併せ持つものとして追完請求権が捉えられていた」と指摘する（これを「追完請求権の二義性」としている）。

　そのうえで，しかし，「民法の規範全体の理論的・体系的一貫性を確保するのであれば」，次のように説明するのが適切であるとし，追完請求権に関する解釈の指針として，①「追完請求権を，不完全な履行（債務不履行）に対して債権者に与えられる救済手段として捉える（本来的履行請求権と追完請求権の遮断）」，②「売買の箇所に定められている追完請求権の規律の基礎には，追完請求権一般に通じる準則が据えられているとみて，この規律を追完請求権一般に適用する」，③「債権者に与えられる救済手段としての追完請求権の限界事由（追完不能）については，明文の規定が欠けていることを正面から認めたうえで，不文の準則が何かを探求する」という 3 点を挙げている（これについては，潮見・前掲注120) 331 頁以下も参照）。

　これは，追完請求権が本来的履行請求権とは異なる別個の権利（不完全な履行に対する救済手段）であるとしたうえで，さらに，本来的履行請求権と追完請求権とをその規律内容の面においても完全に切り離して理解しようとするものであるとみることができる。とりわけ，上記③の点は，追完請求権の限界について，「履行不能」に関する改正民法 412 条の 2 第 1 項の規定を直接適用しないとするものであり，注目に値する。これは，先にみた立案過程での説明とは整合しないものとみられるが，むしろ，そのことによって，両請求権の規律内容面での分離（適用規定面での分離）を徹底しようとするもの——その意味で，「追完請求権の二義性」を徹底して排除しようとするもの——とみることができる。

　これに対して，本書は，本文で述べたように，①改正民法における買主の追完請求権が，買主の本来的履行請求権とは（すでにその基礎づけの面において）異なる別個の権利——契約不適合に対する救済手段——であって，両者は請求権としては同一のものではないとする理解（本来的履行請求権と追完請求権の別権利性）に立ちながら，②その規律内容の面においては，買主の追完請求権は，本来的履行請求権との同質性と異質性を併有しており，問題となる規律によっては，買主の追完請求権に本来的履行請求権と共通する規律が妥当することが当然に否定されるわけではないとする理解（規律内容の面における「追完請求権の二義性」の承認）に立つものである。

　もっとも，以上のような理解の相違は，問題のとらえ方（着眼点）や体系化の視点の相違に由来するものであって，個々の具体的問題に関する結論の相違に直ちに結びつくようなものではない。また，いずれの理解によるとしても，本文で述べたように，そうした追完請求権に妥当する具体的な規律内容（本来的履行請求権とは異なる規律内容）がどのような要因に従って，いかにして確定されるのかが明らかにされる必要があることに変わりはないだろう。

⑶　目的物の引渡し・受領を契機とする当事者の利益状況の考慮

そうした追完請求権の規律内容を方向づける要因の1つとして，前章でみたドイツ法の議論からは，瑕疵ある目的物の引渡し・受領を契機とする当事者の利益状況という要因を抽出することができた。このような当事者の利益状況は，目的物の引渡し・受領後にはじめて問題となるものであり，本来的履行請求権の規律では考慮の外に置かれていたものである。そのため，この要因は，本来的履行請求権とは異なる追完請求権に特有の規律をもたらすものとされていた。そして，そのような当事者の利益として，具体的に問題とされていたのは，①引き渡された目的物の安定的利用に関する買主の利益，②瑕疵ある目的物を買主が受領したことによる履行完了についての売主の信頼であった。

ア　改正民法における明文の規律での考慮

こうした目的物の引渡し・受領を契機とする当事者の利益状況は，実際，改正民法においても，買主の追完請求権に関する規律において考慮に入れられているものとみることができる。

㋐　引き渡された目的物の安定的利用に関する買主の利益

まず，①の買主の利益は，追完方法に関する買主の選択権の規律（改正民法562条1項）において考慮されているものとみることができる。改正民法においては，追完方法に関する選択権は買主が有するものとされており，買主が自らの利益に適う追完方法を選択することができることとなっている。もっとも，これに対して，売主は，買主が請求した方法と異なる方法による追完をすることができるとされている。しかし，そのためには，「買主に不相当な負担を課するものでない」ことが必要とされている（改正民法562条1項ただし書）。

これは，目的物が買主に引き渡された後には，買主において，引き渡された目的物の安定的利用に関する利益が生じることを考慮し，売主が選択した方法での追完（買主が望まない方法での追完）によって，そうした買主の利益が不相当に害されることがないようにしようするものとみることができる。

第3節　改正民法における買主の追完請求権　　301

(イ)　瑕疵ある目的物を買主が受領したことによる履行完了についての売主
　　の信頼

　また，②の売主の信頼も，種類又は品質に関する契約不適合の場合の買主
の権利の期間制限の規律（改正民法566条）において考慮されているといえる。
この規律は，目的物の引渡し後において履行が終了したという売主の期待を
保護することをその趣旨に含むものとされており，まさに上記のような売主
の信頼を考慮したものということができる。

イ　改正民法において残された課題

　このように，上述した当事者の利益は，改正民法における買主の追完請求
権の規律においてもまた，考慮の対象とされているということができる。もっ
とも，ドイツ法の議論でみたように，そうした当事者の利益を，上記以外の
規律——例えば，追完の履行場所などの規律——においても考慮すべきかど
うか，考慮すべきであるとして，どのような形で考慮すべきかは，なお検討
を要する。この点は，改正民法において残された課題というべきだろう[220]。

---

220)　買主の追完請求権の規律内容に関する問題を含めて，改正民法における売主の契約
　　不適合責任に関する解釈論上の問題点を整理するものとして，古谷貴之「民法改正と
　　売買における契約不適合給付」産大法学51巻3＝4号（2018年）303頁。

終　章

おわりに

　本書では，ここまで，売買における買主の追完請求権の基礎づけと内容確
定のあり方について，これに関するドイツ法の議論の分析を行うとともに，
その結果を踏まえて，①日本における従来の議論の特徴と問題点を明らかに
し，②『債権法改正の基本方針』における買主の追完請求権の規律にかかわ
る提案の内容，③改正民法において新設された買主の追完請求権の規律の内
容について検討を行ってきた。

　最後に，本書における検討結果と残された課題について，すでに述べた点
を敷衍しながら，その要点を整理しておこう。

1　本書における検討結果

(1)　買主の追完請求権の基礎づけ

ア　買主の追完請求権の基礎づけと売買契約の典型

　まず，買主の追完請求権の基礎づけに関しては，従来の日本法の議論にお
いても，あるいはまた，『債権法改正の基本方針』においても，主として，売
主が瑕疵のない物の給付義務を負うか否かに議論の照準が合わせられていた。
そこでは，一般に，売主が瑕疵のない物の給付義務を負うことが認められれ
ば，「不完全な履行の場合には，債権者に追完請求権が認められる」という債
務不履行（不完全履行）の一般原則に基づいて買主の追完請求権が基礎づけら
れると考えられていた。すなわち，買主の追完請求権は，「①瑕疵のない物の
給付が売買契約の合意内容となる→②その合意に従って売主は瑕疵のない物
の給付義務を負う→③買主は瑕疵のない物の引渡しを求める履行請求権（本

来的履行請求権）を有する→④瑕疵ある物が引き渡された場合に買主は（本来的履行請求権の一態様・具体化として）追完請求権を有する」という図式に従って基礎づけられると考えられてきたものとみることができる。

これに対して，ドイツ法の議論においては，買主の追完請求権の基礎づけを考えるにあたって，①売主が瑕疵のない物の給付義務を負うか否かという問題とともに，それに加えて，②「売買契約の原則的規律として買主の追完請求権を認めることが，法の基礎にある売買契約の典型に適合する規律として正当化されるか」という観点からの検討が行われていた。そしてまた，そこでは，買主の追完請求権の基礎づけを考える際の出発点として，いかなる売買契約の類型が売買契約の典型として法の基礎に据えられるべきかが問題とされていた。このような観点は，上述した図式に従って買主の追完請求権の基礎づけを考える限り，十分に考慮に入れることができないものであるといえるだろう。

ところで，ドイツ法の議論においてみられた上記のような観点は，「売買契約の原則的な規律は，法の基礎にある売買契約の典型に即して確定されるべきである」という考え方を基礎とするものであったといえる。これは，契約上の規律を考察するための思考枠組みとして，一定の具体的な契約類型（とくに各契約類型の典型）を基礎に置く考え方であるということができる。仮にこうした考え方が日本法においても採用されるべきであるとすれば，買主の追完請求権の基礎づけを考えるにあたっても，上記のような法の基礎にある売買契約の典型との適合性という観点からの検討が必要となるというべきだろう。

実際，改正民法において買主の追完請求権を認める旨の規定（改正民法562条）を設けるにあたっても，その立案過程における説明を手がかりとすれば，①売主が契約適合物の引渡義務を負うことを承認するかどうかという問題とともに，それに加えて，②売買契約において買主の追完請求権を原則として承認することが法の基礎にある売買契約の典型に適合するかという観点からの検討も行われていたとみることができる。そしてまた，そこでは，まさに「工業製品等」を目的物とする売買（工業製品売買）を売買契約の典型として想定したうえで，そのような売買契約の典型に適合する規律として，買主の追完請求権を原則として認めることが正当化されていたと理解することができるのであった。

イ　売買契約の合意・売主の給付義務と買主の追完請求権との関係

　以上のように考える場合，買主の追完請求権の基礎づけに関しては，①瑕疵のない物（契約適合物）の給付が売買契約の合意内容となるか，ないしは，そうした売買契約の合意に従って売主が瑕疵のない物（契約適合物）の給付義務を負うかという問題と，②引き渡された目的物に瑕疵（契約不適合）がある場合に買主の追完請求権がそれ自体として認められるかという問題が存在するところ，これら2つの問題は，――①の問題が②の問題の理論的前提となっているという関係はあるものの――それぞれ性質・レベルを異にするものとして，区別して検討する必要があるということになる[1]。

　というのは，ドイツ法の議論においてみられた上記のような考え方に従うならば，瑕疵のない物（契約適合物）の給付が売買契約の合意内容となり，その合意に従って売主が瑕疵のない物（契約適合物）の給付義務を負うとされたとしても，そこから論理必然的に買主の追完請求権が認められることになるわけではないからである。すなわち，上記のような考え方に従えば，売買契約の合意に従って売主が瑕疵のない物（契約適合物）の給付義務を負うとされたとしても，例えば，（修補が問題とならない）不代替物の特定物売買が売買契約の典型ととらえられたならば，結局のところ，買主の追完請求権は，原則として（デフォルト・ルールとして）認められない――買主は他の救済手段によるほかない――ことになると考えられるからである[2]。

---

1)　これに関して，中松纓子「契約法の再構成についての覚書」判例タイムズ341号（1977年）22頁は，契約内容は債権・債務の発生に尽きるものではなく，契約における債権・債務の発生は，法秩序によって契約に与えられる法律効果のうちの1つであって，最終的効果（契約の実現）へ到る手段的効果ないし中間段階にすぎないとし，①当事者が目指した具体的な事実状態を対象とする「契約内容（法律行為内容）」と，②それを実現するために当事者が行うべき行為を対象とする「債権・債務（給付義務）内容」とは，関連しつつも実質を異にするものとして区別されるという構成を示していた。これは，①契約内容（合意内容）と，②法秩序によってその契約に与えられる具体的な法律効果を（関連しつつも）区別して検討すべきであるとする点で，すでに，このような可能性を示唆していたとみることもできる。これについては，さらに，潮見佳男「特定物売買での質的瑕疵と『特定物ドグマ』論」同『契約規範の構造と展開』（有斐閣，1991年，初出1988年）172頁，とくに186頁以下，同「売買における物的瑕疵の帰責構造」同『契約責任の体系』（有斐閣，2000年，初出1993年）305頁，とくに388頁以下も参照。そのほか，戸田知行「売主の債務不履行責任と担保責任――現行民法典の立場について(1)～(3・完)」早稲田大学大学院法研論集49号79頁，51号133頁，54号187頁（1989-90年）も参照。

306 終 章 おわりに

　以上でみたように，改正前民法における瑕疵担保責任の法的性質について法定責任説が依拠していた前提（原始的不能ドグマ・特定物ドグマ）を否定し，特定物売買か種類売買かを問わずに，①瑕疵のない物（契約適合物）の給付が売買契約の合意内容となりうることを承認し（特定物ドグマの否定），かつ，②そうした合意に従って，売主が瑕疵のない物の給付義務（契約適合物の引渡義務）を負うことを認める（原始的不能ドグマの否定）としても[3]，そのようにして認められる売主の瑕疵のない物の給付義務（契約適合物の引渡義務）から，

　2）　下森定「瑕疵担保責任論の新たな展開とその検討」同『履行障害法再構築の研究（下森定著作集Ⅱ）』（信山社，2015年，初出1998年）385頁，391頁以下，441頁以下，同「履行障害法再構築の課題と展望」同『履行障害法再構築の研究（下森定著作集Ⅱ）』（初出2007年）843頁，858頁以下は，改正前民法のもとでの解釈論として，いわゆる「特定物ドグマ」は，それが本来予定していた対象領域（不代替的特定物売買）に関する限り，それなりの合理性を今日なお有するとし，このドグマを限定的に維持しようとしていた。もっとも，その意図するところは，おそらく，改正前民法570条が定める瑕疵担保責任の規律（無催告解除と損害賠償のみを認める規律）を以上の本来的な適用領域で限定的に維持しようとするものであったのではないかとみられる（この見解の特徴については，山本敬三『民法講義Ⅳ₋₁契約』（有斐閣，2005年）265頁注3，山本豊「売主の瑕疵担保責任」法学教室354号（2010年）81頁，84頁以下の分析も参照）。
　そうだとすると，同様のことは，本文で述べたように，①売主の瑕疵のない物の給付義務（契約適合物の引渡義務）の問題と，②その不履行（契約不適合）に対する救済手段としての追完請求権の問題を区別するという理論枠組みに従うのであれば，「特定物ドグマ」を一貫して否定する契約責任説の立場からも十分に説明することができる。もっとも，その場合の説明は，上述した見解とは異なり，①瑕疵のない物の給付は契約内容（当事者意思ないし合意の内容）とならないという意味での「特定物ドグマ」が一定の領域において限定的に維持されるというものではなく，むしろ，②瑕疵のない物の給付が契約内容（当事者意思ないし合意の内容）となる場合でもなお，物の瑕疵の場合の売主の責任については，法の基礎にある売買契約の典型（修補が問題とならない不代替物の特定物売買）に適合する規律として，即時の解除と損害賠償のみを認める改正前民法570条の瑕疵担保責任の規律が原則として妥当する——しかし，そのような規律の妥当範囲・射程は，そうした法の基礎にある売買契約の典型によって画され，そこから本質的に離れるような売買契約にはその規律は及ばない——と説明されることになるだろう。
　さらにまた，契約責任説の立場からすると，そもそも瑕疵のない物（一定の品質等を備えた物）の給付が契約内容とならなかった場合には，契約を離れた抽象的・客観的な意味で何らかの瑕疵があったとしても，あくまで契約の内容に適合する物が給付された以上は，物の瑕疵（契約不適合）を理由とする買主の救済手段は認められないとするのがむしろ一貫するだろう（これについては，潮見佳男『契約各論Ⅰ——総論・財産権移転型契約・信用供与型契約』（信山社，2002年）192頁の指摘（「およそ契約内容を構成しないような対価的不均衡について法秩序がそこまで配慮をしてやらなければならないかどうかについては，疑問がないわけではない」）も参照）。

買主の追完請求権が論理必然的に導き出されるわけではないということができる。

このことは，理論的には，次のように説明することもできるだろう。すなわち，瑕疵のない物（契約適合物）の給付を内容とする売買契約の合意に従って，売主が瑕疵のない物の給付義務（契約適合物の引渡義務）を負うことを承認する場合には，確かに，瑕疵ある物（契約に適合しない物）の給付は，売主

---

3) なお，売主が瑕疵のない物（契約適合物）の給付義務（一定の品質等を備えた目的物を給付する義務）を負うことを認める場合においても，そのような売主の義務の内容がどのようにして導き出されるのかについては，①もっぱら売買契約の合意の解釈（狭義の解釈）によって導き出されるとする考え方と，②そのような合意の解釈のほか，合意外の規範による補充（ないし補充的契約解釈）によって導き出されることもあるとする考え方がありうる（これについては，部会第52回会議議事録12頁以下〔山本敬三幹事発言〕の指摘も参照）。

このうち，①の考え方によれば，売買契約の合意には，目的物の品質等に関する合意が常に含まれているとみて，もっぱらその合意の解釈（狭義の解釈）によって，売主の義務内容が導き出されると考えることになる。これに対して，②の考え方によれば，売買契約の合意には，目的物の品質等に関する合意が含まれる場合と含まれない場合とがあるとみて，そうした合意が含まれる場合には，その合意の解釈（狭義の解釈）によって売主の義務内容が導き出されることになるが，そうした合意が含まれない（欠けている）場合には，合意外の規範による補充（ないし補充的契約解釈）によって，売主の義務内容が導き出されると考えることになる。

ところで，贈与契約について，改正民法551条1項は，「贈与者は，贈与の目的である物又は権利を，贈与の目的として特定した時の状態で引き渡し，又は移転することを約したものと推定する。」と定めている。この規定は，「契約に適合したものの移転等をすることが贈与者の債務の内容となることを基本的な前提とした上で，当事者の意思に照らすと，その内容はより軽減されたものであるのが通常であると整理するのが相当である」という考慮によるものとされる。そして，これについては，「上記のとおり，このような規律は当事者の通常の意思に適うことが妥当性の根拠となるが，単なる任意規定とすると特定物ドグマに立脚しているとの誤解を招くおそれがあること，どのような内容で合意するかは様々であり，上記のような内容の合意がされるのが合理的であるとも考えられないことから，いわゆる任意規定（デフォルト・ルール）とせず，意思推定の規定として設けることとしている」と説明されている（部会資料81B・19頁以下）。この説明によれば，この規定は，贈与者が引き渡すべき目的物（移転すべき権利）が備えるべき状態に関する当事者の合意が欠けている場合にこれを補充する規定（補充規定）としてではなく，むしろ，そのような合意が存在することを当然の前提として，その合意の内容が不明確である場合にその内容を明らかにするための合意の解釈準則（当事者意思の推定）を定めた規定（解釈規定）として構想されていることになる。そうすると，この規定は，贈与の目的物の状態に関する当事者の合意が存在することを当然の前提としており，上述した①の考え方と親和性を有するとみることができる。

308 終 章 おわりに

の契約違反（債務不履行）を意味することになる[4]。しかし，そのことから，
そうした契約違反（債務不履行）があった場合に売主が負う責任の具体的内
容——そうした契約違反（契約不適合）に対する救済手段として買主にどのよ
うな内容の権利が認められるか（買主の追完請求権が認められるか）——までが
論理必然的に導き出されるわけではない。このことを売主のリスク引受けの
観点から述べれば，瑕疵のない物（契約適合物）の給付合意によって，売主が
目的物の品質等に関する（一定の）リスクを引き受けたとまでは評価できる
としても，そこから，売主が，引き渡された目的物に瑕疵（契約不適合）があっ
た場合に修補や代物給付による追完義務を負うリスクまで常に引き受けたと
評価してよいわけでは必ずしもないということになる[5]。

　この場合において，買主の追完請求権が認められるためには，すでに述べ
たように，①売買契約の合意に従って売主が瑕疵のない物の給付義務（契約
適合物の引渡義務）を負うことに加えて，それとは別に，②目的物の契約不適
合に対する救済手段（売主が負う責任の内容）として買主の追完請求権を認め

---

4) このように，売主が「瑕疵のない物（契約適合物）の給付義務」を負うことを承認す
る場合においても，そうした売主の義務の法的構造のとらえ方については，次の2つ
の可能性が考えられる。すなわち，①目的物引渡義務と目的物の契約適合性に関する
義務とを結びつけて，「契約適合物の引渡義務」として一元的にとらえる構成と，②両
者の義務を区別して，「目的物引渡義務＋目的物の契約適合性に関する義務（保証義
務）」として二元的にとらえる構成である。
　わが国における従来の学説では，①の構成に従っているものが多いとみられるのに
対して，例えば，国際物品売買契約に関する国際連合条約（CISG）は，「引渡し」と「物
品の契約適合性」を区別・分離して観念しており，②の構成を採用しているものとみ
ることができる（これについては，潮見佳男「国際物品売買条約における売主・買主の
義務および救済システム」同『債務不履行の救済法理』（信山社，2010年，初出2008
年）337頁，340頁以下（なお，この構成と救済手段との関係に関する同361頁の指摘
も参照），潮見佳男＝中田邦博＝松岡久和編『概説・国際物品売買条約』（法律文化社，
2010年）72頁以下〔潮見〕など）。このほか，ヨーロッパ私法共通参照枠草案（DCFR）
も，売主の義務として，「物品の引渡義務」と「物品の契約適合性の保証義務」を区別
して観念しており（IV. A.-2: 101条参照），②の構成を採用しているものとみられる
（DCFRについては，その概要版（Outline Edition）の翻訳として，クリスティアン・
フォン・バールほか編（窪田充見ほか監訳）『ヨーロッパ私法の原則・定義・モデル準
則——共通参照枠草案（DCFR）』（法律文化社，2013年）を参照）。
5) Ulrich Korth, Minderung beim Kauf, 2010, S. 63 ff., 74 f. も，売買契約におけるリスク配
分のあり方として，買主の追完請求権を認めることを通じて売主に——対価危険だけ
でなく——給付危険まで負担させるという規律をあらゆる売買契約に一般化すること
には，否定的である。

るという規律それ自体が，その基礎にある売買契約の類型に適合する規律として法秩序によって承認されること——売主のリスク引受けの観点からいえば，契約において売主が目的物の契約不適合があった場合に追完義務を負うリスクまで引き受けたものと評価できること——が必要となるわけである。

　もちろん，売買契約の当事者間において，①瑕疵のない物（契約適合物）の給付合意に加えて，②目的物に瑕疵（契約不適合）があった場合にその救済手段として買主の追完請求権を認める旨の合意（救済手段に関する合意）がされることもありうる。そして，そのような場合には，まさに②の合意に基づいて，買主の追完請求権が認められることになる。しかし，そのような救済手段に関する合意を欠く場合においては，上でみたように，①の合意のみから直ちに買主の追完請求権を導き出すことはできない。そのため，この場合に，買主の追完請求権が認められるためには，そうした当事者の合意が欠ける部分について必要な規律を補充する任意法規（補充規範）として，目的物の契約不適合があった場合に買主の追完請求権をそれ自体として認める法規範（買主の追完請求権それ自体の法秩序による承認）が必要となるのである[6]。

　以上のように，買主の追完請求権が認められるためには，まず，その理論的前提として，売買契約の当事者間に一定の品質等を備えた目的物（契約に適合した目的物）を給付する旨の合意があると認められること，ないしは，そのような合意に従って売主が瑕疵のない物の給付義務（契約適合物の引渡義務）を負うことが必要とされる[7]。しかし，そのような売主の義務が認められ

---

6)　すなわち，買主の追完請求権が認められるためには，法規範のレベルでは，①売主が合意に従って瑕疵のない物の給付義務（契約適合物の引渡義務）を負うことを認める法規範（売主の契約不適合責任の基礎となる契約上の義務を基礎づける法規範）だけでなく，それに加えて，②目的物に瑕疵（契約不適合）があった場合にその救済手段として買主に追完請求権を認める法規範（具体的な買主の救済手段それ自体を基礎づける法規範）もまた必要とされることになる。

　　なお，このことは，目的物の契約不適合に対するその他の救済手段（代金減額請求権，損害賠償請求権，契約解除権）についても，同様に妥当するものと考えられる。

7)　改正民法においては，売主の契約適合物引渡義務は，買主の追完請求権に限らず，目的物の契約不適合に対する買主の救済手段一般——追完請求権・代金減額請求権・損害賠償請求権・契約解除権——に共通する理論的前提と位置づけられているものとみられる。すなわち，改正民法においては，目的物の契約不適合（売主の契約適合物引渡義務の不履行）が，目的物の契約不適合に対する買主の救済手段に共通の要件となっているとみることができる（その他の要件は，それぞれの救済手段に応じて異なっている）。

たからといって，そこから買主の追完請求権が論理必然的に導き出されるわけではない。買主の追完請求権は，むしろ，そうした売主の義務を基礎としながらも，それに加えて，「目的物の契約不適合に対する救済手段として買主の追完請求権を認めることが，当該売買契約の類型に適合的な規律として正当化されるか」という法秩序の観点からの実質的考慮（評価）を経ることによってはじめて導き出されるものであるということができる[8]。そしてまた，その際に，そうした買主の追完請求権の基礎づけを左右する法秩序の観点からの実質的考慮（評価）は，どのような売買契約の類型をその基礎に据えるかに応じて異なってくるのである[9]。

このようにみれば，改正民法において買主の追完請求権を認める旨の明文の規定（改正民法562条）が設けられるに至ったのも，すでにみたように，売主の契約適合物引渡義務が承認されることを理論的前提としながら，立法者が，現代的な「工業製品等」を目的物とする売買（工業製品売買）を売買契約の典型として想定し，そのような売買契約の典型との関係で，上述した観点からの実質的考慮（評価）を行った結果にほかならないと理解することができるだろう。

ウ　買主の追完請求権の規律が妥当する範囲・射程

以上でみたように，「売買契約において引き渡された目的物に契約不適合があった場合には，買主の追完請求権が原則として認められる」という規律を，売買契約の典型と結びついた——売買契約の典型に適合するものとして承認された——類型的規律であると理解する場合には，その帰結として，上

---

8) なお，このように考える場合には，すでに述べたように，①売主の瑕疵のない物の給付義務（契約適合物の引渡義務）と，②売主の追完義務（買主の追完請求権に対応する売主の義務）とは，——①の義務が②の義務の理論的前提となっているという意味で関連性を有するものの——それぞれ性質・レベルを異にする別個の義務として理解されるべきことになる。すなわち，売主の追完義務は，売主の瑕疵のない物の給付義務（契約適合物の引渡義務）と同一の義務なのではなく，売主の瑕疵のない物の給付義務（契約適合物の引渡義務）の不履行——目的物の契約不適合——があった場合に，その効果として発生する別個の義務と位置づけられることになる。

9) これは，買主の追完請求権が承認されるかどうかが，売買契約の（類型的な）性質・目的によって左右されることを意味している。このことは，Ernst Rabel, Das Recht des Warenkaufs, 1. Band, 1936, S. 495 が示していた「契約の趣旨と目的（Sinn und Zweck des Vertrags）が給付障害のすべての規律を制御する」という基本構想と軌を一にするものといえるだろう。

記の規律が妥当する範囲・射程もまた，そうした売買契約の典型に即して実質的に画されることになると考えられる。すなわち，そのような売買契約の典型とは利益状況が本質的に異なる——非典型的な——売買契約（類型）には，上記の規律は及ばないと解されることになる。

　そうすると，改正民法において買主の追完請求権を認める旨の明文の規定（改正民法 562 条）が設けられたといっても，それが売買契約の典型としての「工業製品売買」と結びついた類型的規律であるのだとすれば，①その規定は，およそすべての売買契約において，買主の追完請求権が認められることを意味するものでは必ずしもなく，②そうした売買契約の典型（「工業製品売買」）とは利益状況を本質的に異にする——非典型的な——売買契約（類型）においては，買主の追完請求権は，原則としてはじめから認められない[10]——その限りで上記規定の適用範囲が限定される——と解されることになるだろう。

　これを具体的にみると，例えば，目的物の契約不適合に対する救済手段として買主の追完請求権を認めることが売買契約の典型としての「工業製品売買」に適合する類型的規律として正当化されるという場合に，その基礎にある実質的根拠が，ドイツ法の議論においてみられたように，「工業製品売買」においては，類型的に売主が製造者や代替物の調達市場に容易にアクセスできる事業者であること——それゆえに，売主の追完による対応が経済的な合理性を有すること——に求められるのだとすれば[11]，そのような実質的根拠が妥当しないような——その意味で，売買契約の典型（「工業製品売買」）とは利益状況を本質的に異にする——売買（例えば，個人間の売買[12]）においては，

---

10)　これは，追完請求権の限界（追完の不能）を問題とするまでもなく，追完請求権がはじめから認められないことを意味する。

11)　その場合，ここでいう「工業製品売買」には，そこで想定される類型的状況として，「売主が事業者（商人）である」という要素が含まれると理解されることになる。実際，ドイツにおいても，例えば，Wolfgang Ernst, in: Mathias Schmoeckel/Joachim Rückert/Reinhard Zimmermann（Hrsg.), Historisch-kritischer Kommentar zum BGB Band III/1, 2013, §§ 434-445 Rn. 40 は，ドイツ売買法に関して，「2002 年以降，契約類型としての売買は，法律上の基本類型（Grundtyp）が消費用動産売買指令に方向づけられたために，極めて買主に有利なように（käuferfreundlich）構想されている。これは，物の瑕疵の場合における追完義務を認めることを通じて，とりわけ，新品の工業製品の売買に『適合する』ものであるが，そこには，売主が，より経済的に強く，取引経験の豊富な当事者であるという想定が伴っている」と指摘している。

上記の規律は適用されず，買主の追完請求権は，原則としてはじめから認められない（買主は他の救済手段によるほかない）と解されることになるだろう[13]。

エ　より一般的な「債権者の追完請求権」の規律に対する影響

さらにまた，以上で述べたような問題のとらえ方をするならば，より一般的に，債務者が債務の「不完全な履行」をした場合においても，そこから直ちに債権者に追完請求権が認められることには必ずしもならず，むしろ，そうした場合に債権者の追完請求権が認められるかどうかは，当該債務の発生原因である契約（類型）の性質・内容に照らして，慎重に吟味される必要があるということになるだろう。そうだとすれば，売買契約以外の契約類型についても，いかなる契約類型において，いかなる態様での「不完全な履行」の場合に，いかなる内容の追完請求権が認められるのか（あるいは認められないのか）が検討されなければならないこととなるだろう[14]。

これについては，改正前民法のもとでの学説においても，すでに，「債務者

---

12)　実際に問題となる例としては，例えば，インターネットなどを通じて，個人間で物品の売買契約が行われた場合が考えられるだろう。

13)　ドイツにおいても，例えば，Mandy Kandler, Kauf und Nacherfüllung, 2004, S. 629 ff. は，以上のような趣旨で，買主の追完請求権を認めることは，（事業者ではない）個人の売主に不当な負担をもたらしうることから，個人間での売買の場合には，買主の追完請求権について，（これを一般的に認める）法律の規定とは異なる取扱いが必要であると指摘している。

　　また，森田宏樹「売買契約における瑕疵修補請求権——履行請求権，損害賠償又は解除との関係」同『契約責任の帰責構造』（有斐閣，2002年，初出 1990-91年）197頁，248頁も，修補請求権に関してであるが，売主の資質を考慮し，「例えば，素人間の中古車売買においては，一定の瑕疵なき物の給付義務が認められる場合であっても，瑕疵修補請求権は認められないのが通常であろう」と指摘している。同様に，小粥太郎「担保責任論の争点」東北ローレビュー1号（2014年）67頁，77頁以下も，「契約内容に照らして，追完や修補が予定されているのであれば，買主は，追完や修補を求めることができるわけですが，具体的な契約内容いかんによっては，売買であっても，修補請求は認められず，損害賠償・解除だけ，ということもあるでしょう（中古自動車の素人間での売買など）」としている。

　　このほか，部会第14回会議議事録24頁〔能見善久委員発言〕も，「修補請求などの問題については，特定物売買の個人の売主に対して修補請求が追及できる，強い権利として追及できるというのは，適当ではないのではないか」としている。

14)　これと関連して，債務内容の類型化による不完全履行論の各論的展開に着目するものとして，下村正明「不完全履行論にはどういう基本的論点が残されているか」椿寿夫編『講座・現代契約と現代債権の展望(2) 債権総論(2)』（日本評論社，1991年）67頁，とくに74頁以下も参照。

が瑕疵のない目的物を引き渡す債務を負う場合には，つねに修補義務が課されるとすれば，例えば，寄託契約や運送契約など債務者が一定の状態で目的物を引き渡す債務を負うような契約においても債務者が修補義務を負うことになるが，当然にこのように解することには問題があるのではないか」という指摘がされていた[15]。

このような問題についても，上でみたような考え方に従う場合には，例えば，寄託契約や運送契約において，債務の「不完全な履行」がある場合（債権者に引き渡された目的物に損傷があった場合など）であっても，それらの契約類型の性質・内容に照らして，債権者に追完請求権は原則としてはじめから認められない——債権者は損害賠償など他の救済手段によるほかない——という帰結を導き出すことも理論的に十分可能となるといえるだろう[16]。

(2) 買主の追完請求権の内容確定

ア 買主の追完請求権の内容確定のあり方

(ア) 従来の日本法の議論及び『債権法改正の基本方針』の特徴と問題点

買主の追完請求権の内容確定のあり方に関しては，従来の日本法の議論においても，『債権法改正の基本方針』においても，追完請求権の法的性質から，追完請求権の内容確定のための一定の指針を導き出すことができるものと考えられていた。

しかし，とりわけ『債権法改正の基本方針』において指摘されていたように，追完請求権を「履行請求権の具体化」と位置づけるとしても，そのような追完請求権の法的性質から，本来的履行請求権の規律を転用する形で追完

---

15) 森田（宏）・前掲注13) 245頁。

16) このほか，上でみたような考え方に従う場合には，例えば，契約解除に基づく原状回復義務や不当利得返還義務の内容として目的物の原物返還義務を負う者（返還債務者）が，債権者に対して，その目的物の原物の返還（引渡し）をしたところ，その引き渡された目的物に（返還債務者のもとで生じた）損傷があったという場合に，目的物の引渡しを受けた債権者は，返還債務者に対して，修補等による履行の追完を請求することができるか（それとも，その損傷部分については価額償還の請求や損害賠償の請求をすることができるにとどまるか）という問題についても，それらの債務の発生原因（契約解除に基づく原状回復関係・不当利得返還債務関係）の性質・内容に照らして，債権者に追完請求権が認められるかどうかが検討されるべきことになるだろう（その結果，これらの場合には，債権者の追完請求権は認められないという帰結を導き出すことも可能である）。

請求権の規律内容を機械的に導き出すことができるわけでは必ずしもなく，追完請求権の具体的内容は「契約の解釈」によって決まるとされていた。実際また，『債権法改正の基本方針』においては，買主の追完請求権の規律に関して，具体的に本来的履行請求権とは異なる規律内容も提案されていた。

　もっとも，そこにおいても，追完請求権の規律内容を規定するとされる履行請求権の「具体化」ないし「契約の解釈」の実質的内容や正当化根拠は必ずしも明らかではなかった。追完請求権の規律内容を具体的に確定するためには，いずれにしても，追完請求権の規律内容がどのような要因によって方向づけられるのかを明らかにすることが不可欠となると考えられる。

　(イ)　改正民法における買主の追完請求権の内容確定のあり方

　改正民法においても，買主の追完請求権の内容確定のあり方について，とくに明示的な指針が示されているわけではない。

　しかし，先にみたように，改正民法における買主の追完請求権は，①売主の契約適合物引渡義務——それに対応する買主の本来的履行請求権（契約適合物の引渡請求権）——からそれだけで直ちに基礎づけられているのではなく，むしろ，②契約不適合に対する法的救済として買主に追完請求権を認めることが売買契約の典型——「工業製品等」の売買——に適合的な規律かどうかという実質的考慮を経ることによってはじめて基礎づけられているとみることができるのであった。そうだとすると，買主の追完請求権は，本来的履行請求権とは区別された別個の請求権——契約不適合の場面で特に認められた救済手段——として，その基礎づけにおいてすでに，本来的履行請求権とは異質な側面を有していることになる。そうであれば，買主の追完請求権の内容確定のあり方に関しても，少なくとも，買主の追完請求権を「本来的履行請求権の一態様ないし具体化」であると考えて，そこから「追完請求権には本来的履行請求権と同様の規律が妥当する」などと単純に考えることはできないというべきだろう[17]。

　実際，改正民法をみると，買主の追完請求権については，①一方で，本来

---

17)　このように買主の追完請求権が本来的履行請求権とは異質な側面を有することは，(本来的) 履行請求権の法的性質を，①「債権の効力」と理解するか（中田裕康『債権総論』（岩波書店，第3版，2013年）61頁以下など），②「債務不履行に対する救済手段」と理解するか（潮見佳男①『債権総論 I ——債権関係・契約規範・履行障害』（信山社，第2版，2003年）25頁以下，同②『新債権総論 I 』（信山社，2017年）274頁）にかかわらず，妥当するものと考えられる。

的履行請求権について適用されるのと同じ規定——「履行不能」に関する改正民法412条の2第1項の規定——が適用されることが想定されているのに対して，②他方では，本来的履行請求権とは異なる追完請求権に特有の規律を定める規定——⑴追完方法に関する買主の選択権に関する改正民法562条1項の規定，⑵追完請求権の発生障害に関する改正民法562条2項の規定，⑶追完請求権を含む買主の権利の期間制限に関する改正民法566条の規定——もまた設けられていた。これは，改正民法における買主の追完請求権が，その規律内容において，本来的履行請求権との同質性と異質性とを併有することを示すものとみることができる。

　そうだとすれば，改正民法においても，買主の追完請求権の規律内容を確定するにあたっては——とりわけ，明文の規定がない規律内容を確定するにあたっては——買主の追完請求権が本来的履行請求権との同質性と異質性を併有していることを視野に入れて，その規律内容を明らかにしていくことが必要となる。すなわち，買主の追完請求権の規律内容を確定する際には，それぞれ問題となる規律に応じて，①追完請求権に本来的履行請求権と同様の規律内容を妥当させることが適切であるのか，②それが適切ではなく，追完請求権に特有の規律内容を探求することが必要となるのかを慎重に検討する必要がある。ここにおいても，そうした追完請求権の規律内容を具体的に確定するためには，追完請求権の規律内容がどのような要因によって方向づけられるのかを明らかにすることが不可欠となるといえるだろう。

イ　買主の追完請求権の内容確定のための指針・手がかり

　以上のように，買主の追完請求権の規律内容を確定するにあたっては，いずれにしても，そのための指針・手がかりとして，買主の追完請求権の規律内容を方向づける要因を明らかにすることが不可欠となるものと考えられる。しかしながら，わが国のこれまでの議論においては，そうした手がかりは必ずしも十分に示されていないものとみられる。そうだとすれば，ひとまず，ドイツ法の議論から抽出された諸要因や基準を手がかりとしながら，その当否と射程を検討してみることが一考に値するというべきだろう。

　そこで，これに関するドイツ法の議論をみると，そこでは，買主の追完請求権の法的性質は「修正された本来的履行請求権」であるなどとされ，買主の追完請求権は，本来的履行請求権との同質性と異質性を併有するものと考

えられていた。そして，こうした買主の追完請求権の法的性質の理解を反映
して，買主の追完請求権の規律内容をめぐる議論においては，問題となるそ
れぞれの規律について，①本来的履行請求権と同様の規律を妥当させるアプ
ローチと，②追完請求権に特有の規律を妥当させるアプローチの対立がみら
れたのだった。

　これらのうち，①のアプローチは，追完請求権が本来的履行請求権との同
質性を有するということ，あるいは，売買契約締結時の当事者の決定ないし
評価を追完請求権の場面でも貫徹するという考え方に基づくものであったと
いえる。これは，瑕疵ある物の引渡しによっては，瑕疵のない物を給付する
売主の義務はいまだ履行されておらず，買主の追完請求権と本来的履行請求
権は，いずれも買主に瑕疵のない物を取得させるという給付結果の実現を目
的とする点で共通していることに着目したものであった[18]。

　これに対して，②のアプローチは，総じていえば，本来的履行請求権の規
律においては「瑕疵ある物の引渡し」が行われた場合の利益状況が十分に考
慮されていないという考え方に基づくものであった。そして，このアプロー
チは，問題となる規律に応じて，関連する諸要因を手がかりとしながら，買
主の追完請求権の具体的な規律内容を導き出そうとしていた。

　そのような要因を具体的にみると，ドイツ法の議論では，例えば，上述し
た買主の追完請求権の基礎づけの議論においてみられたのと同様に，「売買
契約の原則的な規律は，法の基礎にある売買契約の典型に即して確定される
べきである」という考え方に立って，工業製品売買を売買契約の典型として
想定し，そのような「工業製品売買の特質」を買主の追完請求権の規律内容
において考慮するという方向性が示されていた。これによると，例えば，追
完請求権の内容（給付内容）として，①工業製品売買においては，売買契約の
中に請負契約の要素が組み入れられるという現象がみられることから，その
ような工業製品売買の特質を考慮して，売買契約であるにもかかわらず――

───────
18)　ドイツ法の議論では，①のアプローチに従って，例えば，①買主の追完請求権が，
　（本来的履行請求権と同様に）売主の代金支払請求権と牽連関係にあり，買主は，契約
　不履行の抗弁（同時履行の抗弁）により，売主が追完義務を履行しない限りで，売主へ
　の売買代金の支払を拒むことができること，②買主の追完請求権が，売主の帰責事由
　の有無にかかわりなく認められるものであることを導き出すことができるとされてい
　た。買主の追完請求権について，これらの規律内容が認められることについては，と
　くに異論はないものとみられる。

本来的には請負契約上の性質を有するはずの——修補請求権が認められるべきことが導き出されていた。また、②工業製品売買においては、原則として目的物の機能性が重視され、目的物の個性は重視されないことから、そうした工業製品売買の特質を考慮して、特定物売買の場合にも原則として代物請求権が認められるべきことが導き出されていた。

あるいはまた、ドイツ法の議論では、「瑕疵ある目的物の引渡し・受領を契機とする当事者の利益状況」を、追完請求権の規律内容において考慮に入れるという方向性も示されていた。そこでは、そのような当事者の利益として、①引き渡された目的物の安定的利用に関する買主の利益、②瑕疵ある目的物を買主が受領したことによる履行完了についての売主の信頼といったものが問題とされていた。これによると、(1)引き渡された目的物の安定的利用に関する買主の利益を追完請求権の規律内容において考慮すると、例えば、①追完方法の選択権を買主に認めること、②追完の履行場所を目的物の存在場所とすること、③目的物の受領後に買主が行った変更の復元まで追完請求権の内容・範囲に含めることなど、本来的履行請求権とは異なる規律（買主の利益となる規律）が認められる余地が出てくる。また、(2)瑕疵ある目的物を買主が受領したことによる履行完了についての売主の信頼を追完請求権の規律内容において考慮すると、例えば、①追完請求権について特別の期間制限を設けること、②追完請求権について特別の限界事由を認めることなど、ここでも、本来的履行請求権とは異なる規律（売主の利益となる規律）が認められる余地が出てくる。もっとも、以上のような当事者の利益を、いかなる規律においてどこまで考慮するかについては、ドイツにおいても争いがあり、その解決方法には複数の可能性があったことに注意する必要がある[19]。

実際、改正民法においても、以上のような目的物の引渡し・受領後における当事者（買主及び売主）の利益状況は、それぞれ、①追完方法に関する買主の選択権（改正民法562条1項）、②買主の権利の期間制限（改正民法566条）といった明文の規律において考慮に入れられているものとみることができる。しかし、そのような当事者の利益を、これら以外の規律——とりわけ、明文の規定がない規律——においても考慮すべきかどうか、考慮すべきであると

---

19) その際には、ドイツ法の議論が、その一部において、EU指令（EC指令）の存在と欧州司法裁判所によるその解釈の影響を受けて展開されたものであったことにも注意が必要である。

318　終章　おわりに

して，どのような形で考慮すべきかは，なお検討を要する問題である。このことは，改正民法のもとでも，なお残された課題であるといえよう。

ウ　類型的規律内容の確定と個別的契約への対応の必要性

ところで，以上で述べたような買主の追完請求権の規律内容は，その多くが，一定の売買契約の典型（工業製品売買）を基礎とした——そこで典型的に生じる事態及び利益状況を想定した——原則的・定型的（類型的）な規律（デフォルト・ルール）として導き出されていたものであった。そうした原則的・定型的（類型的）な規律は，多くの売買契約に適合するものではあっても，社会において行われる売買契約がきわめて多様であることに鑑みれば，実際に行われた個別的な売買契約に適合しないこともありうる[20]。

そこで，ドイツ法の議論では，そのような事態に対応する方法として，「仮定的当事者意思」を追完請求権の内容確定において考慮するという方向性が示されていた。これを「仮定的当事者意思」による「補充的解釈」と呼ぶかどうかは別として，いずれにしても，一定の売買契約の典型的状況を想定した類型的規律内容を出発点としながら，そこから外れる個別的な——非典型的な——売買契約に適合する規律を見出すためには，上述したような個別的・非典型的な契約への対応可能性を織り込んだ理論枠組みを——それによって，その限りで法的安定性が犠牲となる可能性があることにも留意しつつ——検討する必要があるといえるだろう。

---

20)　これは，より一般的にいえば，「制定法において定められるような契約の原則的・定型的（類型的）規律は，一定の具体的な契約類型の想定のもとで，それに適合的な規律として定められるものであって，それゆえにまた，その規律が直接に妥当する射程も，そのような具体的な類型に実質的に帰属（附属）可能であるような契約の場合に限定される」ということを意味する。そうであるからこそ，そのような原則的・定型的（類型的）規律が，現実に行われた個別的な契約に適合しないという事態が生じうることとなるわけである。

もちろん，そのような場合には，当事者が自ら合意によって異なる規律内容を定めることも可能であり，そのような合意が現にされた場合には，その合意によって当事者が自ら定めた規律内容が妥当することになる。これに対して，ここで念頭に置いているのは，そのような当事者の合意が存在するとはいえない場合（合意の欠缺の場合）である。

2 残された課題

ここまで，本書における検討結果について，その要点を整理してきた。もっとも，以上で述べた内容は，ドイツ法の分析・検討から得られた示唆に基づく1つの可能性を示したものにすぎない。こうした可能性が日本法においても妥当することを明らかにするためには，ドイツ法において基礎に置かれていた考え方が日本法においても同様に妥当するかが検証されなければならないだろう。最後に，そのような残された課題について整理しておこう。

(1) 買主の追完請求権の基礎づけに関する課題

まず，買主の追完請求権の基礎づけについては，ドイツ法の議論においてみられた「売買契約の原則的規律として買主の追完請求権を認めることが，法の基礎にある売買契約の典型に適合する規律として正当化されるか」という観点を，日本法においても前提としてよいかどうかが問題となる。

より具体的には，①「売買契約の原則的な規律内容は，法の基礎にある売買契約の典型に即して確定されるべきである」という考え方——換言すれば，「売買契約の規律内容の確定の際には，法の基礎にある売買契約の典型に即して確定された原則的規律（デフォルト・ルール）を，その出発点とする」という考え方[21]——を日本法においても前提としてよいかどうか，仮に前提としてよいとして，②日本法においてどのような売買契約の類型が，法の基礎に置かれる売買契約の典型とされるべきか[22]，そして，③日本法において買主の追完請求権を認めることがそのような売買契約の典型に適合するものとして正当化されるのかどうかという点を検討する必要がある[23]。

こうした観点からの検討は，買主の追完請求権について立法論を展開する場合にはもちろん，買主の追完請求権を原則として認める旨の規定を設ける

---

21) これは，個別的な契約における修正の可能性をも含めて定式化をすれば，「売買契約の規律内容の確定では，①売買契約の典型を基礎とした原則的・定型的（類型的）な規律内容をひとまずは出発点とし，それを法が採用するデフォルトの評価として参照しながら，②そうした典型から本質的に離れるような個別的な——非典型的な——契約については，以上のデフォルトの評価が妥当する典型との差異・偏差を考慮して，当該個別的な契約に適合的な規律内容を見出す」という思考方法を意味するものといえるだろう。

に至った改正民法との関係においても，その規律がどのような考え方によって基礎づけられており，（そのような考え方に照らして）その規律が妥当する射程がどこまでなのかを明らかにするために必要となる作業といえよう。そしてまた，このような検討作業は，立法論ないし解釈論として，より一般的に，どのような契約類型において，どのような場合に債権者の追完請求権が認められるべきかを考えるにあたっても，必要とされるものといえるだろう[24]。

---

22) これに関して，例えば，広中俊雄『債権各論講義』（有斐閣，第6版，1994年）43頁は，「売買法は特定物の売買を中心に形成されてきたのであった。しかし，資本制生産の発展は，むしろ種類売買を売買の原則的形態たらしめている」と指摘している。また，北居功『契約履行の動態理論Ⅱ——弁済受領論』（慶應義塾大学出版会，2013年，初出2010年）429頁以下も，売買法ないしは契約法の基本モデルについて，伝統的な特定物売買モデルから種類売買モデルへの移行を示唆する。これらと同様の趣旨の指摘は，すでに，勝本正晃「不完全履行序論」同『民法研究・第一巻』（巌松堂書店，1932年，初出1929年）133頁，149頁以下，北川善太郎『契約責任の研究』（有斐閣，1963年）368頁，柚木馨編『注釈民法(14)』（有斐閣，1966年）44頁〔柚木〕などにもみられる。

　　もっとも，本書におけるドイツ法の分析・検討から明らかなように，法の基礎に置かれるべき売買契約の典型（モデル）は，必ずしも特定物売買か種類売買かという二者択一に限定されるものではなく，例えば，工業製品売買が売買契約の典型（モデル）とされることも考えられる。すでにみたように，種類売買が売買契約の典型とされるという説明だけでは，買主の代物請求権は基礎づけられるとしても，買主の修補請求権は必ずしも十分に基礎づけられない。買主の修補請求権を基礎づけるためには，単なる種類売買というのではなく，例えば，工業製品売買のような請負契約と一定の関連性を有するような売買が，売買契約の典型として想定される必要がある。

23) これは，より一般的にいえば，社会において行われる売買が多様であることとの関係で，①法における「売買」の観念をどのようにとらえるべきか，そしてまた，②それに応じて売買契約の原則的規律（デフォルト・ルール）をどのように構成すべきかにかかわる問題であるといえよう。瑕疵担保責任について，カテゴリーとしての「売買」とデフォルト・ルールのあり方との関連性を示唆するものとして，内田貴「売買」内田貴＝大村敦志編『民法の争点』（有斐閣，2007年）222頁，224頁を参照。このほか，中田裕康『契約法』（有斐閣，2017年）312頁以下も，「一般的にいうと，担保責任の規定は，各種の典型契約の特質に応じて，債務不履行のうち紛争が生じやすい類型の不履行について，その時代・社会の取引状況に適合したデフォルト・ルールを設定するという意味がある」としている。

　　なお，そのような「売買」の観念に関して，中田裕康「売買契約——売買の多様性とその本質」北村一郎編『フランス民法典の200年』（有斐閣，2006年）376頁は，「本質から考える民法典の売買の観念」と「実態を反映する売買の多様化」とが緊張関係にあり，①一定の売買の観念（本質）から売買契約の規律が規定されることがある一方で，②現実に即した売買の多様性の観点から売買の観念自体が問われる（売買契約観のとらえなおしが行われる）可能性もあるという両者の相互作用が存在することを指摘している。

(2)　買主の追完請求権の内容確定に関する課題

　次に，買主の追完請求権の内容確定については，ドイツ法の検討から得られた買主の追完請求権の規律内容を方向づける諸要因を，日本法においても考慮に入れることができるかが問題となる。ここでは，①これらの要因ないしその基礎にある考え方を日本法においても採用することができるかどうか，仮にそれが肯定されるとして，②それらの要因をどのような形で追完請求権の規律内容に反映させるべきかを，問題となる個々の規律ごとに検討する必要がある。

　こうした検討作業は，立法論として買主の追完請求権の具体的な規律内容を定めようとする場合だけでなく，改正民法のもとで明文の規定を欠く規律について，解釈論としてその内容を明らかにしていこうとする場合にも，必要とされるものといえよう。

　なお，その際には，すでにみたように，買主の追完請求権においては，その内容確定のあり方次第で，本来的履行請求権の規律と比べて，買主の利益となる規律と売主の利益となる規律とがともに認められる可能性があり，したがって，例えば，買主の追完請求権の規律内容は，本来的履行請求権の規律内容と比べて，一般的に買主にとって有利である又は不利であるなどとは一概にいえないことに注意する必要があるだろう。

(3)　より一般的な契約内容確定法理に関する課題

ア　典型契約論との関係

　以上のほか，本書でみたドイツ法の議論においては，買主の追完請求権の基礎づけ及びその規律内容の確定を考えるにあたって，その背後に「一定の契約類型における典型の観念を基礎として，その契約類型における原則的・定型的（類型的）規律内容を確定する」という考え方（思考方法）を見出すことができた。

　これは，広い意味での——任意法規等による補充を含む——契約解釈の方法（契約内容の確定方法）にかかわるものであり，買主の追完請求権の問題に

---

24)　実際，すでに述べたように，改正民法において買主の追完請求権を認める旨の規定を設けるにあたっては，必ずしも明確ではないものの，このような観点からの検討が行われていたとみることができる。

限定されない広範な射程を有しうるものといえる[25]。そしてまた，このような考え方は，契約を類型的存在として把握し[26]，それぞれの類型に即してその類型に適合的な規律内容を確定しようとするものであって[27]，近時顕著な展開をみせている典型契約論（ないし契約類型論）[28]と密接にかかわるものということができる。

　本書で取り上げた議論の妥当性を検証するためには，その背後にある上記

---

25)　わが国における「契約の解釈」ないし「契約内容の確定」に関する学説の議論状況について整理・分析を行ったものとして，池田悠太「設問としての『契約の解釈』——契約をめぐる議論空間の整序にむけて」東京大学法科大学院ローレビュー 11 巻（2016年）3 頁を参照。

26)　契約について「典型」を語る場合には，その前提として，必然的に，一定の契約の「類型」を想定することになる。なぜなら，契約を「個別」的存在としてのみ把握する場合には，そうした個別的存在としての当該契約について，「典型」を語ることはおよそできないからである。したがって，契約について「典型」を語るということは，——一定の契約類型を想定するという形で——契約を「類型」的存在として把握すること（少なくともその側面があること）を意味している（ただし，その場合でも，これと同時に，それぞれの契約を「個別」的存在としても把握するという可能性が当然に排除されるわけではない）。

27)　このような考え方は，契約規範の内容確定（補充）が，それぞれの契約類型に対応する社会関係・生活関係の性質等に照らして行われるべきであるとする点において，いわゆる関係的契約理論の考え方と軌を一にするものといえよう。関係的契約理論については，内田貴『契約の再生』（弘文堂，1990 年），同『契約の時代』（岩波書店，2000年）のほか，デビッド・キャンベル（齋藤彰＝東繁彦訳）「イアン・マクニールと関係的契約理論(1) (2・完)」民商法雑誌 137 巻 6 号 1 頁，138 巻 1 号 38 頁（2008 年）も参照。

28)　典型契約（あるいは契約類型）の意義・役割を検討するものとして，米栖三郎『契約法』（有斐閣，1974 年）736 頁以下，河上正二「契約の法的性質決定と典型契約——リース契約を手がかりにして」加藤一郎先生古稀記念『現代社会と民法学の動向(下)』（有斐閣，1992 年）277 頁，大村敦志『典型契約と性質決定』（有斐閣，1997 年，初出 1993-95 年），山本敬三「民法における法的思考」田中成明編『現代理論法学入門』（法律文化社，1993 年）224 頁，とくに 233 頁以下，同「契約法の改正と典型契約の役割」山本敬三ほか『債権法改正の課題と方向——民法 100 周年を契機として〔別冊 NBL51 号〕』（商事法務研究会，1998 年）4 頁，広中・前掲注 22）327 頁以下，潮見・前掲注 2）3 頁以下，石川博康①「『契約の本性』の法理論」（有斐閣，2010 年，初出 2005-07 年），同②「典型契約冒頭規定と要件事実論」大塚直＝後藤巻則＝山野目章夫編著『要件事実論と民法学との対話』（商事法務，2005 年）122 頁，同③「典型契約と契約内容の確定」内田貴＝大村敦志編『民法の争点』（有斐閣，2007 年）236 頁，同④「典型契約規定の意義——典型契約冒頭規定を中心として」安永正昭＝鎌田薫＝能見善久監修『債権法改正と民法学Ⅱ——債権総論・契約(1)』（商事法務，2018 年）409 頁，小粥太郎「典型契約の枠組み」法律時報 86 巻 1 号（2014 年）45 頁など。

のような考え方（思考方法）自体の理論的・実践的意義やその射程[29]について
も，典型契約論（ないし契約類型論）との関連性を視野に入れて，検討を進め
る必要があるといえるだろう[30]。

　そしてまた，その際には，こうした典型契約論の基礎にある考え方（思考方
法）が，認知科学におけるカテゴリー論やスキーマ論——人間による事物の
認知構造——とかかわりを有する旨の指摘がされていることにも注目がされ
るべきであろう[31]。本書におけるこれまでの検討との関係では，そうした認
知科学における知見のうち，とりわけ，①人間による対象の認知・カテゴリー
判断が，——事物の定義的な共通属性ではなく——事物の典型的な表象（プ
ロトタイプ）を用いて行われるとする考え方（プロトタイプ理論）が提示され
ていること，②また，そのようなカテゴリー（あるいはプロトタイプ）自体，
社会の変化等によって変遷する可能性のある暫定的・可変的なものとされて
いることなどが注目に値するところである。

　このほか，以上のように「一定の契約類型の典型に即してその契約類型に

---

29)　本書の検討においては，買主の追完請求権の規律との関係で，その規律の基礎にあ
る考え方として，このような考え方を析出したにとどまる。

30)　こうした「類型」を基礎とする思考方法は，「類型（論）的思考」と呼ばれる。これ
については，神田博司「法学における類型——法学方法論に関する一考察」上智法学
論集 8 巻 2 号（1964 年）121 頁，北川善太郎『日本法学の歴史と理論——民法学を中心
として』（日本評論社，1968 年）342 頁以下，磯村哲「法解釈方法論の諸問題」同編『現
代法学講義』（有斐閣，1978 年）85 頁，とくに 106 頁以下，篠田四郎「私法における類
型論——その基礎研究(1)～(3)」名城法学 30 巻 2 号 1 頁，3 号 1 頁，4 号 30 頁（1980-81
年），松坂佐一「民法解釈における類型論」同『民法解釈の基本問題』（名古屋大学出版
会，1985 年）231 頁，青井秀夫『法思考とパタン——法における類型へのアプローチ』
（創文社，2000 年），同『法理学概説』（有斐閣，2007 年）などを参照。
　これと関連して，とりわけ，民法における思考形式と法的カテゴリーの関連性につ
いて検討するものとして，小粥太郎「法的カテゴリの機能」同『民法学の行方』（商事
法務，2008 年，初出 2005 年）83 頁も参照。また，方法論としての「動的システム論」
と「類型論」との類似性及び両者の関連性と協働可能性を指摘するものとして，山本
敬三「民法における動的システム論の検討——法的評価の構造と方法に関する序章的
考察」法学論叢 138 巻 1 = 2 = 3 号（1995 年）208 頁，256 頁以下を参照。このほか，「動
的システム論」と「類型論」との関係については，藤原正則「法ドグマーティクの伝統
と発展——ドイツ法学方法論覚え書き」瀬川信久編『私法学の再構築』（北海道大学図
書刊行会，1999 年）35 頁，53 頁以下も参照。

31)　これについては，これまでの議論をまとめたものとして，大村・前掲注 28) 310 頁以
下，318 頁以下を参照。なお，認知科学におけるカテゴリー論については，代表的なも
のとして，ジョージ・レイコフ（池上嘉彦＝川上誓作ほか訳）『認知意味論——言語か
ら見た人間の心』（紀伊国屋書店，1993 年）などを参照。

おける原則的・定型的（類型的）な規律内容を確定する」という考え方に依拠する場合には，すでに指摘したように，そのようにして確定された原則的・定型的（類型的）規律が，実際に行われた個々の具体的な契約に適合しない場合が出てくる余地がある[32]。そのため，こうした契約類型の「典型」を出発点とする考え方に依拠する場合には，それと同時に，そうした「典型」から外れる個別的な契約——非典型的な契約——に対処するための理論枠組みを検討することが不可欠となることも確認しておく必要があるだろう[33]。

イ 契約上の規律における「効率性」という価値の考慮

さらに，ドイツ法の議論においては，買主の追完請求権の基礎づけ及びその規律内容の確定にあたって，「効率性」という価値が考慮に入れられる場合

---

32) 典型契約に関する規定の意義との関係で，このことを指摘しているものとして，例えば，柚木編・前掲注 22) 3 頁〔柚木〕，来栖・前掲注 28) 738 頁以下など。

33) そのような理論枠組みとして，ドイツ法の議論からは，①BGB 旧規定のもとで例外的に買主の修補請求権を認めるための補充的契約解釈（ラーレンツ），②仮定的当事者意思を基準とする特定物売買における代物請求の限界づけ（カナーリス）といったものを見出すことができる。

また，山本敬三①「契約の拘束力と契約責任論の展開」同『契約法の現代化 II——民法の現代化』（商事法務，2018 年，初出 2006 年）329 頁，とくに 358 頁は，そうした個別的な契約に対応するための理論枠組みとして，補充的契約解釈に重要な役割が認められることを指摘する。もっとも，補充的契約解釈の位置づけや役割については，ドイツでも学説・判例において議論がある点に注意が必要である。補充的契約解釈に関するドイツの学説の議論状況については，同②「補充的契約解釈——契約解釈と法の適用との関係に関する一考察(1)～(5・完)」法学論叢 119 巻 2 号 1 頁，4 号 1 頁，120 巻 1 号 1 頁，2 号 1 頁，3 号 1 頁（1986 年），ドイツの判例の状況については，石川・前掲注 28) ①12 頁以下を参照。フランス法を参照して，以上と同様に，契約内容の確定における個別・典型の視点の重要性を指摘するものとして，沖野眞已「フランス法における契約の解釈」私法 54 号（1992 年）276 頁も参照。

なお，債権法の改正提案において，民法（債権法）改正検討委員会編『債権法改正の基本方針〔別冊 NBL126 号〕』（商事法務，2009 年）123 頁，同編『詳解・債権法改正の基本方針 II——契約および債権一般(1)』（商事法務，2009 年）155 頁以下は，典型的な場合を想定した任意規定や慣習が実際の契約に適合しない場合に対処するための理論枠組みとして，補充的解釈という解釈準則——「【3.1.1.40】〔本来的解釈〕および【3.1.1.41】〔規範的解釈〕により，契約の内容を確定できない事項が残る場合において，当事者がそのことを知っていれば合意したと考えられる内容が確定できるときには，それに従って解釈されなければならない」とする準則——を定めることを提案していた（【3.1.1.42】）。しかし，改正民法においては，こうした契約の解釈準則に関する規定を設けることは見送られている。

があることを見て取ることができた。

　例えば，買主の修補請求権の基礎づけにおいては，その実質的根拠として，売主に修補義務を課す方が目的物の修補を実現するための費用が少なくて済むことが挙げられていた。これは，社会経済構造に照らすと，売主は，類型的に，買主よりも容易に，修理のできる者にアクセス・連絡が可能であり，売主を通じて修補を実現するほうが，（買主が自ら修補を実現するよりも）社会的費用が少なくて済み，「効率性」の観点から望ましいということを根拠として，買主の修補請求権を認めることを正当化しようとするものであった。

　また，買主の追完請求権の内容確定に関しても，当事者間のリスク配分ないし権限配分の指針として，安価費用負担者へリスクと権限を配分するという考え方が示されていた。これもまた，社会経済構造に照らして，より事情に詳しく，より安価に目的を達成することのできる契約当事者にリスクと権限を委ねることが，社会的費用を減少させるという「効率性」の観点から望ましいという功利主義的な考え方に基づくものであったといえる。

　こうした契約上の規律における「効率性」という価値の考慮という点もまた，より一般的な契約内容の確定のあり方ないしは任意法規（デフォルト・ルール）の内容形成のあり方にかかわるものであるといえる。この種の議論も，その射程が買主の追完請求権の問題に限定されるというものでは決してないだろう。

　そのため，以上のような議論の妥当性を検証するためには，より一般的な契約内容の確定のあり方ないし任意法規の内容形成のあり方として，契約上の規律において「効率性」という価値[34]を考慮することの当否やその射程に

34）　ヨーロッパ私法共通参照枠草案（DCFR）は，その全体を支える「基底的原理（the underlying principles）」として，「自由（freedom）」，「安全（security）」，「正義（justice）」，「効率性（efficiency）」という 4 つの原理を挙げている。ここでは，「効率性」もまた，私法上の規律を支える原理の 1 つと位置づけられていることが注目される（フォン・バールほか編・前掲注 4）43 頁以下参照）。

　　　このほか，Bertram Lomfeld, Die Gründe des Vertrages: Eine Diskurstheorie der Vertragsrechte, 2015, S. 71 ff. も，「契約」の倫理的基盤として，「自由（Freiheit）」，「安全（Sicherheit）」，「効用（Nutzungen）」，「正義（Gerechtigkeit）」という 4 つの基本的価値を挙げ，これらの基本的価値は，それぞれ次のような契約法原理へと細分化されるとしている。すなわち，①「自由」は，「意思（Willen）」と「責任（Verantwortung）」の原理に，②「安全」は，「安定性（Stabilität）」と「信頼（Vertrauen）」の原理に，③「効用」は，「効率性（Effizienz）」と「リスク（Risiko）」の原理に，④「正義」は，「公正（Fairness）」と「等価性（Äquivalenz）」の原理に，それぞれ細分化されるという。

ついても，——とりわけ，任意法規が何を目的としてどのような内容を定め
るべきかをめぐる議論[35]との関連性を視野に入れながら——検討を進める
必要があるといえるだろう[36]。

3 結 語

本書は，追完請求権をめぐる解釈論的・立法論的問題を検討するための基
礎的・準備的作業として，買主の追完請求権の基礎づけと内容確定のあり方
について，ドイツ法の議論を参考にその端緒とありうる方向性を示したもの
にすぎない。とりわけ，買主の追完請求権の具体的規律内容については，問
題となる規律ごとに，さらに立ち入った検討が行われる必要があるだろう。

それでも，本書におけるこれまでの検討からは，買主の追完請求権につい
ては，①契約における履行請求権（現実的履行請求権）としての側面，②引き
渡された目的物の瑕疵（契約不適合）に対する法的救済としての側面のほか，
③典型契約・契約類型としての「売買契約」の法的規律（特定の契約類型と結
びついた規律）としての側面も問題となり，これらの各側面からの多角的な検
討が必要となることが明らかとなったといえよう。そのため，買主の追完請
求権の問題においては，①契約解釈論，②典型契約論（契約類型論），③契約
責任論といった契約法の重要な問題領域が交錯し，それらが相互に関連した
形で現れることになる。それゆえにまた，残された課題も多岐にわたること

ここでも，契約法の規律を方向づける原理として，「効率性」や「効用」といった価値
（原理）が挙げられていることが注目される。

35) 契約法における任意法規については，松田貴文「任意法規をめぐる自律と秩序——
任意法規の構造理解に向けた序章的考察(1)（2・完）」民商法雑誌 148 巻 1 号 34 頁，2
号 1 頁（2013 年），同「契約法における任意法規の構造——厚生基底的任意法規の構想
へ向けた一試論」神戸法学雑誌 63 巻 1 号（2013 年）171 頁などを参照。

任意法規については，ドイツにおいても活発な議論が展開されている。代表的な文
献として，Johannes Cziupka, Dispositives Vertragsrecht: Funktionsweise und Qualitäts-
merkmale gesetzlicher Regelungsmuster, 2010; Florian Möslein, Dispositives Recht:
Zwecke, Strukturen und Methoden, 2011; Lorenz Kähler, Begriff und Rechtfertigung
abdingbaren Rechts, 2012 など。

とりわけ，瑕疵担保責任との関係では，市場取引を通じた「社会的厚生の改善」とい
う効率性の観点から，瑕疵担保による損害賠償責任の経済的機能の分析を行うものと
して，山本顕治「市場法としての契約法と瑕疵担保責任」神戸法学雑誌 63 巻 1 号（2013
年）1 頁を参照。

になるが，それらについて今後検討を進めることを期しつつ，ひとまず稿を
閉じることにしたい。

---

36)　任意法規との関連では，契約規範を基礎づける要素として，①当事者の意思（合意）
という「自律」的要素と，②それ以外の「他律」的要素（任意法規等）との関係をどの
ようにとらえるべきかも問題となる（問題の所在と議論状況については，潮見・前掲
注17）②72頁以下などを参照）。
　　この問題の分析にあたっては，(1)契約規範の定立自体の正統化の問題——当事者間
において契約規範が定立されること自体がいかなる要素によって「正統化」されるか
という問題——と，(2)契約規範の実質的内容の正当化の問題——当事者間に定立され
た契約規範の実質的な内容がいかなる要素によって「正当化」されるかという問題——
とを，性質・レベルを異にする問題として区別することが有用ではないかと思われる
（例えば，森田修『契約規範の法学的構造』（商事法務，2016年）8頁以下，223頁以下
は，契約規範の根拠を分析する概念として，①「契約規範の形態原理」，②「契約規範
の実質原理」という概念を用いているが，①「契約規範の形態原理」は(1)の問題に対応
するもの，②「契約規範の実質原理」は(2)の問題に対応するものとみることができる）。
　　これについて，例えば，山本（敬）・前掲注33）①356頁以下は，「契約」が一定の
ルールによって構成された法制度（契約制度）の存在を前提としてはじめて観念する
ことができる「制度的行為」であるとしたうえで，契約内容の確定において，「当事者
の自律的な合意の確定と，契約制度を構成する——それ自体としては——他律的な規
範の適用は，いわば一体のものとして，融合的にとらえられる可能性がある」と指摘
する。そのうえで，そのような場合においても，そうした「制度的行為」として契約を
すること——契約制度を構成する諸ルールによって内容が規定された行為を行うこ
と——を当事者が自ら決定している点に，当事者の「自律」を見出すことができると
している（潮見佳男ほか「〔シンポジウム〕契約責任論の再構築」私法69号（2007年）
3頁，14頁以下〔山本敬三発言〕も参照）。これは，上述した分析視角からは，(1)契約
規範の定立自体の正統化については，自律的要素（契約を締結する当事者の意思〔合
意〕）による正統化を基本としつつも，(2)契約規範の実質的内容の正当化については，
自律的要素（契約内容を決定する当事者の意思〔合意〕）と他律的要素（とくに任意法
規及びその基礎にある価値など）の併存・協働が認められることを指摘するものとみ
ることができる。
　　このほか，契約規範を基礎づける要素に関しては，とりわけ典型契約論を視野に入
れながら，契約解釈（契約内容の確定）における当事者意思の確定と任意法規等によ
る補充との関係について検討を加えるものとして，磯村保「法律行為論の課題——当
事者意思の観点から（上）」民法研究2号（2000年）1頁，とくに18頁以下。また，アメ
リカ契約法学の理論動向を手がかりに，契約責任（債務不履行に基づく損害賠償責任）
の規律を正当化する要素を多元的に理解しようとするものとして，笠井修『契約責任
の多元的制御』（勁草書房，2017年）も参照。より一般的に，債権法における合意と合
意以外の要素との関係を分析するものとして，中田裕康「債権法における合意の意義」
新世代法政策学研究8号（2010年）1頁。

事項索引

あ 行

アッカーマン（Thomas Ackermann）
.... 141
安価費用負担者へのリスクと権限の配分
.... 166, 172
捜察官... 24, 48
著しい不均衡................................... 102
ヴェスターマン（Harm Peter Westermann）
.... 122, 128
ヴェラー（Marc-Philippe Weller）...... 110
売主の瑕疵担保責任........................ 178
売主の修補権................................... 216
売主の修補能力........... 31, 44, 47, 59, 60, 90
売主の代物給付権............................ 216
売主の追完拒絶権............................ 115
エクスラー（Jürgen Oechsler）......... 122
エトカー（Hartmut Oetker）............. 131
欧州司法裁判所........................ 135, 139

か 行

解除訴権（actio redhibitoria）............24
買主の修補請求権....................... 28, 187
買主の責めに帰すべき事由......... 106, 277
買主の代物請求権........................ 23, 187
──の発生障害............................ 278
瑕　疵...16
──の通知義務............................ 217
瑕疵ある目的物の引渡し・受領を契機とす
る当事者の利益状況
.... 165, 169, 227, 300, 317
瑕疵ある目的物を買主が受領したことによ
る履行完了についての売主の信頼
.... 171, 227, 301, 317
瑕疵除去請求権....................... 64, 67, 69
瑕疵担保解除（Wandelung）................20
瑕疵担保責任の法的性質......3, 179, 243, 244
瑕疵のない物の給付義務........... 6, 94, 303

仮定的当事者意思...... 149, 160, 164, 172, 318
カテゴリー論................................... 323
カナーリス（Claus-Wilhelm Canaris）
.... 114-116, 147
過分の費用
.... 70, 74, 83, 86, 99, 102, 115, 215, 237, 239,
270, 274
カンドラー（Mandy Kandler）........... 120
期間制限................................... 282, 291
危険の移転時期................................ 258
技術的製品（technisches Gerät）の売買
.... 67, 68, 76, 89
給付危険.. 258
──の移転（集中）...................... 279
給付結果................................... 50, 54
給付障害法委員会............................84
供給契約................................... 47, 59
契約解釈論....................................... 326
契約解除権（Rücktrittsrecht）......... 2, 95
契約正義................................... 36, 168
契約責任説................................... 4, 185
契約責任論....................................... 326
契約内容確定法理............................ 321
契約の内容に適合した目的物を引き渡す義
務.. 242, 245
契約不適合................................ 17, 252
──の判断基準時.......................... 256
──の判断構造............................ 255
契約不適合責任........................ 3, 16, 247
契約不履行の抗弁............................ 109
契約類型...32
契約類型論................................ 322, 326
ケーラー（Helmut Köhler）................43
ゲッツ（Volkmar Götz）....................46
減額訴権（actio quanti minoris）..........24
現実の履行請求権................... 53, 57, 66, 326
現実の当事者意思....................... 142, 164
現実賠償................................... 4, 192

事項索引　329

原始的不能ドグマ……………… 180, 293, 306
原状回復（Naturalrestitution）…………43
権利濫用………………………………… 101
合意原則………………………………… 168
工業製品売買……… 46, 60, 155, 174, 304, 310
――の特質……… 48, 49, 51, 164, 169, 316
功利主義…………………………… 166, 172, 325
効率性…………………………… 166, 172, 324
個人間の売買………………………………… 311
コリンテンベルク（Werner Korintenberg）
……………………………………………38

さ 行

債権法改正の基本方針……………… 10, 203
債務と履行請求権の関係…………………54
債務の発生原因…………………… 238, 312
債務法改正委員会…………………… 64, 71
債務法改正についての鑑定意見…………64
債務法現代化法…………………… 15, 63, 86
私的自治……… 142, 149, 150, 160, 164, 172
事物の本性（Natur der Sache）… 49, 51, 60
ジュース（Theodor Süß）………………29
修正法定責任説…………………………… 184
修補方法の選択権………………………… 127
シュールホルツ（Martina Schürholz）
……………………………………………128
主観的瑕疵概念…………………………… 52
主観的等価性の原理… 36, 148, 160, 163, 168
受領遅滞………………………………… 263
種類債権の特定………………………… 278
種類売買………………………………… 25
消費用動産売買指令…………………… 79, 87
消滅時効………………………………… 105
スキーマ論……………………………… 323
生活類型………………………………… 37
製作契約……………………………… 47, 59
政府草案…………………………………84
絶対的過分性（absolute Unverhältnismä-
Bigkeit）………………………………… 103
相対的過分性（relative Unverhältnismä-
Bigkeit）………………………………… 103

損害賠償請求権（Schadensersatzan-
spruch）…………………………… 2, 96
　給付に代わる――…………………………98
　全部の給付に代わる――…………………98
　追完に代わる――…………………………98

た 行

対価危険…………………………………… 258
代金減額（Minderung）……………………20
代金減額権（Minderungsrecht）…………95
代替可能性………………………………… 150
代替物…………………………… 73, 92, 147
第二次的請求権（Sekundäranspruch）
……………………………………………109
「第二の提供」権………………………………71
代物可能性………………………………… 149
短期消滅時効…………………………… 115
注文者の修補請求権…………… 2, 270, 274
追完請求権（Nacherfüllungsanspruch）
………………… 1, 3, 72, 95, 210, 242, 249
　――の基礎づけ
　…… 5, 6, 87, 174, 195, 224, 250, 293, 303
　――の限界………… 213, 221, 269, 288
　――の内容確定… 5, 8, 175, 200, 296, 313
　――の発生障害………… 106, 276, 290
　――の範囲…………………………… 129
　――の法的性質…… 4, 107, 189, 208
　――の法理……………………………… 162
　――の要件…………………………… 252
　債権者の――………… 206, 239, 312
追完の履行場所………………………… 120
追完費用…………………… 70, 74, 82, 99
追完方法の選択権
　……… 70, 74, 82, 91, 99, 215, 220, 266, 287
ツィンマー（Daniel Zimmer）……………83
ティートケ（Klaus Tiedtke）……………131
デフォルト・ルール…… 305, 318, 319, 325
テュールマン（Dagmar Thürmann）… 132
典型契約論……………………… 322, 326
ドイツ連邦通常裁判所…… 101, 123, 136, 144
討議草案……………………………… 79, 81

特定物ドグマ……………180, 181, 293, 306
特定物売買………………………23, 65
　――と種類売買の区別基準…………157
　――における代物請求………140, 222, 289
ドノウ（Antonios Donou）……………154
奴隷・家畜の売買…………………24, 25, 59

な 行

任意法規…………………37, 76, 309, 325

は 行

売買契約の典型
　……67, 89, 154, 161, 164, 169, 174, 199, 303, 319
パムラー（Sebastian Pammler）………146
引き渡された目的物の安定的利用に関する
　買主の利益………………170, 228, 300, 317
評価矛盾……………………141, 151, 153
費用賠償請求権（Aufwendungsersatzan-
　spruch）…………………………96
ファウスト（Florian Faust）…………130
フーバー，P（Peter Huber）………121, 128
フーバー，U（Ulrich Huber）………51, 64
不完全な履行……………206, 207, 239, 312
普通取引約款………………………22, 46
不　能…………………234, 269, 270, 274
　社会通念上の――…………………235
フルーメ（Werner Flume）…………31, 77
プロトタイプ理論…………………323
ペータース（Frank Peters）…………40
ベルガー（Christian Berger）……109, 131
弁済の提供…………………………268
法制審議会民法（債権関係）部会………11

法定責任説…………………………4, 180
法定類型………………………………37
法的安定性……………………147, 161, 318
法的救済（Rechtsbehelf）……………109
補充的解釈…………………37, 76, 318
本来的履行請求権…………………8, 190
　――との異質性……………………112
　――との同質性……………………111
　――の法理…………………………161
　修正された――……………………107

ま 行

マウルチュ（Felix Maultzsch）…………131
マトゥシェ＝ベックマン（Annemarie
　Matusche-Beckmann）……………122
無履行………………………………207
物の瑕疵………………………………94
　――の判断基準時……………………94

や 行

ヤーコプス，H・H（Horst Heinrich Jakobs）
　……………………………………75
ヤーコプス，M（Matthias Jacobs）
　…………………………120, 128, 142
約款規制法……………………………22

ら 行

ラーレンツ（Karl Larenz）……………35
ライニッケ（Dietrich Reinicke）………131
履　行…………………………………54
履行請求権……………………204, 231
　――の限界……………………205, 234
ローマ法………24, 48, 59, 60, 66, 71, 198

〔著者紹介〕

田中　洋（たなか　ひろし）

1982 年　大阪府に生まれる
2005 年　京都大学法学部卒業
2007 年　京都大学大学院法学研究科法曹養成専攻修了
同　年　京都大学大学院法学研究科助教
2010 年　神戸大学大学院法学研究科准教授
　　　　現在に至る

売買における買主の追完請求権の基礎づけと
内容確定

2019年 8 月25日　初版第 1 刷発行

著　　者　　田　中　　　洋

発 行 者　　小　宮　慶　太

発 行 所　　株式会社　商　事　法　務

　　　　　〒103-0025 東京都中央区日本橋茅場町3-9-10
　　　　　TEL 03-5614-5643・FAX 03-3664-8844〔営業部〕
　　　　　TEL 03-5614-5649〔書籍出版部〕
　　　　　https://www.shojihomu.co.jp/

落丁・乱丁本はお取り替えいたします。　　　印刷／三報社印刷㈱
ⓒ 2019 Hiroshi Tanaka　　　　　　　　Printed in Japan
　　　　　　　　　　　Shojihomu Co., Ltd.
　　　　　ISBN978-4-7857-2732-1
　　　＊定価はカバーに表示してあります。

JCOPY ＜出版者著作権管理機構　委託出版物＞
本書の無断複製は著作権法上での例外を除き禁じられています。
複製される場合は、そのつど事前に、出版者著作権管理機構
（電話 03-5244-5088、FAX 03-5244-5089、e-mail：info@jcopy.or.jp）
の許諾を得てください。